Lisa Gonser

MALEN LERNEN

IMAGO.Kunst.Pädagogik.Didaktik

Band 5

Schriftenreihe IMAGO – Forschungsverbund Kunstpädagogik

In der Schriftenreihe des Forschungsverbundes IMAGO werden aktuelle Grundlagentexte und Forschungsarbeiten der wissenschaftlichen Kunstpädagogik und -didaktik veröffentlicht. Der Name „Imago" signalisiert die zentrale Bedeutung des Bildes für die Bildung von Wahrnehmungs-, Vorstellungs-, Darstellungs- und Mitteilungsvermögen im Kunstunterricht. Ziel des Forschungsverbundes ist die systematische Refundierung der Kunstpädagogik und eine daraus folgende Neuorientierung der Kunstdidaktik. Hermeneutisch-kritische Untersuchungen, empirische und fachhistorische Forschungen (Unterrichtsforschung, curriculare Forschung, Rezeptionsforschung, Fachgeschichte usw.) bilden dafür die Grundlage.

Lisa Gonser

MALEN LERNEN

Grundriss einer mimetischen Maldidaktik

www.kopaed.de

Bibliografische Information Der Deutschen Nationalbibliothek
Die Deutsche Nationalbibliothek verzeichnet diese Publikation in der Deutschen Nationalbibliografie; detaillierte bibliografische Daten sind im Internet über http://dnb.ddb.de abrufbar

ISBN 978-3-86736-505-5
eISBN 978-3-86736-678-6

Druck: docupoint, Barleben

Arnulfstraße 205, 80634 München
Fon: 089. 688 900 98 Fax: 089. 689 19 12
E-Mail: info@kopaed.de Internet: www.kopaed.de

Vorbemerkung

Selbst zu malen war der Ausgangspunkt des Nachdenkens über das Malen ernen: *Wie entwerfe ich Farbkonzepte für Bilder? Wie stelle ich ein bewusstes Zusammenwirken der Farben im Bild her? Wie trage ich die Farben meiner Vorstellungen entsprechend auf?...* Bei der Suche nach Antworten auf derartige Fragen blickte ich oft mimetisch auf „schon gemalte Bilder" von Malern und Malerinnen, suchte nach Farbreferenzen in der sichtbaren Umwelt, die in malerische Darstellung übersetzt werden sollten. Der mimetisch-vergleichende Blick und das nachahmende, nachempfindende Malen spielte bei meinen Gestaltungsentscheidungen eine zentrale Rolle. Beim Malen nahm ich also Farbe wahr, stellte mir Farben vor und stellte sie dar.

Im Feld der Maldidaktik dagegen spielte dieser mimetisch-vergleichende Blick beim malerischen Wahrnehmen, Vorstellen und Darstellen bisher erstaunlicherweise nur eine periphere Rolle, da das Malen vielmehr subjektiv und expressiv, anstatt intersubjektiv und impressiv begründet wurde. Farbempfindung bildete oft den Gegenpol zum rationalen zeichnerischen Formverstehen. Die Idee, dieses Feld heterogener Malansätze systematisch zugänglicher zu machen und dann den Fokus auf den bisher vernachlässigten Bereich des mimetischen Malens zu richten, war geboren. Seit 2012 arbeitete ich daran Wissen und Können des mimetischen Malens, das in bewusster Wahrnehmung der sichtbaren Umwelt stattfindet, zu erläutern – in Bezug auf Theorie und Empirie. Ein Grundriss einer mimetischen Maldidaktik entstand und bleibt nach wie vor zu verdichten. Dieses Buch ist die Veröffentlichung meiner diesbezüglichen Dissertation. Durch ihren Schreibprozess und durch stetig zunehmende praktische Lehrerfahrung ist im hermeneutischen Sinn mein Verständnis des Malens schon weitergehoben. Manche Inhalte und Strukturierungen würde ich heute anders gestalten – dennoch bildet das vorliegend dargelegte Theorie- und Empiriekonstrukt den essentiellen Ausgangspunkt meines stetigen didaktischen Weiterdenkens. Die Arbeit wird daher nur mit minimalen Veränderungen und Ergänzungen veröffentlicht, um das komplexe Gefüge der darin enthaltenden Gedankengänge dementsprechend abzubilden. Der Anhang wurde gekürzt, wodurch Teile davon (detaillierte Analysen, Datenaufbereitungen, ...) online abrufbar sind.

Die Arbeit ist im Kontext anthropologisch begründeter relationaler Kunstpädagogik zu verorten. Die Mitglieder des Forschungsverbundes IMAGO lieferten fachliche Grundlagen, Ausgangspunkte und Anstöße meines Denkens. Der Austausch mit den Professorinnen und Professoren, Promovendinnen und Promovenden, Studentinnen und Studenten half mir, meine Gedanken immer wieder neu zu denken.

Ein besonderer Dank gilt dabei meinem schon im Studium an der PH Ludwigsburg prägendstem Lehrer der Kunstpädagogik und -didaktik Prof. Dr. Hubert Sowa, der mich dann auch als Doktorvater begleitete und unterstützte. Das Entstehen meiner Dissertation verdanke ich im Kern ihm. Sein wertvoller fachlicher Rat war ebenso leitend wie seine stets spürbare Leidenschaft für die Kunstpädagogik. Danken möchte ich gleichsam Prof.' in Dr. Bettina Uhlig, meiner Zweitgutachterin. Durch das gemeinsame Arbeiten an der Universität Hildesheim haben sich neue Horizonte im Feld der Kunstpädagogik für mich aufgetan.

Außerdem richtet sich mein Dank auch an meine Familie und Freunde, die mit mir dachten und fühlten.

Anhang

EINLEITUNG

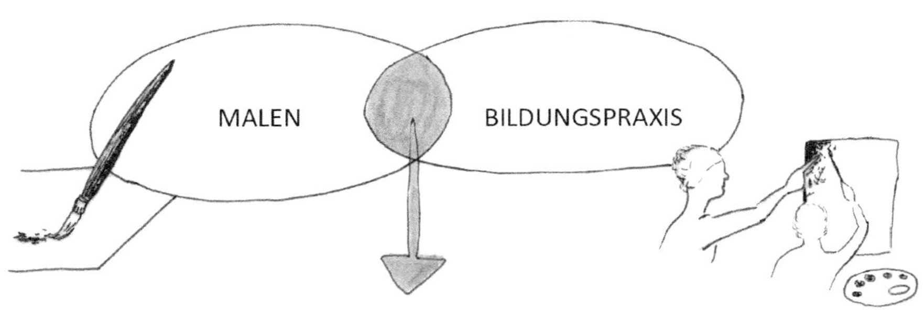

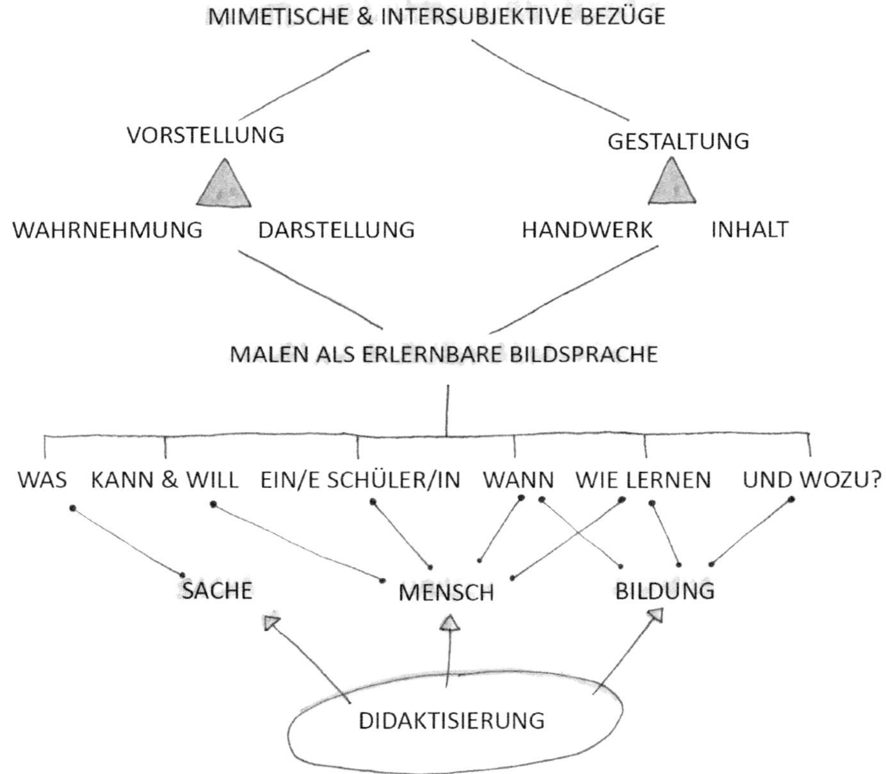

Abb. 1: Einleitungskapitel

1. Vorüberlegungen

Der übergeordnete Forschungsgegenstand meiner Arbeit ist das *Malen als Bildungspraxis*. Das meint:

Malen ist eine etablierte kulturelle Tätigkeit, in der sich ein bestimmtes Können und Wissen zur Ausführung bringt. Es geht stets um das Auftragen von farbigen Stoffen auf einen Farbträger. Schon das flächige Anstreichen einer Wand ist ein Akt des Malens. Ebenso stellt auch das Auftragen von transparenten, differenzierten Farbschichten auf einer Leinwand eine Malhandlung dar. Malen kennt vielfache einfache bis differenzierte Ausführungen, die je von spezifischem, komplexem, implizitem, oft aber auch präzise explizierbarem Wissen bestimmt werden. „Malen" ist nicht nur die freie, schöpferische, intuitiv-phantasievolle Ausdrucksgebärde, als die es oft fast klischeehaft gilt. Vielmehr ist es auch eine traditionelle und konventionell stabilisierte Kunst, die auf klar benennbarem handwerklichen und gestalterischen Wissen und Können beruht.

Ich frage nach der Beschaffenheit, dem Aufbau und der Lehr-Lernbarkeit dieser Könnens-Strukturen – im Kunstunterricht wie in anderen Formen des Malunterrichts (also auch in berufsbildenden Zusammenhängen). Es geht im Kern um *das Malen als Bildungspraxis* – um die Theorie und Praxis von Malen-Lehren, Malen-Lernen und Malen-Können und seine Bildungswerte. Die Perspektive meiner Arbeit ist also keine kunstwissenschaftliche, sondern eine kunstdidaktische: Jeder Inhalt wird auf seinen Beitrag zu einem besseren Verständnis der Bildung und Beschaffenheit der Könnens-Strukturen hin untersucht. Grundannahme dabei ist: Malen-Können grenzt sich ab von rein subjektivem Farbempfinden oder aleatorischen Farbexperimenten. Es beruht auf der Sichtweise von Malerei als einer erlernbaren intersubjektiven Bildsprache mit domäneneigenen, regelhaften handwerklichen, gestalterischen und inhaltlichen Aspekten. Die Teilhandlungen im Malprozess – Sequenzen des Auswählens, Zusammenstellens, Mischens und Auftragens von Farbe – finden bei Könnern auf diesem Gebiet sowohl reflexiv als auch bewusst gesteuert statt. Die dabei ablaufenden kognitiven Leistungen schließen Momente der Intuition und der Emotion keinesfalls aus, sondern stellen sie in einen Raum des Nachdenkens und der Möglichkeiten des bewussten darstellerischen Reagierens. Wer malen kann, hat ein mehr oder weniger klares Bewusstsein von seinem Tun und von den im Gemälde imaginativ und darstellerisch aufgegriffenen mimetischen Bezügen (Vorbilder, reale Dinge, Natureindrücke, Emotionen, Vorstellungen, Zufallsmomente, usw.).

So verstanden kann Malen als Bildungspraxis thematisiert werden und einen klar definierbaren Beitrag zur allgemeinen Bildung von Wahrnehmung, Vorstellung und Darstellung leisten – das versucht meine Arbeit theoretisch und empirisch zu erschließen.

Einleitend definiere ich meinen Forschungsfokus und mein gezieltes Forschungsinteresse (Abschn. 1.1) und grenze sie präzise ein. Da es ein wesentliches Ziel meiner Arbeit sein wird, didaktisches Wissen und Können im Bereich der Malerei zu generieren, lege ich auch die Methodik dieser Generierung offen und reflektiere sie (Abschn. 1.2). Die Einleitung endet mit knappen inhaltlichen und formalen Vorbemerkungen und Orientierungen (Abschn. 1.3).

1.1 Forschungsfeld und Forschungsinteressen

Das Forschungsfeld *Malen im Kunstunterricht* ist groß und offen, da Malen spätestens seit der späten Reformpädagogik der 1920er Jahre selbstverständlicher Bestandteil kunstdidaktischer Curricula ist. Trotz der langen Fachtradition ist die empirische Forschungstradition kurz.[1] Während die Zeichendidaktik sich auf eine entschlüsselte Genese zeichnerischer Darstellungsformeln[2] beziehen kann, fehlt im Bereich der Maldidaktik bisher weitgehend eine entsprechend fundierte Ausrichtung.

Der in der schulischen Unterrichtspraxis benutzte Fundus an Mal- und Farbgestaltungsaufgaben wächst beständig. Zu konstatieren ist aber insgesamt ein recht desolater und widersprüchlicher Stand der didaktischen Begründungen für die heterogenen Unterrichtspraktiken: Seit der reformpädagogischen Bewegung[3] wird der Gestaltungsbereich Farbe vorrangig als affektiver Widerpart zum rationalen, zeichnerischen Verstehen von Form und Gestalt aufgefasst. Diese Sichtweise ist, wie Koch[4] zeigt, schon in der Kunsttheorie der Antike angelegt. Den methodischen Gegenpol zu diesem maldidaktischen *mainstream* liefern seit einigen Jahrzehnten didaktische Ansätze, die Farbe als objektive Größe in der kognitiven Dimension zugänglich machen wollen. Von Goethe, Itten und Küppers abgeleitete Farbsystematiken dienen dabei im Unterricht als Orientierungs- und Hilfsmittel[5], gelten mitunter aber auch als der eigentliche Unterrichtsinhalt. In den bisherigen (schmalen) didaktischen Forschungen zur Maldidaktik blieb die präzise curriculare Klärung der wichtigsten didaktischen Grundentscheidungen aus: *Warum und wann ist es sinnvoll nach der Empfindung, der Anschauung oder der Kognition malerische Probleme anzugehen? In welchem Verhältnis stehen methodische Lehre und ästhetische Spielräume? Andererseits stellt sich heute die Frage: Ist Malen „antiquiert"? Gehört es überhaupt noch zu den zentralen, „selbstverständlichen" kulturellen Praxen mit Bildungsrelevanz?*

In der vorliegenden Arbeit wird auf diese Fragen eingegangen. Zugleich findet eine Fokussierung auf den Bereich der *mimetischen Ansätze* statt und untersucht deren Bedeutung als Bildungspraxis. Um die dem Malen inhärenten Könnens-Strukturen zu erfassen, bindet meine Studie das Malen zurück auf seine mimetische Wurzeln und stellt im malerischen Tun den imaginativen und darstellerischen *Bezug zur Farbigkeit der Welt* heraus. Der Begriff von Mimesis in kunstpädagogischen Lernprozessen wird dabei weit gefasst: Ler-

1 Neuste Studien v. a.: Dietl (2004) und Oswald (2003;2012)
2 Näheres zu „Darstellungsformel" vgl. Glas (2006a; 2015)
3 Z.B. Lichtwark (1914)
4 Vgl. Koch (2016)
5 Z.B. Farbkreis (von Johannes Itten)

nende ahmen Gemälde, malende Mitmenschen oder die allgemein sichtbare Welt nach, um Gemälde anzuähneln an Sichtbares und um dadurch im tätigen Nachmachen verstehenden Nachvollzug zu erzeugen – nicht um Gesehenes spiegelbildlich zu kopieren.[6]

Die mimetischen Prozesse zwischen Wahrnehmen, Vorstellen und Darstellen von Farbe beim Malen stellen das übergeordnete Analysefeld in der gesamten Arbeit dar. Das heißt z. B.: *Lernende und Lehrende könnten im Unterricht der Frage nachgehen, ob Haut (wie in unserer Vorstellung angenommen) rosa ist. In der gemeinsam verhandelten Wahrnehmung würden Lehrende und Lernende feine farbige Differenzen zwischen Rosa und tatsächlich sichtbaren Hauttönen erkennen. In der Darstellung würden dann Lernende ihre neue Vorstellung und Wahrnehmung in eine differenziertere farbige Darstellung von Haut übersetzen, indem sie malhandwerkliche und gestalterische Hinweise anwenden lernen.*

Aus der Ausgangslage entspringen zusammenfassende, leitende Fragen meiner Arbeit:

- Wie lässt sich mimetische Malereididaktik mit den Faktoren der Wahrnehmung, Vorstellung und Darstellung theoretisch neu erschließen und systematisch begründen und didaktisch reflektieren?
- Wie lassen sich die drei Faktoren in mimetischen Lernprozessen der Schülerinnen und Schüler empirisch nachweisen und analysieren?
- Wie beeinflussen didaktisch konzipierte Wahrnehmungs-, Vorstellungs- und Darstellungshilfen die Lernprozesse innerhalb der Teiloperationen?
- Was soll und kann das so verstandene Malen als Unterrichtspraxis im allgemeinbildenden Sinn leisten, was Zeichnen oder Bauen beispielsweise nicht in gleicher Weise leisten können?
- Und: Welche maldidaktische Theorie ergibt sich daraus?

Die primäre *Zielsetzung* meiner Studie ist es, ein begründetes Modell einer relationalen, mimetischen Maldidaktik im Projekt der allgemeinen Bildung zu formulieren,[7] das all diese Fragen bündelt und beantwortet.

Die Studie soll die Öffnung für ein breites relationales Verständnis von Farbe anregen, bei dem weder mimetische, vergleichende noch empfindungsgemäße Prozesse unreflektiert verabsolutiert werden. Sie distanziert das anschauungsbezogene Darstellen von pejorativen Etikettierungen („bloßes Kopieren“, „stumpfes Nachmachen“, „reines Handwerk“). Durch sach-, entwicklungs- und bildungsgemäße Lernschritte vom Üben bis zum adäquaten Können[8] kann das anschauungsbezogene Malen-Lernen in didaktisch sinnvolle und begründete Handlungsschritte überführt werden. Das anschauungsbezogene Malen lässt sich dann neu verorten – im Feld der darstellerischen *Bildung der*

6 Vgl. Glas u. a. (2017)
7 Zur Beziehung von Kunstunterricht und allgemeiner Bildung, vgl. Kirschenmann u. a. (2006)
8 Zum Verhältnis von Lernen – Üben – Können im Kunstunterricht, vgl. Krautz/Sowa (2013)

Imagination: Wie in vielen anderen Bereichen des Alltags und der Wissenschaft können Menschen auch im Feld des Malens durch und mit anderen lernen, indem sie deren Gedanken, Aussagen, Gesten und Handlungen imaginativ nachvollziehen und dann in ihrem Schaffen praktisch anwenden.

1.2 Wie generiert sich didaktisches Wissen/Können?

Die genannten Fragestellungen und die Notwendigkeit einer gründlichen didaktischen Neubesinnung und systematischen Begründung verweisen auf ein zweites Thema der Arbeit: *Wie müssen kunstdidaktische Begründungen grundsätzlich aussehen? Was sind die theoretischen und praktischen Bezugsfelder, in denen sich das Lehren und Lernen von Malen systematisieren lassen?*

Tragende Komponenten der Arbeit sind deshalb, neben maldidaktischer Theorie und Praxis, auch Klärungen des *kunstpädagogischen Fach- und Forschungsverständnisses*[9] und ein Beitrag zur *methodisch kontrollierten und domänenspezifischen Didaktisierung* fachpraktischer Arbeitsfelder – hier exemplarisch des Malens.

1.2.1 Didaktik

Da ein Ziel der Arbeit ist, maldidaktisches Wissen und Können zu explizieren, müssen die angewendeten Verständnisse von „Didaktik" und „Didaktisierung" zuerst grundständig geklärt werden.

Zunächst erläutere ich das zu Grunde liegende *Didaktik-Verständnis:* Didaktik im *allgemeinen Sinn* ist die Wissenschaft des Lehrens und Lernens. Ihr obliegt die Aufgabe, Lehr- und Lernprozesse konstruktiv zu gestalten und wissenschaftlich zu reflektieren.

Didaktik im *fachspezifischen Sinn* zeigt sich in fachdidaktischen Konzeptionen, die sich an je eigenen *fachspezifischen Sachbezügen* ausrichten. „*Kunstdidaktik* ist die aus wissenschaftlicher Grundlegung, ethischer Wertung und praktischer Erfahrung gespeiste Lehrkunst, Schülern in fruchtbaren Entwicklungsmomenten ihres Lebens mit geeigneten fordernden Aufgabenstellungen zum Verstehen und Gestalten so entgegenzukommen, dass sie bewegt von ihren eigenen Interessen zur antwortfähigen Teilhabe an der visuellen Kultur herangeführt werden."[10]

Diese verdichtete Definition von Kunstdidaktik schlüsselt sich in ihrer Bedeutung und ihrem anschaulichen Transfer auf Kunstunterricht wie folgt auf:

9 Dazu umfassend Glas u. a. (2015)
10 Sowa (2011), S. 17

Kunstdidaktik beruht einerseits auf expliziten bezugswissenschaftlichen Theorien *(wissenschaftliche Grundlegung[11])*. Andererseits beruht sie auf Reflexion und Wertung von didaktischem Wissen und Können, wie es in jeder praktischen Vermittlungssituation implizit eingewoben ist und wie es sich in konkretem didaktischem Handeln zeigt *(ethische Wertung, praktische Erfahrung)*. Beide – die expliziten und die impliziten Wissensquellen – werden auch in meiner Arbeit in Theorie und Empirie genutzt, um maldidaktisch-theoretische Grundlagen zu sichern.

Kunstdidaktik ist stets auf fruchtbare Realisierung und Anwendbarkeit von Lehrkonzepten in der Praxis ausgerichtet *(Lehrkunst)*. Aus diesem Grund bilden die Darstellungs- und Mitteilungsbedürfnisse und Bedarfe der Schülerinnen und Schüler, als Adressaten der Lehrkunst, den argumentativen Ausgangspunkt (anthropologisch-)kunstdidaktischer Konzeptionen. Um Kunstdidaktik sinnvoll zu entwerfen, müssen demnach kognitive, motorische und gestalterische Lern- und Entwicklungsphänomene von der Lehrperson erkannt und aufgegriffen sein *(fruchtbare Entwicklungsmomente, Interessen der Lernenden usw.)*. Auch in der vorliegenden Arbeit nehmen die theoretische Analyse und die praktische Beobachtung malerischer Lernausgangsstände und ihrer fruchtbaren Modifizierung im Lernprozess eine zentrale Stellung ein.

Die Modifizierungen von Wissen und Können stellen sich nicht automatisch als Lernfortschritt ein. Die Lernenden müssen dazu vor herausfordernde, sinnstiftende Aufgaben gestellt werden *(geeignete fordernde Aufgabenstellungen)*. Fordernd sind sie, wenn sie den momentanen (handwerklichen, gestalterischen und kognitiven) Lernstand zumindest minimal übersteigen. Sinnstiftend sind sie, wenn sie inhaltlich motivieren und methodisch klar durch Einführungs-, Übungs- und Ausführungsphasen[12] strukturiert sind. So widmet sich auch die vorliegende Arbeit Fragen der Aufgabenkonzeption und der methodischen Planung.

Ziel kunstdidaktischer Aufgabenkonzeptionen ist es, Verstehen und Gestalten so anzuregen, dass die Gestaltungsarbeit der Lernenden eine reflektierte, sichtbare Antwort auf das jeweilige Thema der Aufgabenkonzeption darstellt *(Verstehen, Gestalten, antwortfähigen Teilhabe an der visuellen Kultur)*.

Wie sich Verstehen und Gestalten bilden und was beide im Wesen bedeuten, kann aber abhängig vom zugrundeliegenden Menschenbild sehr heterogen ausgelegt werden. Aus diesem Grund nehme ich eine ausführlichere Positionierung des in meiner Arbeit angewendeten Didaktik-Verständnisses vor – in Bezugnahme auf *imaginationsintensive oder imaginationszentrierte Didaktik*[13]:

11 Hinweis: Begriffe aus der obigen Definition von Kunstdidaktik von Sowa (2011) sind kursiv und in Klammern dargestellt.

12 Vgl. dazu auch Sowa (2014), S. 59: Drei Momente der Imagination: 1. aufgaben-zentriertes Anfangen, 2. prozessuales Ausführen, 3. öffentliches Darstellen.

13 Vgl. ebd., S. 53 ff.

Zunächst grenzt sich imaginationszentrierte Didaktik ab von rationalistischen und subjektzentrierten Didaktiken. Lernen stellt keinen linearen Prozess von Informationsempfang und -verarbeitung dar, sondern einen relationalen Prozess zwischen Sachbezügen und empathisch-personalen Bezügen. In diesem relationalen Bezugsfeld nimmt das Vorstellen eine Schlüsselstellung ein. Es entwirft stets die Präkonzepte jedes Denkens und Handelns. Gleichzeitig ist jedes Vorstellen immer nur vorläufig und bestimmt sich im hermeneutischen Wechselbezug zu Wahrnehmung und Darstellung fort: Durch den empathischen Bezug zu anderen Menschen werden Vorstellungen gemeinsam in deiktischen Momenten geteilt, in mimetischen Momenten an Wahrnehmungen korrigiert und in darstellerischen Momenten von Übung, Wiederholung und Ausführung im Bild materialisiert und weiter modifiziert.[14] Die Vorstellung bildet sich damit im *Zwischen* der agierenden Menschen und den von ihnen behandelten Sachen und ist eine *Beziehungsform*. Verstehen meint im Sinne einer imaginationsintensiven Didaktik, sich eine Sache im gestalterischen, intersubjektiven Tun tiefer und neu nahezubringen. Dieselbe Sache kann somit durch neue empathische Bezüge und neue Sachbezüge lebenslang immer wieder neu verstanden werden.[15] Aus diesen Gründen nehmen auch in meiner Arbeit mimetische, deiktische und empathische Bezüge zwischen malerischem Vorstellen, Wahrnehmen und Darstellen eine Schlüsselrolle ein.

1.2.2 Didaktisierung: Deduktion und Konstruktion

Eine Maldidaktik zu entwerfen, die dem beschriebenen Kunstdidaktik-Verständnis entspringt und entspricht, bedarf einer strukturierten *Didaktisierung* des Fachbereichs Malen. „Didaktisierung" meint den planvollen, methodisch kontrollierten Konstruktionsprozess sinnvoller Lernstrukturen und Lernreihenfolgen von relevantem Wissen und Können innerhalb eines fachpraktischen Bereiches (z. B. Malen). Es geht um die Formulierung eines maldidaktischen Modells.[16] Eine wissenschaftlich fundierte didaktische Modellierung eines in weiten Teilen didaktisch unerschlossenen Gestaltungsbereiches (wie z. B. Malen) verlangt, wenn sie solide sein soll, nach einem stabilen Theoriegebäude und begründeten theoretischen Bezügen.

Die erste Frage im Zuge einer Didaktisierung lautet zwangsläufig: *Was sind relevantes Wissen und Können in dem spezifischen Lernbereich (Deduktion)?* Die Anschlussfrage ist: *Wie (in welcher Reihenfolge und Methodik) sind dieses Wissen und Können im Unterricht konkret anzuwenden und in sinnvolle Strukturen zu bringen (Konstruktion)?* „Deduktion" und „Konstruktion" sind Begriffe, die vorab erläutert werden müssen:

---

14 Auch zu erläutern als *hermeneutische Hebung der Vorstellungen, vgl. ebd., S. 55*

15 Vgl. Sowa u. a. (2014a)

16 Vgl. Meyer (2001), S. 29: Definition eines didaktische Modells als ein erziehungswissenschaftliches Theoriegebäude zur Analyse und Modellierung didaktischen Handelns. Es ist theoretisch umfassend und praktisch folgenreich.

Deduktion meint das Ableiten und Schlussfolgern didaktischer Grundsätze aus theoretischen Bestimmungen. Ziel ist es, alle (auch widersprüchlichen) Auffassungen jeweiliger Bezugsgegenstände zunächst wertfrei darzulegen und gegenüberzustellen. Die auf diese Weise gewonnenen Positionen bieten später eine stabile, unverkürzte Grundlage für sach- und entwicklungsgemäße Unterrichtskonzeptionen. Ausgangspunkt der Deduktion ist daher das Sichten und Erfassen aller beteiligten und einflussnehmenden Faktoren. Dabei leitend ist die Bestimmung der universellen didaktischen und kunstpädagogischen Bezugsfelder *Sache, Mensch und Bildung*. Die Trias impliziert die didaktische Frage „Wer (Mensch) lernt was (Sache), warum (Bildung)?". Oder präziser: *Was kann und will ein/e Schüler/in wann lernen? Wie kann er/sie es lernen? Warum ist das Erlernen relevant?*

Der Begriff *Sache* bezeichnet das *Können*, hier also das *Malen*. Sach- und verfahrenslogische Determinanten (Farbe/Malerei) müssen zum Zweck der Explikation des (Malen-) Könnens (der Lernenden) durchdrungen sein. Bestimmungsfelder einer Sachanalyse können grundsätzlich alle involvierten Wissenschaftsdisziplinen und Theoriebezüge sein – Psychologie, Philosophie, Neurowissenschaft, Kunst sind dabei meist die grundlegendsten. Die Sache ist demnach materieller, formaler und inhaltlicher Gegenstand des Unterrichts. Die Materialität des Werkstoffs erlaubt oder verbietet bestimmte *gestalterische und handwerkliche* Verfahren und Techniken. Jede Darstellungsaufgabe muss sich in diesem realisierbaren Rahmen bewegen, um als sachgerecht zu gelten. *Sache* meint außerdem das (inhaltliche) Darstellungsmotiv und die *rhetorisch-wirkungsbezogene* Darstellungsabsicht, die in sich ebenfalls nach adäquaten Darstellungsweisen verlangen.

Der Begriff *Mensch* bezeichnet im Kontext dieses Modells *die Lernenden* (hier: Kinder/Jugendliche) in ihrer Persönlichkeitsentwicklung, ihren Interessen, ihren Erfahrungen. Entwicklungsbedingte Lernmöglichkeiten, verstanden als Bedarfe und Voraussetzungen, müssen analysiert werden (z. B. Lernstand im Malen). Motorische wie kognitive Fähigkeiten sind zu durchdenken. Entsprechende Wahrnehmungs-, Vorstellungs- und Darstellungsfähigkeiten müssen von der Lehrperson erfasst werden, um angemessen zu intervenieren. Nur vor diesem Hintergrund anthropogener Determinanten kann sich Unterricht wirksam entfalten. Über den Menschen, der kognitiv und motorisch nicht im Stande und bereit ist, eine Aufgabe zu begreifen, geht der Unterricht dagegen wirkungslos hinweg.[17] Es ist also ein klar bestimmter Begriff des „lernenden Menschen", auf den die Lernsache im Lernprozess bezogen wird.

Der Begriff der *Bildung* beschreibt als eigenes Bezugsfeld das tatsächliche *Bilden der Könnens-Strukturen* (hier: Malen-Können). Es fokussiert konkrete Wege, Aufbaustrukturen, Aufgabenfolgen, Themen, Verfahren usw., die im institutionellen und kulturellen Rahmen des Unterrichts realisierbar sind. Allgemeinbildender Unterricht entspringt Darstellungskonventionen, Erwartungen und Bedürfnissen einer Gesellschaft und greift sie interpretierend, reflektierend auf. Kunstunterricht leistet einen Beitrag zur Aneignung der

17 Vgl. Rosa/Enders (2016)

Welt und ebenso zur Selbstbestimmung in ihr. Dabei umfasst der Begriff Welt die Ganzheit von Natur, Kultur und Politik (bezogen auf die Erde, Erdoberfläche, Erdbewohner, Himmel, Universum, ...). Bildung impliziert eine moralische, kognitive, ästhetische und praktische Vielseitigkeit – die auch im Kunstunterricht leitend für inhaltliche und formale Schwerpunktsetzungen ist. Unterricht muss hinsichtlich kultureller und allgemeinbildender Relevanz geprüft werden. Dabei geben bildungstheoretische Vorgaben verpflichtende Gestaltungs- und Themenbereiche oder zu erwerbende „Kompetenzen"[18] vor. Die allgemeinbildende Ausdeutung der Vorgaben bleibt Aufgabe der Lehrperson.

Wie wird das in der Deduktion bestimmte didaktische Wissen zu konkretem didaktischem Können, das in der Praxis Anwendung findet (Konstruktion)?
Der Begriff der *Konstruktion* bezeichnet die Formung konkreter Unterrichtselemente (Themen, Hilfen, usw.), die im Einklang mit den theoriegenerierten Thesen der Deduktion stehen. Die didaktische Konstruktion ist der Transfer der Theorie in die Unterrichtspraxis. Konstruktion ist dabei nicht gleichzusetzen mit „didaktischer Reduktion". Es geht nicht darum, nur Teilaspekte aus der Theorie anzuwenden und andere zu vernachlässigen oder gar zu verkürzen. Es geht vielmehr um das systematische Ganze eines praktizierten Lehrkonzepts. Die didaktische Konstruktion erfordert eine systematisch geleitete *didaktische Fokussierung*, Zuspitzung und eine Art der Übersetzung: Ein Lernaspekt wird sachgemäß und entwicklungsgemäß herausgegriffen, aber stets als Bestandteil des ganzen komplexen Theoriegeflechts in Teilschritten vermittelt. Die Herausforderung ist, durch die didaktische Fokussierung den Wesenskern der Sache, des Menschen und der Bildungsansprüche zu erhalten, nicht aber zu verkürzen oder zu verfälschen. Bei jeder Unterrichtskonzeption muss also der prüfende Rückbezug zum Theorienetz stattfinden. Grundlage für didaktische Konstruktionen ist neben dem Theoriewissen ein fundiertes pädagogisches Methodenwissen.

1.2.3 Didaktisierung in meiner Arbeit

Das beschriebene paradigmatische Modell der Didaktisierung durch Deduktion (Kapitel 2, 3) und Konstruktion (Kapitel 4, 5, 6) findet in der vorliegenden Studie Anwendung, um die curricularen[19] Strukturen des Malen-Könnens umfassend zu identifizieren und zu begründen.

Die übergeordnete Argumentationsstruktur lässt sich hermeneutisch auslegen und konkretisieren. Der Blick richtet sich dabei abwechselnd auf die Gesamtheit des Untersuchungsfeldes (Mensch-Sache-Bildung), um von da her wieder auf ihre Einzelaspekte zurückzukommen. Jede Einzelanalyse ist ausgerichtet auf das leitende anthropologische Verständnis von Kunstpädagogik als Bildung der Wahrnehmung, Vorstellung und

18 Vgl. Krautz (2015): Kritische Sicht auf Kompetenzbegriff

19 „Curricular" ist nicht als formalistische Vorgabe von Inhalten zu verstehen, sondern als Orientierung über je entwicklungs- und lernpsychologisch sinnvolle Lehr-/Lernmöglichkeiten.

Darstellung. Didaktisches Wissen und Können werden im Verlauf der vorliegenden Studie deduziert durch folgende Bezugnahmen im Feld des Malens:

- *Sache* meint das Malen als Gestaltungspraxis, die durch Materialien, Verfahren, bildnerische Mittel und Wahrnehmungsweisen bestimmt ist. Wie Farbe und Malerei von den Malenden vorgestellt wird, beeinflusst das „Wie" ihrer malerischen Darstellung, ihr „Konzept" von Malerei. Perspektiven auf und Realisierungen von Malen stehen in Abhängigkeit zu diesem basalen Verständnis von Malerei. Psychologie, Neurowissenschaften, Kunstwissenschaften und Philosophie können Erklärungsansätze liefern, um die „Sache: Malen" in ihren spezifischen imaginativen und darstellerischen Herausforderungen verständlicher zu machen.
- *Mensch* bezieht sich auf die Malen-Lernenden. Der malende Mensch ist eingebunden in ein relationales Feld von persönlichen Vorkenntnissen, Interessen und Motivationen im Feld des Malens – ebenso in ein intersubjektives Feld von anderen Malen-Lernenden und Malen-Lehrenden. Dabei ist jede Lerngelegenheit in kunstpädagogischen Kontexten innerhalb des Dreiecks von Wahrnehmung, Vorstellung und Darstellung[20] positioniert. Denn malerische Darstellungsfähigkeiten von Schülerinnen und Schülern stehen im Zusammenhang mit der Bildung ihrer Vorstellungs- und Wahrnehmungsfähigkeit – aber auch mit der Bildung ihres konzeptuellen Verständnisses von „Malerei". In ihren bildnerischen Darstellungen spiegeln sich Anschauungsbezüge zur sichtbaren Umwelt ebenso wider wie kulturelle, soziale oder entwicklungsgemäße Vorstellungsstrukturen. Jede kunstpädagogische Intervention begründet sich demnach aus dem Resonanzfeld von Wahrnehmung, Vorstellung und Darstellung und greift in es ein. Konsequenterweise muss eine Lehrperson über das Können verfügen, in jedem Gestaltungs- und Themenbereich Wahrnehmungs-, Vorstellungs- und Darstellungs*hilfen* entsprechend der Lernstände der Malenden zu konzipieren. Bezüge zur Kinderzeichnungsforschung, Wahrnehmungs-, Entwicklungs- und Lerntheorien dienen in meiner Studie dazu, malerische Lernstände zu analysieren.
- *Bildung* meint in Bezug auf Malen, Gemälde herstellen zu können, aber auch Gemälde zu kennen, zu erkennen, zu beschreiben – sie also verbal, gestisch oder darstellerisch nachzuvollziehen und über Wissen oder Können hinsichtlich Farbe und Malerei zu verfügen. Bildung meint in dem Kontext aber auch: sich am Malen zu bilden – nicht um Maler oder Malerin zu werden, sondern um malend einen bewussteren Zugang zur Welt und zu neuen Erkenntnissen über Farben/Dinge/Raumbeziehungen/ usw. zu gewinnen. Im Fokus dieser Arbeit steht vor allem der produktive (nicht der rezeptive) und der allgemeinbildende Aspekt des Malens. Dazu untersuche und refektiere ich wie und ob sich Malen-Können in planvollen Strukturen und Reihenfolgen bilden lässt. *Lernreihenfolge* meint nicht die pauschalisierende Zuweisung des Lerninhalts zu einem Lernalter oder einer „Entwicklungsstufe". Gemeint ist vielmehr das sinnvolle Nacheinander von aufeinander aufbauenden Teilschritten, die in der Summe zum sicheren Malen-Können führen. Konkrete Wege des Malen-Lehrens und -Lernens werde ich einerseits durch historisch-hermeneutische Bezüge zu Ansätzen des letz-

20 Vgl. Sowa (2011)

ten Jahrhunderts und andererseits durch empirische Bezüge systematisieren. Der umfassendste Bezugsrahmen ist ein reflektiertes Verständnis von Kunstpädagogik als Beitrag zur allgemeinen Bildung des Menschen.[21]

Im Anschluss an die Deduktion von didaktischem Wissen schließt sich auch in meiner Arbeit die Frage nach der Konstruktion von konkretem Unterricht an: *Was davon können und wollen Lernende wie und wann im Schulkontext lernen?* Zur Beantwortung werden die theoriededuzierten Grundsätze in der Praxis überprüft und geschärft (Kapitel 4, 5, 6).

1.3 Gliederung der Arbeit

Die beschriebenen Komponenten entfalten sich innerhalb folgender groben Gliederungsfolge[22]:

Der nach dieser Einleitung (Kapitel 1) folgende *Theorieteil* besteht aus zwei Kapiteln (Theorie I/II): Im Kapitel 2 „Kunstpädagogische Maldidaktik als systematisches Problem" führe ich die Deduktion hinsichtlich der definierten Bezugsfelder Mensch, Sache und Bildung durch. Das sich anschließende zweite Theoriekapitel 3 „Historische Entwicklungslinien der Maldidaktik" ergänzt die Theorieanalysen durch die historisch-hermeneutische Bezugnahme auf maldidaktische Ansätze des letzten Jahrhunderts, die einer Analyse unterzogen werden, um sie systematisch zu verstehen.

Es folgt der *Empirieteil*, der wiederum aus zwei Kapiteln (Empirie I/II) besteht: Kapitel 4 „Modell einer relationalen Maldidaktik" stellt das zentrale Bindeglied zwischen Theorie und Empirie dar. Hier werden alle theoretischen Einsichten zu maldidaktischen Grundsätzen im Sinne einer imaginationszentrierten Didaktik konkreter ausformuliert – und schließlich in überprüfbaren Thesen dargelegt. Das Kapitel 5 „Relationale Maldidaktik in der Anwendung und Forschung" legt die Ergebnisse einer Unterrichtsstudie zum mimetischen Malen (Stillleben) in einer 9. Realschulklasse dar. Die Auswertung ergibt sich im Rückbezug zu den deduktiven Thesen und zu den induktiven Erkenntnissen aus der Unterrichtsstudie.

Im abschließenden Teil ergeben sich *Schlussfolgerungen*: Das Kapitel 6 „Maldidaktik in einer systematisch begründeten Kunstpädagogik" bündelt zum einen die Ergebnisse und transferiert sie zum anderen auf reale Unterrichtsplanung.

Der *Anhang* (Kapitel 7) gliedert sich in einen im Buch gedruckten und einen online-zugänglichen Teil: Es befinden sich darin einerseits Exkurse, die den Theorieteil ergänzend stützen (im Buch: Texte zum Malen-Können von Rubens bzw. Picasso, online: ausführliche

---

21 Zur Beziehung von Kunstunterricht und allgemeiner Bildung vgl. Kirschenmann u. a. (2006)

22 Es werden drei Gliederungsebenen verwendet. Alle untergeordneten Teilabschnitte werden außerdem je zu Beginn der einzelnen Kapitel benannt und vorgestellt.

historisch-hermeneutische Analysen zu Kapitel 3). Andererseits ist das aufgearbeitete empirische Datenmaterial hauptsächlich online angefügt.

THEORIE I

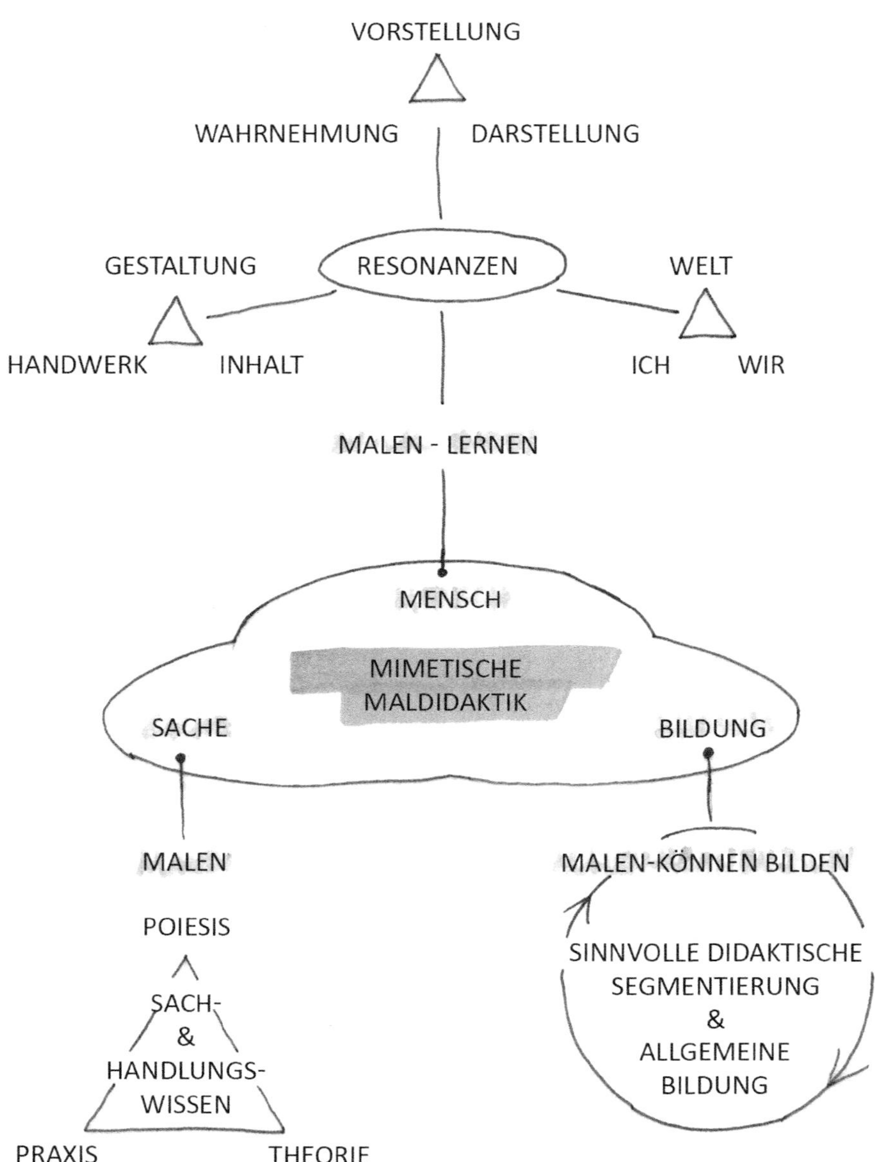

Abb. 2: Mimetische Maldidaktik

2. Mimetische Maldidaktik als systematisches Problem

Ausgangspunkt und Grundlage des nachfolgenden Theoriekapitels ist die Feststellung: *Die kunstpädagogische mimetische Maldidaktik stellt ein systematisches Problem dar.*

Systematisch meint: Maldidaktik lässt sich in einflussnehmende didaktische Bezugsfelder zerlegen und aufschlüsseln. Die in der Einleitung definierten Bezugsfelder dienen als klassisch-didaktische Zerlegung: Die *Sache* des Malens (Malerei und Farbe), die Involvierung des *Menschen* (als Malende und Malender, Lernende und Lernender) und die Eingebundenheit in *Bildungsstrukturen* (Malen als Bildungsaufgabe) können analysiert und strukturiert werden. Die drei Analysen werden in den Kapiteln 2.1, 2.2. und 2.3. durchgeführt. Auf diese Weise können sachbezogene, anthropologische und bildungstheoretische Parameter gewonnen werden, die in einer unverkürzten, didaktischsinnvollen Maldidaktik Berücksichtigung finden müssen.

Ein *Problem* stellt Maldidaktik in dem Sinne dar, da bisher noch keine fundierten methodischen Lösungsansätze zur Strukturierung kunstpädagogischer Maldidaktik geschaffen wurden. Ich kann nicht reproduktiv arbeiten, sondern bin auf neue methodische Wege und Strategien angewiesen, um das definierte Ziel (grundlegende Strukturierung des Feldes der kunstpädagogischen Maldidaktik) zu erreichen.

2.1 Malen als „Sache" der Maldidaktik – Systematische Bestimmungen

Der Sachgegenstand von Maldidaktik ist die Malerei. Die „Logik" dieser „Sache" muss dabei sensibel in Verbindung zum und Abgrenzung vom Sachgegenstand „Farbe" verstanden werden: Es ist ein Unterschied, ob „Malerei" die Sache ist oder „Farbe". Malerei ist ein *menschliches Tun*, aber sie bezieht sich auf die Farbigkeit der Welt. Malerei hebt Aspekte dieser Erscheinung (Farbe) hervor. Dadurch, dass Malerei Darstellung des farbigen Aspekts der Welt ist, kommt sie in Berührung mit der Frage, was Farbe ist. Hier kommen dann philosophische, psychologische, physikalische usw. Perspektiven auf Farbe in Sicht. Immer aber ist zu erinnern: Farbtheorien sind nicht die im Mittelpunkt stehende „Sache" des kunstpädagogischen Lernens, sondern spielen in das „Malen" nur hinein. Das heißt für die Gewichtung meiner Analysen: *Die primäre Sache der Maldidaktik ist die Malerei, die dadurch mit ins Spiel kommende sekundäre Sache ist Farbe.*

Diese traditionelle Hierarchie, in der poietisches Herstellungswissen Ausgangspunkt des Malens ist, geriet in der kunstdidaktischen Vergangenheit des 20. Jahrhunderts (besonders seit den Bauhaus-Lehren) in Vergessenheit und wurde sogar umgekehrt: Eingekapseltes Spezialwissen über Farbe (z. B. über Komplementärkontraste) bildete vermehrt den Ausgangspunkt der Maldidaktik. Diese Verfehlung gilt es wieder umzukehren, damit das Malen klarer Sachgegenstand sein kann.

In der Einleitung war von „komplexem Wissen", das Malhandlungen zugrunde liegt, die Rede. Die Beschaffenheit dieses Wissens muss in ihren Einzelteilen und deren Zusammenwirken geklärt werden. Zur Systematisierung dient die klassisch-antike Dreiteilung von Wissenstypen in die Bereiche von *Theorie, Praxis und Poiesis* (bei Platon und Aristoteles[1]). Malen als farbiges Darstellungskönnen vereint poietische, praktische und theoretische Bestimmungen:

Unter *poietischem Wissen* wird im Bereich des Malens *das Herstellungswissen* gefasst, das *die tätige Herstellung* eines Gemäldes ermöglicht. Es geht also um das direkte malerische Einwirken eines Menschen auf einen Malgrund. Wie man aus Farben Bilder macht, beruht auf über Jahrhunderte überliefertem, wachsendem und kontextabhängigem Herstellungswissen. Stets impliziert das Herstellungswissen auch „technisches" Wissen im modernen Wortverständnis – geht aber auch darüber hinaus. Malerei als eine *Techne* verbindet Technik, Handwerk und künstlerische Gestaltung. Aus diesem Grund werden zwei poietische Bezugsfelder getrennt betrachtet: technologisches und handwerkliches Malwissen (Abschn. 2.1.1.) sowie gestalterisches Malwissen (Abschn. 2.1.2).

Im Malakt zeigt sich neben poietischem Herstellungswissen auch *praktisches Wissen*. Praktisches Wissen realisiert sich im *Handeln* eines Menschen gegenüber anderen Menschen. Gemälden liegen kommunikative Intentionen zugrunde. Dass Gemälde *betrachtet* werden, ist in ihrer Bestimmung angelegt. Gemälde entstehen also im Hinblick auf Adressaten, auf die intentional oder unbewusst durch malerische Bildmittel eingewirkt wird. Die herbeigeführte Beeinflussung, Kommunikation und Interaktion mit Anderen durch das Gemälde eröffnet eine *rhetorische Dimension*: Ich male das Bild, um etwas adressatengerichtet mitzuteilen und bei meinen Adressaten etwas zu bewirken. Die Darstellung stellt insofern einen Bezug zu anderen Menschen her und zugleich einen Bezug zur sichtbaren, farbigen Welt. Genauer ist zu sagen: Mit Bildern (hier: Gemälden), die sich auf die sichtbare Welt beziehen, teilt der Mensch anderen Menschen etwas mit und begeht in zielgerichteter Absicht Mitteilungshandlungen. Insofern ist die Malhandlung gebunden an konventionelle, kulturelle und symbolische Übereinkünfte. Die Malerin oder der Maler kann sich beispielsweise fragen: *Welche malerische Darstellungsweise können meine Betrachterinnen und Betrachter wahrnehmen und deuten?* Genauso kann man auch fragen: *Welche malerische Darstellungsweise ist ihnen fremd und erzeugt Irritation? usw.* In allen Fällen trifft der malende Mensch bewusste Gestaltungsentscheidungen, um ein wirksames, für andere Menschen überzeugendes Bild herzustellen. Demnach dient Herstellungswissen (poietisches Wissen) dem praktischen Handeln von Menschen mit einer Wirkungsabsicht auf andere.[2] Farbe wirkt auf Menschen unterschwellig – wie eine natürliche Kraft – und oberschwellig auf der Ebene der quasi-sprachlichen Mitteilung. Wirkungskraft und Mitteilungsabsicht entscheiden sich nicht nur durch die malerische Gestaltung, sondern auch stark durch die inhaltliche Botschaft und Motivik (narrativ/affektiv/symbolisch/abbildend/religiös/usw.). Deshalb ist anzumerken: In der Arbeit werden gegenständliche Gemälde fokussiert. Gegenständliche, realitätsnahe Gemälde ermöglichen den Adressaten oft eine einfachere Deutung. Besonders zeitgenössische Malerei entfernt sich aber teilweise von der realistischen Darstellung des Malgegenstandes oder fokussiert sogar gänzlich den Malprozess und den Malhabitus. Hier entwickelt

1 Vgl. Wieland (1982)

2 Vgl. dazu Koch (2016), S. 15 f., die darauf verweist, dass Farbe in der Antike als „Wirkstoff" verstanden wurde, der – ähnlich wie pharmazeutische Wirkstoffe – direkt auf Körper und Geist des Menschen einwirkt.

sich der Nachvollzug dann nicht über die Motivik und ist eventuell sogar erschwert. Die Adressatenorientierung kann in Gemälden also auch problematisiert werden und sich auf einer Skala von lesbar bis verborgen bewegen. Eine rhetorische Dimension besitzt dabei stets jedes Gemälde. Auf die praktische Dimension des Malens wird ebenfalls in einem Kapitel eingegangen (Bezugsfeld C: Rhetorisch-wirkungsbezogenes Malwissen, Abschn. 2.1.3).

Zugleich kann auch *theoretisches Wissen* das Vorstellen/Erkennen/Verwenden/usw. der Farben in Malereien beeinflussen und erklären. Theoretisches Wissen begründet sich unabhängig von menschlichen Handlungszusammenhängen – z. B. in Bezugnahme auf physikalische/biologische/usw. Gesetze. Damit kommen nun all die kognitiven Aspekte der „Sache Farbe" ins Spiel: Wissen über physikalische, psychologische, biologische, philosophische usw. Farbgrundsätze kann die Malerin oder den Maler unterstützen und sein poietisches Vorgehen beeinflussen – man denke nur an den Pointillismus und seine Bezugnahme auf die Farbphysik. Das in der Tradition der Malerei entwickelte poietische Wissen um die Farbe (Verwendung der Eigenfarbe, Erscheinungsfarbe, Farbbeziehungen, trübe Medien, usw.) hat häufig eine theoretische Entsprechung (z. B. Wahrnehmungsgesetze wie das der Farbkonstanz, Lichtmischung, Aufbau des Auges als Sehorgan, usw.). Poiesis und Theorie standen im Verlauf der Geschichte der Malerei stets in Wechselbezug. Das Kapitel 2.1.4 wird Farbtheorien unterschiedlichster Wissenschaftsdisziplinen und ihren Einfluss auf das Malen darlegen (Bezugsfeld D: Theoretisches Farbwissen, Abschn. 2.1.4).

Die komplexe Struktur des Malen-Lernens vereint alle drei beschriebenen Wissenstypen. Analysen darüber, wie im Malen poietisches, praktisches und theoretisches Wissen zusammenwirken und sich wechselseitig bedingen, werden daher das Kapitel 2.1 abschließen (Bezugsfelder A, B, C, D im relationalen Zusammenwirken, Abschn. 2.1.5).

2.1.1 Bezugsfeld A: Technologisches und handwerkliches Malwissen

Technologisches und handwerkliches Wissen ist der erste Teil des poietischen Gestaltungswissens des Malens – der darauf aufbauende zweite Teil, das *gestalterische Malwissen*, wird im nachfolgenden Kapitel 2.1.2 erläutert. Das „Bezugsfeld A technologisches und handwerkliches Malwissen" beschreibt die Relation des malerischen Darstellungskönnens[3] zu technischen Entscheidungen/Gegebenheiten. Es umfasst:

- technologisches Wissen über Materialien (Farbstoffe, Farbpigmente, Bildträger, Malwerkzeug, usw.)
- handwerkliches Wissen über ihren Einsatz (Farbauftrag, Farbmischung, Maltechniken, usw.)

3 Von Können kann die Rede sein, wenn das Wissen motorisch und handwerklich gezielt im Malprozess Anwendung findet.

Dieses Wissen wird generiert im theoretisch-analysierenden Blick auf das Produkt (Gemälde) oder den Prozess (Malen). Bezugsquellen für technisches Farbwissen sind demnach: Kunsthistorische, kunstwissenschaftliche Reflexionen, aber auch malpraktische Reflexionen (z. B. von Künstlerinnen und Künstlern selbst). In diesem Kapitel kann und soll keine umfassende Zusammenstellung von Malmaterialien und seinen handwerklichen Einsatzmöglichkeiten erbracht werden – hierfür dienen umfassende Handbücher.[4] Vielmehr soll eine exemplarische Übersicht relevanter maltechnischer Aspekte auf das große Feld der Maltechnologie verweisen, nämlich auf das Wissen und Können des Malhandwerks und der akademischen wie der antiakademischen Kunstlehre.

Malhandwerk[5]

Malhandwerk umfasst materielle, technische Gegebenheiten und den bewussten Einsatz von

- Bildträgern (Papier, Leinwand, Holz, ...),
- Malwerkzeug (Pinsel, Spachtel, Schwamm, ...) und
- Malmaterial (Pigmente, Bindemittel, Acrylfarbe, Ölfarbe, ...).

Diese materiellen Voraussetzungen bedingen die Malweise, den Farbauftrag und die gesamte Farbwirkung – sie bestimmen die Phänomenalität und das Konzept der Malerei mit. Malhandwerkliches Wissen fließt schon vor dem ersten Pinselstrich in das Werk ein, wenn die Malwerkstatt gemäß der späteren Darstellungsabsicht materiell vorbereitet wird. Jedes Material gibt einen Rahmen an Gestaltungsmöglichkeiten vor und verbietet andere: So ist das Konzept des Malens vom Dunklen ins Helle mit Aquarellfarbe nicht verwirklichbar (und nicht einmal denkbar), mit Acrylfarbe dagegen schon. Transparenz, Deckkraft und Vermalbarkeit der beiden Malmaterialien unterscheiden sich. Dennoch existiert ein Spektrum an technischen Variationen wie Malende ihr Material anwenden können, wodurch Stil und Duktus unabhängig vom Material erkennbar bleiben.

Ausführliches Wissen über Malmaterialien und ihre Eigenschaften ist beispielsweise im maltechnischen Standardwerk „Malmaterial und seine Verwendung im Bilde" von Doerner/Hoppe[6] dargelegt. An dieser Stelle kann und soll nur eine verkürzte Zusammenschau dazu dienen, sich eine Vorstellung vom enormen Umfang des malhandwerklichen Wissens zu machen:

Malfarbe besteht aus organischem oder anorganischem Farbpigment, einem fetthaltigen oder wasserlöslichen Bindemittel und wahlweise aus Emulgatoren. Je nach Zusammensetzung und variierendem Malgrund unterscheidet man zwischen den Techniken der Aquarell-, Enkaustik-, Eitempera-, Fresko-, Öl- und Acrylmalerei, die differierende Eigenschaften in Bezug auf ihre Trocknung, Löslichkeit, Lichtbeständigkeit, Vermalbarkeit, Tiefenwirkung, Deckkraft und ihren historischen Hintergrund aufweisen.[7] Dazu ein Beispiel: Die in meiner Unterrichtsstudie verwendete *Acrylfarbe* gehört zu den

4 Z.B. von Doerner/Hoppe (1994)
5 Vgl. Erläuterung zu „Handwerk", Kap. 5.3.2 (These 5)
6 Doerner/Hoppe (1994)
7 Vgl. detaillierte Informationen zu Maltechniken z. B. in Krug (2008)

wasserlöslichen Malfarben. Ihre technologische Basis ist eine Emulsion aus Kunststoffdispersionen/Kunstharz (Acrylharz) und Wasser. Nachdem die Farbe getrocknet und das Wasser verdunstet ist, wird Acrylfarbe wasserfest und wasserunlöslich. Nach der Trocknung erscheint Acrylfarbe dunkler. Diese materiellen Besonderheiten ermöglicht das Arbeiten in beliebiger Schichtdicke von lasierend bis pastos. Auch Korrekturen sind beim Malen mit Acrylfarbe durch Übermalen vergleichsweise einfach auszuführen. Außerdem zeichnet sich Acrylfarbe durch Haftfähigkeit auf fast jedem Grund aus.[8]

Ähnlich wie die Entscheidung für das technologische Farbsystem geht auch die *Auswahl* der Farbtöne dem Beginn des Malprozesses voraus und setzt eine imaginative Antizipation des späteren Bildes voraus. Die Ausgangsfarben auf der Palette werden von Hassenpflug[9] als „Tonsatz" des späteren Bildes bezeichnet, da sie darüber entscheiden ob es hell, dunkel, bunt oder tonig usw. wirken wird. Mögliche Spannungen zwischen hellen und dunklen oder warmen und kalten Farben entspringen schon der Wahl der Ausgangsfarben.[10]

Die Malerin oder der Maler kann die Ausgangsfarben im weiteren Malprozess durch *Mischen* in Farbnuancen differenzieren. Dazu wendet sie oder er Wissen und Erfahrung über Grundsätze des Mischens an und mischt entweder auf der Palette oder auf dem Malgrund (z. B. durch Schichten). Grundlegende handwerkliche Mischgrundsätze sind:

- *Mengenverhältnisse*: Um eine helle Farbe abzudunkeln, reicht eine kleine Menge einer dunkleren Farbe aus, die hinzugefügt wird. Zum Aufhellen einer dunkleren Farbe braucht man dagegen eine größere Menge an heller Farbe. Aus diesem Grund ist das sukzessive Mischen vom Hellen ins Dunkle praktikabler.
- *Wissen über Mischungen und Farbverhältnisse*:
  Gelb + Blau = Grün, Rot + Blau = Violett, Gelb + Rot = Orange, Rot + Gelb + Blau = Braun,
  Komplementärkontraste: rot-grün, gelb-violett, blau-orange,
  Warme und Kalte Farben: „Warm nennt der Maler alle Farbtöne, die sich dem Gelben nähern, kalt alle solche, die sich zum Kühlen, Blauen hinneigen."[11]
- *Abdunkeln/Trüben/Dämpfen*: Ein Hauch von Grau (komplementär anklingend) genügt, um eine Farbe zu trüben.[12] Auch die minimale Beigabe der Komplementärfarbe, einer anderen dunkleren Farbe oder von Schwarz führt zur Verdunklung. Kalte Farben werden durch warme, warme durch kalte Farben abgeschwächt.
- *Aufhellen/Verblassen:* Durch Beigabe von Weiß/Wasser/einer helleren Farbe hellt sich ein Ausgangston auf.
- *Farbe klar halten:* Werden warme Farben untereinander gemischt bleiben sie intensiv und klar – ebenso kalte Farben, die untereinander gemischt werden.[13]

8 Vgl. Doerner/Hoppe (1994), S. 196 ff.
9 Vgl. Hassenpflug (1959)
10 Vgl. Hassenpflug (1959), S. 58 f. und Schaubild zum Farbenmischen in Kap. 2.2.2
11 Doerner/Hoppe (1994), S. 266 ff.
12 Vgl. ebd., S. 164; vgl. auch die ausführlichen Erläuterungen von Karin Leonhard (2016) zu den Farbkategorien der Malerei im 17. Jahrhundert.
13 Vgl. Doerner/Hoppe (1994), S. 266 ff.

- *Sauberkeit:* Malwerkzeuge werden sauber gehalten, um die Farben nicht unabsichtlich zu trüben. Der Pinsel kann dazu am Lappen gesäubert und das Wasser regelmäßig gewechselt werden.

Die Malenden tragen die (gemischte) Farbe durch eine bewusste *Pinselführung* auf den Malgrund auf. Das Tempo (schneller, langsamer Zug), der Takt (Abstände/Ordnung/...), die Richtung (Horizontale/Diagonale/Schräge/...) und Überlagerung der Pinselspuren charakterisieren den Duktus, die Faktur und die Wirkung.[14] Generell existieren die zwei *Farbaufträge*:

- mehrschichtig
- einschichtig.

Bei der Alla-Prima-Technik wird ein Gemälde mit nur einer Farbschicht vollendet. Die Farbe wird *nass in nass* aufgetragen und eher *opak* (deckend) und *pastos* (zähflüssiger, dicker Auftrag) verwendet. Spuren von spontaner, aber entschlossener Pinselführung können zurückbleiben.[15]

Mehrschichtige Malerei basiert auf *Untermalung*, wobei alle Farbschichten bis auf die Letzte so bezeichnet werden. Der Farbauftrag ist zuerst dünner, später dicker. Bei gegenständlichen Gemälden ist die erste Untermalung oft eine zeichnerische Vorarbeit, auf die eine lichterhöhende Modellierung und eine zarte Farbangabe oder Farbflächen folgen. Die Mischgrundsätze bleiben zu beachten: Kontrastfarbige Untermalung (Rot unter Grün) ist nur sinnvoll, wenn man stumpfe Töne erreichen will; warme Töne übereinander steigern sich, warme und kalte übereinander schwächen sich.[16] Doerner/Hoppe verweisen auf das Tiefenlicht der Lasur, das nur mit einem hellen Unterton erreicht werden könne, denn „wie beim Handwerk der Färberei setzt sie [die Lasur] einen helleren Unterton voraus, der durch die Lasur gefärbt, aber dadurch vertieft wird. Ein weißes Tuch lässt sich rosa oder hellblau oder beliebig färben, ein graues nur mehr in satteren Tönen, ein lichtrotes nur dunkelrot bis braun oder schwarz usw. Nach demselben Prinzip kann der weiße Unterton nach allen Richtungen im Bilde durch die Lasur gefärbt werden, der farbige oder graue je nach dem Grad der Dunkelheit entsprechend weniger. Auf ihm ist Lasurfarbe mehr oder minder tot".[17]

Das höchste Licht und der tiefste Schatten müsse abschließend kräftig gesetzt werden.[18] Licht und Schatten stehen im farbigen Gegensatz komplementärer Art, so dass in jeder Schattenfarbe auch die Komplementärfarbe des Gegenstands beigemischt ist.[19]

Die beschriebenen handwerklichen Regeln sind keine unumstößlichen Gesetze, dennoch lässt sich ein strukturiertes Vorgehen von Hell nach Dunkel, von Warm nach Kalt oder jeweils umgekehrt bei vielen (akademisch geprägten) Meisterinnen und Meistern

14 Vgl. Hassenpflug (1959), S. 181
15 Vgl. Krug (2008), S. 231
16 Vgl. Doerner/Hoppe (1994), S. 67
17 Ebd., S. 163
18 Vgl. ebd., S. 165
19 Vgl. ebd., S. 268

beobachten. Leuchtet hinter einem dunklen, kalten Blau beispielsweise ein nur zu vermutendes Ocker oder komplementäres Orange hervor, wird auf diese Weise die Tiefen- und Kontrastwirkung erhöht.[20]

Um das Zusammenspiel von Materialität, handwerklichem Können und antizipierender Wirkungsintention ganzheitlich zu begreifen, müssen die Prozesse praxisbezogen, d.h. in einer produktionsästhetischen Perspektive ganz konkret verstanden werden. Im Anhang befindet sich dazu eine Analyse, die Einblicke in Rubens Malhandwerk[21] gibt und die These stärkt, dass Malen immer auch ein Handwerk ist.

Akademische und antiakademische Mallehre

Wie die Lehrperson die Rolle des Handwerks im Lehr-Lern-Prozess des Malens gewichtet, entscheidet auch über ihre angewendete Lehrmethodik und die resultierenden Malweisen der Schülerinnen und Schüler: Farbe kann beispielsweise handwerklich geordnet (akademisch) oder völlig frei gelehrt und gelernt werden (antiakademisch).

Der Begriff *Akademische Mallehre* bezieht sich besonders auf das 17.-19. Jahrhundert. Das Handwerk galt dort als selbstverständliche, doch hochgradig elaborierte Grundlage des künstlerischen Schaffens, aber nicht als ausschließlicher Bestimmungsgrund. In diesem Sinne ist Kunst „nicht nur Geist oder nur Handwerk allein, sondern eine Vereinigung von beidem".[22] Erst „die Beherrschung des Handwerks legt schöpferische Kräfte frei".[23] Der malende Mensch kann das Sichtbare nicht unmittelbar „abmalen", sondern nur in seine technisch bedingten Gegebenheiten und sein malerisches Gestaltungskonzept übersetzen.[24] Der Darstellungswert von Farbe steht hier im Vordergrund. Akademische Malkunst beachtete konsequent die formal technischen und ästhetischen Regeln, die an den Kunstakademien gelehrt wurden. Picasso durchlief beispielsweise in jungen Jahren eine klassisch akademische Lehre, bevor er sich davon löste.[25]

Mit Eintritt der Moderne wurde die Akademische Kunst hinterfragt. Von den „antiakademischen" Künstlerinnen und Künstlern wurden formale Regeln strikt abgelehnt, um nicht in festgefahrenen Routinen zu erstarren. Im Zuge der antiakademischen Lehren Anfang des 20. Jahrhunderts löste sich Farbe weiter von der scheinräumlichen Darstellung des Gegenstandes, um andere Fragen der Malerei zu verfolgen. Die Natur diente dazu, den figurativen Rahmen für die sich immer mehr verselbständigende psychologische oder expressive Farbwirkung bereit zu stellen.[26] An die Stelle der Objektästhetik trat eine Prozessästhetik, es ging nicht mehr bloß um das Faktum des Bildes, sondern auch um das Sehen.[27] Pointillismus, Orphismus und andere Strömungen des 19. Jahrhunderts bieten Beispiele. Lovis Corinths Aussagen in „Das Erlernen der Malerei"[28] verdeutlichen

20 Vgl. Krug (2008), S. 147
21 Vgl. Anhang: Kap.7.1.1 gibt Einblicke in Rubens' Malhandwerk
22 Doerner/Hoppe (1994), S. 264
23 Hassenpflug (1959), S. 11
24 Vgl. Gombrich (1986), S. 55
25 Vgl. Anhang, Kap, 7.1.2: Picassos Lerneinflüsse in Kindheit/Jugend
26 Vgl. Burkhardt (1974)
27 Vgl. Imdahl (1987), S. 33
28 Corinth (1920), S. 129-133

seine *antiakademische Denkweise*. Er beschreibt in kritischer Distanzierung, wie die akademisch Malenenden ihre Meister in den Ateliers nur kopierten, ohne dass Neues entstünde. Akademien machten ihre Schülerinnen und Schüler nicht selbstständig und frei, sondern fesselten sie in eingedrillte Regeln. Frei könne nach Corinths Ansicht dagegen nur werden, wer sich wieder mühevoll von den akademischen Regeln löse. Ziel der Kunst müsse es sein, Individualität als wertvollen Schatz zum Ausdruck zu bringen. Für Corinth ist besonders die Malerei eine rein sinnliche Empfindungskunst, die mit keinerlei theoretischen Aspekten verknüpft werden dürfe.[29] In den antiakademischen Strömungen liegt der Schwerpunkt auf dem Eigenwert von Farbe.[30] Corinths Sichtweise spiegelt eine extreme Abgrenzung antiakademischer Kunst von akademischer. Seine Perspektive darf nicht auf die gesamte Kunst des 20./21. Jahrhunderts angewendet werden. Gemälde wie bspw. einige von Rothko, Richter oder Rauch zeigen große technische Präzision und Reflexion oft auf der Ebene *abstrakter* Darstellung. In meiner Arbeit konzentriere ich mich auf die akademische Maltradition hinsichtlich *gegenständlicher* Malerei.

2.1.2 Bezugsfeld B: Gestalterisches Malwissen

Malweisen unterscheiden sich von malendem Mensch zu malendem Mensch, von Kultur zu Kultur, von Epoche zu Epoche, manchmal von Bild zu Bild. Das begründet sich wie beschrieben zum einen aus materiellen, handwerklichen Abhängigkeiten, zum anderen aus der Eingebundenheit jedes Individuums in gesellschaftliche, kunstepochale, persönliche, intersubjektive Gestaltungskonventionen. „Gestalterisches Malwissen" ist abhängig von handwerklich-technischem Können als Basis, von der aus sich Gestaltungskönnen bilden kann. Es entspringt einem Bedürfnis nach Mimesis und bildet sich in *mimetischer Beziehung* auf Vorbilder, durch Nachvollziehen, Mitvollziehen, Versuch und Irrtum – und stets durch je darauf bezogene Reflexionen. Damit sind Gestaltung und Handwerk in engem poietischem Zusammenhang zu betrachten: „Gestaltung" meint in gewisser Weise den souveränen, optimierten, reflektierten und gezielten bildsprachlichen Einsatz handwerklicher Mittel, um diese dadurch in Hinsicht auf einen gemeinten Inhalt „zum Sprechen zu bringen". „Gestaltung ist eine spezifische und höherrangige Formqualität der handwerklich-technischen Hervorbringung".[31] Gestalterisches (Mal-)Wissen umfasst beispielsweise:

- farbige, form- und raumbezogene Gliederung der Bildfläche (Komposition),
- Beziehung der bildnerischen Mittel untereinander (Farbklänge/Kontraste/Farbzusammenstellungen/Verhältnisse von Linie und Fläche/valeuristische bis koloristische Farbkonzepte, …),
- Beziehung des Bildes zur Wirklichkeit (abbildend, abstrahierend, verfremdend, …).

Komplexe Gestaltungsprozesse erfordern folglich komplexe Planungs- und Ausführungsprozesse, die teils ausdauernd geübt und erlernt werden müssen – im mimetischen

29 Vgl. ebd., S. 129-133
30 Vgl. Beschreibung von Eigenwert und Darstellungswert in Kap.2.1.3
31 Glas/Sowa (2006), S. 251

Bezug zur gestaltenden und bildhaften Umwelt.[32] In diesem Kapitel „Bezugsfeld B: Gestalterisches Malwissen“ werden exemplarische gestalterische Entscheidungen und Prozesse vorgestellt: *Disegno und Colore, kunsthistorische Bestimmungsverhältnisse zwischen Disegno und Colore, Linie, Farbe und Form in der Malerei und Malkonzeptionen.*

Disegno und Colore

Malereien können linienbetont (schema/disegno/linear) oder flächen-/massenbetont (chroma/colore/malerisch) gestaltet sein:

Disegno (ital.) bedeutet *Zeichnen, im Umriss darstellen*. Das Gestaltungsverfahren/-merkmal des *Disegno* kennzeichnet Malweisen, in denen Formen durch eindeutige Linien konturiert sind. „Linie“ meint dabei nicht nur die umschließende Linie, sondern auch die, die sich durch scharfe Farbgrenzen ergibt. *Heinrich Wölfflin* (1864-1945) prägte gegen Ende des 19. Jahrhunderts für diese linienbetonte Darstellungsweise den deutschen Grundbegriff des *Linearen*. Sinn und Schönheit der Dinge werden im Umriss gesucht und die Farbe wird der Linie untergeordnet.

Colore (ital.) heißt *Farbe*. Für die Kunst der Farbgebung spaltet sich im 15./16. Jahrhundert das Substantiv „il colorito“ in der italienischen Kunsttheorie als eigenständiger Terminus ab. Der im deutschen Sprachgebrauch verwendete Begriff *Kolorit* bezeichnet die übergeordnete farbige Bildgestalt und die gemalte Farbe als Gestaltungsmerkmal mit eigenen Gesetzmäßigkeiten. Damit zeigt sich eine Verschiebung der handwerklichen Tätigkeitsbeschreibung des farbigen Ausfüllens von Formen hin zum Kolorit als ästhetische Kategorie. Der Begriff taucht erstmals bei *Leonardo da Vinci* im *Trattato della pittura* auf.[33] *Wölfflin* bezeichnet mit dem *Malerischen* nicht nur Farbe, sondern auch Helldunkel. Für ihn ist das Malerische ein Denken in Massen, eine Auflösung des Regelmäßigen, ein Zurücktreten der Linie.[34] Im Gegensatz zur Linie, die taktile Eigenschaften der Dinge zu erfassen und zu veranschaulichen sucht, ist das „malerische“ Moment der Bildgestaltung vorrangig auf rein *visuelle* Gegebenheiten bezogen.

Die Differenzen, Zusammenhänge und Abhängigkeiten zwischen linienbetontem Formerfassen und dem flächenbezogenen Farbsetzen wurden aber nicht erst von den Theoretikern und Künstlern des 16. und 17. Jahrhunderts beobachtet und formuliert. Sie haben schon antike Wurzeln: In der antiken Kunsttheorie wird Malerei als ein Zusammenspiel zwischen *Schema* (Form) und *Chroma* (Farbe) erklärt, wobei dem *Schema* – also der linear umgrenzten Form – die Führungsrolle der Sacherkenntnis zugeschrieben wird, während der *Chroma* eher affektive Wirkungen zugesprochen werden.[35]

Kunsthistorische Bestimmungsverhältnisse zwischen Disegno und Colore

Im Lauf der Kunstgeschichte wechselten die Rangverhältnisse zwischen linearem und malerischem Wahrnehmen und Darstellen und führen, wie Wölfflin zeigte, zu verschiedenen „kunstpsychologisch“ begründeten Stildifferenzen – etwa der von ihm besonders

32 Vgl. ebd. S.252 ff.
33 Vgl. Wagner (2011), S. 96 ff.
34 Vgl. Wagner (1999), S. 119 f. und Wölfflin (1915)
35 Vgl. Koch (2016)

deutlich herausgearbeiteten Differenz zwischen Renaissance und Barock. Diese Wahrnehmungs- und Darstellungsstile ergänzten sich komplementär, bildeten Einheiten oder Oppositionen. Über die Ursachen lässt sich spekulieren. Burkhardt (1974) beschreibt wie der lineare Stil in Epochen mit starkem Repräsentationsbedürfnis dominierte (Klassizismus, Renaissance).[36] Im Folgenden werden nur fragmentarisch Beispiele zu unterschiedlichen Positionierungen gegeben. Dennoch kann dadurch ein Bild der wechselnden Rollenverteilungen zwischen Farbe und Form vage vorgezeichnet werden:

Bis zur Renaissance existiert ein Wertgefälle: Zeichnung wird vornehmlich als auf das Geistige, Essentielle gerichtet verstanden – Farbe auf das Sinnliche, Akzidentelle. *Paolo Pino* (1534-1565) und *Vasari* (1511-1574) präzisieren erstmals die *unione del colorito* als intelligente Einheit von *Disegno* und *Colorito*. Demnach muss stets der ganze Farbkörper beachtet und ein Einklang zwischen Form und Farbe gesucht werden.[37] *Im 17. Jahrhundert* zerbricht diese Einheit erneut in der Kontroverse zwischen den Poussinisten und Rubenisten – als Antagonismus zwischen Zeichnung und Farbe. Die Poussinisten begreifen Farbe als launische Geliebte, als Verführungskunst, die den Maler von der strengen Wahrheit (der Zeichnung) weglockt.[38] Vertreter dieser klassizistischen Reduktion, der sogenannten „Dessin-Theorie" mit ihrem Primat der Zeichnung sind beispielsweise *Charles Le Brun (1619-1690)* und *Henri Testelin (1616-1695)*. Letzterer begründet den Vorrang der Zeichnung mit dem Beispiel, dass man mit Rot kein Grün malen könne, mit beidem aber eine Figur zeichnen. Farben seien demnach charakterisiert durch ihr Projektionsunvermögen und reinen Selbstbezug, während die Zeichnung Projektionsvermögen und Fremdbezug aufweise.[39]

Die Rubenisten bilden die Opposition zu den Poussinisten: Besonders seit dem Barock ist Farbe ein wesentliches Mittel, um erlebte Wirklichkeit realitätsnah darzustellen: Das farbige Licht wird in seiner raumbildenden und illusionistischen Wirkung entdeckt und dem Malerischen wird deshalb eine zentrale Funktion zugewiesen.[40] *Disegno* ohne Farbe ist für die Anhänger dieser Schule leer, abstrakt und tot. „Denn das Ziel der Malerei ist nicht so sehr, den Geist zu überzeugen, als die Augen zu täuschen".[41] *Roger de Piles* (1635-1709) trägt 1673 in Paris in der Académie royale de peinture et de sculpture den *Dialogue sur le coloris* vor, um die göttliche Eleganz der Malerei hervorzuheben : *„Comme Dieu crée le corps avant l'âme, le peintre dessine avant de colorer."*[42] In Anspielung auf die Schöpfungsgeschichte ist von der Beseelung der Form durch Farbe die Rede: Wie Gott den Körper vor der Seele erschafft, so zeichnet der Maler bevor er malt. Zeichnung besteht zwar vor der Farbe, erhält aber erst durch sie ihre Perfektion. Rubenisten räumen ihr eine überlegene Rolle gegenüber der Zeichnung ein. Sie betonen: Malerei erlangt ihre Schönheit durch einen die Einzelfarben übergreifenden Gesamtakkord. Es geht um optische helle

---

36 Vgl. Burkhardt (1974)
37 Vgl. Wagner (2011), S. 104 f.
38 Vgl. Bruns (2006)
39 Vgl. Imdahl (1987), 41 ff.
40 Vgl. Burkhardt (1974)
41 Le Rider (2000), S. 18
42 Krings (2004), S. 25

und dunkle Massen, nicht um scharf umgrenzten, taktilen Konturlinearismus. *Rubens*[43] (1577-1640) Malweise wird exemplarisch hierfür gesehen. In seinen Gemälden existieren Dinge und Figuren nicht unabhängig von Licht und Schatten. „Das Rubenssche Helldunkel ist ein sui generis optisches und das Bildganze organisierende Gesamtsystem."[44] Das Kolorit als primärer Bildwert umschließt in dieser Definition Farbe und Helldunkel.

Antoine Coypel (1661-1722) versucht den Streit zwischen Poussinisten und Rubenisten zu relativieren. Man könne sich nicht ein Auge ausreißen, um mit dem anderen besser zu sehen. Wie zwei Augen, so treten Malerisches und Lineares in Wechsel- und Zusammenwirkung.[45]

Im 18. Jahrhundert entsteht die „Generation Winkelmann" mit dem Leitbild der Monochromie von edlem Weiß und einer formkonturierenden Malweise.[46] Ingres' linearer Malstil leistet ein Exempel von großer schulbildender Wirkkraft.

Im 19. Jahrhundert bietet Hermann von Helmholtz (1821-1894) (in *„Optisches über Malerei"*) eine neue Sicht auf die Malerei: Kunstschaffende könnten die Natur nicht abschreiben, sondern nur übersetzen. Kolorit kann Farb- und Helligkeitswert der Natur nicht wiederholen, „sondern nur deren Verhältnisse untereinander proportional repräsentieren".[47] Malerei ist demnach Übersetzung von natürlich erscheinender Farbe in künstlich konstruiertes Kolorit.

Delacroix (1798-1863) setzt dem *„dessin par le contour"* ein *„dessin par les milieux"* entgegen. Farbe gilt dabei als Materie – mit ihr malen die Malerin oder der Maler wie die Bildhauerin oder der Bildhauer mit Stein oder Holz modellieren: Vom inneren Volumen, nicht vom Umriss ausgehend und vom Allgemeinen zum Besonderen. *Courbet* (1819-1877) strebt eine vollkommene, authentische Repräsentation an und stärkt sie durch materiale Repräsentation. Die zu gestaltende Farbmaterie wird durch Malweise und Farbauftrag im Dienste der Idee verwendet. „Die Materialität der Bildflächenfarbe steht anschaulich ein für die Materialität des Gegenständlichen."[48] Das unterscheidet die Malerei von der substanzlosen Zeichnung. So ist die materielle Oberflächenbeschaffenheit einer Schneedecke zum Beispiel leichter mit Farbsubstanz zu malen.[49] Der Weg der Emanzipierung der Farbe wird durch Künstler wie Monet, Cézanne, van Gogh oder Picasso weiterbeschritten. Sie drehen die traditionelle Hierarchie der Bildgattungen endgültig um. Nicht mehr die Historienmalerei steht an der Spitze, sondern Landschafts-, Stillleben- und Genremalerei. Die Farbverwendung löst sich aus alten Fesseln. *Monet* (1840-1926) fügt mit seiner Malweise (*automatisme organique*) einen weiteren Umgang mit Farbe hinzu. Er orientiert sich nicht an begrifflicher Gewissheit, sondern reagiert reflexionslos auf den optischen Eindruck. *Cézannes* (1839-1906)[50] koloristische Konstruktionen sind ebenso wenig an begrifflicher oder auch gestalthafter Gewissheit orientiert. Er fokussiert aber

43 Vgl. Anhang, Kap. 7.1.1: Peter Paul Rubens' elaboriertes Malen-Können
44 Imdahl (1987), S.60
45 Vgl. ebd., S. 68 f.
46 Vgl. Le Rider (2000), S. 22
47 Wagner (2011), S. 116
48 Imdahl (1987), S. 107
49 Vgl. ebd., S. 88 ff.
50 Vorausblick auf empirische Studie: Cézannes Stillleben werden als Vorbilder für die Lernenden dienen.

nicht wie die Impressionisten die augenblickliche lichthafte Phänomenalität des Gegenstandes, sondern seine koloristische Konstruktion gemäß farbimmanenter Regeln. Cézanne „komponiert“ mit und durch Farbe, bildet Gegenstände und Raum ganz aus ihr.[51] Das Besondere an Cézannes Gemälden ist, dass sie einerseits dem traditionellen Prinzip der Naturnachahmung verhaftet sind, andererseits den Weg zur autonomen Kunst mit eigengesetzlichen Bildordnungen ebnen. Die Fragen nach...

- naturalistischen Elementen (Stofflichkeit-, Körper-, Raumillusion...) und
- autonomen formalen Elementen (Pinselschrift, Linie, Fläche, Form, Volumen, Farbe, Bildaufbau...)

... dienen der Einordnung von Cézannes Malerei: Ihm geht es um beides, um kraftvolle Körperlichkeit und um das Bildganze. Naturform und Kunstform stehen sich ebenbürtig gegenüber – Apfel, Tuch, Glas und Form, Proportion, Spannung, Gleichgewicht, Farbe, Rhythmus. „Cézanne läß[!]t sich seine Farben nicht von den Gegenständen diktieren, sondern umgekehrt: er diktiert seinen Gegenständen die Farben, wie er sie farbmelodisch braucht.“[52] Cézanne sagt: „Man muss die Natur nicht reproduzieren (nachbilden), sondern repräsentieren (darstellen). Wodurch? Durch gestaltende farbige Äquivalente. [...] Die Kunst ist eine Harmonie parallel zur Natur.“[53] Er nutzt den Gestaltungswert der Farben und erzeugt durch Farbe *Form*.

Van Gogh (1853-1890) schreibt 1885 in einem Brief an seinen Bruder, dass der Maler nicht von den Farben der Natur ausgehen müsse, sondern von denen seiner Palette.[54] Damit erfasst er Farbe als relationales, bildinternes System. Auch seine Malweise (Farbe als Linie, Linie durch Farbe) zeugt von Innovation. Sie stellt eine Einheit von Farbe und Strich dar.[55]

Picasso (1881-1973) denkt ähnlich über Zeichnung und Farbe: „Es darf nicht einerseits Zeichnung und andererseits die Farbe geben. Oder die Zeichnung in Farbe und die Farbe als Zeichnung. Bei der Schluß[!]betrachtung müssen Zeichnung und Farbe das gleiche sein.“[56]

Im 20./21. Jahrhundert tritt der „materielle Aspekt des Pigments als elementare Erscheinungsform“[57] in das Interesse der Malerinnen und Maler. Ähnlich wie Musikinstrumente durch ihr Material eine bestimmte Klangfarbe bekommen, so wollen Malerinnen und Maler ihre Bilder durch das farbige Material stimmen. Andere Möglichkeiten im Umgang mit Farbe sind, dass die Bilder Felder formaler Farbexperimente oder von Gefühlsdiktaten werden. Farbe entspricht bei beidem nicht mehr dem Natureindruck. Sie wird nicht wie Dürer meinte aus der Natur herausgerissen, sondern in sie hineinprojiziert. In der konkreten Malerei werden Naturformen sogar gänzlich durch Kunstformen ersetzt – nur so

51 Vgl. Imdahl (1987), S. 111 ff.
52 Uhlig (1986), S. 28
53 Ebd., S. 39 f.
54 Vgl. Le Rider (2000), S. 40
55 Vgl. Badt (1981), S. 10
56 Picasso (1988), S. 34
57 Wagner (2011), S. 120

verdecken die Naturformen die bildnerischen Elemente nicht. Linie, Farbe, Fläche können hervortreten – nichts ist konkreter als sie, sie sind nicht abstrakt.[58]

Ich habe diese kunstgeschichtlichen Sichtweisen deshalb ausführlicher dargestellt, weil sie verdeutlichen kann, dass und wie „Farbe“ und „Form“ in der europäischen Kunstgeschichte immer wieder als unterscheidbare Qualitäten oder Momente bildlicher Darstellung begriffen und in ein polares Verhältnis gesetzt wurden. Ob diese Dualität „kunstpsychologisch“ zu begründen ist (Wölfflin), sei dahingestellt. Immerhin gibt es wahrnehmungsphysiologische und gehirnphysiologische Forschungen, die verschiedene neuronale Verarbeitungskomponenten visueller Wahrnehmung unterscheiden lassen.[59] Wichtiger im vorliegenden Zusammenhang scheint aber, dass diese verschiedenen Auffassungsformen sich durch Aufmerksamkeit beeinflussen lassen – und zwar auf den eng verwobenen Ebenen des Wahrnehmens, Vorstellens und Darstellens. So kann es zu verschiedenen „stilistischen“ Darstellungsformen kommen, deren Wechselspiel sich in der europäischen Kulturgeschichte seit der Antike beobachten lässt. Die theoretischen Rechtfertigungen, die dann im „Streit der Schulen“ für die verschiedenen Sehweisen gefunden wurden, scheinen mitunter nachträgliche Rechtfertigungen für spontane Verfahrensweisen zu sein, die sich in der Malpraxis entwickelt und verfestigt haben. Doch kann man etwa an Malern wie Cézanne sehen, dass sich das Sehen durch intentionale Aufmerksamkeitsverschiebung durchaus wirksam „umstellen“ lässt. So kann „malerisches“ Sehen – auch durch die Einübung verschiedener prozeduraler Bildverfahren – regelrecht habitualisiert werden. Genau dieser Vorgang ist von großem kunstdidaktischem Interesse, denn auch in der Kunstdidaktik der Malerei geht es um die „Umstellung“ von Aufmerksamkeit – vom Formsehen hin zum Farbsehen.[60]

Malkonzeptionen

Die gestalterischen Möglichkeiten einer Bildidee Ausdruck zu verleihen, reichen vom naturalistischen Abbilden bis hin zum expressiven Interpretieren von Porträt, Landschaftsbild, Stillleben, Genrebild oder ungegenständlichen Formen. Es lässt sich eine Zweiteilung vornehmen in

- farbenbestimmte und
- tonwertige Malkonzeptionen.[61]

Erstere zeichnen sich durch die Dominanz der Buntkomponente im Bild aus. Eine *koloristische* Malkonzeption strebt in der Verwendung reiner Buntwerte von höchster Intensität ein harmonisches Gleichgewicht von Farbe an.[62] Farbkontraste stehen als bildnerisches Mittel im Vordergrund. Auch in der *chromatischen* Malerei beherrscht die Farbigkeit das Bild, dennoch wird lichthafte Wirkung durch verstärkte Modulation der Buntwerte erzeugt.[63]

58 Vgl. Burkhardt (1974), S. 39 f.
59 Vgl. Hubel (1989)
60 Vgl. Farb- und Formsehen in Kap. 2.2.2
61 Vgl. Hamm (1982), S. 33
62 Vgl. Düchting (2010), S. 25
63 Vgl. ebd., S. 21

In der tonwertigen Malerei, auch als *luminaristisches Prinzip* oder *Valeurismus* bekannt, wird der Bildaspekt durch Licht und Dunkel bestimmt. Es herrscht ein Grundton vor, der sehr sensibel ausgemischt wird. So kann den ursprünglichen Lokalfarben immer derselbe Grundton beigemischt werden, um eine stimmungsvolle, sehr ausdifferenzierte Gesamtfarbigkeit zu erhalten. Beschränkt sich die Tonwertigkeit auf die Abstufung nur einer Farbe, spricht man von *monochromer* Malerei. Die *Grisaille-Malerei* ist eine weitere Unterform des Valeurismus, die sich auf den Einsatz fein modellierter Grautöne beschränkt.

Linie, Farbe und Form in der Malerei

Es kann hier noch einmal kontrastierend resümiert werden: Linie, Farbe und Form sind Gestaltungsmittel der Malerei, die in unterschiedlichen Funktionen genutzt und verschieden interpretiert werden können:

Die *Linie* in der Malerei kennt diverse Funktionen: ornamentale Funktion, Ausdruckssymbol für Bewegung, richtungsbestimmende Funktion, Blickführung, Mittel der Plastizität und Formfindung, Funktion der farbigen Binnendifferenzierung (z. B. Van Goghs Pinselführung: Farbe tritt in lineare Bewegung).[64] Jede Linie ist stets ein abstrahierendes Gestaltungsmittel, denn sie ist eine Erfindung des Menschen und in der Natur für das Auge nicht vorhanden. „Alle sichtbaren Teile der Natur sind atmosphärisch gebrochen und selbst die Werke der Technik und der Architektur, mit Zirkel und Lineal in harten und bestimmten Linienzügen entworfen, werden in ihren Umrissen weich und zerfließend, wenn sich der Luftraum zwischen sie und das Auge schiebt. Wird dieser Luftraum negiert, bewusst übersehen, dann entfernt sich die Malerei von der Darstellung der Wirklichkeit, abstrahiert sie, nicht im Sinne der ungegenständlichen Kunst, die vom Gegenstand abstrahiert, sondern im Sinne einer Verwandlung, einer Stilisierung der Natur."[65]

Alle Wirklichkeitsdarstellung im Sinne des *Colore* muss diesen Luftraum zwischen den Dingen einbeziehen. Die Malerin oder der Maler unterwirft sich der Natur und studiert ihre *Farbe* als Vorbedingung für ein wirklichkeitsgetreues Bild. Künstlerinnen und Künstler mit malerischem Stil machen mit ihren Werken eine Aussage über die Wirklichkeit, aber auch über ihre eigene Sehweise.[66] „Der alle Gegenstände, die in der Natur vorkommen, umgebende Luftraum, der nicht negiert werden kann, wenn die im Kunstwerk angestrebte Darstellung von Realität möglichst vollkommen sein soll, läßt[!] das lineare Gerüst der Dinge zerfließen, macht es weich und eben – malerisch".[67] Die Malerische *Form* wird durch Licht, Schatten, Farben und Atmosphäre gestaltet. Sie erscheint „nur als Teil des Ganzen im umgebenden Raume".[68] Farbe wird dazu mit dem jeweiligen Hintergrund vereint. „Linienkomposition und Lichtführung dürfen sich nicht decken, sonst wird die Wirkung hart und unmalerisch."[69] Malenden stehen die Ausdrucksmittel der

64 Vgl. Burkhardt (1974), S. 26 ff.
65 ebd., S. 25
66 Vgl. ebd., S. 48 f.
67 Ebd., S. 48
68 Doerner/Hoppe (1994), S. 268
69 Ebd., S. 270

farbigen Flächen und diverse Materialbehandlung zur Verfügung. Aus ihnen „bauen" sie das Bild wie eine Architektur aus farbigen Flächen zueinander auf und schaffen Raum.

2.1.3 Bezugsfeld C: Rhetorisch-wirkungsbezogenes Malwissen

Jede gestalterische Entscheidung entfaltet eine Wirkung auf den betrachtenden Menschen. Damit lässt sich das „Bezugsfeld C: Rhetorisch-wirkungsbezogenes Malwissen" nur theoretisch von dem vorhergehend beschriebenen poietischen Malwissen trennen: Rhetorisch-wirkungsbezogenes Malwissen fokussiert nun neue Aspekte – nicht nur das *Wie* des Malens, sondern das *Wie und Wozu der Beeinflussung* der Betrachterinnen und Betrachter ist dabei leitend.

Rhetorisch-wirkungsbezogene Malaspekte lassen sich grob ordnen nach Wirkungen von abbildenden Darstellungswerten von Farbe (Erscheinungskraft, realistische Effekte, usw.) und von affektiven Eigenwerten von Farbe (Symbolkraft, Ausdruckskraft, ...). Dazu werden folgende Exempel erläutert: *Eigenwert und Darstellungswert, malerische Verhältnisse gegenüber der Wirklichkeit, Malerei im System der Bildenden Künste.*

Eigenwert und Darstellungswert

Hans Jantzen (1881-1967) führte die Begriffe „Eigenwert" und „Darstellungswert" von Farbe ein, um die Geschichte der Malerei als die Wirkungsgeschichte der stets sich wandelnden Beziehungen zwischen *Eigenwert* und *Darstellungswert* zu erläutern[70]:

- Farben in ihrem *Eigenwert* sind in ihrer Wirkungsweise von ihrem Farbenträger unabhängig: „Unter Eigenwert verstehe ich alldiejenigen Werte in der Wirkungsweise der Farbe, die ohne Rücksicht auf den Farbenträger Geltung besitzen, in denen also die Elementarkräfte der Farbe zum Ausdruck kommen, ihr Schönheitswert, ihr Buntwert, ihre Möglichkeit, sich wechselseitig zu ergänzen, zu steigern oder abzustoßen".[71]
- Farben in ihrem *Darstellungswert* erklären in ihrer Wirkungsweise die Natur des Farbträgers: „Unter Darstellungswert seien alle diejenigen Eigenschaften in der Wirkungsweise der Farben verstanden, die darauf ausgehen, die Natur des Farbenträgers zu erklären, die nicht nur seine ‚Färbung' angeben, sondern auch seine Stofflichkeit, Härte, Dichte, Rauheit, Glätte, das Körperhafte ebenso gut wie seine Stellung in Raum und Licht, das heißt also diejenigen Werte, um die sich alle nachmittelalterliche Malerei, die die Welt als eine Welt individueller Dinglichkeit auffaß[!]te, unaufhörlich bemühte."[72]

Der Einsatz der Farbe in ihrem Darstellungswert folgt nicht Eigengesetzmäßig-keiten, vielmehr wird die Materialität der Farbe umgewandelt, um den Schein der Stoffe übersetzend darzustellen. Der Farbauftrag ist oft flach und verrieben. Bei einer Malerei, in der der Eigenwert von Farbe vorrangig ist, wird dieses Verhältnis umgedreht. Der Farbauftrag ist oft pastos und kräftig, da die Wirkung der Farbe selbst, ihrer Farbenkombinationen und Stimmungsqualitäten im Vordergrund steht Im Sinne des Eigenwerts von Farbe gilt:

70 Vgl. Jantzen (1947), S. 114 ff.
71 Ebd.
72 Ebd.

„Aufgabe der Malerei ist es, trotz Nachahmung des Stoffes das Elementare der Farberscheinung zu bewahren"[73] und „Malerei als Farbenkunst ist in erster Linie Gestaltung der Eigenwerte der Farben".[74] Als Beispiel ordnet Jantzen das Wesen der Farbe in der ottonischen Malerei nahe dem Eigenwert ein. An die Gestalt, die Dinglichkeit und damit den Darstellungswert werden geringe Ansprüche gestellt. Gewiss ist ottonische Farbe nicht komplett frei vom Darstellungswert – schließlich zeigen sich teils vereinfachte Gegenstandsfarben – doch stets im geringsten Maß des Darstellungswertes. „Die vom Darstellungswert weit entlastete Farbe der ottonischen Malerei gewinnt die Möglichkeit, die der absoluten Farbe innewohnende Ausdruckskraft im Sinne des Bildthemas und ihres sakralen Gehalts zu entfalten."[75]

Zu fragen bleibt: Inwieweit verdrängen sich die Werte gegenseitig? Wie viel Eigenwert kann sich Geltung verschaffen, wenn von einer Farbe bestimmte Darstellungswerte gefordert werden? Wie ist ein Einklang der beiden Farbauffassungen möglich?

Jantzen verweist auf den Impressionismus als ein Schlüsselbeispiel: Versucht man all die Darstellungsmittel, die nicht Farbe sind (Raum, Form, Linie...), durch Farbe abzulösen, erhält die Farbe immer mehr Funktionen. Mit dieser Absicht, die „Raumdarstellung durch immer neue Eroberungen von Darstellungswerten der Farbe zu vereinen mit intensive[m] Eigenwert der Farbe"[76], nähern sich die Werte aneinander an. Darstellungswerte können ab dem 19. Jahrhundert/Impressionismus zu Eigenwerten erhoben werden.[77]

Die beiden Begriffe (Eigenwert und Darstellungswert) bieten ein grundlegendes Kategorisierungssystem. Auch im weiteren Verlauf der Arbeit werden sie aufgegriffen, um Methoden des Malens zu verorten. Die Begriffe werden jedoch Ergänzung erfahren („Materialwert", „Ordnungswert").[78] Denn sie erfassen Malstile nicht in ihren Details, sind vielleicht sogar zu undifferenziert, um alle Farbstile zu erfassen. Besonders zu hinterfragen bleibt, ob der Darstellungswert immer von Gegenständlichkeit abhängt: Schließlich finden sich auch in der Natur Farben, die wir nicht wirklich als Gegenständen zugehörig erleben (z. B. Spiegelungen...).[79]

Malerisches Verhalten gegenüber der Wirklichkeit

Die Thematik „*Malerisches Verhalten gegenüber der Wirklichkeit*" ist aus folgendem Grund bei den hier erläuterten wirkungsbezogenen Faktoren eingeordnet: Die darstellerische Distanz oder Nähe, die zur Erscheinung der Motive in Wirklichkeit eingenommen wird, bestimmt die rhetorische Bildwirkung. Distanz bezieht sich auf verfremdende, abstrahierende Darstellungsweisen. Nähe auf abbildende Darstellungsweisen. Thommes (1996) meint dazu: „Ein Maler kann sich gegenüber der Wirklichkeit nicht anders als in den Formen der Nachahmung oder der Abstraktion verhalten."[80]

73 Jantzen (1951), S. 61–67
74 Ebd.
75 Jantzen (1947), S. 114 ff.
76 Jantzen (1951), S. 61–67
77 Vgl. ebd.
78 Vgl. Kap. 3.2.1.6
79 Vgl. Schawelka (2007a), 238 ff.
80 Thommes (1996), S. 11

Nachahmung[81] umfasst ein Spektrum von abbildend bis umbildend. Bis ins 19. Jahrhundert ging es um Abbilden und idealisierendes Umbilden, ab dem 19. Jahrhundert um Umbilden entweder orientiert an der äußeren Erscheinung (Impressionismus, Photorealismus, ...) oder an der inneren Wahrnehmung (Expressionismus, Surrealismus, Neoexpressionismus, ...).

Abstraktion kann expressiv, monochrom oder geometrisch verwirklicht sein.

„Mit Realismus, Impressionismus, Expressionismus, Abstraktion und Surrealismus sind alle Möglichkeiten malerischer Wirklichkeitsbewältigung gegeben“[82]:

- Als *realistisch* gilt, was in seiner malerischen Realisierung dem Dargestellten äußerst ähnelt.
- Als *impressionistisch* gilt, was die momentane Erscheinung einfängt.
- Als expressiv gilt, was die innere Empfindung zum Ausdruck bringt.
- Als *surreal* gilt, was Teile der Wirklichkeit realistisch nachahmt, in deren Zusammenstellung im Bildgefüge aber über die Realität hinausgeht.
- Als *abstrakt* gilt, was das Wesen der Dinge nicht durch Nachahmen der sichtbaren Erscheinung erfasst, sondern durch Vereinfachung, Verformung oder Verfremdung akzentuiert.

Je nach Weltanschauung/Wahrnehmungsweise/Malkonzeption, die Kunstschaffende verfolgen, verändern sich die Beziehungen zwischen Farbe und Gegenstand. Diese bewegen sich zwischen den beschriebenen Auffassungen von Malerei und Farbe – zwischen *Eigenwert und Darstellungswert* nach Jantzen. Je nach Wirklichkeits-, Natur- und Kunstverständnis steht entweder der freigesetzte, energetische Eigenwert der Farbe selbst im Vordergrund oder die Farbigkeit wird dem Motiv untergeordnet und hat lediglich eine darstellende Funktion.[83] Innerhalb dieses Rahmens lassen sich Funktionen und Wirkungsweisen von Farbe in Relation zum Gegenstand einteilen in:

- Symbolfarbe,
- Gegenstandsfarbe/Lokalfarbe,
- Erscheinungsfarbe,
- Ausdrucksfarbe,
- Absolute Farbe.[84]

Symbolfarbe verweist auf tiefere Sinnzusammenhänge, die auf Übereinkunft und zeitbedingter Bedeutung beruhen. So trägt die Mutter Gottes Maria in der christlichen Ikonographie meist einen blauen Mantel – einerseits weil Blautöne aus Edelsteinen wie Lapislazuli sehr kostbar waren, andererseits weil sie als Vermittlerin zwischen Himmel und Erde erscheint. Im Mittelalter dominiert diese Art der Farbauffassung.

Gegenstandsfarbe/Lokalfarbe entspricht der als typisch wahrgenommenen Farbe eines Gegenstandes. Die Farbigkeit wird hierbei ohne Licht- und Schattenwirkungen eher

81 Vgl. Glas u. a. (2017)
82 Ebd., S. 11
83 Vgl. Düchting (2010), S. 22
84 Vgl. Krämer (2013), S. 48 ff.

flächig aufgetragen und dient eher der nominalistischen „Bezeichnung" des Gegenstandes. Gemäß diesem Verständnis ist ein Laubblatt einheitlich grün oder der Himmel blau. Hier überwiegt der Darstellungswert.

Erscheinungsfarbe korrespondiert mit der tatsächlichen, momentanen Farbigkeit, die je nach atmosphärischen Bedingungen oder Beleuchtungsverhältnissen variiert. Beleuchtungsperspektive, Luftperspektive und andere farbräumliche Effekte werden hierfür eingesetzt. Vor allem im Impressionismus setzten sich die Künstlerinnen und Künstler zum Ziel, das sich wechselnde Licht und die sich veränderte Farbigkeit einzufangen. Betrachtet man die Werke von Monet unter dem Farbaspekt, so ließe sich die Vielfalt der Farbnuancen als Hauptthema seiner Malerei festlegen.[85]

Ausdrucksfarben gehen nicht mit der physikalischen Wirklichkeit einher, sondern entspringen aus einem subjektiven Empfinden. Besonders im Expressionismus wurde auf diese Weise größtmöglicher Ausdruck angestrebt – blaue Pferde oder gelbe Kühe (Franz Marc) stehen in diesem Zeichen.

Absolute Farbe ist denaturalisierte, befreite Farbe, die die Wirklichkeit außer Acht lässt und sich einzig und allein ihrem Eigenwert als autonomes Thema widmet. In der Op-Art oder in der Farbfeldmalerei findet sich die absolute Farbverwendung zum Beispiel wieder. Die Freisetzung und Inszenierung des Materials Farbe lässt sich bis hin zur Farbe als Materie steigern. Sie wird zum Gegenstand selbst – wie in den Werken aus Acrylfarbmasse von Stefan Gritsch.[86] Denn „Farbe birgt in sich eine Kraft, die den ganzen Organismus beeinflussen kann."[87]

Die (verfremdende, symbolisierende, nachahmende, usw.) Beziehung, die in malerischen Gestaltungen zur Wirklichkeit eingenommen wird, bestimmt über ihre (irritierende, affektive, usw.) Wirkung. Die Malerin oder der Maler kann daher durch seine Farbverwendung konventionelle Wirkungen antizipieren und bewusst anregen oder aber umgehen. Zu ergänzen bleibt: Die Abhängigkeit der Bildwirkung zu subjektiven Faktoren ist dabei weniger zu kalkulieren, da sich Deutungs- und Wirkungsmuster je nach Trendfarben, Lieblingsfarben, persönlichen Stimmungen unterscheiden. Dennoch verschieben sich die Grenzen von dem, was als irritierend oder als harmonisch gilt, nur unwesentlich durch subjektive Einflüsse – mehr durch das oben definierte malerische Verhalten gegenüber der Wirklichkeit.

Malerei Im System der Bildenden Künste

Welcher Platz lässt sich der Farbe/Malerei im System der Bildenden Künste zuweisen? Schon seit Jahrhunderten erklären und debattieren Künstler, Philosophen und Kunsthistoriker, wie Malerei in Relation zur Zeichnung und Plastik steht. Sie versuchen zu bestimmen, welche Entwicklung, welches Wesen und welche Funktion Malerei im Feld der bildenden Kunst und im gesellschaftlichen und historischen Kontext jeder Zeit einnimmt. Je nach rhetorischer Auslegung (Verständnis und Deutung von Malerei) unterscheiden sich die Einordnungen der Malerei in das System der Bildenden Künste.

85 Vgl. Düchting (2010), S. 24
86 Vgl. ebd., S. 112 f.
87 Kandinsky (1912)

Die entsprechenden Argumentationslinien gehen mit den schon beschriebenen Auslegungen des Verhältnisses künstlerischer Praktiken (Malen, Zeichnen...) zur Erkenntnis der Wirklichkeit einher. Im Sinne *Platons* (427-347 v. Chr.) Frage nach Schein und Idee, nach Abbild und Wirklichkeit, wird auch im Verlauf der Kunstgeschichte immer wieder nach dem repräsentativen Wirklichkeitsgehalt von Farbe, Linie, Plastik usw. gefragt. Wie und ob Farbe, Linie oder Form die wahre Identität der Dinge am klarsten erfassen, ist demnach abhängig von der antizipierten Idee von Farbe, Linie oder Form. Diese Ideen sind uneinheitlich und speisen differente Malweisen und auch Lehransätze.[88]

Malen ist Darstellung des Raumes auf ebener Fläche.[89] Diese Tatsache lässt sich auch negativ ausdeuten in einer Abwertung der Malerei gegenüber der Plastik. Denn bildhauerische Formen existieren eigenständig im Raum und sind in ihrem Umriss und Volumen klar fassbar. Philosophen in der Tradition von Platon oder Descartes geben der Plastik den Vorzug. So ist Malerei in *Platons* Sicht scheinbildende Kunst, Plastik dagegen abbildende Kunst. Denn Malende brauchen kein Wissen über ein Bett, wenn sie es malen. Sie ahmen die Erscheinung in Form eines Scheinbildes nach, Tischlerinnen und Tischler dagegen müssen eine wirkliche Idee des Bettes haben, um es zu bauen.[90]

Locke (1632-1704) bemerkt (in *Über den Verstand*): „So kann das Wort Statue einem Blinden durch andere Worte erklärt werden, was bei dem Wort Gemälde dagegen unmöglich ist. Denn seine Sinne haben ihm zwar die Idee der Gestalt, nicht aber die der Farbe vermittelt. Letztere können darum auch nicht durch Worte in ihm wachgerufen werden."[91]

Bei *Aristoteles* (384-322 v.Chr.) zeigt sich eine Abkehr von Platons Idee des Malers als unwissender Scheinbildner. Der Maler wird in die Nähe des Wissenschaftlers gerückt, da er gleichsam über Wissen verfügen muss. Die gegenläufigen Argumentationsweisen von Platon und Aristoteles tragen sich im Verlauf der Geschichte weiter und werden aufgegriffen, um die Hierarchie der Künste und des Handwerks zu klären. Mit Beginn der Neuzeit etabliert sich Malerei zunehmend als Kunst in der Argumentationslinie von Aristoteles. *Leon Battista Alberti* (1404-1472) *(De pictura)* und an ihn anknüpfend *Leonardo da Vinci* (1452-1519) *(Trattato della pittura)* begründen eine moderne Maltheorie. Beide betonen notwendiges Wissen und Kenntnis über den darzustellenden Inhalt und über Formung dieses Inhalts. So ständen dem malenden Menschen beispielsweise für die malerische Umsetzung von Perspektive drei Möglichkeiten zur Verfügung: Die Verkleinerung, die Abnahme der Deutlichkeit und die Reduktion der Farbintensität. Malende müssten dies wissen, wahrnehmen und malerisch umsetzen können. In Leonardos System nimmt Malerei (vor Musik, Poesie, Bildhauerei) den höchsten Rang der Künste ein, da sie unmittelbar erlebbar, wirklichkeitsnah und dem Gesichtssinn entsprechend sei.[92]

Der Farbe/Malerei werden im traditionellen Ordnungsgefüge der Bildenden Künste unterschiedliche Rollen und Stellungen zugewiesen. Die Grenz- und Verbindungslinien

---

88 Vgl. akademische und antiakademische Lehre in Kap. 2.1.1

89 Vgl. Doerner/Hoppe (1994), S. 268 ff.

90 Vgl. Thommes (1996), S. 18

91 Le Rider (2000), S. 34 f.

92 Vgl. Thommes (1996)

zwischen Malerei, Zeichnung und Plastik bewegen sich je nach individueller und epochaler Überzeugung. Die oppositionellen Hauptströme bilden die Auffassung des streng linearen, haptischen Sehens und des frei-malerisch optischen Sehens. Der Mittelweg bedeutet alle Konkurrenz aufzugeben, um die fruchtbaren Ergänzungen sicht- und nutzbar werden zu lassen. Anzumerken bleibt, dass in zeitgemäßen Systematiken der Kunst grenzüberschreitende Gliederungen zwischen Malerei, Zeichnung, Plastik, Kinetik, Fotografie, Film, Medialer Kunst, Architektur usw. zu konstatieren sind.

2.1.4 Bezugsfeld D: Theoretisches Farbwissen

Theoretisches Farbwissen ist deklaratives Wissen, das sich in niedergeschriebenen Theorien manifestiert. Farbtheorien wurden und werden teilweise für maldidaktische Konzeptionen (häufig nicht ausdrücklich reflektiert) übernommen – wie im Falle des Farbkreises nach Itten. Direkte oder indirekte Bezüge zu bestimmten theoretisch formulierten Farbsystemen spiegeln sich unmittelbar in malpraktischen Farbverwendungen. Diesen Aspekt bewusst zu machen, ist eine wichtige Aufgabe maltheoretischer Reflexion. Dazu stelle ich exemplarische Aspekte des theoretischen Farbwissen vor und thematisiere im Überblick zunächst die *Vielfalt der Farbtheorien*, einige wichtige *philosophische Positionen* und exemplarische *Farbsysteme und Farbtheorien*.

Die Vielfalt der Farbtheorien

Farbtheorien beschäftigen sich mit gewichtigen und mitunter auch naiv-spekulativ scheinenden Fragen wie solchen: *Was ist Farbe? Ist sie objektive, feste Eigenschaft der Dinge? Ist sie subjektive Empfindung der Menschen? Oder ist sie eingebunden in relationale Wirkungsgefüge zwischen Objektivität und Subjektivität?* In solchen Fragen kann man sich verirren und „verkünsteln" und der Verstand kommt hier häufig in Gebiete, die Kant als „transzendent" bezeichnet hat. Für die vorliegende Arbeit sind diese Fragen einerseits wichtig, andererseits nicht zu beantworten. Zumindest sind sie nicht auf „essenzialistische" Weise zu beantworten, sondern nur „problematisch" zu erörtern, aber nur so weit, wie sie in pragmatischer Hinsicht unumgänglich sind.

Der nachfolgenden Argumentation als Bezugsgröße eine klare Farbdefinition voranzustellen, würde das Ableiten und Begründen didaktischer Ansätze erleichtern. Doch unter der Perspektive des *hermeneutischen Verstehens* betrachtet, kennt Farbe vielfältige Deutungen und Interpretationen, nicht aber absolute Definitionen. Zur Veranschaulichung des sich auf den ersten Blick unübersehbaren pluralen Befunds werden daher im Folgenden zunächst einmal heterogene Blickwinkel auf Farbe dargelegt:

Wie Farbe verstanden wird, hängt ab vom individuellen fachspezifischen Standpunkt, von Vorwissen und kulturellen Erfahrungen. Es muss von koexistenten Definitionen ausgegangen werden. DIN 5033 versucht zwar sich durch höchste Objektivierung allen Definitionen überzuordnen, was für ein tieferes Verstehen jedoch zu kurz greift: „Farbe ist diejenige Gesichtsempfindung eines dem Auge strukturlos erscheinenden Teiles des Gesichtsfeldes, durch die sich dieser Teil bei einäugiger Beobachtung mit unbewegtem

Auge von einem gleichzeitig gesehenen, ebenfalls strukturlosen angrenzenden Bezirk allein unterscheiden kann."[93]

Die physisch-psychische Wirkungskette zwischen Lichtquelle und Farbempfindung ist lange und komplex: Die Lichtquelle wirft Licht einer bestimmten Wellenlänge ins Auge oder auf ein Material[94], das einen Anteil von Restlicht in das Auge reflektiert. Das Auge[95] liefert Informationen an das Gehirn, wo die Informationen verrechnet werden und als Farbempfindung erscheinen. Wäre diese Wahrnehmungskette kontextlos als linearer Farbwahrnehmungsstrahl zu deuten, so käme die menschliche Wahrnehmung einem Fotoapparat gleich und die menschliche Farbempfindung einem Wellenmessgerät. Doch die menschliche Farbwahrnehmung ist nicht derartig objektivierbar und konstant, vielmehr in sich selektiv, von anthropologischen Wahrnehmungsgesetzen[96] beeinflusst und in deiktische und darstellerische Nachvollzüge verstrickt. Und vor allem: Sie ist nicht essenziell festgeschrieben, sondern dynamisch und bildbar. Vor dem Hintergrund des komplexen, kontextabhängigen Wesens von Farbe und der relational beeinflussbaren menschlichen Wahrnehmung erscheint es weniger verwunderlich, wenn

- Farbtheoretiker beschreiben, dass wir keine Farbe so sehen, wie sie „wirklich" ist.[97]
- Maler erläutern, dass jeder Malerei ein anderes Farbsystem zu Grunde liegt.
- Physiker belegen, dass kein Gegenstand eine Farbe „hat". Denn Farben stehen in Abhängigkeit zu Lichtverhältnissen, die sich ständig wandeln.
- Psychologen wissen, dass wir trotz wechselnder Beleuchtung den Objekten konstante Farben zuordnen, um sie stets gleichen Kategorien zuschreiben zu können.[98]
- Physiologen die Abhängigkeit der Farbwahrnehmung von der Beschaffenheit und Anzahl lichtempfindlicher Nervenzellen im Auge beschreiben.[99]
- Philosophen spekulative, kritische und skeptische Theorien und Fragen zum Problem der Farbe formulieren.

Philosophische Positionen

Philosophische Debatten der vergangenen Jahrhunderte spiegeln ein komplexes, schwer definitiv zu erfassendes Wesen von Farbe: Die interne, geistabhängige, subjektive Verortung steht der externen, objektiven, gegenstandsabhängigen Verortung gegenüber.

Die philosophischen Theorien über das Wesen von Farbe entspringen einem breiten argumentativen Spektrum und vor allem auch verschiedenen problemgeschichtlichen Kontexten. Farbe als *primäre (objektive)* und als *sekundäre (subjektive) Qualität* bilden die Pole der Skala. Entscheidendes Kriterium der philosophischen Verortung von Farbe ist demnach die Frage nach ihrer Geistabhängigkeit und Gegenstandsabhängigkeit.[100] Zwischen den radikalen Positionen spannen sich vermittelnde Theorien auf. Sie erklären

93 DIN-Norm 5033, Blatt 1

94 Oberfläche und Farbreflexion nachzulesen z. B. bei Dietl (2004) (hier im Detail irrelevant)

95 Biologische Farbverarbeitung nachzulesen z. B. bei Dietl (2004) (hier im Detail irrelevant)

96 Vgl. Kap. 2.2.1. und 2.2.2

97 Vgl. Kap. 2.1.4: Albers und Wittgenstein

98 Vgl. Kap. 2.2.2

99 Ausführliche Darlegungen zu Farbe in Physiologie, Psychologie, Physik in Dietl (2004), Oswald (2003)

100 Vgl. Dorsch (2009), S. 191

Farbeigenschaften als Relation zwischen beidem, zwischen externer Welt und Subjekt. Philosophen bearbeiten die ontologische Kontroverse mit begrifflich-analytischen Methoden. Es folgt eine exemplarische Skizzierung jeweiliger Argumente, ohne Anspruch auf historische Vollständigkeit:

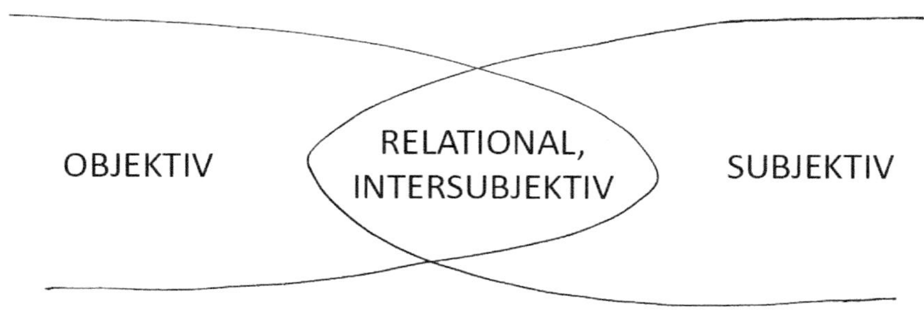

Abb. 3: Objektive, subjektive und relationale Farbe

Farbe als subjektive Empfindung (sekundäre Qualität)
Theorien, die Farbe als *sekundäre Qualität* verstehen, ordnen sie bezüglich ihres epistemischen Wertes hierarchisch der greifbaren Form als primäre Qualität unter. In empiristischer Sicht erklärt sich das mechanische Weltbild auch ohne Erwähnung der Farbeigenschaften der Dinge. Auch in romantischer Denkweise charakterisiert sich Farbe als „freundliche Zugabe zu den Formen in der Natur“ oder in idealisierenden Worten als ein „Kuss der Sonne“.[101]

Wenn Farbe keine Qualität der Objekte ist, kann sie nur als „Zugabe“ verstanden werden, die durch die spezifische menschliche Auffassung der Objekte konstruiert wird. Die Grundidee aller subjektivistischen Theorien ist, dass Farbtatsachen nur in Abhängigkeit vom Geist des wahrnehmenden Subjekts existieren. Farbempfindung beruht nur auf internen Struktureigenschaften des Wahrnehmungssystems.[102] Aus subjekttheoretischer Perspektive sind Dinge nicht rot, sondern schauen rot aus. Sprachlich korrekt wäre: *„Der Gegenstand x schaut (zum Zeitpunkt t) für die Person y rot aus.“* [103]

Schon die Vorsokratiker gehen nicht von objektiven Farben aus. *Demokrit* (4. Jahrhundert v. Chr.) meint, dass es in Wirklichkeit gar keine objektive Welt der Farben gäbe. Jeglicher Farbeindruck entstehe nur durch veränderte Lage der Atome.[104] Auch *Platon* (427 - 347 v. Chr.) begreift Malerei nur als scheinbildende Technik, während die Plastik greifbar abbildend und dadurch höherrangig sei.[105]

101 Tieck u. a. (1973), S. 52
102 Vgl. Dorsch (2009)
103 Spohn (2007), S. 228
104 Vgl. Capelle (1968)
105 Vgl. Kap. 2.1.3: Malerei im System der Bildenden Künste

In der Neuzeit tritt eine vergleichbare Position in nochmaliger Zuspitzung auf: *Descartes* (1596-1650) als Begründer des französischen Rationalismus/Cartesianismus siedelt Farben im Innenleben des Menschen an. Leitend ist die Idee, dass niemand wissen könne, wie andere „Rot" sehen. Farbwahrnehmungen seien keine Abbilder der materiellen Welt und existierten nicht außerhalb des Körpers. Seine Überzeugung ist, dass nur der von Sinneseindrücken getrübte Geist Farben als den Dingen anhaftend sähe. Der reine Geist dagegen erkenne nur geometrische und kinematische Formen als Dingeigenschaften.[106]

Kunstpädagogischer Transfer: In der kunstpädagogischen Praxis zeigt sich diese subjektzentrierte Farbauffassung in bewusst subjektzentrierten „offenen" malerischen Aufgabenkonstruktionen und der Fokussierung auf expressive oder experimentelle Malweisen – unter weitgehender Ausklammerung des Anschauungsbezuges. Die Farbwahl ist dann vorwiegend an der Ausdrucksfarbe orientiert. Methodische Interventionen knüpfen an das Farbempfinden der Lernenden an. Übungen und Aufgabenstellung rücken empfindsame, sinnliche Assoziationen und Verknüpfungen zwischen individuellen Gefühlen und Farbe ins Bewusstsein, um empfindungsgemäße, ausdrucksstarke Darstellungen anzuregen.

Farbe als objektive Empfindung (sekundäre Qualität)

Auch *Kant* (1724-1804) greift die Theorie der sekundären Qualitäten auf, die sich bei *Descartes* oder beispielsweise auch *Galileo* und *Locke* schon früher entfaltet hatte. Er klassifiziert Farbe in der *Kritik der Urteilskraft* mit dem scheinbar paradoxen Begriff der *„objektiven Empfindung"*. Ihr Wesen erschließt sich ihm nur im Vergleich zu den primären Formqualitäten: Diese rufen innere Repräsentationen hervor, die dem Repräsentierten ähnlich sind. Kant betont, dass primäre Qualitäten in der Wirklichkeit existieren. Ein Würfel existiert unabhängig von der geistigen Repräsentationsleistung eines Menschen. Alle Raum- und Ausdehnungseigenschaften sind primäre Qualitäten. Ohne sie wäre Erkenntnis als etwas von uns Verschiedenes nicht möglich. Demgegenüber stellt er die sekundären Qualitäten als geistabhängige Empfindungen. Sie sind den repräsentierten Qualitäten nicht ähnlich. Kant differenziert innerhalb der sekundären Qualitäten zwischen subjektiven und objektiven Empfindungen. *Subjektive Empfindungen* umfassen Gefühle wie Schmerz oder Lust, die der Mensch in seiner Vorstellung tatsächlich sich selbst zuschreibt. *Objektive Empfindungen* sind Gerüche, Töne und eben Farbe, die sich der Mensch als geistunabhängige Eigenschaft des wahrgenommenen Gegenstandes vorstellt. Sie sind zwar nicht notwendig für ein Bewusstsein von Form. Dennoch betont Kant mit dem Terminus *objektive* Empfindung, dass Farben vom wahrnehmenden Subjekt als tatsächliche, objektive Eigenschaft des Gegenstandes aufgefasst werden.[107]

Farbe als objektive Dingeigenschaft (primäre Qualität)

Objektivistische Theorien begreifen Farbe als extern begründbare Eigenschaft, als primäre Qualität. Eine Tomate *ist* mit dieser Sichtweise wirklich rot und schaut nicht nur rot aus,

106 Vgl. Perler (2007)

107 Vgl. Haag (2007), S. 105-118

egal was empirische Fakten über sich-wandelnde Lichtverhältnisse und Wellenlängen besagen.[108] Betrachtet man allein die Sinneserfahrung, so lässt sich zwischen Eigenschaften von Formen und Farben kein wesentlicher Unterschied feststellen. Wir nehmen beide als Dispositionen der Welt wahr. Im Sinne des Farbobjektivismus zeichnen sich Farbeigenschaften wesentlich aus durch:

- *Externalität* (in Außenwelt verortet),
- *Objektivität* (existieren geistunabhängig, lösen aber mentale Farbwahrnehmungen aus),
- *Gegenstandsabhängigkeit* (im Gegenstand verankerte Faktoren bedingen die Farbigkeit).

Moderne Vertreter dieser objektivistischen Farbauffassung sind beispielsweise Frank Jackson, J.J.C. Smart, Keith Campbell oder David M. Armstrong.[109]

Basale Argumentationsgrundlage der objektiven Farbauffassung liefert der alltägliche Nutzen der Farbwahrnehmung: Farbe dient im Alltag der schnellen Objekterkenntnis und visuellen Kommunikation von Botschaften. Indem der Betrachter Farben auf Objektoberflächen bezieht, nutzt er die Farbe, um Gegenstände und ihre Materialität zu erkennen, zu unterscheiden und zu ordnen. Farbe kann den Grad der Aufmerksamkeit durch die Dialektik von Verbergen (Camouflage-Effekt) und Auffallen (Pop-Out-Effekt) bestimmen. Die Bewusstheit über den epistemischen, wahrnehmungslenkenden Wert von Farbe ist grundlegend für jede Farbgestaltung (Kunst, Werbung, Architektur, Design, Mode, Kosmetik...). Räumliche Wahrnehmungen sind dagegen nicht auf Farbeindrücke angewiesen. Helligkeitsunterschiede wie beispielsweise in einer Schwarz-Weiß-Fotografie liefern meist ausreichend Information über die Position eines Objektes im Raum.

Auch in gewöhnlichen, alltagsbezogenen Kommunikationssituationen über Dinge wie Kleidung, Nahrung, Stifte, Geschirr usw. dient Farbe als eines der Hauptmerkmale zur Beschreibung dieser Objekte. Deshalb muss die gewonnene Information über die Farben eine gewisse Konstanz (Farbkonstanz[110]) aufweisen: In unserer Wahrnehmung führt nur eine Veränderung der Oberflächenschicht zu einem Wechsel des Reflektanzprofils (des reflektierten Lichts), nicht aber bewirken veränderte Lichtbedingungen eine andere Farbwahrnehmung. Änderungen des Farbeindrucks liefern Menschen demnach Informationen über das Material (matt, glänzend, faserig, pelzig...) unabhängig von Lichtverhältnissen.[111] Das meint z. B.: *Die Betrachterin oder der Betrachter nimmt eine reife Kirsche mit ihrer gespannten, glatten Oberfläche unter allen sich verändernden Lichtverhältnissen im Verlauf eines Tages als identisch saftig rot und damit essbar wahr. Hat die Kirsche Druckstellen, schimmelt oder fault, so verändert sich ihre Oberfläche. Erst nun erkennt die Betrachterin oder der Betrachter bewusst eine Farbveränderung – und das in jedem Licht.*

---

108 Vgl. Spohn (2007), S. 228
109 Vgl. Dorsch (2009)
110 Vgl. Ausführungen zur Farbkonstanz in Kap. 2.2.2
111 Vgl. Schawelka (2007a), S. 21

Farbe ist im Licht dieser Argumente nicht geistabhängig, sondern gegenstandsabhängig und damit eine primäre Qualität der Welt.[112] „Wir sind – mit Recht – davon überzeugt, dass die Dinge, die wir sehen, viel eher ihren Platz im Raum ändern als ihre Gestalt und eher ihre Beleuchtung als ihre Farbe. Dieses Vertrauen in die Beständigkeit greifbarer Objekte in einer sich optisch stets im Fluss befindlichen Welt ist zutiefst im Aufbau unserer Sprache verwurzelt.“[113] Im Alltag wird Farbwirkung nicht losgelöst von konkreten Dingen und deren materiellen, taktilen Eigenschaften aufgefasst. Die Lokalfarbe dient als Eigenschaftskategorie beim Memorieren unseres Objektwissens: *Kirschen und Mirabellen sind kleine, runde Früchte mit Kern – ihre rote, beziehungsweise gelbe Farbe wird zum distinktiven Merkmal.*[114]
Kunstpädagogischer Transfer: Eine Grundlage der mimetischen Malerei ist, dass der Mensch durch theoretisches Wissen und praktisches Tun seine Wahrnehmung sensibilisieren und modifizieren kann. Er kann bis zu einem bestimmten Grad Bewusstheit und Kontrolle über das immer schon unwillkürlich wirkende Wahrnehmungsprinzip der Farbkonstanz erlangen und es im Malprozess sogar umgehen[115], um Erscheinungsfarben wahrzunehmen und darzustellen. Die objektivistische Sichtweise auf Farbe kommt in kunstpädagogischen Lehr-/Lernsituationen beispielsweise zum Tragen, wenn Farben anschauungsbezogen nachgemischt werden, wenn sie in Systemen nach gewissen Kriterien geordnet oder gesammelt werden, wenn Mischverhältnisse erprobt werden, wenn Farbkontraste als Regeln gelernt werden...

Exemplarische Farbtheorien und Farbsysteme

Farbsysteme prägen unsere Vorstellung von Farbe. Gewisse tradierte Systeme haben dabei einen besonders universellen Status im „Kanon“ allgemeiner Bildung erlangt, folglich auch in der realen und durchschnittlichen Lehrpraxis der Schulen. Die Kenntnisnahme und kritische Reflektion dieser populären Systeme ist demnach von hoher Bedeutung, wenn man sich mit Maldidaktik auseinandersetzt.

Farbtheorien liefern Systeme zur Ordnung, Organisation und Funktionsweise von Farben durch Modelle, Farbkörper oder schriftliche Texte. Wie begrenzt, wie kontrastreich, wie differenziert usw. Farben in einer Malerei erscheinen, hängt von der Vorstellung ab, die man über Farben gewonnen hat. Diese Vorstellung kann durch eine der zahllosen Farbtheorien beeinflusst sein. Zwei konträre Ordnungsweisen von Farben dienen als Exempel: absolute Theorien (Itten und seine Nachfolger: Farbe als analytische Größe) und relationale Theorien (Wittgenstein und Albers: Farbe als kontextabhängige, variable Größe).

Absolute Theorien – Itten und Andere

Absolute Gegebenheiten beanspruchen uneingeschränkte Gültigkeit. Die isoliert betrachtete Logik eines absoluten Systems zählt als Indikator für seine Gültigkeit. Auch für den

112 Vgl. Dorsch (2009), S. 452 f.
113 Gombrich (1986), S. 299 f.
114 Vgl. Ausführungen zu Begriffsbildung in Edelmann/Wittmann (2012), S. 111 ff.
115 Vgl. Schawelka (2007a)

Bereich der Farbe wurden geschlossene Systeme vorgeschlagen, die durch ihre Farbsortierung vorgeben, einen gesetzmäßigen Status zu besitzen. Schon seit Jahrtausenden wurde immer wieder versucht, die vielfältige Welt der Farben zu ordnen und dadurch „die bunte Freiheit der Farben in einen geometrischen Käfig einzusperren“[116], um ihr damit wenigstens den Anschein einer quasi-naturwissenschaftlichen oder -mathematischen Gewissheit zu verleihen. Die Ansätze, die von eindimensionalen Farbreihen über zweidimensionale Farbflächen bis hin zu dreidimensionalen Farbsystemkörpern reichen, sind unzählig. Die Ausgangsfragen waren und sind stets dieselben: *Was sind die Urfarben? Wie lassen sich daraus hellere und dunklere Farbabstufungen und neue Farben mischen? Welche Farben harmonieren, konkurrieren oder steigern sich gegenseitig in ihrer Wirkung?* Der Sinn jedes Modells ist, diese Verhältnisse sichtbar zu machen.[117] Man unterscheidet drei Gruppen von absoluten Farbsystemen. Nutzer müssen gemäß jeweiliger Ansprüche zwischen folgenden Ordnungen auswählen:

1. Farbsysteme, die auf additiver Farbmischung von Lichtfarbe basieren;
2. Farbsysteme, die auf subtraktiver Farbmischung von Körper-/ Pigmentfarben basieren;
3. Farbsysteme, die auf der empfindungsgemäßen Wahrnehmung basieren[118];
4. Farbsysteme, die auf der Wahrnehmung und Nachmischung von Farbsystemen der sichtbaren Welt basieren.

In den kunstpädagogischen Ansätzen des letzten Jahrhunderts waren mehrheitlich subtraktive und empfindungsgemäße Farbmischungssysteme relevant. Ergänzend muss eine grundverschiedene vierte Gruppe (4.) impliziter und relationaler Farblehren gegenüber gestellt werden, die sich an der tatsächlich wahrgenommenen Farbigkeit der sichtbaren Welt orientieren. Diese Ansätze verweisen auf die Variabilität und Kontextabhängigkeit von Farbe, indem sie auf künstliche Farbisolation verzichten: Farbanalysen von Kunstwerken, von Farbpaletten oder Farbsehübungen sind Beispiele.[119]

Absolute Systeme differieren je nach ihrer Anschaulichkeit und Absicht. Während einige versuchen die Farbenvielfalt auf elementare Farben zu reduzieren, wollen andere sie in ihrer Ganzheit ordnen. Wirtschaftlich rentable Druckverfahren beruhen aus diesem Grund auf anderen Systemen als etwa Werke von impressionistischen Künstlerinnen und Künstlern. Beispielhaft werden nachfolgend unterschiedliche Darstellungsweisen von Farbordnungen fragmentarisch aufgezeigt:

Die ersten Farbsysteme waren von linearer Struktur. Schon *Aristoteles* (384-322 v. Chr.) oder später auch *Leonardo da Vinci* (1452- 1519) erkannten die Reduzierbarkeit der komplexen Farbwirklichkeit und bildeten einfache Farbreihen von hell nach dunkel – davor galt die antike „Theorie der Vielfalt der Farben“.[120] Das früheste bislang bekannte gedruckte Farbdiagramm stammt von dem Jesuitengelehrten *Francois Aguilon* (1566-1617). Zwi-

116 Silvestrini u. a. (2002), S. 9
117 Vgl. Pawlik (1981), S. 29
118 Vgl. Düchting (2010), S. 137
119 Vgl. Anwendung im Empirieteil, Kap. 5
120 Beer (2011), S. 18

schen den Endpunkten Weiß und Schwarz sind Gelb, Rot und Blau, die als Grundfarben angesehen werden, in einem Helligkeitsgefälle angeordnet. Bögen ober- und unterhalb der Reihe geben jeweils die Mischmöglichkeiten zweier Farben an.[121]

Newton (1642-1726) stellte 91 Jahre später seine bahnbrechenden Forschungsergebnisse im zweidimensionalen Farbkreis dar. Newtons Zerlegung des Lichts in spektrale Anteile erhellte zwar die Physik, weniger aber die Praxis der Malerei – bis Helmholtz den entscheidenden Unterschied zwischen additiver und subtraktiver Farbmischung verdeutlichte.[122]

Viele weitere Farblehren, wie die von *Goethe* oder *Itten*, folgten dem Kreismuster. Besonders der Farbkreis von *Johannes Itten* (1888-1967) hat nahezu den Status der Allgemeingültigkeit erreicht und wird im Kunstunterricht oft rezepthaft durchgearbeitet.[123] In seinem Werk *„Kunst der Farbe. Subjektives Erleben und objektives Erkennen als Wege zur Kunst“*[124] finden sich die Erläuterungen zum reinbunten zwölfteiligen Farbsystem:

Von innen nach außen betrachtet lassen sich aus den primären Grundfarben Gelb, Blau und Rot die Sekundärfarben Grün, Violett und Orange mischen. Die Tertiärfarben im äußeren Ring ergeben sich aus der Mischung einer Primär- und Sekundärfarbe. Außerdem lassen sich fünf der sieben Itten'schen Farbkontraste direkt am Farbkreis ablesen: der Hell-Dunkel-Kontrast, der Kalt-Warm-Kontrast, der Farbe-an-sich-Kontrast, der Komplementärkontrast und der Simultankontrast. Itten erläutert ebenso den Qualitäts- und Quantitätskontrast. Das Streben nach Harmonie steht als zentrales Anliegen über allen Kontrastregeln. Itten schreibt: „Der Begriff der Farbenharmonie muß[!] aus der subjektiv bedingten Gefühlslage herausgehoben werden in eine objektive Gesetzmäßigkeit.“[125] An dem Farbkreis lassen sich alle harmonischen Farbklänge ablesen. Harmonische Zweiklänge stehen sich als Komplementärfarben gegenüber, Dreiklänge im gleichseitigen oder -schenkligen Dreieck und Vierklänge im Viereckverhältnis, wobei die Verbindungslinie von zwei komplementären Farbpaaren senkrecht zueinander stehen müssen. Der Farbkreis und seine vorgeblich objektiven Farbprinzipien sind das überlebende, oft rezipierte Destillat aus Ittens Lehre. Dass er in seinem Lehrwerk auch eine gewisse Relativierung und einen Anwendungsbezug der Farbgesetze durch Analysen von Meisterwerken (Picasso, Monet, Renoir, van Gogh, Cezanne, usw.) aufzeigt, ist weitgehend vergessen. Gemäß dem Untertitel *„Subjektives Erleben und objektives Erkennen“* von Ittens Lehrbuch besitzt jedes Individuum individuelles Farberleben, wobei daneben allgemeingültige Regeln bestehen. Jeder kann diese objektiv erkennen. Übergeordneter Leitspruch von Itten bleibt: „Das Buch, das ein Lehrbuch ist, wird bestimmt von den naturgegebenen Gesetzen der Farbe.“[126]

121 Vgl. Schwarz (2010), S. 122
122 Vgl. Kemp/Blasius (2003), S. 173-175
123 Vgl. Schwarz u. a. (2003), S. 7
124 Itten (1961)
125 Ebd., S. 21
126 Ebd., S. 152

In der Natur *dreidimensionaler Systeme* liegt, dass sie Farben umfassender repräsentieren, da hier drei kategoriale Parameter zur Verfügung stehen, um die Komplexität zu ordnen. Die drei Unterscheidungsmerkmale jeder Farbe sind die Bestimmungsgrößen

- Farbton (Buntart),
- Helligkeit und
- Buntheit/Sättigung (= Abstand von der Unbuntachse).[127]

Die Farbkugel des frühromantischen Malers *Philipp Otto Runge* (1777-1810) gilt als erste ausgereifte 3D-Farbordnung. Bei seiner Farbkugel befinden sich Schwarz und Weiß an den Polen, wodurch auf der verbindenden Achse eine abstufende Grauleiter/Unbuntachse abgebildet ist. Von außen betrachtet befinden sich 12 reinbunte Farben auf dem Äquator, die in unterschiedliche Ausdehnungsrichtungen moduliert werden – von Buntart zu Buntart, von Hell nach Dunkel, bzw. von Rein zu Getrübt.[128] In jedem Querschnitt stehen sich Komplementärfarben gegenüber, die sich im Kern zu Grau ausmischen. Diesem Grundmodell folgten diverse abgewandelte Farbkörper wie beispielsweise der doppelte Farbkegel von *Ostwald*, der Farbwürfel von *Hickethier* oder der Rhomboeder-Farbenraum von *Küppers*.

Die Vielzahl an Farbsystemen verlangt nach kritischer Reflexion, vor allem aber auch nach pragmatischer Beurteilung. Immer wiederkehrende Kritikpunkte im Rahmen der Kunstpädagogik beziehen sich auf das stringente Gelb-Rot-Blau-Paradigma der Grundfarben. Damit lassen sich viele, aber nicht alle, Farben mischen. Zudem müsste spezifiziert von Yellow, Magenta und Cyan die Rede sein, da nur diese Farbtöne eine saubere Ausmischung erlauben. Ebenso wird debattiert, ob durch Elementarisierung die Gesamtfarbwirkung und die Sensibilisierung für feine Farbnuancen verloren gehen. Die Vermischung unterschiedlicher Wissenschaftsdisziplinen – wie der Physik und der Ästhetik – kann ebenso bei einigen Darstellungsweisen kritisiert werden.[129] Farben von ihrem Untergrund zu trennen und in Farbsystemen neu zu sortieren, erscheint als ewig unlösbare und dennoch notwendige Aufgabe.[130] Jedes System erfüllt jeweilige Zwecke, aber erreicht nie eine allgemein- oder endgültige Ordnung.

Relationale Theorien – Wittgenstein und Albers

Relationale Farbtheorien versuchen nicht wie die beschriebenen absoluten Theorien isolierte Farbgesetze oder -ordnungen vorzugeben. *Relational* bedeutet: *in Beziehung zu etwas stehen*. Lebewesen schätzen z. B. Objektgrößen im Vergleich zum Umraum ab. Wie warm oder kalt sich Wasser anfühlt, steht in Beziehung zur Lufttemperatur. Aus relationaler Sicht situiert sich jede Wahrnehmung in ihrem Kontext. Ob räumliche, physikalische, soziale, emotionale oder autobiographische Gegebenheiten – alle beeinflussen, wie sich Wirklichkeit darstellt und verändert. Folglich weichen in diesem Ansatz die objektiven und absoluten Regeln gemeinsam verhandelbaren Wirklichkeiten. Ökologische

127 Vgl. Düchting (2010), S. 126 ff.
128 Vgl. Pawlik (1981), S. 31 ff.
129 Vgl. Schwarz (2003), S. 7 ff.
130 Vgl. Silvestrini u. a. (2002), S. 9

Wahrnehmungstheorien[131] (nach Gibson, Varela, Tomasello, Noë, usw.) formulieren die wissenschaftlichen Grundlagen dieser Denkweise. Die Auswirkungen auf praktische Handlungsweisen sind tiefgreifend – was im Nachfolgenden für den spezifischen Bereich der relationalen Farbe dargelegt wird. Die konsequente Ausgangsfrage lautet: *Wozu steht eine einzelne Farberscheinung in Beziehung? Präziser gefragt: Zu welchen räumlichen, physikalischen, sozialen, emotionalen oder autobiographischen Umständen?*

Die Fragen lassen sich auf zwei übergeordnete Elemente zurückführen: auf Farbe und Subjekt. Daher existieren zwei bzw. drei Grundrelationen in der Farbwahrnehmung:

- *Farbe-Farbe:* Farben beeinflussen sich in ihrer Wirkung gegenseitig,
- *Farbe-Subjekt:* Farbe hat Einfluss auf die Empfindung des Subjekts und Farbwahrnehmung hängt vom Subjekt ab (Kultur, Vorwissen...),
- *Farbe-Subjekt-Subjekt:* Verhandel- und Bestimmbarkeit der Farbphänomene in Situationen gemeinsamer Aufmerksamkeit zwischen Subjekten.

Stets sind alle Relationen wirksam. Nur in Laborsituationen kann die Beziehung Farbe-Farbe ausgeschlossen werden, indem bloß eine Farbe ins Gesichtsfeld des Subjekts gerückt wird. Es ergeben sich durch die Unbestimmtheit des Subjekt- und Farbbegriffs weite Spielräume. Je nach Menschenbild, Farb-, Kultur- oder Sprachverständnis werden die Beziehungen unterschiedlich interpretiert, gewichtet oder ausgeblendet. Die Positionen von *Josef Albers (1)* (1888-1976) und *Ludwig Wittgenstein (2)* (1889-1951) sollen hier als Beispiele genannt werden, in denen alle relationalen Spielräume einbezogen werden, in denen Farberscheinungen stehen. Sie unterscheiden sich in der Herangehensweise, nicht aber im relationalen Zugriff: Albers legt den Schwerpunkt auf die Relation Farbe-Farbe und illustriert die *„Interaction of Color“* durch visuelle Übungen. Er erschafft dadurch eine Systematisierung der Scheinhaftigkeit von Farbe, die prinzipiell von den oben beschriebenen Farbsystemen abweicht. Wittgenstein systematisiert relationale Farbverhältnisse durch Sprachspiele. Auch seine „Theorie“ der Farbe leugnet die objektivistischen „Systematiken“ und setzt an deren Stelle ein variables Regelsystem des Sprechens über Farbe.

Josef Albers (1888-1976) – (1): Biographisch relevant ist, dass Albers 13 Jahre lang Bauhaus-Lehrer war und daher mit den Lehren von Itten vertraut. 1933 war er zur Emigration nach Amerika gezwungen und wurde später Dozent an verschiedenen amerikanischen Kunstschulen.[132] Dort stand er vor der Aufgabe, Farbkurse im Sinne eines Studiums Generale zu unterrichten. In dieser Zeit beginnt sein Nachdenken über Farbe sein Schaffen als Lehrer wie auch als Künstler zu prägen. Das künstlerische Hauptwerk *„Hommage to the Square“* und das Lehrwerk *„Interaction of Color“* liefern die basalen Quellbezüge nachfolgender Analyse. Albers Werke spiegeln ein relationales Farbverständnis wider, das sich von Ittens Systematismus abwendet.

„Interaction of Color“ könnte man als Relativitätstheorie der farblichen Wahrnehmung umschreiben. Farbe ist das relativste und instabilste Medium. Sie zeigt zwei Tendenzen –

131 Vgl. Kap. 2.2.1: Wahrnehmung

132 Vgl. Wissmann (1971)

Anziehen und Abstoßen: Je nach Wechselwirkung mit anderen Farben, Formen, Positionierungen, Quantitäten, Qualitäten oder Konturen tritt sie hervor oder zurück. Farbsehen hat nichts mit der Identifikation einzelner Farben zu tun. Wir sehen in unserem Alltag stets Farbgefüge. Albers beschreibt die zweifache Relationalität von Farbe durch die Adjektive *„individual"* (abhängig vom Subjekt) und *„dividual"* (abhängig von anderen Farben).[133] Aus diesem Grund hat Farbe unzählige Lesearten und kann täuschen. Regelhafte Verallgemeinerungen lässt sie nicht zu, weshalb Albers keine rezepthafte Systematik liefert, sondern durch Farberfahrung sensibilisiert. Das übergeordnete Ziel seiner Lehre stellt die Unterscheidung dar zwischen Farbe als

- *„factual fact"* (objektiver, physikalischer Tatbestand) und
- *„actual fact"* (tatsächlicher, psychologischer Wirkung).

Denn: *„In visual perception color is almost never seen as it really is – as it physically is."*[134] Diese Diskrepanz muss erkannt, aktiviert und genutzt werden. *To open eyes* ist Albers Lehrziel.[135] Farbgestaltung stützt sich auf das „geübte, sichere und bewegliche Reagieren, das immer mit den Konditionen menschlicher Wahrnehmung rechnet."[136] *Wie lässt sich Sehen üben und Relativität erfahren?* Als Albers anfing Farbprobleme zu studieren, merkte er, „dass das Anwenden eines Systems kein kreatives Mitmachen, keine aktive Erfindung verlangt."[137] Sein Werk fokussiert das Farbsehen und Farbdenken, nicht das topografische Farbordnen. Anstatt Farbgesetze und -harmonien mechanisch anzuwenden, werden Farbeffekte erzeugt und erfahren, um ein sensitives Auge zu entwickeln. Die Kapitel in *„Interaction of Color"* entsprechen Farbsehübungen, die oft durch suchendes Handeln, über *trial and error* angegangen werden. Erst durch die praktische Erfahrung sieht man Farben agieren und erkennt die Belege für ihre Relativität und Instabilität und lernt sie anzuwenden. „Ebenso wenig, wie das Wissen über Akustik einen Menschen musikalisch macht – weder als Komponist noch als Hörer – so kann auch kein Farbsystem an sich die Sensibilität für Farben steigern."[138] Es zählt nicht das Wissen (*factual facts*), sondern das Schauen (*actual facts*). Demzufolge konzipiert Albers seinen Farbkurs als dialogischen Wechsel von Gestaltung, Reflexion und Erkenntnis. Übung für Übung werden die Wechselwirkungen vor Augen geführt. Jeder Schritt wird erklärt und illustriert, nicht um Lösungen vorzugeben, sondern um Wege aufzuzeigen.[139] Dann probieren die Studierenden selbst aus. Beobachtung bildet die Grundlage dieses Lernens, weil die Farberinnerung schlecht und auf laufenden Vergleich[140] angewiesen ist.[141] Das Lehrwerk gliedert sich in 25 Lernetappen. Behandelt werden Phänomene der (scheinbaren) Transparenz, der Raumillusion, Mischungsabläufe, Hell-Dunkel-Verläufe, Verhältnis von Farbmengen/

133 Vgl. Albers (1970)
134 Horowitz/Danilowitz (2006), S. 195
135 Wissmann (1971), S. 7
136 Albrecht (1974), S. 12
137 Albers (1970), S. 8
138 Vgl. ebd., S. 16
139 Vgl. Rüden (1999), S. 131 ff.
140 Vgl. Ausführung zu vergleichendem Sehen in Kap. 4.2.4
141 Vgl. Albers (1970), S.25 ff.

Lagebeziehungen, Nachbilder und der Simultankontrast. In dem Farbkurs arbeiten die Studierenden mit Farbpapieren (Schnipsel, Zeitschriften…). Sie sind kostengünstig und ermöglichen, mehrmals exakt denselben Farbwert zu verwenden, ganz ohne Spuren von Pinsel oder Mischungen. Bei den Übungen liegen die Schnipsel immer vor einem und bieten durch dauerndes Vergleichen eine Übung, wie es kaum eine andere Palette schafft.[142] Zwei Übungen sollen das Vorgehen im Farbkurs exemplarisch verdeutlichen:

- *Eine Farbe erscheint wie zwei:* Eine faktisch gleichbleibende Farbe (factual fact) auf zwei verschiedenen Hintergründen wird mehrdeutig und erscheint verschieden (actual fact), wenn sie genau die Mittelfarbe zwischen den beiden Hintergründen zeigt.
- *Zwei verschiedene Farben erscheinen gleich:* Durch den Einfluss der Hintergrundfarbe können Unterschiede von Farben aufgehoben werden. Faktisch verschiedene Farben (factual fact) sehen dann gleich aus (actual fact). Jeder Hintergrund subtrahiert den eigenen Farbwert von den Farben, die er trägt.[143]

Auch in seinem künstlerischen Werk *Hommage to the Square* geht das Verhältnis von geringem *effort* (Aufwand) zu hohem *effect* (Wirkungsreichtum) auf.[144] Das Quadrat entspricht dieser Maxim: Als eindeutige Form erfordert sie geringen „*effort*" und zeigt „*effect*" durch variierende Anordnungen, Abstände und Größen. Die Farben kolorieren nicht die Form, sondern sind selbstwertige Farbformen. Albers nutzt im Wesentlichen zwei Wahrnehmungsmechanismen aus:

- *Angleichung* (z. B. dunkel neben dunkel wirkt noch dunkler…) und
- *Kontrast* (z. B. hell neben dunkel wirkt noch heller…).

Die Werkserie *Wait* zeigt wie Formen zu den Rändern hin ihre wirkende Farbe im Gegensinn zu ihren Nachbarfarben verdunkeln oder aufhellen. Dadurch wirken die Streifen leicht gebogen (Kannelierungseffekt). Albers Kunst kann nicht mit anderen Quadratdarstellungen gleichgesetzt werden – etwa mit Malewitschs konstruktivistischen Quadraten. Nicht das stabile Bildfeld interessiert Albers, sondern die durch die Wechselwirkung getragene Variabilität. Seine Werke erreichen einen neuen Weg des Sehens und Zeigens, der sich in eine Reihe mit Cézannes Werk bringen ließe.[145] Diesen Bezug stellte Albers selbst her. Denn neben den Farbkursen, die dem Farbsehen verpflichtet sind, gibt Albers auch Malkurse. Angeblich hat er es in den Painting Courses nicht eilig mit den Studierenden zu malen. Erst wird auch hier das Sehen geschult. Cézanne war für ihn der wichtigste Malerbezug. Denn seine Eingliederung des Grundes in das Bild ist das, was auch Albers immer wieder lehrt. Figur und Grund gelten als interdependente, gleichwertige Partner. Studierende malen alles was zur Hand ist: Flaschen, Schirme, Obst… Es geht um die Darstellung, nicht das Motiv.[146] Albers lehrte direkt zu malen: „*instead of outlining then filling in.*"[147]

142 Vgl. ebd., S. 30 ff.
143 Vgl. ebd., Kapitel 6 und 7
144 Vgl. Wissmann (1971), S. 7 ff.
145 Vgl. ebd., S. 32 ff.
146 Vgl. Horowitz/Danilowitz (2006), S. 237 ff.
147 Ebd., S. 238

Albers im Vergleich zur absoluten Theorie von Itten: Egon von Rüden[148] fasst zusammen, wie Albers die Bildtradition Ittens hinsichtlich des Begriffs von Farbe kritisch reflektiert. Während Itten von verbindlichen Dis-/Harmonien ausgeht, ist bei Albers die Trennung zwischen den *„actual facts“* und den *„factual facts“* tragende Überzeugung. Ittens Lehre pflegt die Annahme, dass unsere Wahrnehmung bereits im Besitz eines verbindlichen Begriffs von Schönheit sei. Albers dagegen praktiziert eine selbstreflexive Haltung. Er möchte nicht wie Itten von ästhetischen Voreinstellungen ausgehen und diese dann systematisch befestigen – denn auf diese Weise bleibt es den Lernenden verwehrt sich auf Irritationen[149] einzulassen, die bestehende Schemata in Frage stellen könnten. Die Irritationen (Negativ-Erfahrungen) entwickeln ihren produktiven Sinn durch reflexive Thematisierung. Itten funktionalisiert Farben formal und versucht entsprechende Interaktionen einzudämmen. Albers dagegen sieht Farben nicht als Anhängsel der Form und macht gerade die Interaktion der Farben zum zentralen Thema. Bei Itten beginnen die Lernenden mit Lieblingsfarben, die zur Harmonie geführt werden sollen. Albers beginnt mit der Farbe als Material, Dissonanz ist dabei ebenso erwünscht wie Konsonanz. Albers geht davon aus, dass Menschen keine konstante Meinung über Farbe haben: „Die bewusste Anstrengung, Farben zu benutzen, die man nicht gern hat, endet gewöhnlich damit, sich in sie zu verlieben.“[150] Man arbeitet bei ihm nicht mit Lieblingsfarben, denn „aufschlussreicher, wenn nicht gleich schwieriger ist es, sich den von jemand anderem ausgewählten Farben unterzuordnen.“[151] Das Ermitteln der Mittenmischung von zwei Farben ist eine zentrale Lehrintention von Albers. Farbabstände können dadurch egalisiert werden, was besonders beim Eingreifen in Komplementärkontraste deutlich wird. Mit diesem Vorgehen negiert er die Basis von Ittens Bildbegriff, nämlich die statische Idee des „Kontrastes“. Die Mittelfarbe erlöst die Komplementärfarben sozusagen aus ihrer Spannung und eine Interaktion zwischen ihnen wird ermöglicht.[152]

Mit seiner Lehre will Albers keinen Individualismus fördern, der für ihn Leerlauf bedeutet. Er folgt nicht dem kunsterzieherischen Leitmotiv jener Zeit (Hartlaub „Der Genius im Kinde“), nach dem jeglicher Sachzwang entfällt, damit sich das Subjekt ausdrücken kann. Albers will weder Sachdiktate, die die Lernenden übergehen, noch freiheitlich gemeinten Expressionszwang. Vielmehr geht es darum, bestehende Normen und Begriffe zu reflektieren und gegebenenfalls auch zu revidieren. Die Studierenden sollen lernen und nicht belehrt werden. Albers versteht Lernen als wahrnehmende und darstellende Erfahrung in folgender Weise:

- Lehr-Lern-Prozess als *Enkulturation*: Hineinwachsen in eine bestehende Kultur. Die Schule bestimmt mit, welches Können und Wissen als repräsentativ gilt und gelehrt wird.
- Lehr-Lern-Prozess als *Verständigung*: Reflektion dieses Wissens und Könnens, das auch immer fragwürdig sein kann.

---

148 Rüden (1999)
149 Vgl. Ausführung zu „visuellen Irritation“ in Kap. 4.2.5
150 Albers (1970), S. 43
151 Ebd., S. 83 und auch Malaufgabe 2 und 3 in der Unterrichtsstudie in Kap.5
152 Vgl. Rüden (1999), S. 131 ff.

Albers will mit seiner Lehre die Bedingung für beides schaffen – durch das Zeigen und Reflektieren von faktisch gegebenem Kulturinventar.[153]

Ludwig Wittgenstein – (2): Der Sprachphilosoph Ludwig Wittgenstein dient nun als zweites Exempel für eine relationale Theorie von Farbe. Liest man Wittgensteins Untersuchungen über Farbe, dann wird im Kontrast klar, wie simplifizierend die einfachen kategorialen Systeme sind, mit denen die „absoluten" Farbtheorien an die Erscheinungsvielfalt von Farbe herangegangen sind.

Wittgenstein analysiert das Funktionieren sprachlicher Ausdrücke, um die Relativität von Farbe durch eine Fülle von *Sprachspielen* zu demonstrieren, deren Regeln so vielfältig wie die Anwendungssituationen im Leben sind. Sein Werk *„Philosophische Untersuchungen"*[154] liefert den Bezugspunkt dieser analytischen Sprachphilosophie. Sein Ziel ist nicht, den Gebrauch der Farbwörter zu verbessern. Denn die Verständigung über Farben funktioniert gut in einer normalen Seh- und Sprachgemeinschaft.[155] Aber genauso wie Wittgenstein den naiven und dogmatischen „Objektivismus" der gebräuchlichen Farbsysteme in Frage stellt, will er das Sprechen über Farbe auch vor einem Abgleiten in subjektivistische Regellosigkeit und Beliebigkeit bewahren.

Wittgenstein liefert ein zentrales anticartesianisches Argument, wodurch Farbe nicht mehr in den Abgrund der szientifischen Untauglichkeit fällt: *Farben sind keine privaten Empfindungen und Farbbegriffe keine Privatsprache!* Wäre das Sprechen über Farbe eine Privatsprache, so würde nur die Sprecherin oder der Sprecher selbst um die Bedeutung der Worte dieser Sprache wissen. Vier Sprachspiele sollen hier als Beispiele für Wittgensteins Denkweise dienen:

- *X ist heller als Y!* Dieselbe Aussage „X ist heller als Y" ändert ihren Sinn je nach Bezugnahme. Dass der blaue Himmel heller als Papier ist, gilt in manchen Momenten. Im Vergleich der Helligkeit von Körpern, erhält man stets zeitlich fixierte, externe Farbverhältnisse. Vergleicht man aber das Verhältnis der Helligkeit bestimmter Farbtöne, erhält man zeitlos fixierte, *interne Farbverhältnisse* und Gelb ist immer heller als Blau.[156]
- *Weiß ist Schwarz?* Wittgenstein notiert 1936 in seinem Tagebuch „Weiß ist auch eine Art Schwarz". Zu verstehen ist diese Aussage mit Hilfe der Unterscheidung eines gewöhnlichen und idealen Gebrauchs von Farbwörtern. Im Alltag sehen wir nie reines Weiß und das Farbspektrum von Grau fast bis Schwarz wird als Weiß bezeichnet. Trotzdem geht der Mensch in seiner Logik von der Existenz eines reinen Weiß aus, das gewissermaßen anhand des gewöhnlichen Gebrauchs konstruiert wird.[157]
- *Was ist Grün?* Ob Grün Primärfarbe, Mischfarbe oder Zwischenfarbe ist, lässt sich laut Wittgenstein nicht durch Wissenschaft, sondern durch Analyse der Farbgrammatik klären. In der Farbenlogik ist Grün wie Gelb, Rot oder Blau ein Fixpunkt. Zudem ist Grün

---

153 Vgl. ebd.
154 Wittgenstein (2001)
155 Vgl. Le Rider (2000), S. 296
156 Vgl. Rothhaupt (2007), S. 67 f.
157 Vgl. ebd., S. 69 f.

auch keine Mischfarbe, da es für Grün einen reinen Farbwert, der weder ins Bläuliche noch ins Gelbliche tendiert. Bei Violett dagegen kann stets von einer bläulichen oder rötlichen Tendenz die Rede sein, bei Orange von einer gelblichen oder rötlichen. Grün ist nach Wittgenstein eine Primärfarbe.[158]

- *Besitzt jeder eine eigene Farbenwelt? Gibt es eine Privatsprache der Farbe? Kann man jemals wissen wie andere Farben sehen?* „Wie ist es nun mit dem Worte ‚rot' – soll ich sagen, dies bezeichne etwas ‚uns Allen Gegenüberstehendes' und jeder sollte eigentlich außer diesem Wort noch eines haben zur Bezeichnung seiner eigenen Empfindung von Rot? Oder ist es so: das Wort ‚rot' bezeichnet etwas uns gemeinsam Bekanntes; und für jeden, außerdem, etwas nur ihm Bekanntes? (Oder vielleicht besser: es bezieht sich auf etwas nur ihm Bekanntes)."[159]

Hinter Wittgensteins praxisbezogenen Sprachspielen verbergen sich Überzeugungen des Sprachfunktionalismus und -relativismus:

Grundthese des *Funktionalismus* ist, dass Farbbegriffe keine privaten Empfindungen bezeichnen. Das wirkliche oder mögliche Verhalten entscheidet darüber, ob eine Person einen Farbbegriff erworben hat. Auch ohne die visuelle Erfahrung von Farbe können Blinde mit Hilfe eines Farbbestimmungsgerätes Farben identifizieren, unterscheiden und somit Handlungsdispositionen und Farbbegriffe erwerben. Funktionalismus steht dem *Empirismus* polar gegenüber. Letzterem liegt die These zu Grunde, dass der Erwerb eines Farbbegriffs die phänomenale Erfahrung der betroffenen Farbe voraussetzt. Blinde können demnach Farbwörter benutzen, aber keine Farbbegriffe gebildet haben.[160]

Der *Relativismus* besagt, dass Denken und Erkenntnis nicht unabhängig von Sprache und Kultur sind. Der menschliche Verstand ordnet durch die muttersprachlich gegebenen Kategorien die Flut von Farbeindrücken. Dennoch können Menschen Farben wahrnehmen, für die es kein Wort in der Muttersprache gibt. Der *Universalismus* vertritt diese These in extremer Form: Farbwahrnehmung variiert nicht nach Kultur und Sprache, sondern ist universell. Hauptvertreter dieser Position sind Brent Berlin und Paul Kay (*Berlin-Kay-Hypothese*).[161]

Wittgenstein sieht „Farbigkeit" als funktionale und relationale Kategorie der Wahrnehmung – nicht wie eine Haut trennbar von Raum und Gegenständen. In den Bemerkungen über die Farbe beschreibt er, wie sich unsere Farbbegriffe manchmal auf Substanzen (Schnee ist weiß), manchmal auf Oberflächen (dieser Tisch ist braun), manchmal auf die Beleuchtung (im rötlichen Abendschein), manchmal auf durchsichtige Körper (das grüne Glas) beziehen können.[162]

Relativität von Farbe in anderen Bereichen: Auch *Edwin Lands* (1909-1991) wissenschaftliche Versuchsanordnungen belegen, dass Farbwahrnehmung kontextrelativ, der

158 Vgl. ebd., S. 14 f.
159 Le Rider (2000), S. 295 (Zitat aus Wittgensteins „Philosophische Untersuchungen")
160 Vgl. Bernecker (2007)
161 Vgl. Le Rider (2000), S. 302 ff.
162 Vgl. Bernecker (2007), S. 298

Simultankontrast ständig relevant und Farbensehen das Ergebnis von Vergleichsprozessen ist. In Lands Experiment betrachteten Probanden mehrfarbige Mondrianmuster:

1. Zunächst soll sich die Betrachterin oder der Betrachter auf eine grüne Fläche konzentrieren. Sie/er nimmt sie stets als grün wahr, auch wenn die Wellenlängen messbar verändert werden.
2. Anschließend wird in dem Mondrianmuster ein blaues und ein grünes Feld so bestrahlt, dass die blaue Fläche exakt dieselbe Lichtmenge in jedem Wellenlängenbereich reflektiert wie das bei 1. wahrgenommene grüne Feld. Trotzdem nimmt die Betrachterin oder der Betrachter stets noch verschiedene Farben (blau/grün) wahr.
3. Nun werden die Farbflächen aus 2. isoliert vor schwarzem Hintergrund betrachtet: Sie erscheinen grau.[163] Bringt man sie ohne Veränderung der Beleuchtung wieder in den Kontext des Mondrianmuster wird wieder Blau/Grün wahrgenommen.[164]

Jede Beschäftigung mit Farbe lässt die situative und relationale Bedingtheit menschlicher Wahrnehmung erkennen. Wittgenstein und Albers demonstrierten dies in sprachlicher und visueller Explizitheit. Edwin Land durch empirische Versuche. Aber auch implizit ist die Relativität von Farbe stets wirksam und relevant – auch in jedem Gemälde. Davon zeugen z. B. viele Aussagen von Malern, etwa von van Gogh: „Man muss die Farben eines Bildes [...] nicht für sich betrachten; eine Rotzfarbe kann, wenn sie gegen kräftiges Braunrot, dunkelblau oder Olivgrün steht, ein sehr zartes und frisches Grün einer Wiese oder eines Kornfeldes ausdrücken."[165] Und: „Ich bin überzeugt, daß [!] Millet, Daubigny und Corot, wenn man von ihnen verlangen würde, sie möchten eine Schneelandschaft ohne Weiß malen, es tun würden, und daß [!] der Schnee in ihren Bildern weiß erscheinen würde."[166]

Farben sind immer im Zusammenhang ihrer Umgebung, aber auch unserer Sprachspiele zu betrachten. Wer sich die Relativität unseres Sehens bewusst macht, schärft sein allgemeines Wissen über das Sichtbare.[167] Wahrnehmung vollbringt dann, was im Bereich des Denkens Verstehen genannt wird. Sehen wird zum Einsehen – ganz im Sinne von Rudolf Arnheims Psychologie des schöpferischen Auges.[168] Die Konsequenzen der Relativität für das Malen-Lernen werden im Empirieteil der Arbeit untersucht.

2.1.5 Bezugsfelder A, B, C, D im relationalen Zusammenwirken

Im realen Malprozess wirken die beschriebenen poietischen, praktischen und theoretischen Bezugsfelder A, B, C, D des Wissens zusammen: Malerei als Herstellungskönnen besitzt einen Bezug zum Erkennen, theoretischen Durchdringen der mimetischen Bezüge und zum Handeln mit und unter Menschen. So werden all die komplexen Bezugnahmen, die in der Tätigkeit der Malerei und der sie strukturierenden Sprachspiele wirksam sind

163 Vgl. didaktische Hilfestellung des Farben Isolierens, Kap. 4.3
164 Dorsch (2009), S. 438 ff.
165 Badt (1981), S. 11
166 Vgl. ebd., S. 24 f.
167 Vgl. Wissmann (1971), S. 9 ff.
168 Vgl. Albrecht (1974), S. 108

(sichtbare Gegenstände, imaginative Ideen, usw.), in einer je konkreten Darstellungs- und Wirkungsabsicht malerisch interpretiert und handwerklich wie gestalterisch dar- und hergestellt.

Es bleibt zu erinnern, dass in meiner Arbeit die primären Bezugsfelder A und B sind (technologische und handwerkliche sowie gestalterische), die sekundären Bezugsfelder sind C und D (rhetorisch-wirkungsbezogene, theoretische). In der Tradition systematischer Lehren (wie der Bauhaus-Lehre) stellten dagegen eher C und D die primären Bezugsfelder dar.

In diesem Kapitel werde ich an exemplarischen Aspekten darlegen, warum absolute Definitionen von Farbe nicht Grundlage einer *relationalen* Maldidaktik sein können und warum scheinbar widersprüchliche Ansichten von Farbe nebeneinander bestehen können. Ich stelle zuerst noch einmal resümierend die Auffassung von *Farbe als einer relationalen Eigenschaft* heraus, gehe dann auf die *Farbe als ein relationales und intersubjektiv verhandelbares Phänomen im Kunstunterricht* ein, um schließlich an einem geschichtlichen *Exempel* (Rubens) zu zeigen, wie im Malwissen poietisches, praktisches und theoretisches Wissen zusammenwirken:

Farbe als relationale Eigenschaft

Die resümierende Zwischenthese lautet: Farbe ist nur als *relationales* Phänomen *sachgemäß* lehr-/lernbar. Doch ist hier die Zwischenfrage nötig: *Wie ist „relational" im Zusammenhang mit Farbe genauer zu verstehen*?

Viele Analysen des Sachgegenstandes Farbe könnten folgende Interpretation nahelegen: Das Wesen von Farbe entzieht sich scheinbar einer einheitlichen Definition und Positionierung. Der Anspruch der Farbtheorien ist aber, „das intuitive, hauptsächlich sinnlich gewonnene Farbverständnis und die wissenschaftlich beschreibbare Realität miteinander in Einklang zu bringen."[169]

Einige Aspekte von Farbe sind gemäß bisher genannter Positionen objektivierbar:

- Messwerte von elektromagnetischen Wellenlängen,
- Mischverhältnisse von Farben,
- Maltechnische, chemische Aspekte,
- Statistisch erhobene Daten über Wirkung/Kommunikation von/über Farbe,
- Stellung einer Farbe in einem bestimmten Farbsystem, ...

Andere sind subjektiv und individuell oder kulturell zu bestimmen:

- Farbempfindung,
- Farbpräferenz,
- Farbassoziationen,
- Farbsymbolik,
- Sprechen über Farben, ...

169 Dorsch (2009), S. 23

Aber wie sind die objektiven und subjektiven Dimensionen zu vereinbaren? Vermittelnde Positionen nehmen Abstand von einer dichotomen Trennung der Sinneserfahrungen in objektive und subjektive Qualitäten: Heutige Kenntnisse über die Arbeitsweise des Gehirns zeigen, dass alle Informationen auf der neuronalen Interpretation von Reizrelationen beruhen. Für den Mensch ist Farbe nicht weniger Materie als Form.[170] Durch seine Ambiguitätstoleranz ist der Mensch befähigt, Farben im Alltagssinn und im naturwissenschaftlichen Sinn zu verstehen – ohne dass die Sichtweisen in Konkurrenz treten.[171] In diesem Sinn enthält folgende situative Aussage zwar empirische Widersprüche, ist entsprechend menschlicher Farbwahrnehmung aber korrekt: *Das Buch ist blau, jedoch ausgebleicht*. Physikalisch messbar ist, dass das Buch nicht mehr elektromagnetische Wellenlängen im Bereich von 420-480nm (Blau) reflektiert. Kognitiv ist diese Tatsache nachvollziehbar und unstrittig, dennoch ist der Aspekt nicht zwangsläufig psychisch relevant – besonders wenn das Buch als neues, sattblaues Buch in Erinnerung ist. Auch wenn sich physikalische (objektive) und mentale (subjektive) Interpretation in Alltagssituationen konfliktlos vereinbaren lassen, sind die Entitäten, auf die sie sich beziehen, kategorial verschieden. Keine ontologische Theorie der Farben umfasst die zwei Seiten des Farbbegriffes zu gleichen Teilen. Deshalb muss wertfrei zwischen zwei Arten von Farbeigenschaften unterschieden werden:

1. Objektive Farbe als die repräsentierten Reflektanzeigenschaften[172] von Gegenständen.
2. Subjektive Farbe als qualitative Eigenschaft menschlicher Sinneswahrnehmung.

Beide Sichtweisen haben ihre Berechtigung: *In Relation* zum Umfeld, Vorwissen und der Bewusstheit einer Wahrnehmungssituation kann Farbe sowohl objektiv (gegenstandsabhängig), als auch subjektiv (geistabhängig) aufgefasst und angesprochen werden.[173] Die Polarisierung lässt sich nicht aufheben. Es zeigt sich aber eine überlappende Schnittfläche, in der die Pole konvergent existieren und intersubjektiv verhandelbar sind – wie im nachfolgenden Kapitel erörtert werden soll.

Dass Farben in einer weiteren Dimension relational sind, zeigt der Rekurs auf Albers. Albers verdeutlicht in eindrücklicher Weise, wie Farben in Relation zu ihrem farbigen Umfeld ihre Wirkung verändern: Eine Farbe sieht z. B. je nach Nachbarfarbe immer anders aus...

„*Relational*" im Kontext von Farbe bezieht sich damit auf zweierlei Dimensionen. Farberscheinung ist zum einen relational zum direkten Erscheinungsumfeld. Zum anderen ist die Auffassung von Farbe relational zum Erfahrungs- und Interessenskontext der Betrachtenden, die wechselnde (objektive oder subjektive) Perspektiven darauf einnehmen können.

170 Vgl. Buether (2010), S. 310
171 Vgl. Mausfeld (2007), S. 333 ff.
172 Verhältnis zwischen auftreffendem Licht und der von dem beleuchteten Körper zurückgestrahlten Lichtmenge.
173 Dorsch (2009)

Farbe als relationales und intersubjektiv Verhandelbares Phänomen im Kunstunterricht

Primär vs. sekundär, colore vs. disegno, akademisch vs. antiakademisch, absolut vs. relational – die bisherigen Gegenüberstellungen markieren konträre Topoi des Wissens, Könnens und Sprechens hinsichtlich Farbe und Malerei: Die nachfolgende Systematik (Abb. 4) reduziert ihre Logik auf zwei Begriffspaare *stabil – variabel* und *extern – intern*[174], die je in unterschiedliche Wechselbeziehung treten. Ihre Bedeutung kann im Transfer auf kunstpädagogische Handlungsformen folgendermaßen gedacht werden:

- „*Stabil*" meint die Auffassung von Farbe und Malerei als beständige, konstante Eigenschaft und Handlungsfeld, die im kunstpädagogischen Kontext regelhaft definierbar und anwendbar sind (z. B. durch handwerkliche Regeln, Vorgabe von Farbsystemen, ...);
- „*Variabel*" meint die Auffassung von Farbe als kontextabhängige, variable Eigenschaft, die im kunstpädagogischen Kontext intersubjektiv verhandelbar ist (z. B. durch Bildgespräche, Zeigegesten, ...);
- „*Extern*" meint die Verortung der Farbe in der äußeren Welt, die im kunstpädagogischen Kontext gezeigt und wahrgenommen werden kann (z. B. durch visuelle Vergleiche, durch Isolation von Farbstellen, ...);
- „*Intern*" meint die Verortung von Farbe im empfindenden Subjekt, die im kunstpädagogischen Kontext individuell empfunden werden kann (z. B. durch Assoziationen, Erfahrungen, Experimente...).

Einseitige Ausrichtungen von Malaufgaben fördern einen verkürzten Farbbegriff. Strenges Malen nach dem absoluten Farbsystem von Itten (z. B. Tiere vor komplementärem Grund) täuscht zum Beispiel eine unhinterfragte stabile, externe Regelhaftigkeit fern ab jeglicher Farbrealität vor. Die Herausforderung bleibt, das Wesen von Farbe und Malerei unverfälscht und unverkürzt im Kunstunterricht aller Klassenstufen anzugehen. Dazu müssen die Begriffspaare nicht durch „entweder...oder" gegeneinander ausgeschlossen, sondern durch „und" verbunden werden.

Daraus lässt sich folgern, dass nur ein *relationales Verständnis* von Farbe und Malerei im Kunstunterricht zielführend, vollständig und damit sachgemäß ist (im Schaubild zentral verortet). *Die fachspezifische Farbdefinition der Kunstpädagogik ist eine relationale*. Der Transfer rein objektiver oder rein subjektiver Farbdefinitionen anderer Disziplinen entspricht nicht dem Wesen einer anthropologisch-hermeneutisch verstandenen Kunstpädagogik. Wäre Farbe ausschließlich objektiv im Sinne von regelhaftem „richtig" und „falsch" zu fassen, könnte Malunterricht rein kognitiv angegangen werden. Wäre Farbe nur subjektiv zu deuten, so gäbe es nie „richtig" und „falsch" beim Wählen, Mischen und Auftragen von Farbe, also in der konkreten Darstellung. Hier eröffnet sich demnach ein kunstdidaktisches Spannungsfeld. Die strikte Opposition lässt Fragen offen, die besonders mal- oder farbdidaktische Interventionen betreffen: *Wie wird das Phänomen Farbe trotz aller Relativität greifbar, kommunizierbar und dadurch in Lehr-Lern-Kontexten*

174 Begriffliche Analogie zu Kausalattributionen in Psychologie vgl. Kap. 2.2.1

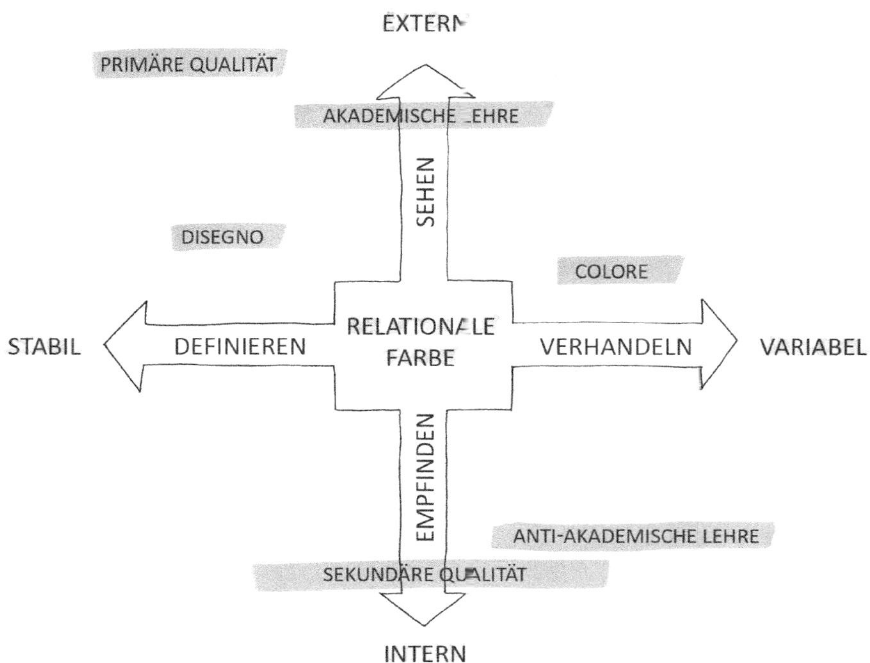

Abb. 4: Relationale Farbe

vermittelbar? Ist Farbe bezogen auf kommunikative, darstellerische Situationen im Intersubjekt zu begründen – wenn es schon nicht eindeutig objektivierbar ist?

„*Intersubjektiv*" meint, dass der Sachverhalt „Farbe/Malerei" zwischen (lat. *inter*) allen beteiligten Akteurinnen und Akteuren in seiner Bedeutung und Erscheinung gleichermaßen erkennbar und damit verhandelbar ist – unabhängig davon, ob die individuellen Farbwahrnehmung exakt dieselben sind. Schließlich können Menschen über Farbe sprechen, darauf zeigen, sie vergleichen, verändern, mischen, auftragen, und sie können auch Urteile über „Stimmigkeit" und „Unstimmigkeit" farbiger Darstellungen abgeben. Wie und ob malen dadurch lehr-/lernbar wird, kann sich nur in Situationen zeigen, in denen Farbe expliziter Kommunikationsgegenstand und Darstellungsmedium ist.

Für maldidaktische Diagnose und Intervention folgt die Konsequenz, Anschauung und Empfindung als ergänzende und wechselseitige Teilbereiche des Malens aufzufassen. Vor diesem Hintergrund geben methodische Hilfsmittel keine absoluten Regeln oder universellen Systematiken vor, sondern zielen auf ein Farbverstehen ab, das dem ganzheitlichen, kontextabhängigen Wesen von Farbe entspricht. Farbbezogenen Darstellungsprozessen geht dabei stets eine reflektierte und bewusste Farbentscheidung voraus – unabhängig ob sie verstärkt der Ausdrucks- oder der Erscheinungsfarbe entspricht. Lehr-/Lernmethoden und Hilfsmittel werden im Verlauf der Arbeit konkretisiert. In Empirieteil ist das intersubjektive Verstehen und Lernen auch immer wieder Analysegegenstand.

Exempel: Zusammenwirken von poietischem, praktischem und theoretischem Wissen bei Rubens

Ein ausführlicherer Exkurs zu *Peter Paul Rubens' elaboriertem Malen-Können* befindet sich im Anhang.[175] Darin wird gezeigt, wie poietisches, praktisches und theoretisches Wissen im Prozess des Malens und im bildnerischen Ergebnis verschmelzen:

Rubens' Gestaltungsweise ist ein Paradebeispiel malerischer Verwirklichungsformen (*colore/chroma*). Die praktisch-rhetorische Wirkung entfaltet sich in der Erscheinung des Bildganzen als einheitliche, verbundene Farbmasse (Farbe als bildräumlicher Vermittler). Poietische Gestaltungsabsicht und praktische Wirkungsabsicht gründen zugleich in technologisch-handwerklichen Anlagen: Rubens untermalt seine Gemälde einheitlich und arbeitet in Schichten, um die Bildeinheit handwerklich vorzubereiten. Außerdem versteht er es, sein Malmaterial in der Konsistenz so zu variieren, dass ihm durch gezielte Beigabe von Öl das Verreiben der Farbe erleichtert wird. Die technologisch-handwerklich angelegte Verreibbarkeit bedingt auf der Ebene der Gestaltung wiederum das Darstellen weicher, fließender Übergänge. Der handwerklich sichere Einsatz des Farbmaterials und der Auftrag von lasierend bis pastos stehen aber auch im Bezug zu den Wirkungsabsichten von Rubens auf die Betrachterinnen und den Betrachter: Er kann dadurch die den physischen Aufbau der Farbschichten der physischen Beschaffenheit des Dargestellten (Blut, Haut, Wasser, ...) annähern.[176] Die Wirkungsabsicht ist dabei, den Ausdruck von Affekten (bis hin zu sensibelsten Durchblutungszuständen) dem Betrachter vor Augen zu führen. Das Arbeiten in Schichten und der Einsatz der Farben als „trübes Medium" kann außerdem auch im Bezug zu theoretischem Wissen von Rubens analysiert werden.[177]

Allein schon diese kurzen Ausführungen zeigen, dass und wie poietisches, praktisches und theoretisches Wissen beim Malen untrennbar in Wechselbezug stehen. Jede Gestaltungsabsicht (z. B. Bildeinheit erzeugen) besitzt stets eine handwerkliche Entsprechung (z. B. Technik der Untermalung nutzen) und eine Wirkung auf den Betrachter (z. B. Empfindung einer harmonischen Einheit). Bezüge zu Theorien können zusätzlich auf das Malen oder das Verstehen der Malerei einwirken (z. B. Wissen über Farbtheorien).

2.2 Der Wahrnehmende und vorstellende lernende Mensch – Anthropologische Basisbestimmungen der Maldidaktik

Sinnvolle maldidaktische Aufgabenkonzeptionen für Lernende entsprechen einerseits der im vorherigen Kapitel dargelegten *Logik der Sache* (d.h. wesentlich der *Malerei*). Andererseits sind kunstpädagogische Aufgaben nicht nur *über etwas* konzipiert, sondern auch *für jemanden – für wahrnehmende und vorstellende lernende Menschen*. Neben dem

175 Vgl. Kap. 7.1.1: Der Exkurs im Anhang dient an mehreren Stellen meiner Arbeit als anschauliches Beispiel für strukturiertes malhandwerkliches Vorgehen.

176 Vgl. hierzu näher Leonhard (2016)

177 Vgl. Heinen (1996): Die Beziehung zwischen Rubens´ malerischen Darstellungsverfahren und zeitgenössischen physikalischen Farbtheorien (vor allem zu Grundfarben) ist Gegenstand kontroverser kunsthistorischer Debatten geworden.

sachlogischen Bezugsfeld bestimmt damit primär das adressatenbezogene Bezugsfeld das methodische Handeln im Kunstunterricht.

Die Ausgangsthese beim Planen von Aufgaben im Feld der Malerei lautet: *Der Mensch kann und will malen lernen*. Die Planungsrichtung muss vom Darstellungswollen der Lernenden – den Darstellungsbedürfnissen, den Wahrnehmungsgewohnheiten, den Vorstellungsstrukturen und Darstellungserfahrungen – auf die Malerei hin ausgerichtet sein und nicht ausschließlich umgekehrt. Aus diesem Grund müssen diese Lernvoraussetzungen ergründet werden, um den Aufbau von Könnens-Strukturen im Feld der Malerei angemessen und sinnvoll anzuregen. Im Sinne einer anthropologisch-orientierten Kunstpädagogik ist also zu fragen: *Wie gestaltet sich die Lern- und Entwicklungslogik Heranwachsender im Gestaltungsbereich von Farbe und Malerei? Wie charakterisieren sich Lernstände?*

Um Antworten zu finden, erörtere ich zuerst allgemeine pädagogische und psychologische Grundbegriffe des lernenden, wahrnehmenden und vorstellenden Menschen (Abschn. 2.2.1.). Im zweiten Schritt richte ich den Blick auf die spezifischen Besonderheiten des malen-lernenden, -wahrnehmenden und -vorstellenden Menschen (Abschn. 2.2.2).[178]

2.2.1 Grundbegriffe einer anthropologisch bestimmten Maldidaktik

Das nachfolgende Kapitel legt allgemeine Grundbegriffe einer anthropologisch bestimmten Maldidaktik dar. Zu fragen bleibt vorab: *Wie lauten und definieren sich die Grundbegriffe? Warum sind sie als Basisbestimmungen überhaupt nötig?*

Dazu positioniere ich mich folgendermaßen: Anthropologische Basisbestimmungen sind für jede Didaktik vorauszusetzen. Denn Lehre muss wie oben beschrieben von den Lernenden her durchdacht und auf die Lernenden hin konzipiert werden. Die zur weiteren Begründung und Klärung ausgewählten Grundbegriffe entstammen zwei topischen Gedankenkreisen:

Zum einen entnehme ich Begriffe aus allgemeinen pädagogischen Bezugswissenschaften und grenze sie in der Bedeutung ein, in der sie dann auf Anwendbarkeit in der Maldidaktik hin weiterentwickelt werden. Diese Begriffe lauten: *Entwicklung, Lernen* und *relationales Lernen*.

Zum anderen entnehme und erläutere ich zentrale Begriffe aus den jüngsten Entwicklungen der Fachdiskussion anthropologischer Kunstpädagogik[179] und fokussiere mein Interesse auf genau die Punkte, die im Zusammenhang der Maldidaktik besonders wichtig erscheinen: *Wahrnehmung, Vorstellung* und *Lernen zwischen Wahrnehmung und Vorstellung*.

Zu meinem methodischen Vorgehen im Kapitel ist weiterhin anzumerken: Das Argumentationsziel dieses allgemein-didaktischen Kapitels bleibt die Maldidaktik. Aus diesem Grund referiere ich in sehr verdichteter und vereinfachter Form einige Basisthesen, die sich aus den Diskussionen im Raum der genannten Bezugsdisziplinen extrahieren lassen

178 Ausblick: Daraus leitet sich in Kap. 4 ein Modell des relationalen Malen-Lernens ab.

179 Forschungsverbund Kunstpädagogik IMAGO

und auf die ich mich in meiner Arbeit als Grundannahme stütze. Ich führe sie zunächst im Modus der „Voraussetzung" oder „Hypothese" in den Gedankengang meiner Arbeit ein. In vielen anderen schulischen Fachdidaktiken gelten diese Annahmen als selbstverständlicher mehr oder weniger „*common sense*". Wenn sie im kunstdidaktischen Diskussionsfeld, das in den letzten Jahrzehnten sehr stark vom Argumentationsduktus der „Ästhetischen Erziehung" geprägt war, hier etwas jäh und unvermittelt gesetzt erscheinen, so ist das der speziellen Fachgeschichte geschuldet. Dennoch führe ich diese Annahmen hier bewusst (voraus-)setzend in meine Argumentation ein, um überhaupt einen Ausgangspunkt für die Erörterung der weiterführenden und spezielleren maldidaktischen Fragen zu haben, die das eigentliche Thema meiner Forschungsarbeit sind.

Entwicklung

„Entwicklung" und „Lehren/Lernen" sind Kernbegriffe in jeder Fachdidaktik und stehen gleichzeitig in gewisser Weise als Denkmodelle in Opposition. Im Feld der Kunstdidaktik bedarf das unklare Verhältnis zwischen „Entwickeln" und „Lernen" besonderer Klärung: Subjektorientierte Theorien der „Selbststeuerung" und des „Selbstlernens" neigen dem Entwicklungsbegriff zu, als einem sich-selbstregelnden Geschehen. Das Modell „Lehren/Lernen" denkt die Veränderung aber eher als interaktives Feld, auch als bewusste Einwirkung von außen und Reaktion darauf: Lernende *entwickeln* sich in künstlerischen Lernprozessen nicht nur, sondern sie *lernen* im Maßstab ihrer Lernstände (als Entwicklungsvoraussetzungen). Dieser in der Arbeit vertretene interaktionistische Grundsatz soll nun argumentativ durch gezielte Referenzen aus psychologischen Bezugswissenschaften erläutert werden. Dazu stelle ich eine Definition des Grundbegriffs „Entwicklung" als Argumentationsgrundlage voran:

„Gegenstand der Entwicklungspsychologie sind Veränderungen und Stabilitäten, die sinnvollerweise auf der Zeitdimension Lebensalter registriert werden."[180] Nachhaltiges Lernen kann zu Entwicklung führen, ist aber nicht mit ihr gleichzusetzen. Lernen beruht auf Erfahrung. Entwicklung kann dagegen nicht nur durch externe, sondern vor allem durch interne (biologische Reifung) Faktoren entstehen.

Die Basisthese hin zu einem näheren Begriffsverständnis lautet: *Verschiedene Begriffsverständnisse von Entwicklung beruhen auf zugrundeliegenden heterogenen Entwicklungsparadigmen.*

Bis in die 1960er herrschte ein *traditionelles* Entwicklungsparadigma vor, das sich in Stufen- und Phasenmodellen (z. B. Kognitionspsychologie nach Piaget, psychosoziale Entwicklung nach Erikson usw.) spiegelt. Entwicklung in diesem traditionellen Sinn definiert sich wesentlich durch festgelegte Veränderungsreihen/Stufen/Abfolgen/innere Baupläne, durch Zuordnung von Entwicklungsstufen zu relativ exaktem Lebensalter, durch sukzessiven Anstieg von Qualität und Wertigkeit je Stufe und durch eine Richtung der Entwicklung hin zu einem Reifezustand/Endzustand.

Nach einem *modernen* Entwicklungsverständnis greift das zu eng. Denn Entwicklung steht in Abhängigkeit zu differentiellen internen (Anlage) und externen Einflussfaktoren

180 Oerter/Montada (2008), S. 17

(Umwelt). Ein differentiell-ökologischer Begriff von Entwicklung zeichnet sich aus durch Berücksichtigung von Erbunterschieden und von Unterschieden der Entwicklungsumwelt, durch die Zuordnung von Entwicklungen zur Zeitspanne des Lebensalters und das Berücksichtigen von Auf- und Abbauprozessen.

Daran anknüpfend lassen sich grundlegende Erkenntnisse aus der Entwicklungspsychologie so resümieren: *Differente Grundsichten auf Entwicklung beruhen auf heterogenen Deutungen der Verhältnisse zwischen Subjekt- und Umwelteinflüssen und können demgemäß typologisiert werden.*

Die Anlage-Umwelt-Debatte greift die Frage auf, welche Anteile an Fähigkeits- und Merkmalsunterschieden in einer Population zurückgehen auf Erbanlagen oder auf Umwelteinflüsse. Es gibt keine Methode, mit der sich Anlage und Umwelt eindeutig trennen lassen.[181] Entwicklungstheorien können bezüglich der Aktivität und Passivität von Subjekt (S.) beziehungsweise Umwelt (U.) typisiert werden:

- Interaktionistische Theorien (S. aktiv, U. aktiv),
- Exogenistische Theorien (S. passiv, U. aktiv),
- Selbstgestaltungstheorien (S. aktiv, U. passiv),
- Endogenistische Theorien (S. passiv, U. passiv).[182]

Mit dem Ziel einer reflektierten Anwendung des Entwicklungsbegriffs innerhalb von Maldidaktik schließe ich mich modernen, interaktionistischen Ansätzen an. In engem Bezug auf Vygotskij (1978) mache ich dazu den letzten Grundsatz geltend: „*Jeder Entwicklung folgt eine „Zone der nächsten Entwicklung*."[183] Entwicklung kategorisiert sich hier nicht mehr in Stufen, sondern in Zonen. Die Zone der nächsten Entwicklung beschreibt die Lernprozesse, die ein Kind als nächstes erst mit und durch andere bewältigen kann – um sie dann irgendwann selbstständig zu bewerkstelligen. Damit wird ersichtlich, dass Anlage und Umwelt als Entwicklungsfaktoren zusammengedacht werden.[184] Gemäß interaktionistischer Modelle entfalten sich die Entwicklungszonen je nur in und durch Interaktion. Denn ein Kind kann in Interaktion mit anderen (Kindern und Erwachsenen) mehr als alleine.

Auf Grundlage dieser komprimierten Begriffsklärung von Entwicklung wende ich nicht den individualistischen Begriff „malerischer Entwicklungsstufen" an, sondern den interaktionistisch gefassten Begriff „malerischer Lernstände". Der nun eingeführte Begriff „Lernstand" wird im Lauf des gesamten Kapitels 2.2 stetig präzisiert werden.

Lernen

„Kunstunterricht" und „Lernen" sind keine Begriffe, die in den vergangenen Jahren der Fachgeschichte in engem Zusammenhang gebracht und ernst genug genommen wur-

181 Vgl. ebd., S. 17
182 Vgl. ebd., Kapitel 1
183 Vygotskij (1978), S. 86
184 Vgl. Sowa u. a. (2014b), S. 29

den.[185] Eine gewisse Scheu scheint viele Fachvertreter davon abzuhalten, das, was im Kunstunterricht geschieht, mit jenen anderen Formen von „Lernen“ in Zusammenhang zu bringen, das in anderen Fächern stattfindet. Lernen im Deutsch- oder Mathematikunterricht erscheint gesicherter. Dagegen neigt man häufig dazu, den Erwerb von künstlerischem Können im Kunstunterricht mit Begriffen wie „*Talent entfalten, Ausleben, Erfahren, Erproben, Entspannen, Ausgleich finden, ...*“ zu verbinden. In diesen Vorlieben leben alte Theorien des „Genies“ fort, die einen mystifizierenden Schleier des Geheimnisses über die Prozesse und Wege gebreitet haben, die zwischen dem Nicht-Können und dem Können der Kunst liegen. In Abgrenzung von Genietheorien und Begabungstheorien lege ich mir hier einen in lernpsychologischer Bezugnahme definierten Lernbegriff zugrunde, den ich später in meine Maldidaktik einbauen werde. Denn der Aufbau von Könnens-Strukturen hinsichtlich des Malens wäre ohne diese Grundannahme eines strukturiert bildbaren Lernzuwachses im Kunstunterricht ein Zufalls-Spiel.

Als basale Argumentationsgrundlage dient eine lernpsychologische Definition in Anlehnung an Zimbardo (1992): Lernen ist ein Prozess, der zu relativ stabilen Veränderungen im Erleben und/oder Verhalten führt und auf Erfahrung aufbaut.[186] Nach dieser Definition besitzt Lernen eine *zeitliche Dimension*, eine *Handlungsdimension* und *Nachhaltigkeit* bezüglich der Wirkung auf *Emotion und Kognition*. Gegenstand des Lernens ist explizites, deklaratives Sachwissen und/oder implizites, prozedurales Handlungswissen.[187] Bildnerische Gestaltungsprozesse (z. B. Malen) fordern beide Wissenstypen und haben bewusste (Kennen, Benennen...) wie unbewusste (Können, Wissen wie, ...) Anteile.[188]

In Bezugnahme auf die Definition lässt sich ein erster für die Maldidaktik basaler Grundsatz aufstellen: *Lernen ist beobachtbar, damit analysierbar und strukturierbar*. Als stabile Veränderung von Wissen wird Lernen beobachtbar im Vergleich zu anderen (*relationale Bezugsnorm*) oder zu vorherigen eigenen Leistungen (*individuelle Bezugsnorm*).[189]

Der Begriff des „Lernens“ soll zweitens durch den Nachvollzug differenter Grundsichten differenzierter verstanden werden – dazu folgende Grundannahme: *Heterogene Verständnisse von Lernen beruhen auf heterogenen Subjektkonzeptionen*.

Diese Grundannahme bedeutet: Jeder Lerntheorie liegt implizit oder explizit eine Subjektkonzeption zu Grunde, auf die sich Lernbegriffe auf einer Skala zwischen *Außensteuerung und Innensteuerung* verorten lassen. Außengesteuertes Lernen ist reaktiv (klassisches Reiz-Reaktions-Lernen, instrumentelles Lernen usw.). Innengesteuertes Lernen ist aktiv (z. B. Begriffsbildung und Wissenserwerb, Handeln und Problemlösen, Modelllernen ...).[190] Relationales Lernen ist gleichermaßen aktiv und reaktiv („Selbst-, Welt- und Anderenverhältnisse“[191]).

---

185 Vgl. hierzu u. a. die kritischen Darstellungen in IMAGO. Zeitschrift für Kunstpädagogik Heft 1/2015: „Lernen“.

186 Vgl. Zimbardo (1992), S. 227

187 Vgl. Edelmann/Wittmann (2012), S. 111 ff.

188 Vgl. Huber (2006), S. 45 f.

189 Vgl. Scholz (2008), S. 79 ff.

190 Vgl. Edelmann/Wittmann (2012)

191 Künkler (2008), S. 44

Die dritte hier relevante Grundannahme positioniert sich bei dem zuletzt genannten relationalen Lernverständnis und präzisiert es: *Lernen steht in Abhängigkeit zu internen und externen Lernvoraussetzungen*.

Beispiele für externe Lernvoraussetzungen stellen Impulse/Interaktionen der räumlichen, materiellen und sozialen Umwelt dar. Beispiele für interne Voraussetzungen sind die Abhängigkeiten zu *Interesse*[192], *Motivation*[193] und *Attribution* der Lernenden. Ich greife davon den Aspekt der Attribution heraus und schreibe ihm eine besondere Bedeutung hinsichtlich des künstlerisch-praktischen Lernens zu: *Kausalattribution* meint die Ursache, die eine Person ihrem Erfolg/Misserfolg (Zielzustand) zuschreibt. *Kausalattributionen* für Erfolg oder Misserfolg in Lernprozessen können sich beziehen auf internale vs. externale Aspekte, stabile vs. variable Aspekte, kontrollierbare vs. nicht kontrollierbare Aspekte. Es liegt nahe, dass im (Kunst-)Unterricht konsequent internal-variabel-kontrollierbar vorgegangen werden muss, um die Motivation zu erhalten. D.h.: Es ist motivierender, mangelnde Anstrengung als die variabel-interne (und damit veränderliche) Ursache für Misserfolg anzunehmen, als die intern-stabile (und damit unveränderliche) Ursache eines mangelnden „Talents".[194] Der Transfer lernpsychologischer Erkenntnisse auf den Kunstunterricht verweist auf eine sich immer wieder zeigende Problematik: Kunstunterricht auf der Basis eines Lernverständnisses, das auf Begabung oder auch Experiment und Zufall beruht, demotiviert die Mehrzahl der Schülerinnen und Schüler.

Die nachfolgenden Präzisierungen (Annahmen vier bis sechs) des hier zugrundeliegenden Lernbegriffs knüpfen an die oben betonte Wichtigkeit der Aktivität und Selbstwirksamkeitserfahrung (z. B. durch intern-variable Attribution) der Lernenden an – es geht stets um „Lernen in Aktion":

In diesem Kontext lautet die vierte Annahme: *Lernen kann bedeuten, implizites Wissen (Handlungswissen/Können) in mimetischen Handlungen durch Orientierung an Modellen zu erwerben*: Eine basale Lerntheorie im Feld des Handelns und Problemlösens ist das *Modelllernen*. Eine Beobachterin oder ein Beobachter schauen einem als Modell dienendem Handeln[195] zu und erwerben dadurch Vorstellungen von diesem Handeln und den innewohnenden Teilhandlungen. Dieses Handlungswissen kann von den Beobachtern/Lernenden nur zur Ausführung/Darstellung gebracht werden, wenn entsprechend Willen und Motivation vorhanden sind.[196] Gebauer und Wulf (1992) beschreiben Mimesis daher nicht als stupides Nachmachen, sondern als aktives Tun, Grundbedingung des Lebens, Bedingung von Verstehen, Akzeptieren von und Orientierung an Bestehendem, eine Hinwendung zur Welt und zu sich selbst (die Welt wird meine), eine „Angelegenheit eines

192 Vgl. Krapp/Weidenmann (2006), S. 233 f.

193 Vgl. ebd., S. 212 (in Anlehnung an Falko Rheinberg): Motivation = „aktivierende Ausrichtung des momentanen Lebensvollzugs auf einen positiv bewerteten Zielzustand". Sich *autonom, kompetent und* sozial eingebunden zu fühlen, sind Grundbedürfnisse, die für intrinsische, leistungsfördernde Motivation erfüllt sein müssen.

194 Vgl. ebd., S. 225 ff.

195 Vgl. Krautz/Sowa (2017): „imitatio personae: Nachahmen des gestalterischen Handelns von Personen", S. 9

196 Vgl. Edelmann/Wittmann (2012), S. 171 ff.

Beziehungsgeflechts von Personen"[197] und als eine Neuinterpretation/Reformulierung mit Eigenaktivität und Veränderungs-/Verbesserungspotential.[198]

Fünftens ist das Lernen in Aktion so zu präzisieren: *Lernen geschieht im Vollzug des Übens.* „Mit der Geringschätzung des Übens im Unterschied zum Lernen, Erziehen und Bilden und ihrer Bestimmung als sekundäre Lernform wird übersehen, dass Üben eine originäre Weise des Weltzugangs und damit des Lernens darstellt, in der in variierender und wiederholender Art und Weise immer neu auf andere Weise gelernt wird. Wie das Lernen setzt Übung zwar voraus, dass etwas schon gelernt, gewusst oder geübt wurde. Dieses Problem gilt aber generell: Lernen und Üben setzen schon Gelerntes und Gewusstes voraus."[199] *Übungen* im Unterricht müssen pädagogisch inszeniert werden. Übungen geschehen nicht plötzlich und von selbst. Dennoch können sie spielerisch oder zufällig verlaufen. Zielführendes Üben ist gekennzeichnet durch Wiederholung und die Ausrichtung auf besseres, anderes, sicheres, stetiges Können einer Fertigkeit/Fähigkeit, einer Handlungsabfolge oder einer kognitiven Operation. Im Vollzug des Übens verschränken sich Inhalte, die Sache, Verfahren und der reflexive Bezug zum Übenden selbst. Üben ist ein Geschehen, in dem sich ein „Weltverhältnis" zeigt und herstellt.[200] Scheitert eine Übung „wird der Übende gezwungen, Schemata, Strategien oder Einstellungen zu verändern."[201]

Sechstens gilt eine weitere Annahme bezüglich des Lernens in Aktion: *Lernen geschieht in Handlungen, die reguliert und bewusst ablaufen.*

Handlungen könnten zum einen die gerade erläuterten Übungen sein, aber auch Situationen der Aufgabenbewältigung und Problemlösung. Ein *Problem* kennzeichnet sich durch die drei Komponenten des unerwünschten Anfangszustands, des erwünschten Zielzustands und der Barriere dazwischen – so dass die momentane Überführung in den Zielzustand verhindert ist. Bei einer *Aufgabe* verfügen wir dagegen über Regeln, um den Zielzustand zu erreichen. Problemlösen verlangt *heuristische Strukturen* wie beispielsweise Versuch/Irrtum, Systemdenken, Strategien usw. Aufgabenbewältigung verlangt *epistemische Strukturen* wie beispielsweise Gesetze, Formeln, Regeln, Begriffe usw.[202] Auch Malen verbindet diese ausführenden, erprobenden und suchenden Handlungsmomente. Während des Malprozesses regulieren Malende stetig das Handeln, z. B. im Sinne des Modells der *TOTE-Einheit* (Test-Operate) und greifen auf epistemische und heuristische Strukturen zurück[203]:

- Test: Farbe ist nicht dunkel genug, ...
- Operate: Ich füge etwas dunkles Blau dazu, ...
- Test: Ist die Farbe jetzt dunkel genug? Nein, ...
- Operate: Ich füge noch mehr Blau dazu, ... usw.

197 Gebauer/Wulf (1992), S. 11
198 Vgl. Gebauer/Wulf (1998), S. 17
199 Brinkmann (2008), S. 279
200 Vgl. ebd., S. 282
201 Ebd.
202 Vgl. Edelmann/Wittmann (2012), S. 179 ff.
203 Vgl. ebd., S. 171 ff.

Lehrende können mit diesem Wissen direkt Einfluss auf die Regulierung und den Ablauf der Handlungen der Lernenden nehmen: Sie können z. B. auf Teilprozesse aufmerksam machen (im Sinne von Test-Operate), sie können Lerninhalte bewusst als Aufgabe (z. B. mit Vorgabe von gestalterischen Regeln) oder Problem (mit klarer Zielvorstellung) anbieten.

Wissen kann nicht nur im bewegten Tun erworben werden, sondern auch in Prozessen des Sprechens, Zeigens, Verweisens oder Betrachtens. Diese Lernform bezieht sich besonders auf den Erwerb von explizitem Sachwissen – während obige Lernformen primär dem Bereich des Handlungswissens zuzuordnen waren. Dazu mache ich den siebten Grundsatz geltend: *Lernen kann bedeuten, explizites Wissen als Begriffe sprachlich, bildlich oder handelnd zu erwerben.*

Farbbegriffe (z. B. „getrübte Farbe"/„Leuchtendes Zitronengelb"/...) müssen innerlich repräsentiert werden, damit sie erworben sind. Es gibt drei Möglichkeiten, Begriffe zu repräsentieren – die aussagenartige (sprachliche), die analoge (bildliche), die in Handlungen eingewobene (praktische Erfahrung). Laut Edelmann/Wittmann (2012) ist unter *multipler Repräsentation* ein mehrfaches Kodieren zu verstehen, in dem klare kognitive Strukturen ausgebildet werden.[204] Die Folgerung für multiple Repräsentationen im Bereich Malerei/Farbe lässt sich schlagwortartig so formulieren: *Sprache + Bild + Tun = Malen-Lernen*.[205] Ein Begriff wurde erworben, wenn seine *logische Struktur* erfasst wurde. Unter logischer Struktur versteht man die Kombination *kritischer Attribute*. Diese sind Merkmale, die die Gruppenzugehörigkeit zu einer Gruppe ausmachen. Es gibt vier Kombinationsregeln von Attributen:

- Affirmation (Definition durch nur ein kritisches Attribut, z. B. Sitzmöbel (Sitzfläche)),
- Konjunktion (zwei gleichwertige Attribute „und", z. B. Vater (männlich und hat ein Kind)),
- Disjunktion („entweder oder", z. B. Geschlecht),
- Relation (Beziehung zu etwas, z. B. groß = Gegenteil von klein).[206]

Im Transfer auf den Erwerb von Farbbegriffen ist die *Relation* grundlegend. Das Identifizieren eines kritischen Attributs („Rot") ist hinsichtlich einer groben Identifikation nützlich. Die Konjunktion („rot und hell") präzisiert die Identifikation, aber nur die Relation („Rot und heller als das benachbarte Chromgelb und dunkler als ... und ...") verortet die Farbe im farbigen Gesamtgefüge.

Zusammenfassend lauten die sieben ausgeführten Grundannahmen hinsichtlich des Lernens:

1. Lernen ist beobachtbar, damit anaysierbar und strukturierbar.
2. Heterogene Verständnisse von Lernen beruhen auf heterogenen Subjektkonzeptionen.

204 Vgl. ebd., S. 129 ff.

205 Vgl. ebd., S. 145: Sach- und Handlungswissen bleiben nur langfristig verfügbar, wenn sie im *Langzeitgedächtnis gespeichert und abrufbar werden. Der Abruf aus dem Langzeitgedächtnis (Enkodierung) hängt eng mit der Verarbeitung (Kodierung) zusammen: Eine hohe Verarbeitungstiefe (z. B. durch multiple Repräsentation) bedingt ein leichteres Abrufen.*

206 sVgl. ebd., S. 113

3. Lernen steht in Abhängigkeit zu internen und externen Lernvoraussetzungen.
4. Lernen kann bedeuten, implizites Wissen (Handlungswissen/Können) in mimetischen Handlungen durch Orientierung an Modellen zu erwerben.
5. Lernen geschieht im Vollzug des Übens.
6. Lernen geschieht in Handlungen, die reguliert und bewusst ablaufen.
7. Lernen kann bedeuten, explizites Wissen als Begriffe sprachlich, bildlich oder handelnd zu erwerben.

In der Auswahl und Ausführung der Grundannahmen spiegelte sich schon eine Positionierung hinsichtlich des „Lernens als relationaler Prozess" zwischen aktivem und reaktivem Lernen, zwischen Einflüssen von internen und externen Lernvoraussetzungen, zwischen dem impliziten Erwerb von Handlungswissen und dem expliziten Erwerb von Sachwissen. Das relationale Lernverständnis soll daher im nachfolgenden Kapitel weitere kritische Klärung erfahren.

Kritische Klärung eines relationalen Lernverständnisses

Die Annahme einer *Relation* als Beziehung/Verbindung zwischen unterschiedlichen (aktiven und passiven, inneren und äußeren usw.) Einflüssen auf Lernen und Entwicklung ist in modernen Theorien meist grundlegend. Ein relationales Lernverständnis stellt daher keine gänzlich neue Lerntheorie dar, sondern eine sinnvolle Perspektive und Interpretationsgrundlage für bestehende Theorie- oder Didaktikansätze. *Relationales*[207] *Lernen* vereint interaktionistische, dialogische[208], interpersonale[209], kooperative[210], ökologische Verständnisse von Lernen, Wahrnehmen und Entwickeln. Eine Theorie nur mit „relational" näher zu bestimmen ist demnach zu kurz gefasst. Vielmehr müssen die je angenommenen spezifischen Relationen selbst näher definiert werden. Denn auch wenn in jedem modernen Modell relationale Felder zwischen Einflussfaktoren zu bestimmen sind, so unterscheiden sich die relationalen Bezüge in ihrem Umfang und ihrer Art. Aus diesem Grund erläutere ich nachfolgend die Art und den Umfang der hier angenommenen spezifischen Relationen innerhalb des Resonanzfelds von Kunstunterricht:

Lernende sind keine untätigen Empfängerinnen und Empfänger von Wissen. Sie sind Teilnehmende einer Lerngemeinschaft, die in Verbindung/Beziehung/Verhältnis stehen zu sich selbst (Ich), zu anderen (Wir) und zur Welt (Welt).[211] Lernende lassen sich in Lernsituationen darauf ein, aktiv handelnd von, durch und mit anderen Menschen in Auseinandersetzung mit einer Sache oder einem Inhalt zu lernen. *Resonanzfelder* in kunstdidaktischen Lehr-Lern-Situationen spannen sich demnach in einem relationalen *Zwischen* von Resonanzmedien und Personen auf:

- Lernende, Nach-/Mitempfindende, Verstehende, usw. (Ich)
- Lehrende, Zeigende, Verweisende, Mitverstehende, usw. (Wir)

207 Als Mensch in Beziehung sein zur gesamten Welt
208 Antwortverhältnisse zwischen Ich-Wir-Welt
209 Mit, von, durch andere Menschen
210 Sowa (2014)
211 Vgl. Krautz (2013b)

- Bild/Sache/Material/Sprache/Geste/Szene usw. (Welt)[212]
- Aufgabe mit spezifischem Thema/Inhalt/Handwerk/Gestaltung (Ich, Wir, Welt).

Die hier spezifisch herausgearbeitete didaktisch-interpersonale Relation ist also die *zwischen einer Aufgabe, anderen Personen und der Eigentätigkeit.* Die Idee des *Lernens in Relation zu Aufgaben* führt die oben erläuterten, oft konkurrierenden Begriffe von Lernen und Entwicklung so zusammen: In Anknüpfung an das Konzept der „Zone der nächsten Entwicklung" müssen sinnvolle Aufgabenkonzeptionen in dieser Zone liegen – das heißt den internen Entwicklungsvoraussetzungen herausfordernde Anknüpfungen ermöglichen. Gleichzeitig steht die Bearbeitung der Aufgabe in Relation zur Eigenaktivität der Lernenden, die sich nicht aus sich selbst heraus entfaltet. Vielmehr werden die Lernenden erst durch ein aktives Resonanzfeld angeregt. Die konsequente These lautet: *Mimetische und deiktische personale Bezüge zu Resonanzmedien sind notwendig, um Aufgaben zunehmend selbsttätig zu bearbeiten und in ein Antwortverhältnis zu ihnen zu treten.* Die hier eingefassten Aspekte von Resonanz sollen nachfolgend weitere Klärung erfahren:

Resonanz bedeutet „Wiederhall" oder auch „Mitschwingen". *„Resonanz erzeugen"* meint bildungssprachlich eine anteilnehmende Reaktion bei jemanden hervorzurufen. Im Transfer auf kunstdidaktische Lehr-Lern-Situation meint Resonanz demnach: Im eigenen bildnerischen Arbeiten schwingt Wahrgenommenes und Vorgestelltes mit und es ist gleichzeitig eine anteilnehmende Reaktion an Kultur und ihren Konventionen. In räumlicher Relation zu anderen zu stehen, ist notwendige, aber nicht hinreichende Bedingung, um auch Resonanzen zu erzeugen. Desinteresse, mangelnde Motivation, fehlende Empathie usw. können Resonanz in relationalen, interpersonalen Situation verhindern. Kunstunterricht beruht auf Resonanz, wenn er verstanden wird als „dialogische Praxis gemeinsam geteilter Aufmerksamkeit[213] [...], in der in gemeinsamer Wahrnehmung und bildnerisch und sprachlich geteilter Vorstellung eine gebildete Darstellungs- im Sinne von Mitteilungsfähigkeit entsteht."[214] Sichtbarkeit wird im Kunstunterricht demnach nicht behandelt, sondern verhandelt[215]...

- innerhalb eines *Resonanzfeldes* (Ich, Wir, Welt s.o.),
- auf einem *Resonanzboden* (kulturelle und soziale Zugehörigkeit),
- mittels *Resonanzmedien* (Bild/Symbol, Sprache, Geste/Mimik),
- und durch *Resonanzpraktiken* (didaktische Umgangsweisen mit Imagination: wecken, anregen, freilassen, Zeit lassen, von Wahrnehmungen trennen und an Wahrnehmungen korrigieren, erklären, diskutieren, verteidigen, verständigen, diagnostizieren und verstehen, konkretisieren, variieren, modifizieren, transformieren, vergleichen[216],

212 Vgl. Sowa (2011)
213 Vgl. zum Lernen in Situationen gemeinsamer Aufmerksamkeit: Kap. 2.2.1
214 Krautz (2014), S. 142
215 Vgl. Sowa (2013) bzw. Sowa (2015g)
216 Vgl. zu *Vergleichendem Sehen: Kap. 4.2.4*

vereinbaren, kritisch beurteilen, relativieren, üben, abbauen, abwehren, fernhalten, ausschalten, loslassen, verabschieden, festhalten, habitualisieren[217]).

Mensch als „resonanzsensibles" Wesen

Leitend bei diesem Verständnis von relationalem Lernen ist das Bild vom Menschen, der Artgenossen als ähnliche Wesen versteht, die ein ebenso intentionales und geistiges Leben haben wie er selbst. „Dieses Verständnis ermöglicht es ihnen, sich in die geistige Welt einer anderen Person hineinzuversetzen, so dass sie nicht nur vom anderen, sondern durch den anderen lernen können. Diese Auffassung des anderen als intentionales Wesen, die einem selbst ähnlich sind, ist entscheidend für das kulturelle Lernen des Menschen."[218]

Imitationslernen (mimetisches Lernen) wird damit eine zentrale menschliche relationale Lernform und verlangt Fertigkeiten, bei denen der Lernende „(a) sowohl das Ziel des Vorführenden als auch die Strategie versteht, die bei der Verfolgung des Ziels eingesetzt wird, und dann (b) dieses Ziel und diese Strategie auf seine eigenen Ziele und Strategien abstimmt."[219] Imitationslernen bedeutet „dass Kinder wirklich das intentionale Verhalten der Erwachsenen imitieren und nicht einfach nur die Wirkung produzieren, die die Handlungen der Erwachsenen auf Gegenstände haben."[220] Es geht nicht um das Kopieren des Verhaltens, sondern um zielgerichtete Handlung. Dazu muss die Intention verstanden sein, denn es wird imitiert, was beabsichtigt ist und nicht nur, was sichtbar ist.[221] Die kulturellen Artefakte, welchen die Kinder heute begegnen, verkörpern die intentionale Beziehung zur Welt, die der Erfinder und Benutzer zu diesen Artefakten hatte. Durch Verstehen und Modifizieren dieser Artefakte entwickeln sich immer wieder neue Formen der kognitiven Repräsentation. Jede Malerei, jeder Gegenstand, jedes Werkzeug usw. zeigen ihre Verwobenheit in Kultur und sind intentionale Angebote für Lernende.[222]

Bild als Resonanzmedium

Das eigene und fremde, materielle oder mediale Bild (im weiten Bildbegriff) als Resonanzmedium besitzt im Kunstunterricht elementare Bedeutung. Bilder werden hergestellt, gesehen, über sie wird gesprochen und auf sie wird gezeigt. Sie dienen der visuellen Kommunikation und können auch Inhalte transportieren, die der Wortsprache unzugänglich sind. Bildsprache und Wortsprache haben unterschiedliche Verhältnisse zur Wirklichkeit: Bilder sind der visuellen Wahrnehmung nahe, Wörter sind als Zeichen ihren Referenten willkürlich zugeordnet. Daraus ergibt sich die Verlockung Bilder vorschnell, unvollständig

---

217 Vgl. Sowa/Glas/ Miller (2014b), S. 43 f.

218 Tomasello (2003), S. 15

219 Ebd., S. 45

220 Ebd., S. 101

221 Studie von Meltzoff: Zwei Gruppen 18 Monate alter Kinder. Beide Gruppen sehen wie eine Person versucht zwei Gegenstände auseinander zu bekommen. Kinder der einen Gruppe sehen nie vollständig eine erfolgreiche Handlung, die andere Gruppe schon. Trotzdem begreifen beide Gruppen die Intention der Erwachsenen und Imitieren das Verhalten gleich gut. (vgl. Tomasello (2003) S. 102)

222 Vgl. Tomasello (2003), S. 243

zu verstehen, da sie mit der Wirklichkeit gleichgesetzt oder gar verwechselt werden. Bilddidaktik muss bildkritisches, intensives Hinschauen veranlassen.[223]

„Bilder zu sehen ist kein Abbildungsprozess, sondern gleicht dem Hervorrufen einer Resonanz oder Korrespondenz. Ein Bild zu sehen ist ein intersubjektiver Akt, für den sowohl das Sichtbare als auch der Sehende konstitutiv sind: Was wir sehen, blickt uns an (Didi-Hubermann 1999) und spricht uns an. Bilder stehen konstitutiv in einem Antwortverhältnis: Sie geben zu verstehen und werden gedeutet. Deshalb differiert die Art und Weise der Wahrnehmung und Deutung von Bildern hinsichtlich sozialer und kultureller Zugehörigkeit ebenso wie hinsichtlich der Sehgewohnheiten und -erfahrungen des einzelnen Menschen."[224]

Sprache als Resonanzmedium

Bilder, Farben, Malereien lassen sich auch sprachlich fassen. Lehrende und Lernende können Fragen, Vermutungen, Hinweise im gemeinsamen Blick auf Sichtbares verbal äußern oder schriftlich zu Papier bringen. Sprache kann verbal zeigen, Dinge für den Blick isolieren und dadurch sichtbar machen. Dahinter steht die Einsicht in Relationen zwischen *Sprache und Denken*[225] und *Sprache und Sehen*.[226] Wort und Bild sind Erkenntnisformen, die in einer kunstdidaktischen Pendelbewegung (*nach Glas (2006a): „Pingpong Wort/Bild"*) gemeinsam zur Entfaltung kommen: „Wir wissen um zu sehen, doch wir sehen auch, um zu wissen."[227]

Zu dem Feld von *Sprache und Denken* lässt sich anmerken: Vygotskij betont die Wichtigkeit, dass sich Lernende nicht Worte sondern Begriffe aneignen. Worte sind formale Hülsen, Begriffe sind mit Inhalt und Anschauung gefüllt. Worte aufzuzählen ist eine Gedächtnisleistung. Begriffe zu nennen ist eine Denkleistung.[228] Sprechen und Denken sind somit nie zufällig, aber auch nicht statisch miteinander verbunden. Die behavioristische Formel, Denken sei Sprechen ohne Laut und die spirituelle These, Verbalisierungen von Denken seien immer Lüge, lehnt Vygotskij ab.[229] Für ihn bedeutet Begriffsentwicklung Denkentwicklung. Oder nach Kants Kritik der reinen Vernunft: *Gedanken ohne Inhalt sind leer, Anschauungen ohne Begriffe sind blind*. Lernende sollen nicht Fachworte, sondern inhaltsbedeutsame Fachbegriffe erwerben, durch Erläuterungen, sprachlich einfachere Synonyme, vorgemachte und erprobte Handlungskonzepte usw. Verstehen zeigt sich dann im kontextunabhängigen, korrekten Aufgreifen und Anwenden der erworbenen Begriffe.

Zu dem Feld von *Sprache und Sehen* lässt sich anmerken: Verstehen zeigt sich nicht ausschließlich über den Erwerb verbaler Begriffe. Wenn Lernende ein Bild anblicken, so kann ein vorbegriffliches Sinnverstehen einsetzen: „Dies muss noch keine reflexiv

223 Vgl. Höpel (2013), S. 63
224 Sowa/Uhlig (2006), S. 78
225 Vgl. Vygotskij (2002)
226 Vgl. Glas (2006a)
227 Ebd., S. 61
228 Vgl. Vygotskij (2002), S. 255 ff.
229 Vgl. ebd., S. 465

zugängliche und begrifflich bearbeitete Form des Verstehens beinhalten, sondern kann auch als eine Art vorbegriffliche und ästhetische, sich in stimmigen und schlüssigen Bildern artikulierende Form darstellen."[230] So gilt auch imitierendes, adäquates bildnerisches Verhalten, Aufgreifen oder bildnerisches Weiterführen von Bildern als Indikator für Verstehen – auch wenn Lernende es verbal-sprachlich noch nicht fassen könnten.

Im Transfer auf Kunstunterricht bedeutet es, dass sich Verstehen *zwischen Sehen und Sagen*[231] bildet. Sprache und Bild sind wechselbezogene deiktische und epistemische Werkzeuge. Sowohl Bild als auch Sprache können in ihrer Differenziertheit die Differenziertheit des Sehens und Tuns bedingen – sie können die wahrnehmende und darstellerische Auseinandersetzung mit Inhalten

- auslösen/ausrichten/beeinflussen,
- stabilisieren,
- oder aufheben/irritieren/neu organisieren.[232]

Zeigen als Resonanzmedium
Zeigen ist eine anthropologisch verankerte Geste, die der Mensch vielfältig vollziehen kann durch

- seinen Körper (besonders Arm und Fingerzeig),
- seine Stimme (Zeigepartikel wie *hier* und *dort*),
- artifizielle Symbole mit konventionalisierten Zeigefunktion (Pfeile, Kreuze, ...).[233]

Die primäre Funktion des Zeigens ist kommunikativ-appellativ. Auch innerhalb sprachlicher Kommunikation besitzt die Zeigegeste eine exponierte Stellung, da sie die (visuelle) Aufmerksamkeit teils schneller, eindringlicher und eindeutiger als Sprache lenken kann. Der deiktische Imperativ *(Sieh, was ich sehe)* vollzieht sich in Situationen geteilter Aufmerksamkeit und lässt sich unterscheiden in protoimperative Gesten *(auffordernd: Gib mir das!)* und protodeklarative Gesten *(aufmerksamkeitslenkend: Sieh dahin!)*.[234] Zweiteres ist eine genuin humanspezifische Fähigkeit, wie auch Gibson oder Tomasello betonen.

Gebauer (2010) verweist auf den Unterschied zwischen *Zeigen* und *Sich-Zeigen*. Externe Strukturen eines Bildfeldes können klar gezeigt, benannt und durch einen Fingerzeig verortet werden (z. B. helle und dunkle Farben). Interne Strukturen (wie die Relation des Hellerseins) zeigen sich. Wer sehen kann, sieht, was sich zeigt und nicht nur, was in den externen Strukturen zu zeigen und sprachlich beschreibbar ist. Gebauer betont die Wichtigkeit des schweigenden Schauens, damit Sprache interne Strukturen nicht vorschnell verdecke.[235]

230 Dunker (2013), S. 27
231 Vgl. Rebel (1996), S. 216 ff. und Glas u. a. (2016b)
232 Vgl. Bering (2004), S. 117 ff. (Befunde nach Gisela Ulmann 1975: Untersuchungen zu Sprache und Wahrnehmung)
233 Vgl. Boehm u. a. (2010)
234 Vgl. Fehrmann/Linz (2010), S. 398 f.
235 Vgl. Gebauer (2010)

Wortsprache und Anschauung fördern die wahrnehmende und darstellende Auseinandersetzung mit der Umwelt. Das Zeigen alleine ist dabei aber „längst nicht so effektiv wie die eigenständige, darstellende Auseinandersetzung mit den inhaltlichen und funktionalen Zusammenhängen."[236] Eine sich darauf beziehende Kunstpädagogik widmet sich daher der

- Einübung imaginativer Prozesse (Wahrnehmung, Vorstellung) gleichsam wie der
- tätigen, körperlichen Ausführung (Darstellung).

„Für den sich-bildenden Schüler bedeutet das: Die inneren Bilder werden verfügbar für die Erinnerung, sie werden verfügbar für die Darstellung, und sie werden tragfähig für die geistige Auseinandersetzung als eine lebenslange Aufgabe."[237]

Mit der Ausführung der Aspekte von Resonanz als notwendige Bedingung von Lernprozessen wird der erste Gedankenkreis allgemeiner didaktischer Grundbegriffe an dieser Stelle verlassen: Die Begriffe *Lernen und Entwicklung* wurden in einem spezifischen Verständnis von *relationalem Lernen* neu zusammengedacht im Hinblick auf kunstpädagogische Lehr-Lern-Situationen. Damit ist der zweite Gedankenkreis hinsichtlich der Grundbegriffe anthropologischer Kunstpädagogik schon vorbereitet worden: Die Grundbegriffe von Wahrnehmung und Vorstellung (und Darstellung) werden nachfolgend ausführlicher definiert.

Wahrnehmung

Auch die in der vorliegenden Arbeit vorausgesetzten Grundannahmen zur Wahrnehmungstheorie möchte ich in knapper Form einführen und aus den Bezugswissenschaften übernehmen, die hier die Vorleistung der Begründung und Beweisführung erbracht haben. Die aktiven und passiven, die intensiven und flüchtigen, die herstellenden und empfangenden, die erkenntnisleitenden und gefühlsbezogenen[238], die kulturell geprägten und die evolutionär geerbten, die beeinflussbaren und statischen Momente von Wahrnehmung werden im Folgenden näher erläutert und letztlich in ihrer relationalen Wechselbeziehung verstanden. Dazu stelle ich thesenartig ein Resümee voran: *Es existieren kontrastierende differente Grundsichten auf Wahrnehmung, die sich in allgemeinen Wahrnehmungsmodellen spiegeln. Wahrnehmung besitzt unwillkürliche, naturgegebene und steuerbare, kulturell erlernte Anteile. In relationaler Perspektive stehen unwillkürliche und steuerbare Wahrnehmungsanteile in einem dynamischen Verhältnis.*

Differente Grundsichten

Wahrnehmung ist wesentlicher Zugang zu Information/Wissen und Grundbedingung für Lernprozesse. Das Wesen, die Funktionen, der Ort, die Erkenntnisinstrumente, der Auslöser, die Ursache und die Beeinflussbarkeit von Wahrnehmung erfahren je nach Wissenschaftsüberzeugung dichotome oder sich ergänzende Ausdeutungen. Der Fokus je nach

236 Buether (2010), S. 477 ff.
237 Sowa (2010a), S. 88
238 Vgl. Glas (2006b), S. 245

Wahrnehmungstheorie richtet sich auf Untersuchungsgegenstände zwischen „Innen" (Gehirn als Steuerungsorgan, kognitive Strukturen) und „Außen" (Gehirn als Verarbeitungsorgan, interaktive Strukturen).[239] Je nachdem, welche dieser Perspektiven zugrunde gelegt wird, nimmt dies auch weitreichenden Einfluss auf das Lehr-Lern-Verständnis. Die methodisch inszenierte Wahrnehmungsbeeinflussung in Lehr-Lern-Situationen geschieht dann entweder durch

- Veränderung der Reize (Material, visueller Impuls, usw.) oder
- Veränderung der Resonanzen (Interaktion durch Sprache, Geste, usw.).

Ich erläuterte drei zentrale differente Grundsichten auf Wahrnehmung, die sich in dem eben geschilderten Feld der Wahrnehmungsmodelle unterschiedlich verorten lassen: Wahrnehmung als Reizaufnahme wie in einem Kamera-Modell (1), Wahrnehmung als Konstruktion durch angeborene, mentale Gestaltgesetze (2) und Wahrnehmung als aktive, ökologische, relationale Handlung zwischen Mensch und Umwelt (3).[240]

Unwillkürliche Anteile: Reize (1)
Wahrnehmung als *Reiz-Reaktions-Geschehen* meint die passive Aufnahme von Daten, ohne aktiven Beitrag der Wahrnehmenden. Grundannahme ist hier: Für jede Wahrnehmung existiert ein spezifischer Reiz. Besonders Johannes Kepler (1571-1630) prägte durch sein Wahrnehmungsmodell vom *camera-obscura*-Bild auf der Netzhaut das mechanistische, physikalische Paradigma.[241] Wahrnehmung wird in diesem Verständnis in erster Linie mit visuellen Sinnesreizen assoziiert, die als Sehstrahl (reflektiertes Licht) linear im Auge (Erkenntnisinstrument) eintreffen und im Gehirn (Erkenntnisorgan) kognitiv verrechnet werden. Der Sehvorgang verläuft in einem dreiteiligen Verarbeitungssystem: Informationen über Form, Farbe und Raum werden in voneinander getrennten Nervenkanälen bearbeitet.[242] Durch Integration der Einzelaspekte entsteht die Erfahrung einer kohärenten Welt.[243] Nun tritt die eigentliche Wahrnehmung ein, die „bewusste sensorische Erfahrung."[244]

Angeborene Anteile: Gestaltgesetze (2)
Die zweite Grundsicht auf Wahrnehmung erweitert Keplers Kamera-Modell: Gemäß *Konstruktions-Modellen* der Wahrnehmung stellt das Wahrgenommene kein fotografisches Abbild der Wirklichkeit dar. Denn die eintreffenden Wahrnehmungsreize werden entsprechend angeborener Wahrnehmungsgesetze (Gestaltgesetze[245]) repräsentiert und verstanden. Primäre Bezugswissenschaft ist die Gestaltpsychologie. Sie verweist darauf,

239 Vgl. dazu Kirschfeld (2013), S. 292–299: „Wer denkt, der Mensch oder sein Gehirn?"
240 Vgl. Rock (1998), S. 8 ff.
241 Vgl. Majetschak (2003), S. 300 ff.
242 Vgl. die direkte Übernahme dieses Modells in die Begründung von Kunstpädagogik in Eid u. a. (1994), S. 11 ff.
243 Vgl. Livingstone (1992): S. 156 ff. und Oswald (2012), S. 81 ff.
244 Irtel/Goldstein (2011), S. 6
245 klassische Gestaltgesetze: Gesetz der Nähe, Gesetz der Ähnlichkeit, Gesetz der Geschlossenheit, Trennung von Figur und Grund, ...

dass der Geist über Vorstellungen von Größe, Form, Eigenschaften (Gestaltgesetze) verfügt. Diese Gestaltgesetze dienen als Grundlage von Wahrnehmung und beeinflussen sie. Der Begriff der „Bottom-up-Verarbeitungen" beschreibt diese Wahrnehmungsgenerierung, die fußend auf angeborenen mentalen Konstruktionen abläuft.

Relationale, steuerbare Anteile: Aktive Wahrnehmung (3)
Die dritte hier dargelegte Grundsicht auf Wahrnehmung fasst innere und äußere, aktive und passive, bewusste und unbewusste Einflüsse komplexer zusammen: Gemäß *ökologischen Wahrnehmungsmodellen* ist Wahrnehmung ein aktives, ganzkörperliches Handlungsgeschehen in einer äußeren Umwelt und gleichzeitig ein inneres (unwillkürliches *und* steuerbares) Verarbeiten gemäß der Gestaltgesetze. In ökologischer Perspektive sind kognitive[246] Strukturen damit nicht nur im Inneren des Gehirns situiert, sondern auch in der Umwelt.[247] Das Gehirn fungiert als notwendiges Verarbeitungsorgan für ein solches System, nicht aber als alleiniges, steuerndes Erkenntnisorgan oder Ort des Geistes.[248] Diese ökologischen oder kulturanthropologischen Interpretationen der menschlichen Wahrnehmung (James Gibson, Michael Tomasello, Evan Thompson, u. a.) liefern keine kompletten Gegenpositionen zu den dargelegten physiologischen, physikalischen und neurowissenschaftlichen Erkenntnissen. Aber sie weiten die Perspektive auf das Wahrnehmen aus – hin zum aktiven, interagierenden Menschen bis hin zur enaktiven Verwobenheit von Wahrnehmung und Umwelt: Der wahrnehmende und agierende Mensch wird in Verbindung mit seiner körperhaft-räumlichen, kulturellen und sozialen Umwelt betrachtet. Das Sehen erscheint im Interaktionsgefüge Mensch-Umwelt als „ein ganzes Wahrnehmungssystem und nicht einfach [als] ein Sinneskanal."[249] Der Leibhaftige und interagierende Mensch verfügt über visuelle, akustische, olfaktorische, gustatorische, taktile und haptische Wahrnehmungskanäle. Auch visuelle Erfahrung passiert demnach nicht „im" Individuum, sondern ist eine ganzheitliche Aktivität in Raum und Zeit. Wir sehen beispielsweise auch mit der Hand.[250] Aus anthropologischer Perspektive gedacht wurde durch die Befreiung der Hand von ihrer Fortbewegungsfunktion ihr Potential für komplexe und feine Erkenntnisprozesse frei. Alle involvierten Wahrnehmungskanäle und jede gegebene Handlungssituation können damit auch Wahrnehmung beeinflussen.[251]

Diese *Beeinflussung von Wahrnehmung* soll näher erläutert werden: Wahrnehmung ist selektiv und beeinflussbar[252] durch *Top-Down-Verarbeitungen*, das heißt durch den Einfluss von persönlichem *Wissen und Aufmerksamkeit*. Die Wahrnehmungsgestalt ist

246 Edelmann/Wittmann (2012), S. 109: „Unter Kognition (lat. auf Erkenntnis bezogen versteht man jene Vorgänge, durch die ein Organismus Kenntnis von seiner Umwelt erlangt. Im menschlichen Bereich sind dies besonders folgende: Wahrnehmung, Vorstellung, Denken, Urteilen, Sprache. Man könnte auch sagen: Durch Kognition wird Wissen erworben".

247 Vgl. ebd., S. 110

248 Vgl. Gibson (1982)

249 Ebd., S. 221

250 Vgl. Huber (2006), S. 39 ff.

251 Z.B. Einfluss der Eigenbewegung des Betrachters auf Wahrnehmung, vgl. dazu Gibson (1982), S.239 ff.

252 Hirnforscher Wolf Singer erläutert Flexibilität des Gehirns

nicht gleichzusetzen mit der physikalischen Objektgestalt (Anlehnung an Arnheim).[253] Nimmt der Betrachtende etwas neu und anders wahr (= Wahrnehmungsgestalt), so muss sich nicht zwangsweise das Wahrnehmungsobjekt (=physikalische Objektgestalt) verändert haben. Vielmehr kann sich das Wahrnehmungsmuster selbst differenziert haben und die veränderte Wahrnehmungsgestalt bewirken.

Aufmerksamkeit ist die Konzentration auf spezifische Dinge und Aspekte und das Zurücksetzen von anderen. Ein verfügbarer Stimulus wird erst durch entsprechende Aufmerksamkeit zum beachteten Stimulus. Der physische Mechanismus dahinter sind Augenbewegungen (Sakkaden), durch die der Mensch das Auge auf Dinge ausrichtet, die er tiefer verarbeitet. Ob Reize die Aufmerksamkeit auf sich ziehen, hängt von ihrer Stimulussalienz (visuelle Anziehung) ab. Helle Farbtöne, hohe Kontraste und sichtbare Orientierungen haben hohe Stimulussalienz und ziehen Blicke an. Die erste Fixation findet an diesen Stellen statt, weitere Blicke orientieren sich meist an der Bedeutung der Objekte im Bild. Experimente zeigen, dass die Augenbewegungen von jeweiligen Aufgabenstellungen geleitet werden (Bsp. Erdnussbuttersandwich zubereiten: Fixationen richtet sich nur auf Objekte, die für Erledigung wichtig sind). Andere Tests bestätigen die selektive Wahrnehmung durch das Phänomen der „Blindheit durch Nichtaufmerksamkeit“: Fokussierte Aufmerksamkeit ist notwendig, um spezifische Details zu erkennen.[254] Gebauer (2010) verwendet für diese spezielle fokussierte, handelnde, komplexere Art des Wahrnehmens den Begriff des *Sehen als* oder des *Aspektsehens*. Das Subjekt ruft durch seine gerichtete Aktivität den Aspektwechsel hervor und kann dann beispielsweise nach einem deiktischen Verweis auf das Wahrzunehmende es auch sehen. „Was man nach dem Aspektwechsel sieht, hat es schon vorher gegeben, man hat es nur nicht wahrgenommen.“[255]

Vorstellung

Vorstellungen sind untrennbar von eben beschriebenen Wahrnehmungen. Vorstellung speist sich aus Wahrnehmung, überblendet und umspielt sie und drängt zum Ausdruck in der Darstellung. Sie ist weder mit der Wahrnehmung, noch mit der Darstellung identisch. In hermeneutischer Sicht entspringt jede Vorstellung aus und führt zu Vorstellungen, Intuitionen, Wahrnehmungen, Begriffen usw. Dennoch stellt sich immer wieder eine Stabilisierung imaginativer Strukturen ein, um Handeln zu ermöglichen.[256] Vorstellung richtet sich erinnernd in die Vergangenheit oder antizipierend in die nahe oder ferne Zukunft.

Die didaktische Grundthese hinsichtlich der Relevanz von Vorstellung lautet *„Vorstellungsbildung ist eine übergreifende Aufgabe von Bildung, sie ist der Kern von Bildungsprozessen.“*[257] Vier große Gebiete der Vorstellungsbildung spannen das Feld der allgemeinen Bildung auf – mit endlosen untergeordneten Netzen dazwischen und darüber: Mathematische, bildliche, sprachliche und körperlich-räumliche Imagination.[258]

253 Vgl. Zschocke (2006), S. 28
254 Vgl. Irtel/Goldstein (2011)
255 Gebauer (2010), S. 82
256 Vgl. Sowa u. a. (2014b)
257 Ebd., S. 17
258 Vgl. ebd.

Die vielen Arten von Imagination (farbig, räumlich, narrativ, konstruktiv, ...) lassen sich je auf einer polaren Skala mit Zwischengraden verorten:

- Frei, losgelassen, schweifend, ungeregelt, spielend und
- Funktional, geregelt, diszipliniert.

Vorstellungen unterschiedlicher Formen sind eingewoben in vielerlei mögliche Operationen: „in Rechnungen, Handlungen, Sprechakten, usw. aber auch in bildliche Darstellungen."[259] Vorstellen ist damit nicht wesenshaft bildlich und nicht innerlich. Erst verantwortetes Handeln macht Vorstellenkönnen sichtbar. Vorstellen kennt kulturelle und individuelle Besonderheiten (Stile, Präferenzen, Begabungen).[260] Soziokulturell bedingte Sehkonventionen nehmen einen großen Teil des menschlichen Vorstellungsvermögens ein. Sie beruhen auf Übereinkünften innerhalb einer Gesellschaft. Alles was der Wirklichkeitsvorstellung einer Gesellschaft nicht widerspricht, ist Teil der Konvention. Anschauungen verschiedener Menschen gleichen sich also nur insoweit, wie es die gegenseitige Verständigung im Verlauf ihrer Individualentwicklung bisher verlangt hat. Die Verständigung über *feinste* Farbnuancen gehört z. B. wohl nicht zur Sehkonvention.[261]

Die didaktische Grundthese hinsichtlich der Bildung von Vorstellung lautet: *Menschen bilden Vorstellungen handelnd im Resonanzverhältnis zur Welt und zur Vorstellungen anderer Menschen.* Subjektbezogener Kunstunterricht, der ausschließlich individuelle Phantasie/Kreativität/Originalität anstrebt, fördert den freien, wirklichkeitsabgewandten Teilbereich von Imagination. Eine allgemeine Bildung der Imagination forciert dagegen die Auseinandersetzung mit der inneren und äußeren Wirklichkeit. Sie stellt den Sachbezug und den empathischen Bezug in das Zentrum – nicht aber therapeutische, meditative Aspekte. Nur unter Berücksichtigung des gesamten Spektrums der Vorstellungsnatur werden natürliche (z. B. Gestaltbildungsprozesse) und kulturliche (z. B. Ausschalten von Gestaltbildungsprozessen) Imaginationsstrukturen gebildet, reflektiert und erweitert.[262] Im Kunstunterricht (mit allgemein bildender Ausrichtung) bildet sich Imagination also stets in Antwortverhältnissen, im Sach-, im Weltbezug, im sozialen Bezug und im Selbstbezug. Imaginationen als Resonanzen spiegeln die Welt nicht nur, erfinden sie aber auch nicht neu und frei. Vielmehr legen Imaginationen die Welt korresponsiv aus – eingebettet in das Miteinander der Gruppe und der Situation. Imagination ist somit auch eine Beziehungsform.[263] Sie leistet einen Beitrag zur Persönlichkeitsbildung und sozialen Bildung, indem Differenzen und Diskrepanzen der Wirklichkeitsvorstellungen (z. B. von Experten und Laien[264]) durch Selbst- und Fremdverstehen vergegenwärtigt und verhandelt werden.[265]

259 Ebd., S. 19
260 Vgl. ebd.
261 Vgl. Buether (2010), S. 15 ff. und S. 131 ff.
262 Vgl. Sowa u. a. (2014a)
263 Krautz (2014)
264 Vgl. Buether (2010), S. 188
265 Sowa u. a. (2014a)

Lernen zwischen Wahrnehmung und Vorstellung

Wahrnehmung und Vorstellung
Aus den obigen Analysen zu Wahrnehmung und Vorstellung ging schon hervor, dass beide in enger Wechselbeziehung zueinander stehen. Diese Beziehung soll zunächst näher erläutert werden: Fauser (2014) erläutert, Wahrnehmung unterscheide sich nur in einem Punkt von Vorstellung: „Wahrnehmung = Vorstellung + sensorischer Input.“[266] Er verweist außerdem darauf, dass die Vorstellung und die Wahrnehmung eines Objekts messbar dieselben Hirnregionen aktivieren. Das heißt, jede Vorstellung von einem Wahrnehmungsobjekt beeinflusst, differenziert, vereinfacht oder verfälscht die Wahrnehmung dieses Objekts: Denn „Wahrnehmungen sind immer auch Auswahlprozesse, in denen bestimmte Aspekte detailliert aufgenommen, andere jedoch auch übersehen und ignoriert werden. Was wir sehen und uns in der Betrachtung auffällt, hängt deshalb auch stark ab von den Vorannahmen, den Vorerfahrungen, den Fragestellungen und Interessen, die der Wahrnehmung vorausgehen oder auch durch den Prozesse des Sehens angeregt und ausgelöst werden.“[267] Vorstellungen aktivieren das Gehirn noch vor der Wahrnehmungsinterpretation. Das Gehirn formuliert *Erwartungswerte* und übernimmt so die Initiative und ist nicht nur Reizempfänger. Vorstellungen generieren also *Wahrnehmungshypothesen*[268] *und* Vorstellungsbilder sind im enaktiven Sinn *Wahrnehmungsantizipationen.*[269]

Lernen in der Resonanz von Wahrnehmung, Vorstellung und Darstellung
Wahrnehmungen und Vorstellungen werden erst durch verbale, gestische, bildnerische Darstellungen sichtbar und teilbar. Die Darstellung wirkt gleichsam in ihrer Sichtbarkeit wieder fordernd und fördernd zurück auf Wahrnehmung und Vorstellung: *„Die Sehfähigkeit und die Darstellungsfertigkeiten gründen sich gleichermaßen auf das anschauliche Vorstellungsvermögen des Menschen, der in jeder Wahrnehmungssituation lediglich das deuten und mitteilen kann, was er simultan über die Herstellung von bedeutsamen Verknüpfungen zwischen dem äußeren Geschehen und seinen Vorerfahrungen interpretieren und bewerten kann.“*[270]

Darstellung geht einher mit Externalisierung, Sichtbarkeit oder Dokumentation durch Bild, Sprache, Geste oder Handlung. Sie ist auf Erkenntnis und Verständigung ausgerichtet. Akte von Deixis, Mimesis und Poiesis wohnen ihr inne. Vorgestalterische Praxis (experimentieren, anfassen, ...) und regelgeleitete Gestaltungspraxis (Malen, Zeichnen, ...) sind Bestandteile von bildnerischer Darstellung. Diese inkludiert Aspekte des Handwerks[271], der Gestaltung und eines Inhalts.

Wahrnehmung, Vorstellung und Darstellung bilden in der Praxis einer anthropologischen, verständnisintensiven Kunstpädagogik einen unzertrennlichen Resonanzraum.

---

266 Fauser (2014), S. 66
267 Dunker (2013), S. 24
268 Vgl. Zschocke (2006), S. 50 ff.
269 Vgl. Glas (2006a), S. 69
270 Buether (2010), S. 474
271 Vgl. Kap. 5.3.3

Die Entwicklung aller drei Bereiche erfolgt in didaktischen Teilschritten, die aufeinander aufbauend und antwortend folgen.

Es lässt sich schlussfolgern, dass Bildverstehen und Bildvermögen folglich nur gebildet werden in „doppelter pädagogischer Ausrichtung"[272] auf:

1. Wahrnehmen und Vorstellen (Imaginationsfähigkeit)
2. Darstellen (Darstellungsfähigkeit).[273]

Lernen im Resonanzfeld von Mimesis und Deixis

Doch wie lässt sich in Lehr-Lern-Situationen gezielt fordernder und fördernder Einfluss auf Wahrnehmung, Vorstellung und Darstellung nehmen?

Dazu müssen Wahrnehmung, Vorstellung und Darstellung zunächst zugänglich werden, das heißt sie müssen mit anderen geteilt werden: Erst das Teilen der Wahrnehmung und die „reflexive Vor-, Mit- und Nach-Bildung"[274] in der Vorstellung führen zu verständnisintensivem Wahrnehmen. Die soziale Teilung von Vorstellung (Konzept der Bildung der Imagination) im Zwischen von Ich-Wir-Welt markiert das zentrale Moment von Lernen: „Die Vorstellung eines anderen Menschen zu teilen, heißt von ihm zu lernen."[275] Vorstellungen können gemeinsam sprachlich, gestisch oder bildnerisch erzeugt, geteilt und diskutiert werden und nehmen dann (als neue Wahrnehmungshypothese/-antizipation) modifizierenden Einfluss auf Wahrnehmung und Darstellung.

Die mimetische und deiktische Situation gemeinsamer Aufmerksamkeit stellt beim Teilen von Wahrnehmung/Vorstellung/Darstellung stets die essenzielle Lernbedingung dar: *„Szenen gemeinsamer Aufmerksamkeit sind soziale Interaktionen, bei denen das Kind und der Erwachsene während einer bestimmten Zeit ihre Aufmerksamkeit auf einen dritten Gegenstand konzentrieren und außerdem jeweils gegenseitig auf die Aufmerksamkeit des anderen hinsichtlich dieses dritten Gegenstandes achten."*[276]

Darstellerisches (sprachliches, gestisches, bildnerisches) Deuten und Verweisen auf einen Gegenstand gegenüber jemand anderem zum alleinigen Zweck der Aufmerksamkeitslenkung ist ein spezifisch menschliches Kommunikationsverhalten.[277] Der Sprache also kommt eine basale Rolle zu: „Wenn das Kind die sprachlichen Symbole seiner Kultur zu beherrschen lernt, erwirbt es dadurch die Fähigkeit, vielfältige Perspektiven auf ein und dieselbe Wahrnehmungssituation einzunehmen."[278] Die Variationen sprachlicher Symbole (z. B. Zeichensprache) ist bei der Lenkung von Aufmerksamkeit genauso wirksam,

---

272 Sowa (2010a), S. 89

273 Vgl. auch Buether (2010), S. 37 ff., S. 77 ff., S. 154 ff. Er belegt auf physiologischer und neurowissenschaftlicher Ebene Zusammenhänge zwischen Wahrnehmung, Vorstellung und Darstellung (z. B. durch gezielte Versuche/ Messungen hinsichtlich der Gehirnleistung, der Augenbewegung und auch Gehirnläsionen).

274 Sowa u. a. (2014b), S. 22

275 Ebd., S. 54

276 Tomasello (2003), S. 117

277 Vgl. ebd., S. 102

278 Ebd., S. 19

wenn sie wie natürliche Sprache auf „intersubjektiv gemeinsamen und perspektivischen, konventionellen Symbolen beruhen.“[279]

Es ist zu resümieren: *Wahrnehmung ist nicht zu trennen von mimetischer und deiktischer Handlung und ebenso von imaginativer Antizipation*. Anzumerken und weiterzudenken bleibt: „Das Konzept des imaginationsintensiven Lernens ist im Grunde das Modell, das hinsichtlich der Problematiken Heterogenität und Inklusion die stärksten Potentiale hat.“[280]

2.2.2 Folgerungen für das Konzept des Malen-Lernens

Das vorherige Kapitel „2.2.1 Grundbegriffe einer anthropologisch bestimmten Maldidaktik“ liefert die *allgemeine* didaktische Basis anthropologisch bestimmter Kunstdidaktik – somit auch der Maldidaktik als Teildisziplin. Das nachfolgende Kapitel 2.2.2 transferiert und expliziert die Bedeutung der Grundbegriffe noch weiter in spezifischer *Perspektivierung auf das Malen*:

Malen ist eine bildliche Verwirklichungsform von Imagination unter vielen, die gleichsam eingeschrieben ist in die relationalen Verhältnisse von Ich-Wir-Welt und von Wahrnehmung-Vorstellung-Darstellung. Relationales Lernen findet somit auch beim Malen-Lernen Anwendung. Im Transfer bedeutet es, dass jegliche Mal-Lehr-Lern-Situation imaginative Resonanzfelder[281] erzeugt zwischen

- Lernenden als Malende, Mitmalende, Nachmalende, Farbwahrnehmende, Farbvorstellende, Farbdarstellende, den Malprozess-Nachvollziehende, Verstehende, usw. (Ich),
- Lehrenden als Vormalende, Farbe-Zeigende, Auf-Farbe-Verweisende, Farb-Wahrnehmung-Lenkende, Mitverstehende, usw. (Wir),
- Bild als Malerei/Farbe als Sache/Malgrund, Farbmaterial und Farbpalette als Material/Thema mit spezifischem Inhalt, Malhandwerk, Farbgestaltung, usw. (Welt)
- und Malaufgabe mit spezifischem Thema/Inhalt/Handwerk/Gestaltung (Ich, Wir, Welt).

Sinnvolles Malen-Lernen setzt etwas über dem momentanen Können an und fordert die Lernenden durch Malaufgaben heraus, die *Zone der nächsten Entwicklung*[282] zu beschreiten. Um spezifische Aufgaben/Impulse/Hilfen anbieten zu können, müssen Lehrende also Lernvoraussetzungen (Darstellungsformeln) im Bereich Farbe/Malerei theoretisch durchdringen können.[283]

Aus dem Transfer der allgemeinen Grundbestimmungen in die Maldidaktik ergibt sich das Vorgehen in diesem Kapitel: Zunächst erläutere ich den spezifischen Resonanzraum

279 Ebd., S. 188

280 Sowa u. a. (2014b), S. 44

281 Spezifische Resonanzräume des Malens werden in Kap. 4 als modellbildende Schlüsse für die Empirie erörtert.

282 Vgl. Kap. 2.2.1: Entwicklung

283 Nach der theoretischen Durchdringung müssen Lehrende die Lernvoraussetzungen aus bildnerischem Handeln und Darstellen ablesen und in praktischen Aufgaben und Übungen methodisch aufgreifen und modifizieren können. Beides (Erhebung und Modifizierung der Lernstände) ist Gegenstand im Empirieteil.

von *Farbwahrnehmung, -vorstellung und -darstellung*. Dann folgt eine *Zwischenübersicht mit Schaubild* über bis dahin untersuchte zentrale imaginative Strukturen des gezielten Farbmischens – die in dieser Studie sukzessive ihre Wichtigkeit herauskristallisieren und besondere Aufmerksamkeit verdienen. Anschließend verweise ich auf bildsprachliche, malerische *Darstellungsformeln* als stets zu berücksichtigende Lernvoraussetzungen. Es folgt ein grobes *Entwicklungsschema der Kinder- und Jugendmalerei*, das Orientierung hinsichtlich möglicher Lernreihenfolgen/Zonen der nächsten Entwicklung geben kann. Das Kapitel endet mit dem resümierenden Versuch, einen *Grundriss eines Konzeptes malerischer Lernstände* zu entwerfen.

Farbwahrnehmung, -vorstellung und -darstellung

Lernen in der Resonanz von Farbwahrnehmung-, -vorstellung und -darstellung
Wahrnehmen, Vorstellen und Darstellen von Farbe bedingen sich. Van Gogh schrieb dazu „Im letzten Jahr malte ich fast nichts als Blumen, um zu anderen Farbwerten als Grau zukommen [...]. Und als ich in diesem Sommer Landschaften in Asnières malte, sah ich mehr Farben darin als früher.“[284] Van Goghs darstellerische Praxis wirkte zurück auf seine Farbwahrnehmung. Denn wird ein einzelner Faktor ausdifferenziert, so modifizieren sich stets auch die beiden anderen: Jede Farbwahrnehmung ist immer auch von Farbvorstellungen (Wahrnehmungserwartungen) überblendet. Wird eine Farbstelle neu wahrgenommen, so wird auch eine bisherige Farbvorstellung modifiziert. Dabei entsteht ein neues Darstellungsbedürfnis und im Darstellungsprozess ein neues noch intensiveres Wahrnehmungsbedürfnis usw. In diesem verwobenen Wechselspiel kann sich die Farbimagination im Malprozess zusehends verfeinern. Die drei Aspekte von Farbwahrnehmung, -vorstellung und -darstellung werden nachfolgend isoliert erläutert -– damit sie dann wie eben beschrieben reflektiert zusammengedacht werden können:

Farben wahrnehmen...
... bedeutet sich Farben primär sehend bewusst zu werden – z. B. bei einer Bildbetrachtung. Sehen wird nicht als mechanischer, linearer Aufnahmeprozess von Informationen, sondern als resonantes, interpersonales Handeln im Kontext spezifischer Zeit-Raum-Personen-Konstellationen begriffen. Farbwahrnehmung stellt folgerichtig keine Konstante dar, viel mehr eine gebundene, bildungsfähige und -bedürftige, veränderliche Größe. Anthropologische Voraussetzungen (wie Farbwahrnehmungsgesetze) werden mit diesem Verständnis bewusst reflektier- und kontrollierbar. Besonders das gezielte Ausschalten des Gesetzes der Farbkonstanz und die „Verdrängung der begrifflich determinierten Gegenstandsgewissheit“[285] ist beim malerischen Umgang mit Farbe relevant. Drei Thesen, die einem direkten Transfer allgemeiner Wahrnehmungsaspekte[286] auf Farbwahrnehmung entspringen, sollen einem weiteren Verständnis dienen:

---

284 Badt (1981), S. 58
285 Imdahl (1987), S. 21
286 Vgl. Kap. 2.2.1: Wahrnehmung

These 1: Farbwahrnehmung besitzt unwillkürliche, naturgegebene Anteile.
Im Sinne der Konstruktionsmodelle besitzt auch Farbwahrnehmung Bottom-Up-Einflüsse. Denn auch sie steht in Abhängigkeit zu angeborenen biologischen und neurologischen Strukturen -– also z. B. zum physiologischen Aufbau des Auges[287] und zu Farbwahrnehmungsgesetzen. Außerdem nimmt Farbwahrnehmung immer auch messbaren, aber kaum steuerbaren Einfluss auf Körperfunktionen (Blutdruck, Atmung, Stoffwechsel, Muskeltonus).[288] Wesentliche Bottom-Up-Verarbeitungen im Bereich der Farbe beruhen besonders auf den Farbwahrnehmungsgesetzen *der Farbprägnanz, der Farbkonstanz, der Farbadaption und Helligkeitskonstanz*. Diese Farbwahrnehmungsgesetze bedeuten:

Im Sinne der Gestaltgesetze hinsichtlich *Prägnanz* strebt Wahrnehmung nach der einfachsten Organisation der Wahrnehmungsreize: Dazu kann sich unsere Wahrnehmung z. B. auf Details fokussieren, andere Aspekte ausblenden, ähnliche Wahrnehmungsreize als Ensemble auffassen, nur den Vordergrund beachten usw. Im Transfer auf den Bereich der Farbe bedeutet *Farbprägnanz*, dass auch hier die Wahrnehmungsorganisation danach strebt, Farbnuancen (z. B. Lindgrün, Smaragdgrün, usw.) zu einer Überkategorie (z. B. Grün) zusammenzufassen, so dass für ein funktionierendes Alltagshandeln nie die gesamte Vielfalt der Farbeinflüsse verarbeitet werden muss.

Konstanz ist „unsere Fähigkeit, die Eigenschaften von Objekten als gleichbleibend wahrzunehmen, auch wenn sich das Bild auf der Netzhaut ändert."[289] Im Bereich der Farbe bedeutet es, dass trotz wechselnder Beleuchtung die Farbwahrnehmung unverändert bleibt, was evolutionäre Vorteile verspricht. Die Gründe dafür sind vielschichtig und nicht vollständig geklärt. Gesicherte beteiligte physiologische Ursachen der Farbkonstanz stellen die *Farbadaption* und die *Helligkeitskonstanz* dar: *Farbadaption* bedeutet, dass das Auge an jeweils vorherrschendes Licht adaptiert (z. B. Kunstlicht), wodurch ändernde Lichtverhältnisse nur einen geringen Effekt auf Farbwahrnehmung haben (Abb. 5: Nur die mittigen Lichtverhältnisse suggerieren der Farbwahrnehmung eine veränderte Farbe).

Das Gesetz der *Helligkeitskonstanz* beschreibt die Farbadaption noch näher: Menschen nehmen die Helligkeit jeder Farbe trotz verschiedenen Beleuchtungsbedingungen als konstant wahr. Das sogenannte *Verhältnisprinzip* der Reizrelationstheorie besagt, „dass zwei Flächen, die unterschiedlich viel Licht reflektieren, gleich aussehen, wenn die Verhältnisse ihrer Lichtintensitäten zu den Intensitäten ihrer Umfelder dieselben sind."[291] Unsere Helligkeitswahrnehmung hängt folglich nicht vom tatsächlich messbaren reflektierten Licht ab, sondern vom Verhältnis der Helligkeiten benachbarter Felder. Ändert sich die Gesamtbeleuchtung einer Szene, so bleiben die Helligkeitsverhältnisse und die Helligkeitswahrnehmung konstant.[292] Wenn wir ein Objekt nach draußen ins Tageslicht bringen, wird der Faktor des reflektierten Lichts z. B. um 100 größer, aber

287 Vgl. Dreifarbentheorie (Young, Helmholtz), Gegenfarbentheorie des Farbensehens (E. Hering)
288 Vgl. Buether (2010), S. 172 ff.
289 Rock (1998), S. 13
290 Irtel/Goldstein (2011), S. 175
291 Ebd., S. 177 ff.
292 Vgl. Rock (1998), S. 27 ff.

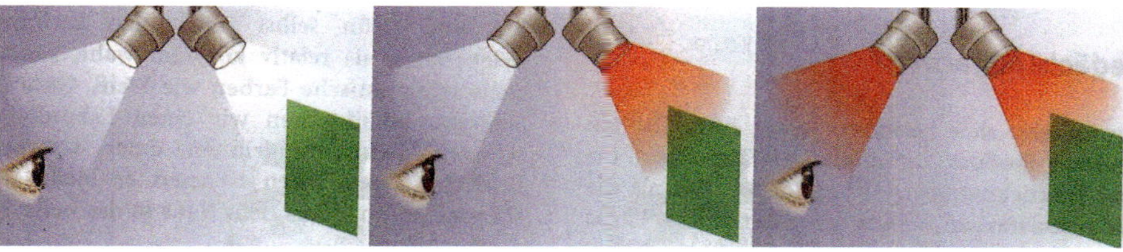

Abb. 5: Farbadaption[290]

der des Umfelds auch. Die Verhältnisse bleiben gleich, somit auch die wahrgenommene Helligkeit der Farbe.

Anhand der Abb. 6 lassen sich die genannten Gesetze der Farbkonstanz (Farbadaption, Helligkeitskonstanz) und auch der Farbprägnanz noch näher erklären und verstehen: Die Abbildung zeigt einen Ausschnitt einer Wandfassade eines Hauses. Das Haus ist zweifarbig gestrichen: Ein Teil in einem Grünton, ein anderer Teil in einem Rotton. Die Identifikation dieser beiden Farbtöne stellt keinerlei Schwierigkeiten für die menschliche Farbwahrnehmung dar. Durch das Prägnanzprinzip reicht dazu die Kategorisierung in „grüne" und „rote" Fläche (ohne die exakten Nuancierungen zu benennen). Diese Kante zwischen zwei verschiedenen Farben (hier: Rot und Grün) wird als „Reflektanzkante" bezeichnet. Bei genauerer Sicht auf die Abbildung zeigt sich die Farbverteilung auf der Wand aber noch differenzierter: Ein Vorsprung beschattet Teile der Wand und teilt die grünen und roten Flächen, je in helle und dunkle Teile. Die Kante zwischen beschatteten und beleuchteten Teilen ist als „Beleuchtungskante" zu benennen. Denn es ist die Kante, an der sich die Beleuchtung (nicht die Grundfarbe) ändert. Im Alltag ist die Identifikation von Beleuchtungskanten demnach meist sekundär, während Reflektanzkanten sofort identifiziert werden. Denn wir sehen die ungleichmäßig beschattete Wand zunächst als prägnante Einheit, nicht als Puzzle unterschiedlich heller und dunkler Flächen. Farbkonstanz bedeutet demnach auch das Ausblenden von Beleuchtungskanten und das Fokussieren von Reflektanzkanten.[293]

These 2: Farbwahrnehmung besitzt steuerbare, kulturell erlernte Anteile.
Im Sinne ökologischer Wahrnehmungsmodelle ist Farbwahrnehmung ein resonantes Handlungsgeschehen: In deiktischen und mimetischen Situationen gemeinsamer Aufmerksamkeit[294] können unwillkürlich ablaufende Farb-Gestaltgesetze plötzlich in bewusster Aufmerksamkeit erfahren werden: Das gerade beschriebene anthropologisch stetige Wahrnehmungsgesetz der Farbkonstanz lässt sich z. B. durch Aktivierung von präzisem Wissen über Farben und durch den Gebrauch von Wahrnehmungshilfen auch partiell ausschalten. Dieses „Ausschalten" ist ein *aktiver* Top-Down-Prozess, der in den natürlichen Deutungsreflex eingreift. Betrachten wir Schattengrenzen z. B. durch ein kleines Loch, werden die Informationen über Beleuchtungsbedingungen und räumliche

293 Irtel/Goldstein (2011), S. 178
294 Vgl. Kap. 2.2.1: Lernen zwischen Wahrnehmung und Vorstellung

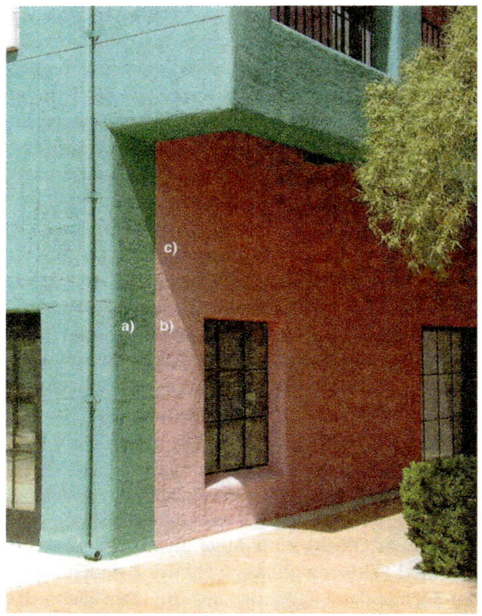

Abb. 6: Farbkonstanz

Orientierung eliminiert und wir nehmen die Beleuchtungskanten (eine Farbe) als Reflektanzkante (zwei Farben) wahr. Es ist dabei entscheidend, ob Flächen räumlich wahrgenommen werden oder nicht: Wenn wir – wie in Abb. 6 (Hausfassade) – ein räumliches Bild vor uns haben und dieses Bild auch räumlich „lesen", dann nehmen wir die in verschiedene Beleuchtungszustände gebrochenen Farben als einheitliche und durchgehende Farben wahr. Wenn wir die räumliche Lesart ausschalten (z. B. indem wir ein Sucherfenster aufs Bild legen und nur zwei nebeneinanderliegende Farbstellen isolieren), dann nehmen wir den Unterschied dieser zwei Farben stärker wahr als ihr „Zusammengehören". Die Betrachtung von Hoppers „Sonne in einem leeren Zimmer" von 1963 liefert ein eindrückliches Beispiel dafür, dass der Maler es hier in einem virtuosen Ausmaß verstanden hat, einzelne Farbflächen so zu setzen, dass sie in ihren Farbwerten deutlich unterscheidbar sind und doch zugleich als zwei Beleuchtungszustände ein und derselben Farbe verstanden werden können.[295] Das „Ausschalten" der Konstanzleistung ist trainierbar[296] als ein alternativer „Zusatzmodus" der Wahrnehmung. Bei Hopper und anderen Malerinnen und Malern ist dieser Zusatzmodus der Farbwahrnehmung offenbar in besonderer Weise verfügbar.

Farbe und Dinge/Gegenstände werden meist als Einheit betrachtet – bei Kindern ist die Verbindung von Objekt und Farbeigenschaft noch enger als bei Erwachsenen. Die Farbempfindungen von Objekten abzulösen ist eine eigene „konzeptuelle Leistung und stellt nicht ein Urvermögen dar."[297] Diese Leistung gelingt bei Fernsichten, wenn Texturen und räumliche Details verschwimmen und eben auch bei gewissen Bildern, die scheinbar die Abkoppelung der Farbwahrnehmung von der Gegenstandswahrnehmung erleichtern. Schawelka (2007b) stellt dazu die These auf, „dass Bilder der Farbfeldmalerei ein Wahrnehmungsangebot machen, das den Betrachtenden eine besondere und ungewöhnliche Art der Trennung der Farbempfindung von ihrem materiellen Träger nahe legt und erleichtert." [298] „Der Wahrnehmungsprozess, der auf die Trennung von Figur und

295 Vgl. Rock (1998), S. 41
296 Vgl. zu *Hauptmodus und Zusatzmodus der Wahrnehmung: Rock (1998), S. 38 ff.*
297 Schawelka (2007b), S. 261
298 Ebd., S. 262

Grund gerichtet ist, kommt nicht zur Ruhe, da viele Lesarten möglich sind, von denen sich dauerhaft keine durchsetzen kann."[299]

These 3: Farbwahrnehmung ist relational und steht im dynamischen Verhältnis zwischen unwillkürlichen und steuerbaren Anteilen.

Die dritte These denkt These 1 und 2 im Sinne des relationalen Lernens[300] zusammen: Der Aufbau von Könnens-Strukturen des Malens ist verwoben mit diesem *gesamten* Wirkungs- und Handlungsgefüge des Wahrnehmens. Zur Analyse der Könnens-Strukturen muss das gesamte relationale, resonante Feld als möglicher Einflussfaktor auf den Wahrnehmungs- und Lernprozess bedacht sein. Ort der Wahrnehmung ist – in relationaler Perspektive gesehen – nicht mehr nur das Innere des Menschen, sondern *das Zwischen von Innen und Außen*. Erkenntnisinstrumente sind neben dem Auge der Körper, die Sprache und jegliche Interaktion – sie arbeiten dem Gehirn als einem „Beziehungsorgan"[301] zu. Mit diesem Verständnis von Wahrnehmung können auch Blinde Farbbegriffe erwerben: Zur Verständigung mit Sehenden reicht es, die symbolische Bedeutung einer Farbe zu erfassen (warm wie Feuer). So können Blinde Farbbegriffe nicht durch den visuellen Kanal, sondern durch haptische, olfaktorische, gustatorische oder kinästhetische Repräsentationen erwerben.[302]

Das dynamische Verhältnis zwischen unwillkürlichen und steuerbaren Wahrnehmungsanteilen muss in didaktischen Lehr-Lern-Situation bewusst genutzt und methodisch gestaltet sein:

Die verwendeten malerischen Darstellungsformeln[303] der Lernenden müssen als Veräußerlichung momentan unwillkürlich genutzter Farb-Gestaltgesetze dezidiert als Ausgangspunkt des Lernens (Lernstand) gedeutet und verstanden werden. Dann steht die Lehrperson vor der Herausforderung die steuerbaren modifizierbaren Anteile der Darstellungsformel als Zone der nächsten Entwicklung zu identifizieren und in deiktischen und mimetischen Situationen gemeinsamer Aufmerksamkeit durch Aufgaben/Impulse/Hilfen zu modifizieren.

Jede (neue) Darstellungsformel spiegelt in diesem Sinne stets neben unwillkürlichen auch schon (kulturell) erlernte Wahrnehmungsanteile. Die dynamische Pendelbewegung zwischen der Stabilisierung unwillkürlicher Darstellungsformeln und ihrer bewusst erlernten Modifikation (in Auseinandersetzung mit Aufgaben in der Zone der nächsten Entwicklung) erscheint somit als anthropologisch verankertes Vorgehen.

Farben vorstellen …

… bedeutet sich Farben auf eine bestimmte Weise zu erklären, sie zu verorten und zu kategorisieren. Malen liegt primär im Bereich der bildlichen Vorstellung – aber gestaltet sich nie unabhängig von der Involvierung von Sprache und körperlich-räumlichem Vor-

299 Ebd., S. 271

300 Vgl. Kap. 2.2.1: Kritische Klärung eines relationalen Lernverständnisses

301 Vgl. Fuchs (2007)

302 Vgl. Buether (2010), S. 172 ff.

303 Vgl. Kap. 2.2.2: Malerische Darstellungsformeln

stellen. Grundlegend für das Farbvorstellen sind erstens der Prozess des imaginativen *Zerlegens* von Farben in vom Erscheinungskontext isolierte, einzelne Farbtöne; zweitens das imaginative *Zusammensetzen* zu relationalen Farbgefügen, und dabei drittens das *Antizipieren des Zusammenwirkens* aller Farben.[304] Diese Imaginationsfähigkeiten sind bildungsfähig und -bedürftig. Bei theoretischem Unterricht über Farbsysteme, wie z. B. den Itten'schen Farbkreis[305], wird eine gewisse modellhafte (verkürzte) Farbvorstellung erzeugt. Die meisten Menschen stellen sich Farben zunächst in der Anzahl begrenzt und in der Erscheinung konstant vor. Blau, Rot, Gelb, Grün werden beispielsweise meist als Grundfarben und als ein natürliches Farbsystem vorgestellt.[306] Vor diesem Hintergrund erscheint es selbstverständlich, dass Kinder und Jugendliche ohne Vorbildung und Wissen über die Vielzahl von Farben auch in der Darstellung auf begrenzte Systeme zurückgreifen. Vorstellungen sind aber keine festen mentalen Muster, sondern zwischen Menschen verhandelbar und veränderlich – in der Handlung, im Gespräch, in der Geste, in der Mimik.

Farben darstellen…
…bedeutet Farben in Akten von Deixis, Mimesis und Poiesis tätig zu erschließen – z. B. bei einer primären Malarbeit herrscht die Konzentration auf Farbdarstellung vor. *Darstellung* von Farbe meint ihre Verbildlichung, ebenso ihre treffende Versprachlichung und auch das gestische Zeigen darauf. Wahrnehmung und Vorstellung werden erst in der Darstellung sichtbar und nachvollziehbar konstituiert. Farbe wird durch ihren bewussten bildnerischen Einsatz zu einer essentiellen Informationsschicht für die Lesbarkeit von gegenständlichen Darstellungen: Zunehmende Helligkeit, abnehmende Sättigung und malerische Unschärfe sind beispielsweise Indikatoren für die Tiefendimension (neben strukturellen, formbezogenen Gestaltungsmitteln wie geringere Materialstruktur, Verjüngung, …).[307]

Zwischenübersicht: Imaginative Strukturen des gezielten Farbenmischens

Ich stelle bisher genannte zentrale Abläufe und Begriffe nochmals prägnant heraus und in ihrer Wechselbeziehung dar. Dazu leite ich aus bisherigen Analysen eine resümierende These ab: Die Figur von *„Zerlegen-Zusammensetzen-Vergleichen"* ist eine Grundfigur der Farbimagination und charakterisiert „Malerisches Denken". Die Bedeutung dieser Grundfigur wird in diesem Abschnitt weiter herausgearbeitet und in einem Schaubild veranschaulicht. Stellen wir uns dazu folgende Malsituation vor: Eine Person malt einen Apfel nach der Anschauung:

a) Beim gezielten Farbenmischen eines Rottons des Apfels pendelt ihre *Aufmerksamkeit*. Einmal liegt sie auf dem Apfel und zeigt sich in der Beobachtung der Gegenstandsfarbe (oder Erscheinungsfarbe). Auf der anderen Seite richtet sich die Aufmerksamkeit auf die Auswahl der zur Verfügung stehenden Palettenfarben (Pigmente, Tuben, …) – schließlich limitieren diese Ausgangsfarben die Mischmöglichkeiten.

304 Vgl. Kap. 2.2.2: Schaubild zu den zentralen Begriffen de „Zerlegens" und „Zusammensetzens" und Kap. 4.2: ausführliche Erläuterung dieser Resonanzräume des Malens.
305 Vgl. Itten (1961)
306 Vgl. Schwarz (2012), S. 98 ff.
307 Vgl. Buether (2010), S. 464

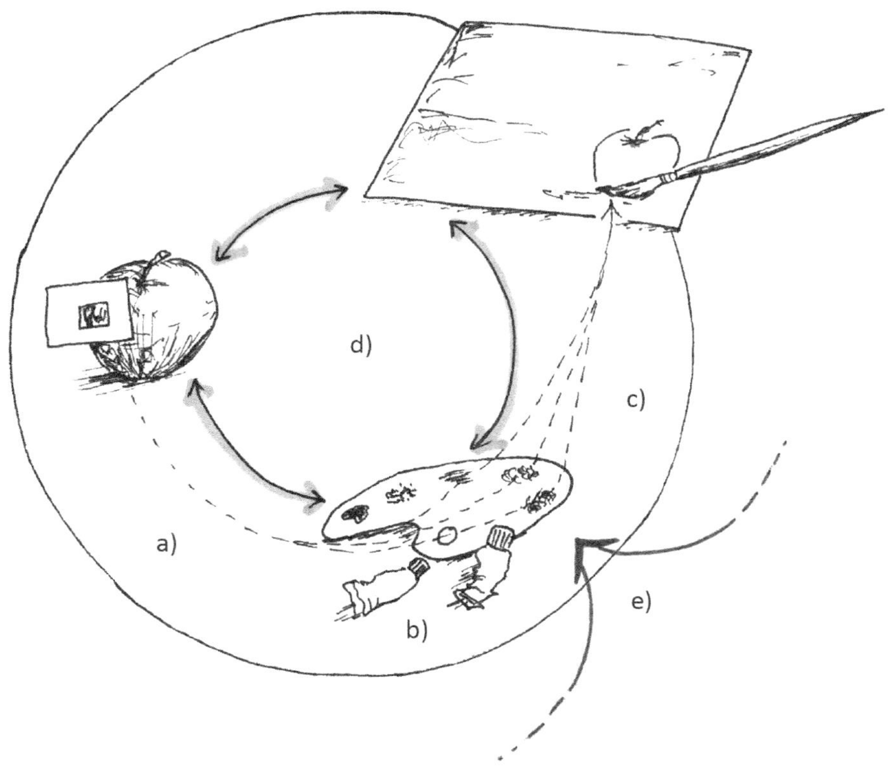

Abb. 7: Prozesse beim gezielten Farbenmischen

b) Sodann setzt imaginatives *Zerlegen* ein und die Person fragt sich: Welche zwei, drei oder vier Ausgangsfarben muss ich verwenden, um diese konkret beobachtete Farbe herstellen zu können? In welche Farben „zerlegt" sich die Farbe?
c) Zugleich setzt imaginatives *Zusammensetzen* ein und die Person fragt sich: Wie und in welchen Verhältnissen muss ich die drei (in der zerlegenden Imagination bestimmten) Ausgangsfarben mischen, um die beobachtete Farbe herstellen zu können?
d) Die Person hat nun eine Farbe gemischt und gesetzt. Nun tritt die vergleichende Imagination in Kraft und die Person fragt sich: Welche Farbe muss ich nun noch in welcher Quantität hinzumischen, um eine auftretende Differenz zu korrigieren? Hierzu muss zurückgekehrt werden zu a, b und c. Der Prozess dieses „Abstimmens" der Farbe verkürzt sich bei steigender Erfahrung.
e) Anzumerken ist: In den Schritten b und c, die eng zusammengehören, beweist sich ganz entscheidend malerische Erfahrung. Um mir das „Aufsplitten" (b und c) vorstellen zu können, muss ich bereits viele Erfahrungen mit der Malpalette und den Pigmenten haben. Geübte Malerinnen und Maler wie Cézanne oder Monet machten das ganz routiniert und fast selbstverständlich. Aber es ist eine ungemein hohe imaginative Leistung für ungeübte Malende. Geübte Malerinnen und Maler greifen auf ein für den

unerfahrenen Maler schwer vorstellbares Repertoire von „Komponenten" zurück, indem sie z. B. bei einem Hautton selbstverständlich grüne Erde und Siena hineindenken! Dieser Gedanke entfernt sich von der menschlichen Alltagsfarbvorstellung und -wahrnehmung, so dass ungeübte Malende erst durch die tatsächliche Erfahrung von der darstellerischen Wirkung überzeugt werden können und dann gewohnheitsmäßig darauf zurückgreifen.

Deshalb bündelt das Schaubild (Abb. 7) im Rückblick auf die Theorie die wesentlichen, hier fokussierten *Operationen des Zerlegens, gezielten Mischens/Zusammensetzens und Vegleichens von Farbtönen*. Gleichzeitig verweist das Schaubild schon auf die Empirie, in der diese grundlegenden Operationen weiter aufgeschlüsselt und analysiert werden. Somit kann das Schaubild die weitere Lektüre fortan stützen und in seiner Bedeutung immer tiefer verstanden werden.[308] Es resümiert und veranschaulicht eben beschriebene imaginative Strukturen und ist auf folgende Weise zu lesen:

- Außen: Relationale Bezüge e) zur *Erfahrung* (Vorwissen, Können, Vorbilder, ...),
- Mitte: Prozesse a), b) und c) des *Wahrnehmens, Zerlegens und Zusammensetzens* von Farben,
- Innen: Prozess d) des abstimmenden *Vergleichens.*

Malerische Darstellungsformeln

Den Begriff „Darstellungsformel" übernehme ich in seiner Bedeutung aus der Kinderzeichnungsforschung und übertrage ihn auf das Feld des Malens. Jede Darstellungsformel spiegelt kulturell Erlerntes und unwillkürlich angeborenes Wissen und Können – wie im vorhergehenden Kapitel erörtert wurde. Darstellungsformeln fassen damit Entwicklung und Lernen in einem relationalen Verständnis zusammen. Jede Darstellungsformel spiegelt einen „Lernstand", der durch aktives, intersubjektives relationales Lernen modifiziert und zu einem neuen Lernstand erhoben werden kann. Die Begriffswahl hinsichtlich *„Lernstand"* grenzt sich damit bewusst zum Begriff „Entwicklungsstand" ab, der wiederum die passive Entfaltung und Weiterentwicklung betonen würde. In dem interaktionistischen Kontext von Unterricht steht dagegen die aktive, herausfordernde Auseinandersetzung mit Aufgaben im Fokus. Darstellungsformeln sind als Lernstände zu deuten, die stets eine Förderung gemäß einer Zone der nächsten Entwicklung erfahren können. Dieses Prinzip soll nachfolgend tiefer geklärt werden:

Analogien zur Kinderzeichnungsforschung

Im Vergleich zur Kinderzeichnungsforschung ist die basale Frage nach Lernvoraussetzungen im Feld der Malerei noch schmal erforscht. Die Bildung einer Analogie zu Erkenntnissen der fortgeschrittenen Kinderzeichnungsforschung ermöglicht den Transfer von etablierten Begriffen und von allgemeinen bildbezogenen Entwicklungsvoraussetzungen im zweidimensionalen Bereich. Dazu gehören besonders die Begriffe/Erkenntnisse zu

308 Dasselbe Schaubild wird in Kap. 4.2 weitergedacht und ergänzt.

allgemeinen Tendenzen des bildnerischen Verhaltens in Kindheit und Jugend und zu Darstellungsformeln (Prägnanz, Figur-Grund-Relationen, Form-/Farbsehen...).

Warum zeichnen Kinder und Jugendliche? Die Antworten differieren je nach kunstpädagogischer Positionierung: Positionen in Tradition musisch-gesta tpsychologischer Bildvorstellung begründen zeichnerische Darstellung hinsichtlich dem *kindlich-spontanen Ausdruck von Identität.*[309] Dieser subjektorientierten Sichtweise tritt eine andere, handlungsorientierte, relationale, anthropologische Perspektive[310] gegenüber, die Zeichnung versteht als in situative Kommunikation eingebettetes, *intersubjektives und sprachanaloges Handlungssystem*. Heranwachsende zeichnen demzufolge nicht nur für sich und in Auseinandersetzung mit sich selbst, sondern sie zeichnen für jemanden, mit einem Mitteilungsbedürfnis und in Auseinandersetzung mit ihrer umgebenden Wirklichkeit. Der Begriff der zeichnerischen (und malerischen) *Darstellungsformel* ist ein wesentlicher Bestandteil des handlungsorientierten Modells. Darstellungsformeln sind Vorstellungsbilder und Handlungsmuster, jedoch keine Abbilder der Wirklichkeit. Sie vereinfachen/kodieren bewusst wahrgenommene Formen (oder Farben), um sie im Gedächtnis zu speichern. Nach Einübung spiegeln sie sich in der Darstellung als mehrmals wiederkehrende und sich stabilisierende Darstellungsweisen. Nach der Stabilisierung kann durch erneuten Input ein Kreislauf einsetzen, wodurch die Darstellungsformel immer wieder modifiziert und dann stabilisiert wird. Zeichnen (und Malen) ist somit als Vorgang zu verstehen, der primär auf den Erfahrungen früherer Zeichentätigkeit (und Maltätigkeit) beruht. Bis in das mittlere Jugendalter (14/15) wird meist in Teileinheiten des Bildes und nicht in einer Gesamteinheit gedacht. Darstellungsformeln können demnach verstanden werden im Rückgriff auf

- das Verstehen der jeweiligen Handlungswelt und
- auf kognitionspsychologische Erkenntnisse des Lernens/der Denkentwicklung.[311]

Prägnanz

Prägnanz zeigt sich besonders als Merkmal der Schemaphase und meint allgemein die Darstellung von Gegenständen in möglichst eindeutiger, charakteristischer Ansicht. Prägnanz kann sich in vielerlei bildnerischen Prozessen Ausdruck verleihen: Das Weglassen von Details, die Verwendung charakteristischer Merkmale und eindeutiger Winkel (90°), die Vermeidung von Überschneidung sind beispielsweise im Prägnanzdenken zu begründen. Aber auch die Verwendung typischer, flächiger, reinbunter, ungemischter Farben (Gegenstandsfarbe, Ausdrucksfarbe) fällt unter diese Kategorie. Die prägnante Farbe ermöglicht einen eindeutigen Rückschluss auf den dargestellten Gegenstand und unterscheidet ihn klar von anderen Gegenständen/Flächen.

Figur-Grund-Trennung

Die Trennung von Figur und Grund in der bildhaften Darstellung von Kindern und Jugendlichen liegt in gewisser Weise auch in ihrer Prägnanz begründet. Das Darstellungsbild zeigt

309 Hartlaub, Ott,...

310 Glas, Heinen, Krautz, Miller, Sowa, Uhlig

311 Vgl. Glas (2006a) bzw. Glas (2015)

bei einem frühen Lernstand eine Vernachlässigung des Hintergrundes, da das Zentrum der Aufmerksamkeit und des inneren Vorstellungsbildes auf dem Vordergrundmotiv liegt. Der Hintergrund bleibt dann in der Zeichnung leer, undefiniert oder nur leicht angedeutet (in der Malerei: leer oder monochrom, nachträglich angemalt.) Erst auf einem fortgeschrittenen Lernstand kann das Bildganze wahrgenommen und bearbeitet werden.[312] Die Entwicklung der Kinderzeichnung spiegelt damit die *Entwicklung des verstehenden Sehens vom Dingsehen zum Bildsehen* wider:

- Physiognomischer Antwort-Blick (der verstehende, antwortende Blick in den antwortenden Blick des anderen) – Kritzelphase,
- Sinnhaftes Gestalt-Sehen (deuten und verstehen der Dinge und ihrer Relationen) – Kritzelphase und Schemaphase,
- Bild-Sehen (Gestalt und Grund wird als Bildganzes gleichermaßen wahrgenommen) -– späte Schemaphase, Jugendzeichnung,
- Reflexives Sehen (Blick wird selbst thematisiert, Sehen des Sehens).[313]

Farbsehen vs. Formsehen
Glas (2016) fragt explizit nach der Bedeutung von Form und Farbe in intentionalen Akten von Deixis und Mimesis bei Kindern und Jugendlichen. In den Analysen zeigt sich, dass der Zeichnung in ihrem Topos der prägnanten Geschlossenheit eine dominierende Funktion zugeschrieben werden muss, während Farbe lange nur unterstützend und formhinzufügend verwendet wird. Zu erklären ist die Prädominanz des Formsehens auch in Bezug auf das Phänomen der Figur-Grund-Trennung: Eine malerische Auflösung (z. B. in der Darstellung amorpher Formen wie Wolken) stellt eben diese klärende, prägnante Trennung in Frage. Bis in das Jugendalter verwenden Lernende daher meist geometrisierende Darstellungsformeln für sich auflösende, anthropomorphe Farbflächen. Die von Glas konstatierte Prädominanz des Formsehens vor dem Farbsehen setzt er aber nicht gleich mit einem pauschalen didaktischen Verzicht auf Farbsehen. Vielmehr verweist er auf die didaktisch-methodische Berücksichtigung der Prädominanz des Formsehens in malerischen Aufgaben: Z.B. durch dem Farbstudium vorangehende Formstudien/Formklärung oder durch geeignete Aufgabenstellungen, die der Farbe schon einen eigenen Stellenwert zuschreiben (Glas bezieht sich auf das Aufgabenbeispiel „Eintauchen in die Blüte").[314]

Grobes Entwicklungsschema der Kinder- und Jugendmalerei

Auch wenn die Kinderzeichnung breiter erforscht ist, existieren vereinzelt auch explizite Analysen zur Farbe und Malerei in der Kindheit und Jugend. Zu unterscheiden ist hier zwischen zahlreichen erfahrungsgemäßen und selten empirisch begründeten Aussagen über den bildnerischen Umgang mit Farbe. Der Konsens subjektiver Theorien, die aus persönlichen Beobachtungen hervorgehen, ist die Zuordnung von dem Zugang zu Farbe

312 Vgl. Sowa (2012b), S. 159 ff.
313 Vgl. Sowa (2010b)
314 Vgl. Glas (2016)

- durch subjektive Empfindung zu unteren Jahrgangsstufen,
- durch objektives Wahrnehmen zu höheren Jahrgangsstufen.[315]

Auch diverse Stufenmodelle für farbiges Gestalten[316], wie zum Beispiel das von Hajo Düchting[317], spiegeln diese Annahme in immer ähnlicher Weise:

- Stufe 1: Ausdrucksfarbe (entspringt subjektivem Empfinden),
- Stufe 2: Gegenstandsfarbe (Darstellung „typischer Farben"),
- Stufe 3: Erscheinungsfarbe (Beleuchtungs- und Luftperspektive, farbräum-liche Effekte),
- Stufe 4: Absolute Farbe (ungegenständliche Auffassung, reine Konzentration auf das Thema Farbe).

Diese scheinbar anthropologisch konstanten (angeborenen) Entwicklungstendenzen zeigen sich fraglos in den malerischen Darstellungsformeln von Kindern und Jugendlichen – wie auch im vorhergehenden Kapitel nachvollzogen werden konnte. Doch die Abfolge, die Übergänge, Zusammenhänge und der Aufbau der malerischen Darstellungsformeln gestalten sich im Lernprozess komplexer und differenzierter als in reiner Stufenform. Nachfolgend resümierte Positionen und Forschungsergebnisse (Dietl, Oswald, Richter, Kläger, Reiß) verweisen je auf spezifische Aspekte, die in der Summe ein differenzierteres Gesamtbild der Entwicklung der Kinder und Jugendmalerei abbilden:

Dietl [318] widerlegt mit ihrer Forschung zum Farbgebrauch am Ende der Grundschule strikte Stufenmodelle. In Gemälden von Grundschülerinnen und Grundschülern weist sie im Schnitt die parallele Existenz von drei Stufen nach, so dass nicht von einer sukzessiven oder gar genetisch angelegten Stufenfolge auszugehen ist. Die Ausdrucks- und Gegenstandsfarben (Stufe 1 und 2) dominieren zwar meist, variieren in sich wiederum aber auch in ihrer handwerklich-gestalterischen Ausführung.

Oswalds[319] Forschung bezieht sich auf Aspekte der Farbwahrnehmung von 11-16 Jährigen. Sein Gesamtergebnis deutet darauf hin, dass die drei Komponenten der visuellen Wahrnehmung Farbe, Form und Raum kognitiv nie gleichzeitig verarbeitet werden und sich gegenseitig in ihrer Entwicklung hemmen können. Da sie in unterschiedlichen neuronalen Bahnen verarbeitet werden, bedarf es im Unterricht einer getrennten Förderung. Wer sich auf Formen fokussiert und keine Klärung erhält, wird sich nicht auf Farbe konzentrieren können. Außerdem folgert Oswald durch seine Ergebnisse geschlechtsspezifische Zugänge zu Farbe. Mädchen zeigen in allen Bereichen einen differenzierteren und früheren Zugang zu Farbe (mehr Kontraste/Farben/räumlich-plastische Effekte, höherer Lerneffekt, differenzierteres Vorstellungsbild und sprachliche Codierung). Als Erklärungsansatz dienen soziologische und biologische Prozesse. Unabhängig vom Geschlecht beschreibt Oswald einen Wandel der Farbauffassung zwischen 11 und 16

315 Vgl. historisch-hermeneutische Analyse in Kap. 3
316 Ausführungen dazu bei Dietl (2004)
317 Vgl. Dietl (2004), S. 13
318 Dietl (2004)
319 Oswald (2003)

Jahren: Die Farbauffassung wird fundamental umstrukturiert *von der flächig-koloristischen Darstellung zur abgestuft-differenzierten Auffassung*. Formelhafte, schematische Vorstellungsbilder wandeln sich zu abbildungshaften Imaginationen. Die Sensibilisierung der Farbwahrnehmung, z. B. durch Bildbetrachtungen, beeinflusst den differenzierten Umgang mit Farbe positiv.[320] Traditionelle Farbmischübungen erwiesen sich dagegen als wenig effektiv. Nach getrennten Farbfeldern gelingen nach und nach fließende Übergänge. Monochrome, ornamentale Bilder verweisen oft auf Farbsinnstörungen. Von reihenhaften Sehtests rät Oswald dennoch ab; Benachteiligung solle eher durch ein ausgewogenes Unterrichtsprogramm umgangen werden. Mit 13/14 nimmt die Sensibilität für Farbe kurzfristig ab, weil sich in dieser Phase das räumliche Vorstellungsvermögen verstärkt ausbildet. Aus den Erkenntnissen leitet er Lernschritte ab. Die Lehrperson muss jeweilige Lernstände diagnostizieren und Impulse zur Überwindung geben:

1. Ausgangspunkt mit 11 Jahren: flächiges Arbeiten mit breiter Farbskala,
2. Größenvariationen der Farbflächen,
3. Anpassung der Farbflächenformen an Körperform,
4. Abstufung der Helligkeit einzelner Farbtöne,
5. eventuell Reduktion der Farbskala und der Farbsättigung,
6. Erprobung von Hell-Dunkel-Abstufungen,
7. Steigerung der Sättigung,
8. Wieder Steigerung der Farbskala,
9. Räumlichkeit durch Farbhelligkeitskontraste/ Farbkontraste,
10. fließende Übergänge zwischen mehreren Farbtönen,
11. Endpunkt mit 16 Jahren: Kombination aller Komponenten.

Oswalds Ergebnisse sind relevant besonders hinsichtlich der vorgeschlagenen Schwierigkeitsgradation (nicht zu verstehen als Stufenmodell gemäß Alterszuordnung) und hinsichtlich der Formentlastung, die beim gegenständlichen Malen immer schon stattgefunden haben muss, um die Konzentration auf Farbe zu ermöglichen. Die Ergebnisse müssen stets vor dem Hintergrund der Verwendung von Holzbuntstiften innerhalb der Forschung betrachtet werden. Die Ergebnisse beziehen sich durch dieses *zeichnerische Malmaterial* nur auf Farbigkeit im Motiv, das malerische Bildsehen, das Farben-Verbinden und Farbgefüge werden nur am Rande thematisiert.

Richter (1997)[321] widmet in seinem Werk „Die Kinderzeichnung. Entwicklung. Interpretation. Ästhetik“ ein kurzes Kapitel dem Farbausdruck in der Kinderzeichnung. In der Einleitung des Kapitels stellt er die Begründung voran, warum der Teil nur sehr knapp ausfallen wird: Der Farbausdruck unterliege hauptsächlich emotionalen, situativen und materiellen Bedingungen und ließe sich deshalb begrifflich schwer fassen. Außerdem gäbe es kaum adäquate Literatur und Farbe würde bisher nur in *„Nebensätzen“* erwähnt. Er skizziert dennoch auf dieser Grundlage und durch eigene (bis dahin vorliegende) Studien eine vorsichtige Chronologie der Entwicklung des Farbausdrucks:

320 Vgl. Empirieteil: Praktische Auseinandersetzung mit Cézannes Bildern.
321 Richter (1997), S. 88–91

1. Beginn der Entwicklung des Farbausdrucks in der Schmierphase (bis in das 2./3. Lebensjahr): Interesse an Konsistenz und Materie dominiert vor Interesse an Farbcharakter (Schmieren mit breiartigen Farbsubstanzen – Richter verweist darauf, dass diese Art des Farbauftrags sicherlich noch nicht genügend erforscht sei). Somit lässt sich nicht ausschließen, dass eine gewisse Farbintention dahinter stehen könnte, da die Kinder prinzipiell ab 2 Monaten Grundfarben voneinander unterscheiden können.
2. Kritzelnde Bewegungsabläufe unabhängig von Farbe und Form (mit ca. 3 Jahren): Freude an farbigen Bewegungsspur, wobei fast alle dominanten Farben auftauchen, wohl um Abhebungen zu schaffen.
3. Typisierende Farbwahl in früher Schemaphase: Verdeutlichende Funktion von Farbe nimmt zu.
4. Präferenz für bestimmte Farbdarstellungen orientiert sich zunehmend an Lokalfarbe (typische Gegenstandsfarbe) und Ausdrucksfarbe (emotionale Qualität).
5. Schemaphase: Überlagerung von Lokalfarbe und Ausdrucksfarbe in den Bildern.
6. Jugend: Tendenz zur naturnachahmenden Kolorierung und realistisches Bildkonzept.

Auch Kläger[322] beschreibt wie Richter den Ausgangspunkt der Entwicklung der Farbverwendung bei der linearen, probierenden Farbspur, die rhythmisch und haptisch akzentuiert ist. Er unterscheidet im weiteren Verlauf der Entwicklung zwischen farbdominanten und formdominanten Kindern (Abb. 8):

- Das *formdominante* Kind besitzt eine Vorliebe für das Zeichnerische und „setzt Farbe zur sicheren und klaren Unterscheidung von Formen“ [323] ein. Es versteht die Gegenstandsfarbe als konstante Farbe. Die Farbe dient als Formbegrenzung oder Muster und Dekor.
- Das *farbdominante* Kind besitzt eine Vorliebe für das Malerische, d.h. für das „Ordnen und Setzen von Farbformen zu Farbkompositionen“[324], es „lässt sich beim Malen eher vom Entstehenden führen“.[325] Das Betrachten von Farbe in ihren Zusammenhängen und somit die Abwandlung der Lokalfarbe in Erscheinungsfarbe und die Verschmelzung von Figur und Grund fällt ihm leichter.[326]

Reiß[327] wertet 8604 Kinderbilder von 6-14 Jährigen zum Wettbewerb „Wie wir Kinder heute leben“ hinsichtlich des Aspektes der Farbverwendung aus: 94,7% haben ihr Bild farbig gestaltet. Während in den Anfangsschuljahren eine Vorliebe für kräftige, leuchtende Farben überwiegt, nehmen in der späten Kindheit unbunte Gestaltungen zu. Der Höhepunkt der Farbfreudigkeit liegt in der mittleren Kindheit (9-11). In Analogie zur Entwicklung der Kinderzeichnung fällt diese Phase zusammen mit dem Ende der Schemaphase, in der erprobte Darstellungsformeln gestalterisch sicher eingesetzt werden können. Die

322 Vgl. Kläger (1997), S. 82 f.
323 Ebd.
324 Ebd.
325 Ebd.
326 Ebd.
327 Reiß (1996)

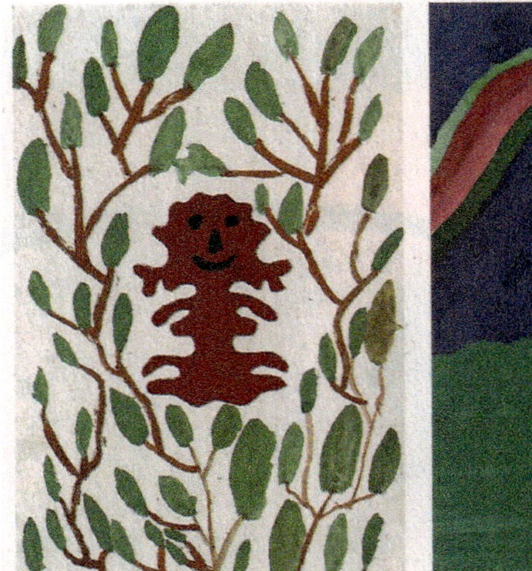
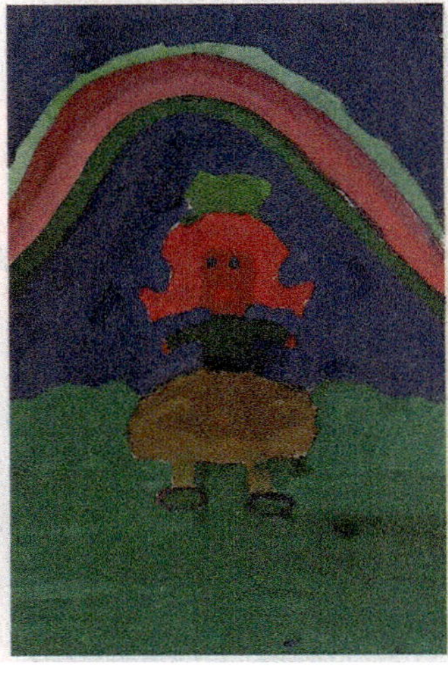

Abb. 8:
Form- und Farbdominanz

Jüngsten (6) orientieren sich bei der Farbwahl noch mehr an der Farbwirkung, weniger an der Farbwirklichkeit. Die insgesamt häufigste Farbverwendung ist aber die der Gegenstandsfarbe. Die Kinder bemühen sich scheinbar Gegenstände durch Farbe begrifflich weiter zu kennzeichnen. Farbräume oder Farbabstufungen werden kaum gemalt. Reiß verweist auf weitere Abhängigkeiten des Farbgebrauchs zum verwendeten Farbmaterial (Filzstifte, Buntstifte sind grafische Mittel) und zum Geschlecht (Jungen verwendeten weniger Farben). Er fasst zusammen, dass ein malerischer Umgang mit Farben in gegenwärtigen Kinderbildern selten anzutreffen ist. Malerisch antizipierende Vorgänge bleiben aus (wie die Frage nach dem Hintergrund/Untergrund, nach Umkehroperationen wie dem Freilassen von Feldern für andere Farben usw.). Reiß' Beobachtungen spiegeln nicht nur entwicklungsbedingte, sondern auch sozio-kulturelle Einflüsse wider. Denn wer nie malt, erwirbt auch keine malerischen Verhaltensweisen. Aus fachdidaktischen Gesichtspunkten fordert Reiß eine Erweiterung der Förderung malerischer Verhaltensweisen.

Die erläuterten Forschungserkenntnisse erlauben es, in ihrer Synthese ein grobes Entwicklungsschema der Kinder- und Jugendmalerei aufzustellen. Im Kontext eines relationalen Lernverständnisses bietet das Schema aber keine exakte Deskription oder gar Norm. Je nach erhaltener Förderung (z. B. Relation zu Aufgaben[328]) können einzelne Lernherausforderungen nebeneinander bestehen und gar übersprungen werden. Dennoch erlaubt das Schema eine Orientierung und ein erleichtertes Einschätzen von Lernständen:

- Interesse an Materialeigenschaften und Prozessen (Kleinkind):
  Erprobung unterschiedlicher Malmaterialien und -handlungen, Spuren setzen;
- Schemaphase:
  Vorrangig imaginatives Verständnis des Phänomens Farbe: Entdeckung typischer Farben (Himmel = blau...), Festigung der Farbschemata, Ausbildung grundlegender

328 Vgl. Kap. 2.2.1

Malfertigkeiten, flächige, koloristische Farbverwendung (besonders hier zu beachten: Abhängigkeit schematischer Farbverwendung zu fehlender Förderung!);

- Paradigmenwechsel – Differenzierte Farbwahrnehmung:
  Vorrangig wahrnehmungsbezogenes Verständnis des Phänomens Farbe: Farbmodulation und weiche Farbübergänge, Hell-Dunkel-Abstufungen, Erscheinungsfarbe, differenzierte Farbverwendung;
- Autonome Farbverwendung:
  Kombination der Teilaspekte, individueller Stil, Offenheit für das offene Feld der malerischen Phänomene.

Grundriss eines Konzeptes malerischer Lernstände

Nun sollen alle Erkenntnisse bisheriger Teilkapitel weiter zusammengeführt werden – in einem Konzept malerischer Lernstände:

Die kunstpädagogische Bildung des Farbwahrnehmungs-, Farbvorstellungs-, Farbdarstellungs- und Mitteilungsvermögen des jungen Menschen ist nie unabhängig von seinem *Lernstand*[329] zu verwirklichen. Im Lernstand spiegeln sich genetisch determinierte Entwicklungsvoraussetzungen und deren aktive Ausdifferenzierung in aufmerksamer, intersubjektiver, mimetischer Auseinandersetzung mit der Umwelt. *Lernstände entspringen der Schnittfläche von Entwicklung und Lernen*. Als Konklusion aus den bisherigen Theorieanalysen ergibt sich, dass von keiner chronologischen, pauschalen Entwicklungsabfolge der Farbwahrnehmung, -vorstellung und -darstellung auszugehen ist. Jeder Lernstand ist jeweils gebunden an soziale, individuelle, kulturelle und materielle Lernkontexte und an Erfahrungen früherer malerischer und zeichnerischer Darstellungstätigkeit. Eine pauschale Zuordnung zu Altersstufen bleibt aus diesem Grund aus.[330] Das zeigt sich z. B. so: In der Kindheit erworbenes, aber nicht wieder aktiviertes Können (Handlungsstrukturen) und Wissen (neuronale Strukturen) bleiben nachpubertären Jugendlichen nicht automatisch erhalten und entwickeln sich nicht selbstständig weiter.[331] Jugendliches Denken lässt zwar komplexere, abstraktere, hypothetische Überlegungen zu – und dennoch verkümmern sichere Könnens-Strukturen aus der Kindheit, wenn sie nicht regelmäßig Anwendung erfahren. Auch beim Malen werden *ungeübte* Lernende aus der 9. Klasse[332], die malerischen Darstellungsformeln der frühen Grundschulzeit nicht weiter modifiziert haben und wieder an ähnlichen Lernständen wie Lernende der Grundschule starten.

Anthropologisch begründete Maldidaktik plant konsequenterweise ausgehend vom *malerischen Lernstand* des Kindes oder des/der Jugendlichen und wendet ihren Blick schrittweise auf die gesamte farbige Bildwelt. Malerische Lernstände werden sichtbar durch malerische Darstellungsformeln. Malerische Lernstände (als Darstellungsformeln) liefern die Anknüpfungspunkte für curricular strukturierte, aufeinander aufbauende

---

329 Vgl. Begriffserklärung von „Lernstand" in Kap. 2.2.2: Malerische Darstellungsformeln

330 Wie sich die Darstellungsformeln im Detail innerhalb meiner Forschung modifizieren, vgl. Kap. 5.2 und 5.3

331 Vgl. Grünewald (2010)

332 Vgl. Empirieteil

	Prägnanztendenz *im Sinne eines Bedürfnisses nach Benennung, klarer Trennung, Erkennung und Identifizierung der Dinge durch Farbe*	**Differenzierungstendenz** *im Sinne eines Bedürfnisses nach plastischen und mimetischen (atmosphärischen, materiellen, usw.) Informationsschichten durch Farbe und nach Verbindung der Dinge durch Farbe*
Farbwahl und Farbzusammenhänge	*Figur*: monochrome, gesättigte Ausdrucks- oder Gegenstandsfarben *Grund:* monochrome, gesättigte Ausdrucks- oder Gegenstandsfarbe *Figur-Grund:* hohe Kontrastierung durch unbemalten Grund oder durch stark kontrastierende Farben in Figur und Grund	*Figur:* differenzierte, mit Kontext (Licht/Umgebung/...) abgestimmte Gegenstands- oder Erscheinungsfarben *Grund:* differenzierte, mit Kontext (Licht/Umgebung/...) abgestimmte Gegenstands- oder Erscheinungsfarben *Figur-Grund:* ähnliche Farben, farbliche Verbindungen, einheitliche Untermalung usw.
Farbdifferenzierungen	*Unmissverständlichkeit der Farbe:* Ungemischt, ungetrübt oder näherungsweise/vorstellungsgemäß gemischt	*Nuancenreichtum der Farbe:* Mischung/Differenzierung durch... - Trennung von Farbflächen in einzelne, flächig aufgetragene Nuancen - Modellierung (mit zwei Farben) - Modulierung (mit mehr als zwei Farben)
Farbauftrag	Geringe Variation von Richtung und Form des Duktus, primär deckender Farbauftrag: *Figur:* figurfüllend *Grund:* figurumschreibend *Figur-Grund:* unverbunden	Erhöhte Variation von Richtung und Form des Duktus (deckend, lasierend, schichtend...) gemäß Darstellungsabsicht: *Figur:* bewusste Variationen (s.o.) *Grund:* bewusste Variationen (s.o.) *Figur-Grund:* figurüberschreibend

Lernschritte (Zone der nächsten Entwicklung). Der Grundriss einer Theorie malerischer Lernstände lautet gemäß alldem:

Ein stabiler Lernstand (hier: malerische Darstellungsformel) wird durch eine gezielte Hilfe/Aufgabe entsprechend der Zone der nächsten Entwicklung zur Modifizierung gebracht. Der modifizierte, neue Lernstand wird durch Übung wiederum zum stabilen Lernstand, der seinerseits wieder durch gezielte Hilfen/Aufgaben in der Zone der nächsten Entwicklung zur Modifizierung gebracht wird usw. (Kreislauf/Spirale: Lernstand -> Stabilisierung -> Modifizierung -> Lernstand -> Stabilisierung -> Modifizierung -> ...).

Um die Zonen der nächsten Entwicklung zu antizipieren, muss die Lehrperson eine Vorstellung über eine Entwicklungsrichtung malerischer Darstellungsformeln besitzen. Durch die weiter oben dargelegte Analogie zur Zeichenforschung kann auch beim Malen die Entwicklungsrichtung von der prägnanten malerischen Darstellungsformel hinzu mimetischen Differenzierungen angenommen werden, das bedeutet im Detail die Prädominanz

- vom Formsehen vor dem Farbsehen,
- vom Figursehen vor dem Bildsehen,
- von Trennungen vor Verbindungen (von Farbflächen/von Figur- und Grund).[333]

333 Auch im sich anschließenden Kap.3 zeigen sich in mehreren historisch-hermeneutischen Analysen diese angenommenen Entwicklungsrichtungen – besonders explizit bei Regel (1961).

	Prägnanztendenz *im Sinne eines Bedürfnisses nach Benennung, klarer Trennung, Erkennung und Identifizierung der Dinge durch Farbe*	**Differenzierungstendenz** *im Sinne eines Bedürfnisses nach plastischen und mimetischen (atmosphärischen, materiellen, usw.) Informationsschichten durch Farbe und nach Verbindung der Dinge durch Farbe*
Farbwahl und Farbzusammenhänge	*Figur*: monochrome, gesättigte Ausdrucks- oder Gegenstandsfarben *Grund:* monochrome, gesättigte Ausdrucks- oder Gegenstandsfarbe *Figur-Grund:* hohe Kontrastierung durch unbemalten Grund oder durch stark kontrastierende Farben in Figur und Grund	*Figur:* differenzierte, mit Kontext (Licht/ Umgebung/...) abgestimmte Gegenstands- oder Erscheinungsfarben *Grund:* differenzierte, mit Kontext (Licht/ Umgebung/...) abgestimmte Gegenstands- oder Erscheinungsfarben *Figur-Grund:* ähnliche Farben, farbliche Verbindungen, einheitliche Untermalung usw.
Farbdifferenzierungen	*Unmissverständlichkeit der Farbe:* Ungemischt, ungetrübt oder näherungsweise/ vorstellungsgemäß gemischt	*Nuancenreichtum der Farbe:* Mischung/Differenzierung durch... - Trennung von Farbflächen in einzelne, flächig aufgetragene Nuancen - Modellierung (mit zwei Farben) - Modulierung (mit mehr als zwei Farben)
Farbauftrag	Geringe Variation von Richtung und Form des Duktus, primär deckender Farbauftrag: *Figur:* figurfüllend *Grund:* figurumschreibend *Figur-Grund:* unverbunden	Erhöhte Variation von Richtung und Form des Duktus (deckend, lasierend, schichtend...) gemäß Darstellungsabsicht: *Figur:* bewusste Variationen (s.o.) *Grund:* bewusste Variationen (s.o.) *Figur-Grund:* figurüberschreibend
Form- oder Farbfokussierung, Bild- oder Motivsehen	Motivsehen und Formbezug: *Figur:* sichtbare Umrisslinie, monochrome Farbfüllungen *Grund:* undefiniert oder unbemalt *Figur-Grund:* Malreihenfolge von zuerst Figur zu zuletzt Grund, getrennte Fertigstellungen	Bildsehen und Farbfokussierung: *Figur:* Verzicht auf klare Formdefinierung *Grund:* definiert und bemalt *Figur-Grund:* Figur und Grund parallel bearbeiten, Figur und Grund durch Untermalung/ Farbwahl/Farbauftrag usw. verbinden, Schlagschatten anlegen
Malhandlung	Handlungsziel ist, die gemalten Gegenstände mittels ihrer typischen Farbe klar vom Umraum abzugrenzen und hervorzuheben, um sie deutlich erkennbar werden zu lassen. Überarbeitungen werden wenig vorgenommen.	Handlungsziel ist, die gemalten Gegenstände in ihrer charakteristischen Erscheinung und in ihrer farbigen Verbundenheit mit dem Umraum darzustellen. Überarbeitungen werden ständig vorgenommen.
Malhandwerk[334]	Sicher bis unsicher	Sicher bis unsicher

Diese Tendenzen von der Prägnanz hin zur Differenzierung können sich im Feld des Malens hinsichtlich unterschiedlicher Kriterien (Farbwahl und Farbzusammenhänge, Farbdifferenzierungen, Farbauftrag, Form- oder Farbfokussierung, Bild- oder Motivsehen, Malhandlung, Malhandwerk) in unterschiedlichen Gestaltungsbereichen (Figur, Grund, Figur-Grund) zeigen. Auf dieser Grundlage beruht nachfolgend konzipierte Systematik malerischer Darstellungsformeln (auch als theoretische Grundlegung für die Unterrichtsstudie/den dort verwendeten Kriterienkatalog, wo die Tendenzen näher untersucht werden).

Anzumerken bleibt: Die Systematisierung bleibt durch weitere Forschungen zu ergänzen und zu differenzieren.

Die Tabelle beinhaltet keine ästhetische Wertung innerhalb der prägnanten und differenzierten Darstellungsweisen: *Geübte* Malerinnen und Maler können auch innerhalb ihrer Malerei prägnante und differenzierte Elemente gemäß ihrer gestalterischen Darstellungsabsicht bewusst kombinieren und vereinen (z. B. differenzierte Figur vor planem Grund usw.).[335]

2.3 Malen als Bildungsaufgabe – Bildungstheoretische Bestimmung

Malaufgaben im Kunstunterricht folgen sehr verschiedenen Konzeptionen – von der darstellerischen Anwendung von Farbtheorien, über anschauungsbezogenes Malen, bis zum Malen mit individuellen Lieblingsfarben.[336] Denn Lehrende können die sachbezogenen (2.1) und lernstandsbezogenen (2.2) Bestimmungen über Farbe und Malerei gleichsam konträr werten und interpretieren und in heterogene kunstpädagogische Settings übersetzen. Wie und warum Lehrende eine (Mal-) Aufgabe für Lernende konzipieren, ausrichten und begründen, divergiert je nach ihrem impliziten Verständnis von Bildung und von Kunstunterricht. Die nachfolgenden Kapitel liefern dazu eine Zusammenschau: Zunächst möchte ich zeigen, dass und wie die Sache „Malen" überhaupt ein bildungsrelevantes Gebiet ist (Abschn. 2.3.1). Daran anschließend zeige ich von dieser Grundlage her, auf welchem Weg und mit welchen Zielen „Malen" im Kunstunterricht gelehrt werden sollte (Abschn. 2.3.2).

2.3.1 Bildung und Malen

Was umfasst und bedeutet Bildung in der heutigen Gesellschaft? Welchen Bildungsbeitrag liefert das Sachgebiet „Malen" im Kunstunterricht innerhalb des Auftrags der allgemeinen Bildung? Mein Antwortversuch wird in zwei Schritten angegangen: Ich lege zuerst dar, dass ich mich ich meiner bildungstheoretischen Begründung auf einen traditionellen und abgesicherten Bildungsbegriff beziehe, der zusammenfassend als *allgemeine Bildung* bezeichnet werden kann. Im Rückbezug auf diesen Bildungsbegriff werde ich dann den *spezifischen Beitrag des Sachgebietes „Malen" zum Projekt der allgemeinen Bildung* in seinen Konturen zeichnen. Im Verlaufe meiner Studie wird klar

334 Das Malhandwerk im Sinne der motorischen Ausführung kann innerhalb beider Tendenzen sichere oder unsichere Ausführungen je nach motorischem Vermögen widerspiegeln. So könnte beispielsweise ein modulierter, differenzierter Ansatz so unsicher ausgeführt sein, dass auf den ersten Blick nur noch Braun zu erkennen wäre.

335 Das Malhandwerk im Sinne der motorischen Ausführung kann innerhalb beider Tendenzen sichere oder unsichere Ausführungen je nach motorischem Vermögen widerspiegeln. So könnte beispielsweise ein modulierter, differenzierter Ansatz so unsicher ausgeführt sein, dass auf den ersten Blick nur noch Braun zu erkennen wäre.

336 Eine Systematisierung der heterogenen Ansätze erfolgt im nachfolgenden Kap. 3.

werden, dass und wie sich meine bildungstheoretische Perspektive vom Programm der „Ästhetischen Bildung“ unterscheidet.[337]

Allgemeine Bildung

Schule als nicht nur gesellschaftlich, sondern staatlich begründete Institution steht unter einem Bildungsauftrag. Aber unter welchem? Bildungstheorien von der Antike bis heute liefern keine eindeutige Definition von Bildung. Jede mögliche Definition steht in Abhängigkeit zu einem jeweils als gültig vorausgesetzten Menschenbild, zu politischen Vorgaben und zu kulturellen Konventionen. Dennoch lässt sich eine idealtypische Bildungsdefinition geben, die den Maßstäben der modernen Demokratie entspricht: *Freiheit, Mündigkeit, Selbstbestimmung, Orientierung, Kritikfähigkeit, Verantwortung, Urteilsfähigkeit* – die traditionellen Leitbegriffe großer Bildungstheoretiker leben darin fort und müssen jeweils eine Adaption an aktuelle Gesellschaftsbedingungen erfahren. Paradigmatisch hat in der neueren Geschichte staatlicher Bildungskonzepte Wilhelm von Humboldts neuhumanistische Bildungskonzeption eine bis heute gültige Wirkungsmacht entfaltet. Sein Leitziel der „allgemeinen Menschenbildung vor aller besonderen Berufsausbildung“[338] formuliert einen Orientierungsrahmen, dem sich die meisten europäischen Bildungssysteme verpflichtet sehen, weil dieses Leitziel eine deutliche innere Beziehung zu den staatlichen Zielen der menschenrechtlich verfassten Demokratien hat.

Humboldt sieht vielseitige, allgemeine (nicht nur berufsspezifische) Bildung als Grundrecht für alle Menschen an. Ausgangspunkt und Zentrum dieses Gedankens ist ein Verständnis des Menschen, der durch Bildung und Erfahrungen von Neuem/Fremdem zu einem aufgeklärten Selbst- und Weltverhältnis und zu freien Handlungsmöglichkeiten findet. Allgemeine Bildung heute muss nach wie vor begriffen werden als Subjektentwicklung in Auseinandersetzung mit der Welt. Das einseitige Blicken auf Informations- oder Kompetenz-*Input* oder -*Output* kann diesem Bildungsbegriff also nicht entsprechen und erst recht kein Maß von Bildung sein. Nur der Blick auf das abgestimmte Zusammenwirken innerer und äußerer Bildungseinflüsse ermöglicht ihr Verstehen. Bildung ist damit kein selbstreferentielles Kreisen im Individuum, sondern findet in Konfrontation mit Allgemeinem statt. *„Allgemein“* bezieht sich dabei auf die Vielseitigkeit der Bildungsinhalte (historisch, aktuell, politisch, sachlich, moralisch, wissenschaftlich, ästhetisch, ...), auf die gesamte Spanne des Lebens und auf die generelle Zielgruppe Mensch unabhängig seiner sozialen oder kulturellen Herkunft. Bildung findet nicht nur in Beschäftigung mit Vertrautem, Eigenem statt, sondern besonders im reflektierten Kontakt mit Neuem und Fremdem. Der Mensch bildet sich in Beziehung zu Inhalten und äußeren Impulsen seiner (Um-) Welt.

Interesse an der Welt und an anderen Menschen sowie *empathische Perspektivübernahme* stellen folglich grundlegende Momente eines demokratischen Bildungsverständnisses dar. Die Voraussetzung von Empathie ist der sensible Selbstbezug, die Folge von Empathie ist die Verantwortung und Achtsamkeit gegenüber Menschen und Dingen der ge-

337 Zur Kritik der „ästhetischen“ Begründung, die seit Otto (1976) ein leitendes Paradigma der Kunstpädagogik war, verweise ich hier nur beispielhaft auf Sowa (2015a, d, e, f und 2016a).

338 Gudjons (2008), S. 91

samten Welt. Bildung führt dann gleichsam zu Individualität wie zu Gemeinschaftlichkeit. Ohne Orientierung an dem Bildungsbegriff lösen sich demokratische Strukturen auf.[339]

Beitrag des Malens zur Allgemeinen Bildung

Im Sinne Humboldts ist allgemeine Bildung das Gegenteil von einseitiger, auf spezifische Zwecke bezogener Bildung im Sinne von „Ausbildung". Eine ganzheitliche, breit angelegte Bildung in Kunst und Wissenschaft für jeden als allgemeine Grundbildung entspricht dem humboldtschen Bildungsideal. Denn Bildung ist mehr als „Zurichtung" von Menschen für bestimmte funktionale Zusammenhänge. Eine Sprache zu erlernen, kann auch jedem Mathematiker neue Erkenntnisse über sich und die Welt bringen. Auf gleiche Weise ist auch der schulische Kunstunterricht zu begründen, der *jedem* unabhängig von vermeintlich vorhandener oder fehlender Begabung wahrnehmende, imaginative und darstellerisch-bildnerische Zugänge zu sich und zur Welt ermöglicht. Auch das Malen gehört zum *Allgemeinen* der allgemeinen Bildung.[340] Das verstehende, bewusste und sukzessiv erlernte Malen fördert die allgemeine Vorstellungs-, Wahrnehmungs- und Darstellungsfähigkeit. Jedes Gemälde ist dann als eine Mitteilung von jemandem, über etwas und für jemand anderen zu verstehen. Bewusst reflektierte Malprozesse sind nicht ohne Selbst- und Weltbezug durchführbar. Unbewusste, unreflektierte Malprozesse – wie im Extremfall Farbe beliebig auf einen Bildträger schütten – sind in ihrem allgemein bildenden Wert dagegen fragwürdig. Sie sind entkoppelt vom Weltbezug und auch ohne jegliche selbstbezügliche Involvierung der eigenen Wahrnehmung und Vorstellung durchführbar. Handwerkliches und gestalterisches Können sind dabei ebenso wenig von Relevanz.

Aus diesem Grund beziehen sich die im Nachfolgenden herausgestellten möglichen Bildungswerte des Malens auf jene Malprozesse, die in Bewusstheit und im Bezug zur eigenen und fremden Wahrnehmung, Vorstellung und Darstellung von Farbe durchgeführt werden:

Wer malt (zeichnet, plastiziert, ...) übernimmt Verantwortung für sein Tun, sein Werk (Gemälde) und seine Malmaterialien. Er übernimmt aber auch Verantwortung dafür, was er anderen zu verstehen gibt, was er anderen zeigt, sagt und wie er sie beeinflusst. Im deiktischen (bildnerischen, gestischen und verbalen) Verhandeln über Farbe und Malerei können Differenzen der eigenen und fremden Wahrnehmung konkret nachvollzogen werden. Die eigene Wahrnehmung wird eventuell kurzzeitig fremd und in der Distanzierung zu sich selbst eröffnet sich ein selbstreflexiver Imaginationsraum. Auch Urteilsvermögen und Empathiefähigkeit bilden sich dabei.

Während des Malens – als komplexes Resonanzgeschehen von Bildherstellung und Bildrezeption verstanden – nehmen Lernende immer wieder eine kognitive Metaebene ein, um ihr Tun zu verstehen. Das „Sehende Sehen"[341] oder reflexive Sehen stellt dabei ein hohes und abschließendes Bildungsziel dar – das während der gesamten Schulzeit in steigernder Komplexität im Bildgespräch ausdifferenziert werden kann. Äußere deiktische Impulse (im Bezug zur Welt) sind dafür Grundlage, da Bildung auch hier nicht *aus sich selbst heraus passiert*.

339 Vgl. Krautz (2013a), S. 86 und Krautz (2015)
340 Vgl. Kirschenmann (2006)
341 Vgl. Imdahl (1996)

Mit dem zerlegenden und vergleichenden Sehen[342] üben Lernende beim Malen Sehtechniken und kognitive Operationen, die in vielen verschiedenen Wahrnehmungssituationen (auch außerhalb von Farbe und Malerei) Bewusstheit über das eigene Sehen anregen können. Auch das Einschätzen von Form- und Raumverhältnissen (beim Puzzeln, beim Einräumen eines Regals, beim Aktzeichnen, ...) verlangt nach der doppelten Aufmerksamkeit zwischen einzupassendem Objekt/Form und Zielobjekt. Zwischen beidem schweift der vergleichende Blick.

Die im Malen erlernten kognitiven und perzeptiven Prozesse ermöglichen Verallgemeinerung. Es ist von hohem Bildungswert, zu begreifen, dass das im ersten Moment Erblickte nicht zwangsläufig dem wirklich Sichtbaren entspricht. Die Einsicht in die Fehlbarkeit eigener Sichtweisen und die Offenheit des Überdenkens und Modifizierens sind Momente einer allgemeinen Persönlichkeitsbildung.

Nicht zuletzt geht es beim Malen um die Auseinandersetzung mit kulturellen Konventionen und Orientierung in der visuellen Kultur. Im Betrachten von malerischen Kunstwerken lässt sich verstehen, warum und wie Menschen früher malten und warum sie heute immer noch malen. Das eigene Malen steht dann im Bezug zu einer Maltradition und zum allgemeinen Menschsein. Es stiftet Sinn und Gemeinsinn, von bestehenden Artefakten zu lernen, anstatt in selbstreferentieller Ungewissheit und Orientierungslosigkeit zu schwimmen.[343] Indem Lernende beim Malen dieses Repertoire konventioneller Darstellungen nutzen und verstehen, erlernen sie die Darstellungskonventionen auch in anderen (z. B. beruflichen) Kontexten richtig zu interpretieren.[344] Malerische Darstellungskonventionen innerhalb jeder Kultur sind beispielsweise Übereinkünfte über Symbolfarben oder über harmonische Farbkombinationen, ebenso sind es aber auch handwerkliche und gestalterische Regeln, die darlegen wie Mischen und Auftragen von Farbe funktionieren kann. Das Kennen und Verstehen, ja möglicherweise das Teilen dieser Konventionen[345] – oder zumindest die Bewusstheit darüber – sind im Alltag (Aussehen, Kleidung, Wohnraum, ...) relevant. Das Wissen über malerische Konventionen eröffnet der Lehrperson viele Bezugsmöglichkeiten innerhalb verhandelnder intersubjektiver (Bild-) Gespräche. Die Auswahl und Zusammenstellung und das zerlegende und vergleichende Sehen von Farbe sind spezifische Voraussetzung für Berufsfelder des visuellen Marketings, der digitalen Visualisierung, der Fotografie, der Raumgestaltung, der Stadtgestaltung, der Architektur, der Modegestaltung und auch der Kosmetikbranche. Denn in einer Gesellschaft, in der schwarze, braune, rötliche bis blonde Haare der Norm entsprechen, positioniert sich ein Mensch mit grünen Haaren zwangsläufig anders als jemand mit rotbraunen Haaren. Planende, Beratende und Verkaufende all der genannten Felder müssen über Sensibilität und

342 Vgl. Kap. 4.2.4

343 Vgl. dazu auch Sowa (2015e)

344 Vgl. Rock (1998), S. 83

345 Lichtwark (1914), Alfred Lichtwark hat in seinem Werk „Die Erziehung des Farbensinnes" schon die Bedeutung der kulturellen Konventionen im Blick und verweist auf viele Gestaltungsberufe. (Dennoch fasst er das Phänomen Farbe in reformpädagogischer Tradition letztlich als empfindungsgemäßes Phänomen auf.)

Empathie hinsichtlich der Farbwahrnehmung und Farbvorstellung der Klienten und der kulturellen Gemeinschaft verfügen, um entsprechende Wirkungsabsichten zu erzeugen.

Sich durch Malen zu bilden, stiftet abwechselnd Verunsicherung und Erkenntnis, Nähe und Ferne zu sich und zu anderen, Einsichten und Zweifel über das eigene Wahrnehmen. Dazwischen eröffnen sich je die reflexiven Denkräume und Bildungsmomente, die ebenso zwischen Anstrengung und Genuss changieren. Im Blick auf sich und die Welt reflektiertes, imaginativ durchdrungenes Malen leistet einen allgemeinen Bildungsbeitrag im Blick auf das Menschsein und die gesamte Lebenspraxis.[346]

2.3.2 Kunstunterricht und Malen

Welche Funktionen und welche Anwendungen kann das Malen im Kunstunterricht erfahren (je nach kunstpädagogischem Verständnis)?

Dieses Kapitel liefert keine finalen Antworten. Es ist vielmehr als theoretische Überleitung für die in Kapitel 3 folgende historisch-hermeneutische Analyse maldidaktischer Ansätze des 20. Jahrhunderts zu verstehen. Erst in Bezug auf beides (theoretische Positionen und praktische Exempel) ergibt sich in der Konklusion eine zusammenfassende, kategoriale Systematik maldidaktischer Positionen. Nachfolgend werden zunächst grundlegende Theorieaspekte skizziert, die unweigerlich mit jeweiligen Bildungsbegriffen einhergehen. So versuche ich zunächst eine knappe allgemeine Bestimmung meines *Verständnisses von Kunstunterricht* zu geben, um daran anschließend dann zu zeigen, welche Rolle das *Malen im Kunstunterricht* spielen kann.

Kunstunterricht

Lehrende gestalten Kunstunterricht in Abhängigkeit zu ihrem Verständnis von Bildung. Es gibt differente Vorstellungen von

- ... der Zielgruppe Kinder/Jugendliche (Kleine Künstler? Forscher? Unwissende? Gleichgestellte? Erkenntnissuchende? Spielende? ...),
- ... dem Fachinhalt (Kunst? Subjekt? Welt? Lebenswelt?...)
- ... dem Lernbegriff und der Methodik (Subjektiv? Relational? Üben? Vormachen? Experimentieren? Alleine entdecken lassen? ...).[347]

Im Verlauf der Geschichte des Kunstunterrichts fielen die Schwerpunktsetzungen sehr unterschiedlich aus – von der Überhöhung des schöpferischen Kindes als Künstler (in musischen Strömungen) bis hin zum Übergehen der bildnerischen Bedarfe Heranwachsender (in primär formalen oder visuell-kommunikativen Strömungen). An dieser Stelle findet keine weitere historische Aufarbeitung kunstpädagogischer Positionen statt.[348] Vielmehr soll das Verständnis und die fachinterne Positionierung einer anthropologischen

346 Vgl. Sowa (2003), S. 213–233

347 Vgl. Schulz/Seumel (2013), S. 21; Sowa (2016a)

348 Sie ist an anderer Stelle detailliert nachzulesen: Bering/Bering (1999); Sowa (2016a)

Kunstpädagogik akzentuiert aufgeschlüsselt werden. Richtungsweisend dafür bleiben der oben dargelegte Bildungsbegriff und das relationale Lernverständnis.

Der Versuch sich im Feld der Kunstpädagogik zu verorten, ist essentiell – wenn auch herausfordernd. *Wie lautet die einheitliche, klare Antwort darauf, warum in Schulen Kunstunterricht stattfindet? Existiert heute schon (oder noch) ein geklärtes Fachverständnis der „Disziplin Kunstpädagogik"? Was ist die Kunstpädagogik oder die Kunstdidaktik? Was ist die fachdidaktische Begründung für das Fach? Was ist die Rolle der Bezugswissenschaften? Was ist der domänenspezifische Beitrag zu Wissenschaft und zur Allgemeinen Bildung?* Im Versuch Antworten zu finden, stellt sich zurecht eine übergeordnete Ausgangsfrage: Was ist *der* disziplinäre Kern des Faches – ist es das Kind oder die Kunst?[349] Je nach Denkrichtung, Fokus und Verständnis von Kind und Kunst, lassen sich zwei kontroverse kunstpädagogische Denkweisen bestimmen:

- Primäre Orientierung an der Singularität des Subjekts oder
- Primäre Orientierung an der intersubjektiven Wahrheit.[350]

Unter (1) ordnen sich Leitbegriffe wie *Subjektorientierung, Selbst-Bezug, Individualität, Genie-Kult, ästhetische Erfahrung, innere Bilder, individueller Ausdruck, Entfaltung, Persönlichkeitsbildung, Freiheit, Fantasie, Kreativität, Originalität, Harmonie, Ausgleich, Kompensation, Nicht-Lehrbarkeit von Kunst,* usw.

Unter (2) ordnen sich Leitbegriffe wie *Intersubjektivität, Selbst- und Welt-Bezug, Gemeinsinn, Lernprozess, systematisches Studium, Modifizierung und Stabilisierung von Lernständen, innere und äußere Bilder, Lehrbarkeit von Kunst in strukturiertem Curriculum, individueller und konventioneller Ausdruck, freie und funktionale Imagination, Verhandelbarkeit, Allgemeine Bildung, Harmonie und Irritation, Erkenntnisprozesse, Herausforderung, Auseinandersetzung,* usw.

Ich beziehe mich hier ausdrücklich auf eine intersubjektiv orientierte Sichtweise (2). Im Gegensatz dazu bedeutet reine Subjektorientierung (1) die Isolation und Verarmung der eigenen Vorstellung. Dem gegenüber steht die intensive Bildung der Vorstellung durch das Teilen, Verhandeln und Darstellen eigener und fremder Imagination. Während die Sichtbarkeit innerhalb subjektzentrierter Kunstpädagogik als Hindernis für den Ausdruck eigener Bilder gilt, ist der ausdrückliche mimetische Bezug auf Sichtbarkeit in der intersubjektiven und relationalen Kunstpädagogik die entscheidende Basis für das Bilden eigener Bilder – wie auch aus meiner Studie hervorgeht.

Aus anthropologischer Perspektive (2) lautet die Antwort auf die obige Frage dann: Kind und Kunst sind Kern des Faches – mit der Richtungsvorgabe vom Kind auf die Bildenden Künste hin zu denken. Nur in dieser Planungsrichtung kann ein personeller, intersubjektiver Bezug vom Ich auf das Wir und die Welt als Voraussetzung für relationales Lernen und Allgemeine Bildung im Subjekt- und Weltbezug entstehen.

349 Vgl. Sowa (2015f)
350 Vgl. Sowa (2006)

Malen im Kunstunterricht

Malen, Ausmalen, Markieren, Tarnen, Kontrastieren, Verbinden – Farbe und Malerei sind in jedem kunstpädagogischen Lehrplan verankert. Sie sind selbstverständliche Bestandteile der Fachtradition. Lehrende entwickeln ihr Verständnis vom Malen im Kunstunterricht wiederum im Idealfall aus ihrem reflektierten kunstpädagogischen Fachverständnis. Schlimmstenfalls besitzen Lehrende kein reflektiertes Fachverständnis und greifen immer wieder repetitiv zu vertrauten, etablierten, aber unreflektierten Methoden. Die Anwendung von Farbe und Malerei kann sich demgemäß an konträren Funktionen orientieren:

- Subjektive Farbe (Subjektives Fachverständnis) oder
- Relationale Farbe (Intersubjektives Fachverständnis).

Unter (1) ordnen sich Aspekte wie *Ausdrucksfarbe, Symbolfarbe, Farbempfindung, individuelle Farbwahl, Farbexperimente, Farbmaterialerfahrung, freies Malen, Malen ohne curriculare, gestalterische oder handwerkliche Vorgaben, vorwiegend moderne (expressionistische bis ungegenständliche) Kunst als Vorbild, Nicht-Lehrbarkeit vom Malen* usw.

Unter (2) ordnen sich Aspekte wie *Darstellungsfunktion von Farbe, Verhandelbarkeit von Farbe (Gegenstandsfarbe, Erscheinungsfarbe, Ausdrucksfarbe, Symbolfarbe), bewusst reflektierte Farbwahl und reflektierter Farbauftrag, Nachmalen, Mitmalen, Malen mit curricularen, gestalterischen oder handwerklichen Vorgaben, Malen im Kontakt zur Sichtbarkeit, Vorbilder aus dem gesamten Spektrum der Kunst, Lehrbarkeit des Malens in sukzessiven Teilschritten, Wahrnehmungsirritationen und Erkenntnisse über Farbe, Modifizierung von Farbvorstellungen, Theorie und Praxis in Balance, usw.*

Die Ausschließlichkeit der subjektiven Farbverwendung (1) widerspricht der Definition der allgemeinen Bildung im Selbst- *und* Weltbezug. Nur ein relationales Farbverständnis (2), das auch das subjektive Wahrnehmen und Empfinden (1) mit einschließt, kann den oben definierten allgemeinen Bildungsansprüchen entsprechen. Im Bezug darauf ist die wechselseitige Verbindung von Farbwahrnehmung, Farbvorstellung und Farbdarstellung Gütekriterium jeder Methode des sinnvollen Malen-Lernens. Im Umkehrschluss sind Risiken eines einseitigen, von anthropologischen Voraussetzungen abgekoppelten Malen-Lernens zu benennen:

- die Theoriefalle (ohne Darstellungsbezug, ohne Weltbezug),
- Ausmalvorlagen (ohne Wahrnehmungs-/ Vorstellungsbezug),
- die unreflektierte, exklusive Verflechtung mit abstrakter Kunst (ohne Vorstellungsbezug),
- die Isolation subjektiver Farbvorstellung (ohne Wahrnehmungsbezug),
- die Utopie der Nicht-Lehrbarkeit (ohne jeglichen pädagogischen Bezug).

Die *Theoriefalle*[351] meint im Feld der Malerei die starre Anwendung von Maltheorien (wie Grundfarbentheorie/Itten-Farbkreis/...). Wird dabei verschwiegen, dass es dutzende Ordnungsmöglichkeiten von Farbe gibt, erwerben die Lernenden eine begrenzte Farbvorstellung. Am gravierendsten ist die theoretische Vermittlung jenseits jeder Praxiser-

351 Vgl. Schulz (2013), S. 5

fahrung, da Wahrnehmung/ Vorstellung und Darstellung dann gänzlich entkoppelt sind. Gravierend sind aber auch praktische, inhaltsleere Anwendung und das Nachmischen von Farbtheorien mit ungeeigneten Ausgangsfarben.

Ausmalvorlagen verhindern die Entwicklung eigener Anschauung, denn sie halten zur Verwendung von Symbolfarben an.[352] Das Ausmalen fördert primär handwerkliche Fertigkeiten – die eigene imaginative Farbgestaltung und Planung hinsichtlich der Einteilung von Farbflächen ist auf ein Minimum reduziert. Besonders imaginationsarm ist Ausmalen, wenn die Farbwahl beliebig ist.

Mit *„modernen" Werken* vom „Typus Pollock, Nitsch oder Kippenberger sollte man – in erzieherischer Absicht – weder spielen noch spaßen, sondern man muss sie nach dem Maßstab der Lebensklugheit abwägend reflektieren."[353] Der entwicklungsgemäße Nachvollzug dieser Werke ist für Schülerinnen und Schüler jedes Alters durch imaginationsintensive Bildgespräche sicherlich leistbar und wird nicht in Frage gestellt. Doch der Rückschluss eines Zufallsbildes (Klecksen, Spritzen, ...) eines Lernenden auf farbgestalterisches Können ist schlicht verfehlt. Denn auch hier ist die Abkopplung von Wahrnehmung/Vorstellung und Darstellung leicht möglich.

Die *Isolation der Farbvorstellung* meint das ausschließliche Malen „aus sich selbst heraus"/„gemäß der Lieblingsfarben"/„gemäß der Gefühlsfarben" usw. ohne jeglichen äußeren Wahrnehmungsimpuls, der modifizierend auf die eigene Vorstellung wirken könnte. Der verhinderte Austausch, das fehlende Teilen und Verhandeln der Farbvorstellung hemmt das Lernen im Welt-Bezug. Unter dieser Voraussetzung des Alleinseins der Lernenden wäre Malen tatsächlich nicht lehr- und lernbar.

Mit einem relationalen Lernverständnis sind Farbwahrnehmung, -vorstellung und -darstellung im ununterbrochenen Wechselverhältnis kleinschrittig bildbar und bildungsbedürftig. Nur das Lernen einer differenzierten Farbgestaltung (vs. plakative, schematische, usw.) eröffnet den Weg zu einem komplexen Welt-Bezug, der die Tatsache berücksichtigt, „dass Farben relativ zueinander sind, dass ihr Aussehen wesentlich vom Umfeld mit abhängt".[354]

Die Zusammenschau liefert einen ersten Interpretationshorizont für die im folgenden Kapitel durchgeführte historisch-hermeneutische Analyse maldidaktischer Ansätze. Die Skala zwischen subjektivem Empfindungswert und intersubjektivem Darstellungswert wird anhand der Exempel in Kapitel 3 weiter ausdifferenziert.

352 Vgl. Buether (2010), S. 291
353 Sowa (2003), S. 224
354 Schwarz (2012), S. 113

THEORIE II

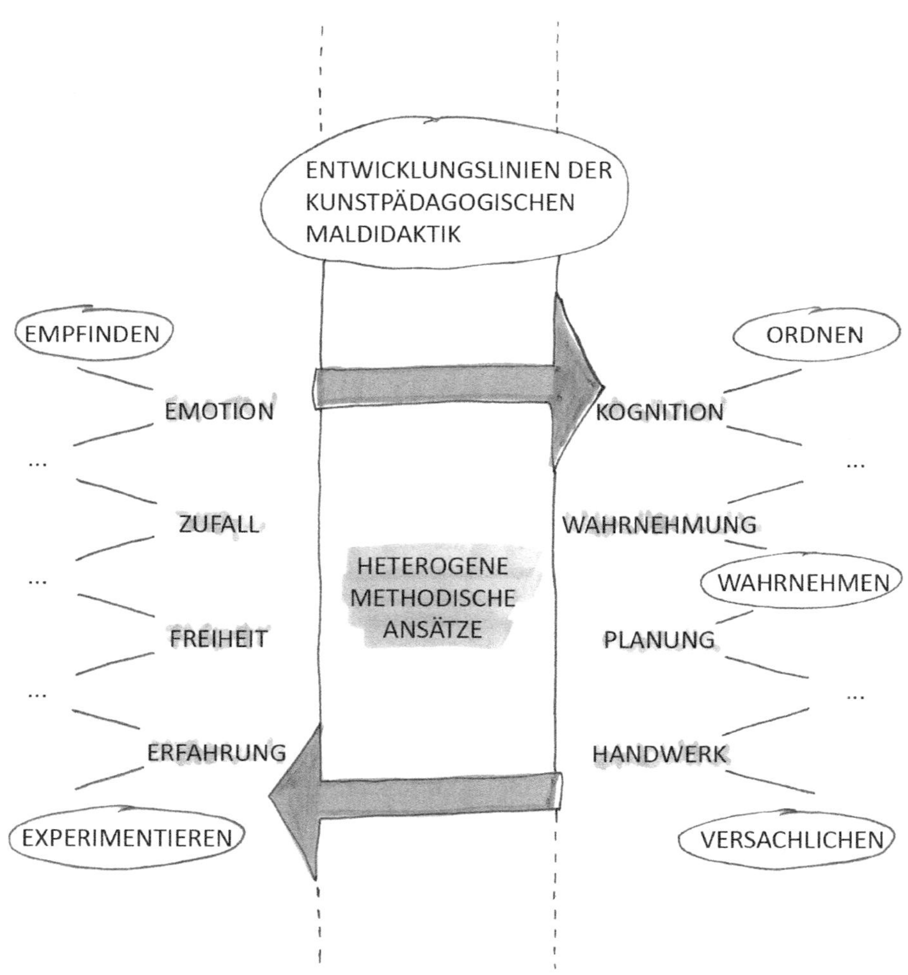

Abb. 9: Theoriekapitel 3

3. Historische Entwicklungslinien der Maldidaktik

Der vorangegangene Theorieteil legte theoretische Bestimmungen des Malens aus verschiedenen Bezugswissenschaften dar. Die didaktische Bezugnahme auf diese Theorien soll dazu führen, Farbe und Malerei sachgemäß, unverkürzt verstehen und didaktisch-sinnvoll aufbereiten zu können. Abseits von diesen Bestimmungsgründen, die auf bewusst angewendeter didaktischer Konstruktion basieren, entscheidet in der Fachpraxis aber aller Erfahrung nach ein viel wirksamerer Einflussfaktor darüber, wie Malen gelehrt und gelernt wird: *Die fachgeschichtliche Tradition des Kunstunterrichts in den Schulen.* Das bedeutet: Die Anschauungsmaterialien, die Übungsblätter, der Aufgabenfundus usw. und alle methodischen Gewohnheiten an den Schulen bleiben oft lange bestehen – auch ohne Reflexion hinsichtlich ihrer theoretisch-didaktischen Begründungen oder ihrer praktischen Wirksamkeit. Aus diesem Grund folgt eine historisch-hermeneutische Analyse, in der exemplarisch *bestehende* maldidaktische Ansätze untersucht und gemäß ihren theoretischen Begründungszusammenhängen systematisiert werden. Die leitenden, übergeordneten Fragestellungen lauten: *Wie wurde/wird Farbe und Malerei in der Kunstdidaktik vermittelt? Welche Positionen lassen sich darin systematisch erfassen? Wie lässt sich eine relationale kunstpädagogische Positionierung im Vergleichsfeld anderer fachdidaktischer Positionen begründen?*

Untersuchungsgegenstand könnten die gesamten fachpraktischen Erfahrungen sein – alle aktuellen und historischen, schulischen oder populären Lehrbücher, ebenso digitale Anleitungen auf Filmportalen, Arbeitsblätter zum Download usw. Dieser Gesamtumfang der medialen Vermittlungsangebote von Farbe und Malerei ist kaum ganzheitlich und detailliert zu erfassen. Das Aufschlüsseln der Komplexitäten und der Wirkungsvergleich ungleicher medialer Träger ist folglich *nicht* Teil dieser Arbeit. Die hier analysierte Auswahl beschränkt sich auf Printmedien. Untersuchungsgegenstand sind elf exemplarisch ausgewählte Ansätze aus allen Jahrzehnten des letzten Jahrhunderts. Dies geschieht aus pragmatischen Gründen der Realisierbarkeit, der Exemplarik und der Zielführung innerhalb der Arbeit. Ziel dieser Methodenanalyse ist es, ein übergreifendes, allen medialen Kanälen übergeordnetes Systematisierungsraster zu gewinnen. Darin soll dann jede maldidaktische Methode gemäß ihren Bezügen verortbar sein.

3.1. Historisch-hermeneutische Analyse

Die Analyse ist *problemgeschichtlich*, da fachgeschichtlich-maldidaktische Ansätze des vergangenen Jahrhunderts ihren Analysegegenstand darstellen. *Hermeneutisch*[1] ist sie einerseits, weil jede in ihr angestellte Einzelanalyse zum besseren Verständnis des Gesamtkontextes „Maldidaktik" beiträgt. Andererseits geht sie als hermeneutische Analyse stets von einem Vorverständnis aus. Dieses definiert den ersten Analysemaßstab (Horizont). Im Fortschreiten der Analyse modifiziert sich der anfängliche Horizont. Die

1 Ausführungen zur Hermeneutischen Methodik: Vgl. Kap. 5.1.1

neuen Erkenntnisse führen zu einem differenzierteren Interpretationshorizont (hermeneutische Hebung). Aus diesem Grund wird zunächst der Interpretationshorizont (Abschn. 3.1.1) beschrieben, aus dem sich die Analysekriterien ergeben. Im zweiten Schritt folgt die darauf beruhende Durchführung der Analysen (Abschn. 3.1.2). Die kriteriengeleiteten Fokussierungen ermöglichen im späteren Verlauf ihren nachvollziehbaren, interpretativen Vergleich und ihre Systematisierung (Abschn. 3.2).

3.1.1 Interpretationshorizont

Die historisch-hermeneutische Analyse der didaktischen Ansätze beruht auf einem Vorverständnis von Malen-Lehren und -Lernen. Das Vorverständnis bildet gleichsam den Interpretationshorizont, der sich durch die Analyse *hermeneutisch heben* soll. Der anfängliche Interpretationshorizont wird nachfolgend umrissen: Zuerst gehe ich auf die *Fachtradition und die sich in ihr zeigenden Forschungslücken* ein. Dann arbeite ich die *methodischen Ambivalenzen im tradierten Malunterricht* heraus, zeige anschließend die *Resonanzbezüge* auf, die für ein vollständiges maldidaktisches Konzept berücksichtigt werden müssen, weiterhin die *methodischen Entscheidungen*, die darin auf verschiedene Weise zusammenwirken. Schließlich entwerfe ich einen *Kriterienkatalog* maldidaktischer Entscheidungen.

Lange Fachtradition, große Forschungslücke

Malen reiht sich ein neben fraglos schulisch zu erwerbenden Kulturtechniken wie Lesen, Schreiben, Rechnen oder Zeichnen. Eine Schullaufbahn ohne Buntstifte, Wasserfarbkasten und Pinsel erscheint unvorstellbar, leider aber auch kaum systematisiert und hinterfragt.

Es ist vor dem Hintergrund des schwer zu erfassenden Charakters der Farbe[2] nicht verwunderlich, dass sich das angeblich vertraute und selbstverständliche Gebiet der Maldidaktik bei näherer Betrachtung als vernachlässigtes Forschungsgebiet entpuppt. Seit Beginn der Kinderzeichnungsforschung im 19. Jahrhundert lag die Aufmerksamkeit primär auf grafisch linearen Bildproduktionen und das Interesse der Kunstdidaktik galt bis Mitte des 20. Jahrhunderts vorrangig der Zeichnung.[3]

Das Fehlen einer fundamentalen Orientierung brachte keineswegs das Ausbleiben didaktischer und methodischer Ansätze mit sich. Mallehren wurden und werden auf vielfachen Wegen – kognitiv, experimentell, mimetisch, handwerklich, expressiv oder neuerdings auch digital – angegangen. Wer als Lehr- oder Privatperson malen lernen oder lehren möchte, stößt schnell auf ein großes Angebot. Die Medien der Vermittlung von Farbe und Malerei sind zahlreich:

- Printmedien (Schulbücher, Zeitschriften, populäre Hobbymalbücher, usw.),
- digitale Medien (DVDs, Filme auf Internetportalen, Computerprogramme, usw.),
- Materialsets (Malen nach Zahlen, „Bastelbox“, Farbschleuder, usw.),

2 Vgl. Kap. 2.1
3 Vgl. Oswald (2003), S. 58 f.

- Kursangebote (Malschulen, Volkshochulen, usw.),
- Schulische Angebote (Unterricht, AGs).

Methodische Ambivalenzen im Malunterricht
Eine Methode (griech. metá – hinterher, hodós – Weg) ist als auf ein Ziel ausgerichteter Weg zu verstehen. Jede Methode enthält eine eigene innere Zielorientierung und richtet sich daraufhin aus. Damit entscheidet schon die Methodenwahl über Lernziele: *Wähle ich die Methode der Decalkomanie als Ausgangspunkt für eine Landschaftsmalerei oder die bildnerisch-praktische Analyse eines Landschaftsgemäldes von Caspcr David Friedrich?*

Diese methodische Frage muss und kann nur hinsichtlich der angestrebten Lernziele beantwortet werden. Setzt man vor Methode das Wort „Unterricht-“, so findet eine Kontextualisierung statt. *Unterrichtsmethoden* sind die Formen de- Vermittlung, die unter Beachtung der institutionellen Rahmenbedingungen der Schule stattfinden. Sie differenzieren sich in Makro-, Meso- und Mikromethoden aus. Mit diesem Verständnis sind Entscheidungen auf der Mesoebene, beispielsweise über Sozialformen, ebenso methodische Handlungen wie Inszenierungstechniken auf der Mikroebene (Gesten, Blicke, Sprache usw.).[4]

Im obigen Theorieteil (Kap. 2) zeigte sich mehrfach die grundlegende Ambivalenz zwischen subjektivem und objektivem Farbverständnis (primär vs. sekundär, akademisch vs. antiakademisch, usw.). Diese Ambivalenz spiegelt sich auch in cer methodischen Anwendung von Farbe im Kunstunterricht:

- Expressive, freie Farbverwendungen stehen eher
- dekorativen, regelgeleiteten oder anschauungsbezogenen gegenüber.

Als grobe und verkürzte erste Orientierung lässt sich festhalten: In musischen, reformpädagogischen Strömungen wurde Malen als innere Notwendigke t primär affektiv angegangen. In sachorientierten oder formalen Konzepten wurden oft Konzepte der Bauhauspädagogik aufgegriffen, abgewandelt und regelhaft vermitte t.[5] Dieses Methodenspektrum der Maldidaktik muss konsequenterweise weiter offen gelegt, präzisiert und systematisiert werden. Ansonsten würde weiterhin einseitig zu vertrauten, etablierten, aber unreflektierten Methoden gegriffen werden – wie etwa dem Ausmalen des Farbkreises von Itten[6] mit Wasserfarben. Aus dieser Logik folgt die Notwendigkeit, Wissen über alle wesensmäßig verschiedenen Methodenfelder des Malen-Lernens und -Lehrens anzuregen, denn werden Methoden beliebig wie Fische aus dem Teich geangelt, ist die Wahrscheinlichkeit hoch, dass sie an den Lernbedürfnissen jeweiliger Lerngruppen und ebenso an einem ganzheitlichen, komplexen und kulturell abgesicherten Sachverständnis von Farbe und Malerei vorbeigehen. Sinnvolles, verstehendes Lerner bleibt dann aus. Werden Methoden dagegen theoretisch durchdrungen, dann gegeneinander abgewogen und bewusst situationsgebunden realisiert, so entstehen erst grundlegende Voraussetzungen für sinnvolles Lernen.

4 Zu Makro-, Meso und Mikromethodik: Vgl. Meyer (2011), S. 112 ff.
5 Vgl. Oswald (2003) und Kap. 3.2.1
6 Vgl. Itten (1961)

Resonante Lerngefüge beim Malen

Die erste Frage, die sich im Zuge der strukturierenden Reflexion von heterogenen maldidaktischen Ansätzen auftut, ist die nach den wesentlichen relationalen Einflussfaktoren der Lehr- und Lernprozesse im Bereich Farbe und Malerei.[7] In der Schule *angeleitet* malen zu lernen, gestaltet sich anders als *frei* zu Hause oder in einem Freizeitkurs. Dennoch lässt sich in jeder Lernsituation das Ausgangsfeld durch Zerlegung in seine einzelnen Einflussfaktoren bestimmen:

1. *Lernende* (Gruppe/einzelne Person, freiwillig/verpflichtend, Schülerinnen und Schüler, usw.);
2. *Lernort* (Schule, im Freien, zu Hause, usw.);
3. *Lehrmedium/Vermittler* (Lehrperson, Lehrbuch, Lehrfilm, Malerei als Vorlage usw.);
4. *Lerninitiierung/Ausgangspunkt* (gemaltes Bild oder Ausschnitt daraus, Blick auf die reale Welt, arrangierte Motivkomposition, Anleitung (Film, Printmedien, Maltutorium), inhaltliche Konzeption (z. B. „Ich möchte Einsamkeit darstellen"), Versetzung in bestimmte Gefühlslage durch Musik/Erzählung/Bewegung usw.);
5. *Arbeitsmaterialien* (Malmaterial, Malgrund, Malwerkzeug usw.);
6. *Sichtbare Wahrnehmungsbezüge* (reale Objekte, Bilder, malendes Gegenüber, Farbsysteme usw.);
7. *Vorhandene Hilfsmittel* (analytische Übungen zu einem Farbsystem, Farbwahrnehmungsübungen, handwerkliche Übungen z. B. zum Farbauftrag oder zum Mischen, usw.);
8. *Gewählter/geforderter Übersetzungsmodus* (analytisch/kognitiv, experimentell/frei/empfindungsgemäß, wahrnehmungsbezogen/vergleichend, enaktiv/relational/verhandelnd usw.);
9. *Darstellungsmedium* (zweidimensionale Malerei, Farbsubstanz, Farbcollage/Mosaik, Design, Architektur, usw.);
10. *Darstellungsmodus* (koloristisch, modulierend/valeuristisch, modellierend, pastos/lasierend, abstrakt/gegenstandsbezogen, malerisch/disegno usw.).

Die Aspekte verorten sich in einem verwobenen, komplexen Lerngefüge, in dem jeder Faktor im Sinne eines relationalen Lernbegriffs relevant ist:

Lernende (1) erfahren an einem *Lernort (2)* durch ein *Lehrmedium (3)* eine *Lerninitiierung (4)*, um mit gewissen *Arbeitsmaterialien (5)* ihre Erkenntnisse/ Ideen mittels eines gewählten oder geforderten *Übersetzungsmodus (8)* in einem *Darstellungsmedium (9)* zu verbildlichen. Bei der Verbildlichung greifen sie auf ein Repertoire von *Darstellungsmodi (10)* zurück. Bei Problemen und Fragen während des Lernprozesses stehen gegebenenfalls *Hilfsmittel (7)* und *Wahrnehmungsbezüge (6)* zur Verfügung.

Veränderungen hinsichtlich Kombination, Ausdeutung und Gewichtung der Aspekte haben Auswirkungen auf das Lernen. Soziale Beziehungen, Interaktionen[8] und individuelle Einstellungen bilden den Handlungsrahmen; sie bleiben situationsgebunden zu erfassen.

7 Vgl. Kap. 2 und 4

8 Krautz (2014)

Durch die Auflistung wird die Komplexität und Vielschichtigkeit des Lernens im Bereich Farbe und Malerei nachvollziehbar, in dem unzählige Übersetzungsverhältnisse von der Lerninitiierung bis hin zur farbigen Darstellung denkbar sind. Dazu folgende Gedankenspiele zum endlosen Weiterdenken:

- Schülerinnen und Schüler könnten durch eine Lehrperson mittels einer Erzählung in die Gefühlslage von Kälte gebracht werden, um dann die Aufgabe zu erhalten, diese Stimmung in einer Malerei darzustellen. Sie würden keine weiteren Hilfen und Bezüge erhalten, damit sie frei und empfindungsgemäß vorgingen...
- Schülerinnen und Schüler könnten aber auch anhand des Farbkreises analytisch erfahren, dass es kalte und warme Farben gibt. Sie würden sie nachmischen und dann mit den erlernten 6 kalten Farben ein gegenstandloses Bild malen...
- Der Lernprozess von Schülerinnen und Schülern könnte jedoch auch wahrnehmungsbezogen durch Rezeption einer Wintermalerei (z. B. ‚Die Elster' von Monet, 1869) initiiert werden. Die Lernenden würden durch Farbvergleiche ihre Vorstellungen von rein weißem Schnee widerlegen. Sie würden erkennen, dass bläulich-violette Nuancen enthalten, aber auch warme Ockernuancen nicht ausgeschlossen sind, um morgendliche Kälte darzustellen. Sie würden durch handwerkliche Misch- und Farbauftragsübungen das Werkzeug zur Übersetzung ihrer Wahrnehmung in eigene Darstellung erhalten...

Zusammenwirken der methodischen Entscheidungen

Die beispielhaften Gedankenspiele bilden die Brücke zum Verständnis heterogener Methodenfelder, da sie sich in ihrer Art der Vermittlung von Malerei unterscheiden. Auch ihr vordergründig verbindendes Ziel der Auseinandersetzung mit kalten Farben differenziert sich je nach Methode in andere Feinziele aus: Einmal vorwiegend hinsichtlich eines Lernfortschritts im Bereich der Farbempfindung, ein anderes Mal eher im Bereich der Farbsystematisierung oder aber mehr im Gebiet der Farbwahrnehmung und -darstellung. Methodik fokussiert das *Wie* des Lernens und bezieht sich im oben bestimmten Lerngefüge verstärkt auf bewusst angebotene oder verwehrte *Lerninitiierungen, Hilfsmittel, Übersetzungsmodi* und *Wahrnehmungsbezüge.* Dennoch realisieren sich Methoden im Unterricht nur im gemeinsamen Handeln der Lehrperson und der Schülerinnen und Schüler – wodurch das oben beschriebene Ganze des Lernens mitzudenken bleibt: Ob eine Methode gut im Sinne von zielführend oder schlecht im Sinne von zielverfehlend ist, entscheidet sich erst im Blick auf das Zusammenwirken aller methodischen Entscheidungen in einer Lehrsituation. Es ergeben sich didaktische Leitfragen:

- *Lernende*: Welche Lernvoraussetzungen (Vorwissen, Bedarfe usw.) herrschen vor? Wer lernt wie mit wem am sinnvollsten – alleine, in der Gruppe? ...
- *Lernort:* Wo lernen sie das Angestrebte am besten? Wie muss der Lernort gestaltet sein? ...
- *Lehrmedium/Vermittler:* Welches Medium oder welche Person vermittelt die zu erwerbenden Inhalte? Welche Paradigmen hinsichtlich Farbe und Malerei implizieren die Vermittler? ...

- *Lerninitiierung/Ausgangspunkt:* Wie wird das Lernen ausgelöst und motivierend angeregt? ...
- *Arbeitsmaterialien:* Welche Materialien (Ausgangsfarben: Anzahl, Art, Qualität ...) werden wie angeboten? Eignen sich die Materialeigenschaften (Pigmentdichte, Deckkraft, Vermalbarkeit usw.) zur Bearbeitung der Aufgabe? ...
- *Sichtbare Wahrnehmungsbezüge:* Welche Wahrnehmungsbezüge werden als Orientierung und Anregung bewusst bereitgestellt, welche sind ohnehin immer vorhanden? ...
- *Vorhandene Hilfsmittel:* Welche Hilfen und Übungen werden wie angewendet? ...
- *Gewählter/geforderter Übersetzungsmodus:* Worauf ist jeglicher Handlungsprozess ausgerichtet – auf Kognitionen? Auf Emotionen? Auf Zufall? Auf Wahrnehmung? Auf Handwerk? ...
- *Darstellungsmedium:* Was ist das darstellerische Endprodukt der Aufgabe? ...
- *Darstellungsmodus:* Wie ist die Darstellungsweise gestaltet? ...

Das Scheitern eines initiierten Lernprozesses in einer Klasse könnte demnach abhängen von dem Mangel an Vorwissen, der falschen Materialwahl, einer ungünstigen Sitzordnung, einem zu lauten Lernort, schwachen sozialen Beziehungen usw. Diese Parameter sind in jedem pädagogischen Lernkontext bedeutsam und ihr Nachvollzug liegt in der Verantwortung kompetenter Lehrpersonen. Sie sind situationsgebunden, kontext- und aufgabenbezogen zu durchdringen. Diese allgemein- und fachmethodische Sensibilität ist die Voraussetzung für den reflexiven, begründeten Einsatz später dargelegter Methodenfelder des Malens.[9] Denn während das kunstpädagogische Handeln gewisse Variabilität und Spontanität verlangt, *muss* die übergeordnete didaktische Zielsetzung einen intentionalen, klaren und konstanten Rahmen bilden. Dazu muss jedes Lehrmedium, egal ob Lehrperson oder Lehrbuchautor usw., sich seines vertretenen Lehrparadigmas bewusst werden. Paradigma meint hier die sich durch alle Aspekte des Lernens ziehende Ausrichtung auf ein Lernziel – so dass jedes methodische Handeln diesem Ziel untergeordnet ist und darauf hinführt. Unabdingbar auf dem Weg zu dieser sachlich begründeten Bewusstheit ist *Fachwissen über Farbe und Malerei* und die Frage: *Welches Verständnis von Farbe und Malerei vertrete ich und möchte ich vermitteln?*[10]

Kriterienkatalog

Aus den bereits erläuterten theoretischen Bestimmungen (Mensch, Sache, Bildung, Methodik) ergibt sich ein fokussierender Kriterienkatalog für die Analyse und Beurteilung maldidaktischer Konzepte. Der Umgang mit den Einzelkriterien ist dabei nicht an einen festen Analyseumfang gebunden, um auch die eigenen und unterschiedlichen Schwerpunkte jeweiliger Werke erfassen zu können. Der Kriterienkatalog schlüsselt sich auf folgende Weise auf:

9 Vgl. Kap. 3.2.1: Systematisierung der Methodenfelder
10 Vgl. Gonser (2016 a und b)

Kriterienkatalog der historisch-hermeneutischen Analyse

Kriterien	**Beschreibung**
Kontextinformationen	Hinweise zu Autor/Autorin und Werk
Aufbau von Können	Welche Strukturen zeigen sich im Aufbau von Können (Folgestrukturen, experimentelle Strukturen, kumulative Strukturen)? Wie wird Bezug auf Lern- und Entwicklungsstände der Lernenden genommen?
Wahrnehmungsbezüge	Welche Wahrnehmungen in Bezug auf Malerei werden im Lehr-Lernprozess wie initiiert (Anschauungsmedien wie Bilder oder reale Objekte, Wahrnehmungshilfen, usw.)?
Vorstellungsbezüge	Welche Vorstellungen von Farbe und Malerei liegen dem Lehr-Lern-Konzept zu Grunde? Wie werden jeweilige Vorstellungen gebildet (Vorstellungshilfen, Gespräche, Erzählungen, usw.)?
Darstellungsbezüge	Welcher Darstellungsmodus von Malerei wird vermittelt (experimentell oder handwerklich), welches Darstellungskonzept (koloristisch, valeuristisch, usw.)? Wie werden die Darstellungen geübt (Darstellungshilfen usw.)?
Zusammenfassende Interpretation	Welche zusammenfassende Bildungsaufgabe kommt dem Malen zu?

3.1.2 Zusammenfassung der Analysen

Der oben beschriebene Kriterienkatalog wurde auf elf maldidaktische Werke (hauptsächlich) des 20. Jahrhunderts angewendet. Die ausführlichen, kriterial geordneten Analyseergebnisse sind im Online-Anhang[11] nachzulesen. Nachfolgend werden zusammenfassende Übersichten dargelegt:

Ernst Weber – Auftakt in das 20. Jahrhundert

Ernst Weber betont in seinem ca. 1920 erschienenen Werk „Der Zeichenunterricht und seine methodischen Probleme“[12] ein planmäßiges Vorgehen im Zeichenunterricht, das sich an einer entwicklungsbedingten Erwerbsreihenfolge orientieren muss. Zusammengefasst gelten folgende Leitlinien: *Flächenhafte Darstellungen müssen vor räumlichen, schematische vor naturalistischen erlernt werden.* Er beschreibt die Wichtigkeit der Phantasie und der Anschauung, die in gleichem Maße gefördert werden müsse.

- Bei Jüngeren (bis 11) empfiehlt er die *Phantasie* als Lerninitiierung,
- bei Älteren (ab 11) vermehrt die *Anschauung*.

Malen- und Zeichnenlernen beruhen für ihn nicht nur auf Fertigkeiten, sondern auch auf Kenntnissen und einer geschulten Wahrnehmungsfähigkeit. Er erkennt und beschreibt die Schwierigkeit des Wahrnehmens der Erscheinungsfarben als Kernpunkt des Malens.

11 Vgl. Übersicht auf S. 301f.

12 Weber (circa 1920)

Weber versteht Farbe als variabel und relativ und dennoch bleibt die weitere Konkretion im Umgang damit aus, denn „inwieweit sich bei derartigen Darstellungsweisen Übungen im Farbmischen, um Farbtreffen und in harmonischer Farbzusammenstellungen nötig zeigen sollten, das lässt sich nicht nach Regeln vorausbestimmen, sondern hängt vom Talent und Geschick der jugendlichen Zeichner ab.“[13]

Gustav Kolb – 1920er: Methodischer Kunstunterricht/ Reformpädagogik

Gustav Kolb verdeutlicht in den zwei Bänden von 1926 und 1927 „Bildhaftes Gestalten als Aufgabe der Volkserziehung“[14] wie Malen in einem resonanten Gesamtkontext von Materialien, Inhalten, Gesprächen und Tun eingebettet sein muss. Insgesamt dominieren bei ihm der *Subjekt-Bezug* und eine reformpädagogische Zentrierung auf das Kind, sein Wesen, seine Bedürfnisse und seine Entwicklung. Eine grobe Orientierung bei jeglichen bildnerischen Aufgaben lautet:

- vorstellungsgemäßes, phantasiereiches Darstellen im Kindesalter und
- bewusstes anschauungsorientiertes Arbeiten ab 13.

Bei dem Entwicklungsprozess ist das ungestörte *Ausleben und Verweilen in jeweiligen Darstellungsschemata* der Grundstock jeder weiteren Entwicklung. Es gilt stets, dass Kinder durch Erleben lernen, nicht durch Theorie. Die Lehrperson muss diese aber perfekt beherrschen, um Malen lehren zu können. Sie muss verstanden haben, dass Farbe keine feste, den Dingen anhaftende Eigenschaft ist. Ebenso grundlegend ist der Komplementärkontrast, ohne den malerische Effekte undenkbar wären, denn unser Auge begehrt nach Gegensätzen. Schatten- und Lichtfarben beruhen auf ihm. Die Kinder erfassen diese Tatsachen nach und nach im Arbeitsprozess. Zuerst sollen sie einfach nur den Durst nach Farben löschen, ihre Wirkungen entdecken und Freude an ihnen haben. Später, ab 13 Jahren, werden sie sukzessive zur Bewusstheit der Phänomene geführt und das Endziel bleibt „denkend sehen und sehend denken“[15] zu lernen. Kolb stellt den Lernenden wenige Farben zur Verfügung, meist die drei Grundfarben. Den Farbkreis nach Goethe erachtet er als wichtiges Anschauungsobjekt, durch das Kinder unbewusst lernen.

Richard Ott – 1940er: Musische Bildung

Richard Ott publiziert 1949 „Urbild der Seele. Malereien von Kindern“.[16] Der Titel ist dabei Programm: Malen bietet „Erholung“ [17] und „gegenwärtiges Glück“[18], damit die Kinder unbewusst den Weg nach innen zum Urbild ihrer Seele finden. Ott stellt Intuition, Erfahrung, Empfindung und Ausdruck in den Mittelpunkt jeglicher künstlerischen Tätigkeit. Orientierung an Entwicklungsvorgaben und sonstigen Normen lehnt er ab. Auch Otts Farbauffassung ist rein subjektiv. Farbverwendung basiert demnach auf Empfindung und

---

13 Ebd., S. 37
14 Kolb (1926) und (1927)
15 Kolb (1926), S. 4
16 Ott (1949)
17 Ebd., S. 13
18 Ebd., S. 8

inneren Kräften und muss nicht erlernt, sondern erfahren werden. Konsequenterweise finden sich keinerlei farbtheoretische Anmerkungen oder methodische Anleitungen in dem Werk. Insgesamt fordert Ott die Aufwertung kindlicher Kunst, die er als wesenhaft künstlerisch empfindet.

Kurt Schwerdtfeger – 1950er: Zwischen „Musischer Erziehung" und „Kunstunterricht"

In Kurt Schwerdtfegers „Bildende Kunst und Schule"[19] von 1957 dominieren augenscheinlich maltheoretische Einflüsse von Johannes Itten. Aufgaben wie *rotes Försterhaus im grünen Wald* verweisen darauf. Dennoch stehen für Schwertdfeger bei der Erziehung zur Farbe zu jedem Zeitpunkt der Entwicklung die expressive Aktivierung und das freie Spiel mit malerischen Mitteln im Zentrum. Man könnte Schwerdtfeger hier Unentschiedenheit in seinem didaktischen Modell vorwerfen: Er bevorzugt prinzipiell den expressiven und musischen Weg, versucht aber die diesem eigentlich wesensfremden farbtheoretischen Ansätze in das expressive Konzept zu integrieren, anstatt ihnen ihre Eigenwertigkeit zu lassen. Allem übergeordnet ist wiederum die Orientierung an einer groben Zweiteilung

- in eine Kindheitsphase des naiven, bunten, spielerischen, expressiven Malens und
- in die spätere jugendliche Phase eines ausgeprägten Interesses an der Wirklichkeit.

Eine Annäherung an das Darstellen der Natur findet sukzessive ab der 4. Klasse (mit ca. 10 oder 11) statt, indem isolierte Farbphänomene in Anlehnung an Ittens Lehre in themengebundenen und freien Aufgaben gelehrt werden.

Günther Regel – 1960er: Curriculares Verständnis von Kunstunterricht

Günther Regel veröffentlicht 1961 *„Grundfragen des farbigen Gestaltens"*.[20] Er legt darin ein sehr präzises, differenziert begründetes und ausformuliertes Curriculum des farbigen Gestaltens von Klasse 1 bis 12 dar. Lernen findet dabei gebunden in sinnvolle Aufgabenfolgen von Klasse zu Klasse statt. Regel definiert *sinnvolle Aufgaben* durch ihre Einheit von inhaltlichen und formalen Herausforderungen. Die *Abfolge* dieser Aufgaben ergibt sich durch einen begründeten Anstieg ihrer Komplexität hinsichtlich materieller, handwerklicher, gestalterischer und perzeptiver Aspekte. Der *Komplexitätsanstieg* folgt insgesamt einer Richtung vom flächigen, ausdrucksgemäßen hin zum räumlichen und erscheinungsgemäßen Malen. Regel schlüsselt diese übergeordnete Tendenz einer ansteigenden Darstellungskomplexität weiter auf hinsichtlich

- der Farbe-Gegenstand-Beziehung (Ausdrucksfarbe -> Lokalfarbe -> Erscheinungsfarbe),
- der Figur-Grund-Beziehung (nur Figurbearbeitung -> getrennte Figur-Grund-Bearbeitung -> verbundene Figur-Grund-Bearbeitung -> Gesamtbild),
- den handwerklichen Aspekten (zunehmendes Mischen und Ausdifferenzieren der Farben, flächiger Farbauftrag zu fließendem, zunehmende Materialerweiterungen, ...).

---

19 Schwerdtfeger (1957)
20 Regel (1961)

Durch das Durchlaufen eines so strukturierten malerischen Aufgabencurriculums soll als übergeordnetes Lernziel die *realistische Tendenz* (Streben nach Auseinandersetzung mit Wirklichkeit und klarer gegenständlicher Darstellung) und die *Ordnungstendenz* (Streben nach gestalterischem Zusammenspiel von Farben/Formen) sukzessive gefordert und gefördert werden.

Als selbstverständlichen methodischen Rahmen der Realisierung des Curriculums im Unterricht verweist Regel auf mimetische und deiktische Momente des Vormachens und Zeigens und des Sich-Helfens.

Allem übergeordnet ist dann der Bildungsauftrag, die Lernenden zur bewussten, gestalterisch und inhaltlich verantworteten Entscheidung hinsichtlich der Farbgestaltung zu führen.

Herbert Trümper – 1960er: Einflüsse des formalen Kunstunterrichts

Trümper widmet zwei Bände seines „Handbuchs der Kunst- und Werkerziehung" dem Malen (Band 3 „Malen und Zeichnen in Kindheit und Jugend" [21] von 1961, Band 4/1 „Das Malen und die Zugänge zu Werken der Malerei"[22] von 1966). Seine kunstpädagogischen Konzeptionen basieren auf entwicklungsbedingten Voraussetzungen, die er ähnlich wie Schwerdtfeger, Kolb oder Weber definiert: Auch er nimmt einen Entwicklungsverlauf vom naiven hin zum bewussten Farbgebrauch an. Er will aus Lernenden keine Malerinnen oder Maler machen, sondern den Umgang mit bildnerischen Werken, Mitteln und Verfahren anregen. Dazu setzt er zwei unterschiedliche Arten der Vermittlung ein:

- Ziel-offen (gegenstandlos, experimentell, ...),
- Ziel-fixiert (inhaltsbezogen, wirklichkeitsbezogen, ...).

Trümper möchte den Lernenden Farbe in ihren unterschiedlichen Kontexten nahebringen – in der Wirklichkeit, in systematischen Ordnungen oder im Experiment. Die Beschäftigung mit Werken kann im Prozess entweder theoretisch (rezeptiv-sprachlich) oder praktisch (tätig-bildnerisch) einfließen. An unterschiedlicher Stelle des Schaffensprozesses können Kunstwerke als Ausgangspunkt/Orientierung/Hilfe fungieren.

Gottfried Tritten – 1970er und 80er: Einflüsse des Bauhauses

Tritten publizierte 1969 „Erziehung durch Farbe und Form für die Elf- und Zwölfjährigen"[23], drei Jahre später den Band 2 für Dreizehn bis Sechzehnjährige. Mit dem 1985 erschienenen „MALEN Erziehung zur Farbe" [24] löst er das farbige Arbeiten vollständig vom grafischen Schaffen und isoliert es als eigenständige Praxis, die eigene Forderungen aufwirft. Bezüge zur Lehre des Bauhauses, besonders zu der von Josef Albers und Johannes Itten, sind

---

21 Trümper (1961)
22 Trümper (1966)
23 Tritten (1969)
24 Tritten (1985)

in allen Werken Büchern präsent, ebenso eine Tendenz zur kontrastierend-elementarisierenden Farbverwendung (meist in Bezug auf Ittens Farbkreis).

Auch Tritten betont, dass Malen-Lernen kindgemäß und entwicklungsgemäß strukturiert sein muss. So kann man aus den Werken entnehmen, wie Kinder von der Pinselspur zur Pinselzeichnung und von der Pinselzeichnung zur Malerei oder vom Fleck zur Malerei begleitet werden sollen. Auch Tritten geht von einer zweigeteilten Entwicklungstendenz bildnerischer Tätigkeit aus:

- bis 10: spontaner Ausdruck/Empfindung,
- ab 10: Prozesse der Bewusstwerdung und des Wissenserwerbs.

Die aktive Wahrnehmung, das spontane Arbeiten und das Empfinden von Farbe stehen während der gesamten Schulzeit im Vordergrund. Trotzdem muss der Unterricht zunehmend Welt-Bezug herstellen und die Lernenden verantwortlich für die Gestaltung der Welt machen.

Johannes Pawlik – 1980er „Kunstunterricht"

1981 veröffentlichte Pawlik „Praxis der Farbe" [25], das auf dem 1969 erschienenen Werk „Theorie der Farbe"[26] beruht. Pawlik macht einen Grundsatz geltend: Nur *Anschauung* führt zur künstlerischen Gestaltung. Es geht nicht darum Begriffe oder Lehren im Bild wiederzufinden, sondern die Lehre aus dem Bild oder der Natur zu ziehen. Denn „Van Gogh hat keine Komplementärkontraste gemalt, sondern seine Bildkonzeptionen ruhen auf komplementären Kontrasten".[27] Er schlägt für das mimetisch darstellende und mimetisch gestalterische Vorgehen eine Entwicklungsrichtung vor:

- zunächst *mimetisch darstellende* Übungen (z. B. Nachahmung von Bildern),
- dann *gestalterische* Aufgaben (z. B. Neugestaltung vorliegender Bildvorlagen),
- danach erst schließt sich die *freie* Malerei als eigene erfinderische Tätigkeit mit eigener Motivwahl, Komposition und Farbwahl an.

Johannes Eucker – 1980er: „Ästhetische Erziehung"

Johannes Eucker veröffentlicht seit den 1980er Jahren diverse Lehrwerke über Farbe und Malerei für den Kunstunterricht. Darunter beispielsweise „Farbe. Wahrnehmung, Geschichte und Anwendung in Kunst und Umwelt. Materialien für den Sekundarbereich 2. Arbeitstexte für den Kunstunterricht"[28] von 1988 und „Praxis Kunst. Malerei. Materialien für den Sekundarbereich 1 und 2"[29] von 1997.

Eucker negiert eine reine Konzentration auf die Einübung technischer Fähigkeiten und betont die Auseinandersetzung mit schülerorientierten inhaltlichen Belangen. Es geht schließlich nicht nur um Machen, sondern auch um Denken, Fühlen, denn alles bestimmt das Wahrnehmen (griech. aisthesis, ästhetische Erziehung). In der Praxis sollen damit

25 Pawlik (1981)
26 Pawlik (1969)
27 Pawlik (1981), S. 146
28 Eucker (1988)
29 Eucker (1997)

das Erlernen der Technik, der Malkonzepte und der Werkbetrachtung einhergehen. Farbe darf dabei nicht klar definiert sein oder auf eine Farblehre reduziert werden, sondern muss Lernenden samt ihrer Relativität und Vielschichtigkeit nahegebracht werden. Eine hohe Anschaulichkeit von Werkbeispielen muss gegeben sein, um Wahrnehmungsorientierung zu geben.

So umfassend und präzise Farbe in den Werken beschrieben wird, so bleibt es dennoch der kompetenten Lehrperson überlassen, wann sie welche Inhalte auswählt. Eine Gliederung nach Entwicklungsstand oder Darstellungsproblemen bleibt aus.

Constanze Kirchner – 1990er und 2000er: Ästhetische Bildung

Constanze Kirchner bezieht sich vorwiegend auf das bildnerische Lernen in der Grundschule. In „Kinder und Kunst. Was Erwachsene wissen sollten“[30], sind Anmerkungen zum Umgang mit Farbe und Malerei in der Grundschule enthalten. Kirchner nimmt den Forscherdrang, die Experimentierfreude und das Ausdrucksbedürfnis der Kinder und Jugendlichen zum Ausgangspunkt ihres Konzepts und der Themenkonzeptionen. Malen soll auf diese Weise implizit als Ausdrucksmittel zur Darstellung von Gefühlen und Inhalten erfahren und erlernt werden. Die Erfahrung mit den Materialien, der Farbe und dem Malgrund bildet die Basis eines gezielten Farbeinsatzes. Handlungsrahmen der ästhetischen Bildung sind entwicklungsbedingte Voraussetzungen und kindliche Interessen. Kirchner geht in der Grundschule von einer stetigen Zunahme des Interesses an der äußeren Wirklichkeit aus. Dieses spiegelt sich in der bildnerischen Darstellung beispielsweise durch

- steigende Beachtung der Gesamtfarbigkeit und möglicherweise durch die Unterordnung der einzelnen Gegenstandsfarben unter die Gesamtfarbigkeit,
- das sich wandelnde Konzept der Farbverwendung – von der Präferenz der Lieblingsfarben, über die Entdeckung der Gegenstandsfarben bis hin zu ersten Tendenzen zur Erfassung der Erscheinungsfarbe.

Andreas Schwarz – 2000er: Neue Farblehre

Andreas Schwarz gründet sein Konzept auf interdisziplinären wissenschaftlichen Erkenntnissen über Farbe. Er geht von Farbenvielfalt aus und rechnet mit dem „doktrinären“ Einsatz der Itten'schen Farblehre ab: Er schreibt ihm nur kulturhistorisches Interesse zu. Als Alternative präsentiert Schwarz ein didaktisches Farbkörpermodell in Form eines schiefen Doppelkegels. Das System dient im Unterricht als Orientierungs- und Ausgangspunkt jeglicher Kommunikation über Farbe – sei es bei der Werkbetrachtung oder bei Darstellungsaufgaben. Denn mit den drei Parametern Buntheit, Helligkeit und Farbton ist der Begriffsapparat ausreichend reduziert um jede Farbe beschreiben zu können. Theorie und Systematik in Form des Ordnungsmodells stehen nicht im Mittelpunkt, sondern sind Mittel zum Zweck um Sinnlichkeit zu fördern. Individuelle Auffassung von Farbe müssen laut Schwarz stets zugelassen werden.

---

30 Kirchner (2008)

3.2 Interpretation

Schon die skizzenhaften Zusammenfassungen der Analysen weniger ausgewählter maldidaktischer Konzepte der Tradition der letzten hundert Jahre zeigen: Ihre Bandbreite ist groß und die verbindenden Prinzipien sind nicht leicht auszumachen. Auch erfassen die ausgewählten Konzepte längst nicht alle Facetten des Malen-Lernens. Jedes weitere aktuelle oder historische Lehrwerk, jede Zeitschrift und jedes Hobbymalbuch der Malerei ließe sich in ähnlicher Weise analysieren und würde weitere Ausdifferenzierungen ermöglichen. Dennoch offenbaren die bisherigen Analyseergebnisse auf den ersten Blick Verschiedenheiten und Gemeinsamkeiten hinsichtlich ihres pädagogischen und methodischen Vorgehens. Das soll nun die Grundlage für ihren Vergleich und ihre ordnende Systematisierung und Interpretation sein. Dazu werden zunächst ausgewählte Aspekte in Bezug auf oben definierte Kriterien zusammengefügt, fokussiert oder gegenübergestellt. In ihrer Zusammenfügung und Fokussierung ergibt sich dann ein systematisierendes Modell des gesamten Gegenstandsbereiches. Innerhalb des Modells lassen sich jede und die hier vertretene maldidaktische Position klar hinsichtlich theoretischer und kunstpädagogischer Überzeugungen verorten und eben auch interpretieren (Abschn. 3.2.1).

Gegen dieses Verfahren könnte, wie gegen grundsätzlich jedes interpretative Verfahren, der methodische Vorwurf der subjektiven Interpretation erhoben werden.[31] Er ist in gewissem Maß berechtigt, da ich die untersuchten Modelle nur auf dem Boden meines Vorverständnisses interpretieren kann: Mein Vorverständnis ist *relational* und vor allem durch theoretische Bezüge belegt. Dennoch ist es im hermeneutischen Sinn dem Menschen nur auf diese Weise möglich, sein Vorverständnis zu vertiefen und weiterzuentwickeln, auch wenn das neue und tiefere Verstehen seinerseits auch nur ein neues „Vorverständnis" bleibt, was wiederum weiter vertieft werden könnte.

Ein Kriterium der Validität der von mir vorgetragenen hermeneutischen Analysen bleibt ungeachtet dessen, ob andere meine Art des Verstehens im Gang durch die gesamte historisch-hermeneutische Analyse mit- und nachvollziehen können und dabei zu einem erhellenden (Vor-)Verständnis der inneren didaktischen Strukturen der Geschichte der Maldidaktik[32] gelangen können.

Auch die Zielführung und Rolle der Analyse innerhalb der Gesamtarbeit entkräftet den kritischen Vorwurf der Subjektivität. Die Interpretationen und Systematisierungen dienen nicht der selbstbezogenen Validierung meines eigenen Forschungsstandpunktes, sondern seiner präzisen Verortung in einem weiten, offenen, und bisher noch nicht systematisch erforschten Forschungsfeld.

So ist mein durch ein inneres systematisches Gerüst strukturiertes historisch-hermeneutisches Vorgehen als wichtiger Baustein der Grundlagenforschung zur Malereididaktik anzusehen. Den Zusammenhang von Systematisierung und hermeneutischer Interpretation stelle ich zunächst in Abschn. 3.2.1 her, bevor ich dann zu einer

31 Vgl. methodische Erläuterung in Kap. 5.1.1

32 Vgl. methodische Erläuterung zu „hermeneutischer Hebung", Kap. 5.1.1

zusammenfassenden systematischen Interpretation des gesamten historischen Feldes fortschreite (Abschn. 3.2.2).

3.2.1 Systematisierung

Die Systematisierung der vorgestellten maldidaktischen Konzepte erfolgt im Folgenden geordnet nach den didaktischen Feldern von *Sache, Mensch und Bildung.*[33] Grundlage der Systematisierung innerhalb dieser drei Felder bleibt jeweils der Bezug auf die Kriterien: *Aufbau von Können/Entwicklung, Wahrnehmungsbezüge, Vorstellungsbezüge, Darstellungsbezüge.*[34]

Es bleibt zu beachten, dass nicht alle Kriterien in allen Konzepten gleichermaßen greifen, da alle Werke Leerstellen[35] aufweisen (z. B. hinsichtlich konkreter Vorschläge zu Arbeitsmaterialien/zu konkreten Hilfsmitteln/...). Die folgende systematisierende Interpretation gliedert sich auf folgende Weise: Zunächst arbeite ich in den jeweiligen didaktischen Konzepten das darin wirksame Verständnis der *Sache* heraus, dann die Bezugnahme auf den Faktor *Mensch*, schließlich das Verständnis von *Bildung*. Sodann skizziere ich eine *interpretative Einteilung gemäß der methodischen Schwerpunktsetzungen* und komme schließlich zu einer *zusammenfassenden Systematik*.

Sache

Was sind die grundlegenden Lerninhalte des Malens, die es z. B. vom Zeichnen unterscheidet? Herrscht das Primat der formgebenden Linie in der Malerei vor, so sind Farbauswahl, Farbzusammenstellung, Farbmischung und Farbauftrag wesentliche Herausforderungen. Bei einer malerischen Auffassung der sichtbaren Wirklichkeit kommen zu den genannten Lernbereichen weitere spezifische hinzu: Das erscheinungsmäßige Wahrnehmen, das bewusste Verlassen der Formprägnanz, das Verbinden von Farben und von Figur und Grund (Bildsehen). Die nachfolgende Tabelle bildet ab, wie in den untersuchten Konzepten Malen im Verhältnis zum Zeichnen verstanden und dargestellt wurde: Entweder eher als farbige lineare Formerfassung in engster Abhängigkeit oder sogar Unterordnung zum Zeichnen (a) oder als eigenständige malerische Disziplin mit spezifischen Lernherausforderungen (b). Die Tabelle bildet z. B. ab: Besonders Regel (1961) fördert diese spezifisch malerischen Aspekte in seinem Curriculumentwurf.

33 Vgl. theoretische Bestimmungen, Kap. 2

34 Vgl. Kriterienkatalog, Kap. 3.1.1

35 Leerstellen/unklare Aspekte werden in Systematiken mit (-) gekennzeichnet

	We[36]	Ko	Ott	Schwe	Re	Trü	Tri	Paw	Eu	Ki	Schwa
a) Linear	(-)[37]	x	x	x		x	x		x	x	x
b) Malerisch			x		x	x		x	x	x	x

Alle Autoren nehmen auch Bezug zur *Farbe* als unweigerlich beteiligte *Sache des Malens:* Fast alle Autoren fassen Farbe als *relational* (a) auf und verweisen auf ihre Variabilität und Kontextualität – unabhängig davon, ob sie dem in der Praxis gerecht werden. Besonders Ott hebt dagegen die *subjektiven Aspekte* von Farbe (b) hervor, das heißt die Farbe als Ausdruck von Empfindung und sogar der Seele des Menschen. Ott lehnt damit jegliche Theorie und Gesetze ab, um den persönlichen Ausdruck nicht zu behindern. Auch Kolb und Kirchner heben subjektive Farbeigenschaften hervor, wenn auch nicht in vergleichbarem Ausmaß wie Ott. Kolb schreibt der Farbe, neben fassbaren Aspekten, einen unergründbaren, geheimnisvollen Charakter zu. Kirchner verweist auf subjektiv und experimentell erfahrbare Aspekte des Farbmaterials.

	We	Ko	Ott	Schwe	Re	Trü	Tri	Paw	Eu	Ki	Schwa
a) relational	x	x		x	x	x	x	x	x	X	x
b) subjektiv		(x)[38]	x							(x)	

In Abhängigkeit zu jeweiligen relationalen oder subjektiven Farbauffassungen ergeben sich auch unterschiedliche Auffassungen der malerischen Farbverwendung: Alle Ansätze, außer der von Ott, der Malerei grundsätzlich mit Freiheit verbindet, verstehen Malen als eine gebundene Praxis zwischen Handwerk, Wahrnehmung, Empfindung und Tun. Auch die den Lernenden zur Verfügung stehenden Malmaterialien differieren in ihrem quantitativen Umfang, in ihrer Qualität, in ihrer Stofflichkeit (trocken, flüssig, ...) und in ihren Farbtönen. Die Frage der Ausgangsfarben ist insofern zentral, da sie die weitere Farbkonzeption (Leuchtkraft, Mischverhalten, ...) in gewissem Maß vorbestimmt:

- Freie Farbwahl (Ott),
- Begrenzung auf 3 Grundfarben (Kolb im Anfangsunterricht, Regel teilweise im Anfangsunterricht, Tritten),
- Begrenzung auf ein erweitertes Farbsystem (z. B. bei Regel: Grundfarben plus Schwarz und Weiß in Klasse 3; bei Kirchner: Grundfarben plus Schwarz und Weiß beim Großformat),
- Verwendung von Farbkasten (Kolb, Regel),
- Ablehnung des Farbkastens (Schwarz).

36 Abkürzungen: We = Weber, Ko = Kolb, Ott = Ott, Schwe = Schwertdfeger, Re = Regel, Trü = Trümper, Paw = Pawlik,
Eu = Eucker, Ki = Kirchner, Schwa = Schwarz

37 (-) = Information nicht enthalten

38 (x) = teilweise, ansatzweise oder implizit auch enthalten

Regel, Weber und Trümper gehen zudem von einem *Curriculum des Materials* aus, das auf der Annahme beruht, dass jedes Material und jede Technik in sich schon einen Schwierigkeitsgrad hinsichtlich ihrer darstellerischen Verwendung vorgeben. Die materielle Schwierigkeitsgradation steigt für die Autoren an vom vorwiegend linearen Malmaterial (Buntstift, Kreide, ...) hin zu Nassfarben (Leimfarben, Wasserfarben, ...).

Mensch

Alle historisch-hermeneutisch untersuchten Konzepte adressieren *lehrende bzw. lernende Menschen* mit dem Ziel, Lernwege (des Malens) möglichst effektiv zu gestalten. Die methodischen Umsetzungen dieses Ziels zeigen dennoch je nach Konzept große und wesenhafte Unterschiede. Zu begründen ist diese Heterogenität auch durch die den Konzepten zugrundeliegenden Paradigmen – wie das implizite Menschenbild, das Verständnis von Entwicklung, Lernen und Wahrnehmen. Diese Paradigmen werden nachfolgend systematisiert:

Zuerst lege ich heterogene Verständnisse von *Entwicklung* dar, die in den Konzepten implizit oder explizit dargelegt und angewendet sind. In der Systematisierung zeigt sich, dass wesenshaft zwei polare Verständnisse von Entwicklung wirkungskräftig Einfluss auf die methodischen Konzeptionen nehmen: Die methodische Chronologie und Choreografie des Malen-Lernens bzw. des darstellerischen Umgangs mit Farbe können sich an

- planmäßigen Entwicklungsvoraussetzungen orientieren (a) oder
- sich ohne jegliche Vorgaben der freien Entfaltung individueller Gegebenheiten hingeben (b).

Dahinter stehen jeweils verschieden akzentuierte Entwicklungsbegriffe zwischen endogenem oder ökologischem[39] Verständnis.

	We	Ko	Ott	Schwe	Re	Trü	Tri	Paw	Eu	Ki	Schwa
a) Planung	x	x		x	x	x	x	x	x	x	x
b) Freiheit			x								

Das mehrheitlich angewendete *planmäßige Vorgehen* kann sich wiederum hinsichtlich der vorgeschlagenen Abfolge und der angenommenen Lernvoraussetzungen unterscheiden. Maßgeblicher Orientierungspunkt ist dabei die Einteilung in Kindheit und Jugend. Möglich sind die wesenhafte *Unterscheidung*[40] oder aber die wesenhafte *Verknüpfung*[41] kindlicher und jugendlicher malerisch-bildnerischer Verhaltensweisen. In den Analysen zeigt sich mehrheitlich die trennende Einteilung in empfindungsgemäße, subjektive, expressive Farb- und Malzugänge in der Kindheit (a) und anschauungsbezogene, auf sensibler Wahrnehmung basierende Farb- und Malzugänge in der Jugend (d).

39 Vgl. Kap. 2.2.1: Entwicklung

40 Z.B. Kombination a) und d) bei Weber, Kolb, Schwerdtfeger, Trümper, Tritten, Kirchner

41 Z.B. Kombination a), b) c) und d) bei Regel, Eucker, Schwarz

	We	Ko	Ott	Schwe	Re	Trü	Tri	Paw	Eu	Ki	Schwa
a) Expression Kindheit	x	x		x	x	x	x	(-)	x	x	x
b) Expression Jugend					x				x		x
c) Wahrnehmung Kindheit					x				x		x
d) Wahrnehmung Jugend	x	x		x	x	x	x		x	x	x
e) immer Expression			x								
f) immer Wahrnehmung								x			

Der vorangehenden Tabelle ist zu entnehmen, dass (fast) alle Autoren den perzeptiven Zugang (c und d) als essentiell erachten (auch wenn sich die meisten dabei nur auf die Jugend (d) beziehen). Sie fordern tendenziell übereinstimmend, Rezeption und Produktion zu verbinden. Doch auch hier unterscheiden sich die methodischen Wege – je nach basalem Verständnis von *Wahrnehmung.* Heterogen ausgelegte und dadurch auch je nach Konzept verschieden angewendete Wahrnehmungsaspekte sollen nachfolgend systematisiert werden: Die Autorin und die Autoren erachten unterschiedliche *Wahrnehmungsbezüge* als wichtig und bauen dadurch elementarisierte oder nuancierte Farbimaginationen bei den Lernenden auf. Mögliche, als grundlegend erachtete Wahrnehmungsbezüge sind

- Bilder von anderen Lernenden (a),
- Kunstwerke (b),
- Farbsysteme (c) oder
- Bilder/Gegenstände der erweiterten realen Umwelt (d):

	We	Ko	Ott	Schwe	Re	Trü	Tri	Paw	Eu	Ki	Schwa
a) Bilder von anderen		x			x	x		x	x	x	x
b) Kunst	(x)	x			(-)	x	x	x	x	x	x
c) Farbsysteme		x		x	x	x	x		x		x
d) reale Umwelt	x		(x)	x	x	x	x	x	x	x	x

Dabei betonen einige Autoren (besonders Kolb, Schwerdtfeger, Trümper, Pawlik, Eucker und Kirchner) explizit die Einbettung der Wahrnehmungssituation in intersubjektive Gespräche, um Resonanz zu erzeugen. In (fast) allen Konzepten dominieren also Wahrnehmungsverständnisse, die die Person-Umwelt-Wechselwirkung anerkennen und nutzen – nur Ott geht kaum von äußerer Einflussnahme auf den Wahrnehmungsprozess aus.

Die bisher systematisierten Auffassungen von Entwicklung und Wahrnehmung stehen in engster Beziehung dazu, wie Lernen letztlich verstanden und konkret initiiert und angeleitet wird.[42] Aus diesem Grund wende ich letztlich den Blick auf konkrete *Lernverständnisse* und angewendete Lernkonzepte: Alle Autoren und die Autorin gehen von Lernen im Sinne einer Modifizierung und Zunahme von Können und Ausdruck aus. Es verweisen lediglich zwei Autoren explizit auf eine unkalkulierbare Einflussnahme von Begabung beziehungsweise von Begabungsrichtungen (Ott). Besonders Ott setzt Lernen mit Entwickeln gleich.

	We	Ko	Ott	Schwe	Re	Trü	Tri	Paw	Eu	Ki	Schwa
Begabung	(x)		x								

Alle anderen didaktischen Konzeptionen (außer Ott) verstehen Lernen nicht als Entfaltung, die in freier, unbeschwerter Konfrontation mit dem Material automatisch einsetzt. Sie verstehen Malen-Lernen vielmehr als bildungsfähigen und bildungsbedürftigen Prozess, der strukturiert gestaltet sein muss.

Die kunstpädagogische Gestaltung des Lernprozesses kennt viele methodische Wege, die in der der nachfolgenden Tabelle gebündelt dargelegt sind: Übersetzungsverhältnisse von verschiedenen Lerninitiierungen (A) bis zu unterschiedlichen darstellerischen Realisierungen (C).[43]

In der ersten Spalte (A) sind mögliche Ausgangserfahrungen der Lernenden aufgelistet, die ihr Lernen imaginativ und perzeptiv vorbereiten und erste Präkonzepte für spätere Darstellungen liefern: Erzählungen, Bilder, Musik, Dinge, Begriffe usw. können z. B. diese Impulse liefern. Die so gebildeten Ideen/Präkonzepte spiegeln sich nicht automatisch in Darstellungen der Lernenden, sondern müssen erst zur Darstellung gebracht und begleitet werden. Dazu stehen den Lernenden wiederum unterschiedliche handwerkliche, gestalterische und intersubjektive Übersetzungsmodi zur Verfügung, die in der zweiten Spalte der Tabelle (B) exemplarisch aufgelistet sind: Erste Ideen können z. B. durch Experiment, Zeichnung, Gespräch usw. sukzessive in Darstellung überführt werden. Das Ziel- oder Endprodukt dieses Prozesses kann ein klassisches Gemälde sein oder aber auch eine farbige Collage oder sogar eine Sammlung von Farbsubstanzen (Spalte 3: C).[44]

Beispiele aus den untersuchten Konzeptionen sollen die Tabelle weiter veranschaulichen: Innerhalb der analysierten Ansätze zeigten sich nicht alle in der Tabelle aufgelisteten Übersetzungsmöglichkeiten (A->B->C). Die Möglichkeiten wurden ausgehend davon ergänzt, um ein umfassendes Spektrum zu erhalten. Die hier untersuchten Ansätze führen meist auf klassische Malereien hin:

42 Zusammenhänge und Unterschiede zwischen Lernen und Entwicklung sind dargelegt in Kap. 2.2.1

43 Die Tabelle ist demnach von links nach rechts zu lesen:

44 Sicherlich kann die sehr klare Vorgabe oder Vorstellung vom Endprodukt schon je die methodische Lerninitiierung (A) und den Übersetzungsmodus (B) stark bedingen. Es ist aber auch möglich, dass sich der Darstellungsmodus und das -medium (C) erst durch die spezifische Initiierungen (A) und Übersetzungsmodi (B) ergeben.

- So schlägt Weber beispielsweise vor bei 6-8 Jährigen das Malen durch narrative Themenimpulse zu initiieren (A), dann der Phantasie freie Entfaltung ohne weitere Inputs zu ermöglichen (B), bis hin zur Zeichnung mit Buntstift auf Papier (C).
- Kolb schlägt vor, ab der *Geschlechtsreife* das Malen durch Anschauung *(Gegenstände aus dem Gesichtskreis)* (A) anzuregen. Begleitet wird der Prozess durch lebendige Gespräche (B) bis die Malerei in Temperafarbe gemeinsam betrachtet werden kann (C).
- Schwerdtfeger schlägt vor, die Lernenden durch eine Aufgabe zur Farbgestaltung anzuregen (A), die schon die Verwendung einer Farbsystematik impliziert (B) und dann zu einer Malerei in Temperafarbe führt (C).
- Trümper schlägt vor, die Lernenden jedes Alters ab und an auch „ziel-offen" durch freie Materiaimpulse oder Zufallsmomente anzuregen (A), damit die Lernenden experimentell die Natur und Stofflichkeit der Farben erforschen können (B), bis eine gegenstandlose, aber bewusst gestaltete und in der Farbe klare Malerei vorliegt (C).
- Pawlik schlägt vor, die Lernenden durch Anschauung eines vorliegenden Kunstwerkes anzuregen (A), das sie dann mimetisch darstellerisch nachempfinden (B), bis die nachgeahmte Darstellung der Vorlage sehr ähnelt (C).
- ...

Nr.	A) Ausgangserfahrung (Wahrnehmung)	B) Übersetzungsmodus	c) Darstellungsmedium und -modus	Bemerkungen in Bezug auf A), B) und C)
1	Reale Malerei („Mikrorelief")	analytisches Vorgehen Verwendung einer Farbsystematik	*Klassische Malerei:*	Kombinationen/ Varianten
2	Foto/Druck: Malerei (flächig)		koloristisch, modulierend/	der Übersetzungsverhältnisse
3	Ausschnitt einer Malerei	experimentelles, freies Vorgehen	valeuristisch, modellierend pastos/ lasierend	von A) → B) → C):
4	Blick auf die reale Welt		abstrakt/ gegenstandsbezogen	*Medium*
5	Fassbare, arrangierte Motivkomposition	zeichnerische Ideenskizze	malerisch/ disegno… *Farbsubstanz*	gleichbleibendes Medium wechselndes Medium
6	Anleitung: Film, Maltutorium	malerische Ideenskizze	Sammlung/ Ordnung von Farbflüssigkeiten…	*Modus* gleichbleibender Darstellungsmodus
7	Anleitung: real vorgeführter Malprozess	Verwendung von Farbmustern (Stoffe, Farbkärtchen, Kataloge…)	*Collage:* Farbzusammenstellungen gemäß	wechselnder Darstellungsmodus *Fokus*
8	Anleitung: Printmedien		hell/ dunkel, viel/wenig, intensiv/ schwach…	Fokus Anschauung, Wahrnehmung Fokus Vorstellung, Imagination
9	Versetzung in bestimmte Gefühlslage durch Musik/ Erzählung, Bewegung…	relationales Vorgehen: Verwendung von Wahrnehmungs-/ Vorstellungs-/ Darstellungshilfen/ begleitende Kommunikationsprozesse	Mosaik… *Design* *farbige Raumgestaltung* (Architektur, Stadt…)	Fokus W-V-D Fokus Handwerk Fokus Farbgestaltung Fokus Inhalt
10	Ideelle Konzeption (z. B. „Ich möchte Einsamkeit darstellen")	physikalische, chemische, biologische Versuche mit Licht oder Farbsubstanzen …	farbige Objekt-/ Produktgestaltung *Mediengestaltung* *Mode, Kosmetik…* *Psychologische Wirkung* *Farbsymbolik* Therapie, Esoterik…	Fokus Individualität/Emotion… *Ergebnis* Produkt: 2D/3D *Prozess* Begleitendes Farbverständnis objektiv subjektiv relational

Hinweis: Gegenstand der Unterrichtsforschung in Teil III ist folgende Übersetzungsleistung:
(A) Foto: Malerei (flächig), Blick auf die reale Welt → (B) enaktives, relationales Vorgehen: Verwendung von Wahrnehmungs-/ Vorstellungs-/ Darstellungshilfen/ begleitende Kommunikationsprozesse → (C) Klassische Malerei (malerisch)

Menschen besitzen die Fähigkeit durch Imitation[45] zu lernen und müssen nicht ausschließlich nach Versuch und Irrtum vorgehen – wie im vorangegangenen Theorieteil dargelegt ist. Vorbild zu sein und Malhandlungen vorzumachen, (Vor-)Bilder zu zeigen, deiktisch zu erschließen und darstellerisch nachzuempfinden (sprachlich und malerisch), zuzuschauen, wie andere Lernende malen und daraus Impulse für das eigene Arbeiten zu gewinnen…: All das sind mimetische Lernprozesse[46] im Feld des schulischen Malens. Auch in den untersuchten Schriften finden sich explizite Verweise auf das mimetische Lernen. Regel merkt dazu an, wie besonders technisch-handwerkliche Fertigkeiten durch Vormachen und Zeigen erlernt werden müssen: „Die Befürchtung, daß[!] dadurch das eigenschöpferische Gestalten eingeengt werden könnte, ist unbegründet."[47] Regel und Pawlik schreiben dem mimetischen Lernen explizite Wichtigkeit zu. Aber auch in anderen Werken sind implizite Verweise enthalten (z. B. auf die Wichtigkeit der gemeinsamen Betrachtung der Werke der Lernenden). So sind sicherlich auch bei allen anderen Autoren mimetische Aspekte enthalten, wenn auch weniger klar herausgearbeitet und benannt.

	We	Ko	Ott	Schwe	Re	Trü	Tri	Paw	Eu	Ki	Schwa
Mimetisches Vorgehen					x			x			

Regels Verweis auf das Erlernen des Malhandwerks (Farben mischen, auftragen, …[48]) ist keine methodische Selbstverständlichkeit. Lehrpersonen, bei denen die Tradition der Reformpädagogik nachwirkt (nämlich z. B. in der Überzeugung, Malen verleihe vorrangig dem subjektiven Empfinden Ausdruck), gehen konsequenterweise davon aus, dass Lernende vorwiegend durch Erleben und Erfahren auf Erkenntnisse über Materialität und Materialverwendung stoßen (b). Überwiegt bei Lehrenden der Bezug zur Tradition des klassischen Zeichenunterrichts oder auch zur akademischen Lehre, so werden sie dazu neigen, die Lernenden das Malhandwerk in kleinschrittigen Übungen erlernen zu lassen (a).

	We	Ko	Ott	Schwe	Re	Trü	Tri	Paw	Eu	Ki	Schwa
a) Handwerk	x			x	x		x	x	x		x
b) Erfahrung		x	x			x				x	

45 Vgl. Kap. 2.2.1: Lernen zwischen Wahrnehmung und Vorstellung

46 Mimetische und deiktische Lernprozesse spielen in der nachfolgenden Unterrichtsforschung eine zentrale Rolle, vgl. auch Glas u. a. (2017)

47 Regel (1961), S. 65

48 Zu Malhandwerk vgl. Kap. 2.1.1: Malhandwerk

Bildung

Auch die übergeordneten Bildungsziele unterscheiden sich innerhalb der untersuchten Konzepte. Grob lassen sich zwei polare Tendenzen der Bildungsziele des Malen-Lernens ausmachen: In manchen Ansätzen stehen die lernenden Individuen in ihrem Selbst-Bezug im Fokus, der durch das Malen vertieft und differenziert werden soll. In anderen Ansätzen stellt die Differenzierung des Welt-Bezugs der Malen-Lernenden das übergeordnete Bildungsziel dar:

- Selbst-Bezug (a): Die Lernenden richten den Blick beim Malen nach innen auf ihr Selbst, spüren eigene schöpferische Kraft und finden ihren Weg zur Seele.
- Welt-Bezug (b): Die Lernenden richten den Blick beim Malen nach innen auf ihr Selbst und nach außen auf die Welt. Sie erlangen Erkenntnisse über die Welt und über sich in der Welt.

Besonders Ott nimmt hinsichtlich seiner kunstpädagogischen Überzeugung eine Sonderstellung ein und verfolgt keine allgemeinbildenden Bildungsziele.[49]

	We	Ko	Ott	Schwe	Re	Trü	Tri	Paw	Eu	Ki	Schwa
a) Selbst	(x)	(x)	x	(x)		(x)	(x)			(x)	(x)
b) Welt	x	x		x	x	x	x	x	x	x	x

Interpretative Einteilung gemäß methodischer Schwerpunktsetzungen

	empfinden *Empfindung/ Ausdruck*	wahrnehmen *Anschauung*	ordnen *Kognition, Systematik, Theorie*	experimentieren Tun, Erleben, Experiment	versachlichen *Handwerk, Technik*	entwicklungsgemäßes oder sonstiges planmäßiges Vorgehen	**freies Vorgehen**
1. We		x			x	x	
2. Ko	x (in Kindheit)			x	x	x	
3. Ott	x						x
4. Schwe	x	x				x	
5. Re		x			x	x	
6. Trü	x	x	x	x	x	x	
7. Tri	x (in Kindheit)	x			x	x	
8. Paw		x			x	x	

49 In Anlehnung an die Definition in 2.3

	empfinden *Empfindung/ Ausdruck*	wahrnehmen *Anschauung*	ordnen *Kognition, Systematik, Theorie*	experimentieren Tun, Erleben, Experiment	versachlichen *Handwerk, Technik*	entwicklungsgemäßes oder sonstiges planmäßiges Vorgehen	**freies Vorgehen**
9. Eu		x			x	x	
10. Ki	x	x		x		x	
11. Schwa	x		x			x	
Summe	7	8	2	3	7	10	1
Anteil	ca. 63,6%	ca. 72,7%	ca. 18,2%	ca. 27,3%	ca. 63,6%	ca. 90,9%	ca. 9%

Interpretation der Systematik: Erschwerender Faktor im Verfahren der systematischen Einordnung war eine häufig zu bemerkende Diskrepanz zwischen theoretischen Konzeptionen (textlichen Aussagen) und praktischen Umsetzungen (Bildbeispiele). So nimmt Ott hinsichtlich seiner theoretischen Aussagen eine solitäre Position ein, indem er frei von jeglichen Vorgaben die Kinder ihren Empfindungen gemäß arbeiten lässt. Ihm stehen die restlichen zehn Ansätze konträr gegenüber, die jeweils ein geordnetes und planmäßiges Vorgehen erkennen lassen. Otts Bildbeispiele der Lernenden und die Anmerkungen darunter verweisen aber durchaus auf eine Gebundenheit an Themen, an Handwerk und an Gestaltung. Auch bei Schwerdtfeger ist eine Diskrepanz zwischen theoretischen musisch-expressiven Zielen und der durch Ittens Farbsystem begrenzten Malpraxis auffällig. Alle Systematiken können folglich nur im Kontext der Ausführungen im Online-Anhang angemessen interpretiert werden.

Bei der Einteilung von bildnerischen Entwicklungszielen überwiegt die grobe Gliederung in eine phantasie- und schemageprägte Grundschulzeit und eine an der Wirklichkeit orientierte Jugendphase. Die Pauschalisierung dieser Zweiteilung bleibt allerdings zu hinterfragen. Fraglos ist eine Entwicklung und Komplexitätssteigerung kognitiver Vorgänge von der Kindheit zur Jugend anzunehmen. Dennoch sind die Annahmen, die wohl auch aus Piagets Erkenntnissen zur Denkentwicklung stammen, verkürzt und in vielen Fällen unterschätzen sie die Leistung von Kindern im Grundschulalter. Einige Forscherinnen und Forscher[50] führen beispielsweise das Scheitern von Probanden an den kognitionspsychologischen Test-Aufgaben zur Objektpermanenz oder zum Perspektivenwechsel nicht auf allgemeine Unfähigkeit der Kinder zurück, sondern auf mangelnde sprachliche Aufbereitung der Aufgabenstellung für Kinder durch die Forschenden. Piaget hat intersubjektive, soziale und kulturelle Faktoren vernachlässigt. Wenn man hingegen von der Annahme ausgeht, dass kognitive Strukturen erst durch Interaktion mit anderen Menschen entstehen, ändert sich die Perspektive auf das kindliche Denken: Durch unterstützende, bewusste, verständliche Sprachwahl, durch lenkende Fragestellungen, durch die Möglichkeit des Nachfragens der Kinder, durch die

50 Z.B. Donaldsen (1978): Children's minds.

gemeinsame imaginative Annäherung an bestimmte Wahrnehmungen, Sachverhalte und Problemfelder können Kinder auch komplexe Aspekte der Wirklichkeit verstehen und beurteilen[51] – und sie wollen das auch. Es ist eben ein gewaltiger Unterschied in der Ausgangslage, ob eine Textaufgabe gelöst wird oder ob kooperatives Vorstellen stattfindet.

Auch die Abhängigkeit kognitiver Leistungen vom Vorwissen bleibt bei Piaget tendenziell unbeachtet, da er von Stufenentwicklungen in Zuordnung zu Altersständen ausgeht.

Im Sinne eines relationalen Lernverständnisses ist es Kindern auch schon im Grundschulalter möglich, zunehmend abstrakt, hypothetisch und reflektiert beurteilend zu denken, insofern sie es regelmäßig in Situationen geteilter und gemeinsamer Aufmerksamkeit üben und anwenden. Daraus folgt: Malerische Aufgabenstellungen zum Malen nach direkter Anschauung, Gespräche über die Farbigkeit von Wasseroberflächen, von Gegenständen im Nebel, das Nachdenken über die Frage, wo die Farben nachts denn bleiben usw. zielen zwar nicht auf Ausdrucksfarbigkeit, sondern auf Erscheinungsfarbigkeit und Auseinandersetzung mit der Welt. Sie sind aber trotzdem kindgerecht.[52] In den untersuchten Ansätzen blieb diese Perspektive vorwiegend vernachlässigt.[53]

Die Reaktionen der Autorin oder der Autoren auf diese in den untersuchten Ansätzen angenommene, nun kritisch hinterfragte, Zweiteilung zwischen dem primären „Phantasiebezug" der Kindheit und dem primären „Wahrnehmungsbezug" des Jugendalters fallen unterschiedlich aus:

Die Extreme des systematischen/theoretischen Lernens einerseits und des experimentellen, spielerischen Lernens andererseits werden nur von einer Minderheit vertreten. Vielmehr bewegen sich die Vermittlungsansätze in den Feldern der Anschauung und Wahrnehmung, der Vorstellung und Darstellung. Für rund zwei Drittel der hier untersuchten Konzeptionen gehören das handwerkliche Einüben von malerischen Techniken und Stilen als Voraussetzung unverzichtbar zum malerischen Lernprozess. Empfindung und Ausdruck müssen scheinbar ebenfalls mit dem Malen gekoppelt sein, da ohne emotionale Beteiligung keine Öffnung und Motivation für Lernprozesse stattfinden kann. Folglich unterstreichen die meisten einen individuellen, subjektiven und ausdrucksgemäßen Zugang zu Farben. Anzumerken ist, dass dieses subjektive Farbverstehen besonders in der Kindheit/Grundschule in der Mehrheit der untersuchten Konzeptionen dominiert. Auch die relationale Auffassung von Farbe als variables und kontextabhängiges Phänomen wird von allen, außer von Ott, geteilt und vorwiegend als Lerninhalt in der Jugend betrachtet. Ott argumentiert ausschließlich mit rein subjektiven Werten von Farbe.

Insgesamt ist der dargelegte maldidaktische Fundus reich. Es scheint als wären viele Erkenntnisse über Farbe und ihre Vermittlung berührt, zum Teil treffend ausgesprochen – aber nicht wirklich systematisch geordnet. So sind alle für ein schlüssiges maldidaktisches Konzept wichtigen Teilaspekte und Informationen in einem ungeordneten Feld verstreut. Es mangelt an Klarheit und an Konkretisierungen, so dass die Zentrierung

51 Vgl. Dunker u. a. (2012): Philosophieren mit Kinder

52 Wie der Begriff „kindgerecht" in der Kunstpädagogik verstanden wurde und heute zu verstehen ist, bedarf sicherlich weiterer empirischer Nachforschungen, damit alte Muster aufgebrochen werden können.

53 Ausblick: Miller u. a. (voraussichtlich 2018 oder 2019) „Anschauungsbezogenes Malen in der Grundschule"

auf die Kernaussagen oft ausbleibt. Erschwerend kommt hinzu, dass keine einheitliche Begrifflichkeit existiert. Viele Grundsätze, die in den zitierten Werken genannt werden, können als isolierte Fakten als gültig anerkannt werden. So steht die immer wieder geforderte Ausrichtung an Bedürfnissen, Entwicklung und Interessen, ebenso die Freude der Lernenden, als selbstverständliche Voraussetzung weiterhin über allem. Besonders zu unterstreichen sind die Anmerkungen von Weber, der Malen-Lernen nicht nur auf technischen Fertigkeiten, sondern auch auf Kenntnisse und eine geschulten Wahrnehmungsfähigkeit gründet. Auch der von ihm hervorgehobene Wahrnehmungsbezug zur Erscheinungsfarbe gehört zu den Kernpunkten einer systematischen Maldidaktik.

Wissen, Herausforderungen und Gespräche sollen – das lässt sich extrahieren – grundsätzlich den malerischen Lernprozess begleiten. Als Weisung und Mahnung zugleich muss auch Kolbs Forderung verstanden werden, dass die Kinder ihre Schemaphasen zunächst ungestört ausleben müssen, um überhaupt weitere Entwicklungsschritte gehen zu können.[54] Auch ist wohl allgemeiner Konsens, dass Malen nicht alleine durch Theorie erlernt wird, sondern durch prägnante, anschauliche didaktische Impulse, die den praktischen Malprozess der Lernenden lenken. Die Wichtigkeit von Bildbetrachtungen und der Anschauung wird deshalb von fast allen Fachdidaktikern bekräftigt.

Im Rahmen einer schlüssigen maldidaktischen Gesamtkonzeption geht es darum, wie ich es im vorstehenden Hauptteil ausführlich begründet habe, Farbe und Malen durch sinnstiftende Aufgaben implizit und induktiv zu begreifen. Farbe darf dabei nicht auf elementarisierte Farblehre reduziert werden. In einer wirklich fundierten Maldidaktik muss Abstand genommen werden von allen Versuchen, Farbe zu elementarisieren. Vielmehr muss ihre Relativität, Variabilität und Vielfältigkeit erfahrbar und beherrschbar gemacht werden. Ungeachtet dessen ist aber auch der Kerngedanke von Schwarz zu bedenken, dass farbsystematische Modelle als Orientierungsrahmen für das Arbeiten mit Farbe und das Sprechen über Farbe hilfreich sein können, um einen einheitlichen Begriffsapparat zur Hand zu geben.

Systematisierung exemplarischer Methodenfelder

Die in der obigen Systematik eingeteilten exemplarischen Methodenfelder ‚*Experimentieren*', ‚*Empfinden*', ‚*Ordnen*' ‚*Wahrnehmen*' und ‚*Versachlichen*' bedürfen weiterer Ausdifferenzierung. Sie implizieren und vermitteln je andere maldidaktische Grundsichten – zwischen der Freisetzung des Eigenwertes der Farbe und der dem linearen Umriss untergeordneten Farbigkeit ist die Anzahl der Herangehensweisen wohl unbegrenzt. Die Methodenfelder werden in ihrem Wesen und Paradigma sukzessive dargelegt, um ihren intensiven Nachvollzug anzuregen. Nur vor dem Hintergrund dieser bewussten maldidaktischen Methoden wird es möglich, dass die in den Blick gefassten Lehrziele und der Weg ihrer Vermittlung im Einklang stehen können.

54 Dieses „Ausleben" entspricht der „Stabilisierung von Darstellungsformeln nach Glas (2015)

Empfinden

Exemplarischer Vertreter: Richard Ott

Der Zugang zu Farbe und Malerei wird in vielen Aufgabenstellungen bis heute über Gefühl und Stimmung angeregt. Ausgangspunkt des Lernens ist das in-sich-gehende Subjekt, das innere Empfindungen durch Farbe zum äußeren Ausdruck bringt. Lernende werden nach der Lerninitiierung frei begleitet, ohne lenkende, bestimmende Hilfsmittel oder Vorgaben zum Darstellungsmodus. Dieser didaktische Ansatz begründet sich vorrangig aus der Tradition der „musischen" Pädagogik. Farbe und Malerei werden auf ihren subjektiven Empfindungswert fokussiert – oft auch im Sinne von Leuchtkraft, Klarheit und Buntheit. Wie und welche Farbe verwendet wird, entspringt dabei keinen handwerklichen Regeln oder reflektierten Anschauungen, sondern der Konzentration auf innere, gefühlsmäßige Darstellungsbedürfnisse. Exemplarische Aufgabenstellungen innerhalb dieses Methodenfeldes könnten sich beziehen auf: Ein Farbbild zu Gut und Böse, ein Wutbild, Kampf der hellen und dunklen Farben, eine Farbapotheke mit Farbsubstanzen für bestimmte Gefühlslagen[55], eine freie, empfindungsbezogene Malerei zu einer Erzählung.

Experimentieren

Exemplarische Vertreterin: Constanze Kirchner

In anderen Aufgabenstellungen nimmt das Moment des Zufalls eine vorrangige Stellung ein. Experimentieren als Forschen, Probieren und Entdecken sind dann die grundlegenden Handlungsmodi, die Erkenntnisse – nicht ein greifbares Können – anregen sollen. Die aktiven Lernenden müssen sich auf Materialien oder Techniken einlassen und bereit sein neuartige „ästhetische Erfahrungen" zu machen. Die Erfahrung und das Tun bilden hier den Schlüssel zu Farbe und Malerei. Als Lerninitiierung dient der „ästhetische" Forscher- und Handlungsdrang und die Experimentierfreude der Kinder und Jugendlichen. Alle Unterrichtsformen müssen sich daran orientieren. Vorgeschlagen werden insbesonders offene Handlungsformen und Projektunterricht. Ergebnisoffene Erfahrungen mit den Materialien, der Farbe und dem Malgrund bilden die Basis eines gezielten Farbeinsatzes. Lernen wird verstanden als handlungsorientierter Erfahrungsprozess (und dadurch zugleich eingegrenzt).

Das Farbverständnis fokussiert dabei oft primär den Materialwert der Farbe als Substanz mit gewissen Materialeigenschaften – ihr Ausdrucks- oder Darstellungswert ist untergeordnet.

Denkbar wären folgende Experimente/Erfahrungen/Erprobungen im Bereich Farbe und Malerei: Ein Klecksbild, ein Action-Painting, die experimentelle Herstellung von Farbmitteln und Werkzeugen, beliebiges Vermalen von Farbe, ein Farbabklatsch, ein Farbmischexperiment.

55 Vgl. Schulz (2013)

Ordnen

Exemplarische Vertreter: Kurt Schwerdtfeger, Andreas Schwarz

Seit Jahrtausenden versucht der Mensch die flüchtig erscheinende Welt der Farben in Farbsystemen festzuhalten, zu ordnen und zu objektivieren. Modellhafte Ansätze, die von eindimensionalen Farbreihen, über zweidimensionale Farbflächen und dreidimensionale Körper reichen, sind unzählig wie die Farbnuancen selbst (Aristoteles, Goethe, Runge, Itten, Küppers ...). Eben diese Farbsysteme stellen bis heute – vor allem in der Tradition der Bauhauslehren – oft den Ausgangspunkt des Lernens im Bereich Farbe und Malerei dar. Farbe wird elementarisiert und in Bezugnahme auf (scheinbar?) objektive Farb- und Kontrastgesetze vermittelt. Auch hier bietet sich ein Gedankenspiel zum weiteren Verständnis dieses Lehrparadigmas an. So wären in dem Methodenfeld ‚Ordnen' folgende Aufgaben vorstellbar, die je auf ganz bestimmte gestalterische Gesetzmäßigkeiten in der Darstellung abzielen: Nachmischen und Ausmalen eines Farbsystems (z. B. des Farbkreises nach Itten), Ordnen von Farbtönen in geometrischen Mustern, rote Früchte im grünen Dschungel (Bezug zu Komplementärkontrast), der orangene Fisch im blauen Wasser (Bezug zu Komplementärkontrast), ein Winterbild mit kalten Farben (gemäß Itten), der Leuchtturm im trüben Sturm (Qualitätskontrast)...

Wahrnehmen

Exemplarische Vertreter: Günter Regel, Johannes Pawlik

Farben in Kunstwerken oder in der Umgebung anzuschauen, durch Vergleich zu erkennen und zu bestimmen, ist ein weiterer praktizierter Ausgangspunkt von Malen-Lernen. Die wahrnehmende und tätige Auseinandersetzung mit der sichtbaren Welt steht im Mittelpunkt, um aktiv Lernenden Nachvollzug und visuelle Bezugnahmen zu ermöglichen. Dieses Lernen mit hohem Wahrnehmungsanteil zielt ab auf bewusste, gebundene, reproduzierende und repräsentierende Farbentscheidungen.[56] Dieser Ansatz beruht auf einem weiten, relationalen Farbverständnis, das objektive und subjektive Anteile der Farbwahrnehmung zulässt. Denn jegliches Nachahmen von Farbe darf nie nur als ein niederstufiges Kopieren gedeutet werden, sondern als eine in eigene Vorstellungsstrukturen integrierte Übersetzungsleistung einer bewussten Wahrnehmung in eine eigene Darstellung – also als spezifisch malerische Erfahrung.[57] Erdenkliche Aufgaben in dem Methodenfeld ‚Wahrnehmen' wären beispielsweise: Einen Ausschnitt einer Malerei weitermalen, eine Malerei abmalen, einen Ausschnitt aus der sichtbaren Umwelt anschauungsbezogen malen...

Versachlichen

Exemplarischer Vertreter: Parramón (oder z. B. auch Bob Ross)

Malprozesse lassen sich auch auf sachbezogene Weise zerlegen und demgemäß lehren. Die ‚Sache' umfasst dabei Beschaffenheit der Materialien, die angewendete Maltechnik und all ihre kleinschrittigen handwerklichen Teilschritte. Die Lernenden erproben nicht,

56 Vgl. Strukturmodell in Fauser (2014)

57 Von „Erfahrung" spreche ich hier in dem starken Sinn, den John Dewey auch zur Grundlage seines Lernbegriffes machte: Vgl. Dewey (1934/1988).

sondern führen aus. Malpragmatische Regeln werden übernommen aus nachvollziehbaren Erläuterungen, Gegenüberstellungen, Vorführungen usw. Das Farb- und Malverständnis fokussiert sich auf den Materialwert jeweiliger Malfarben und auf objektivierbares Ausführungswissen. Innerhalb dieses Methodenfeldes könnte Unterricht beispielsweise exakte ‚Mischrezepte' für Farbtöne vorgeben, Mischverhältnisse in die Summe einzelner Farben aufschlüsseln, einen ganz bestimmten Gebrauch der Malwerkzeuge einüben, einzelne Malschritte dogmatisch vorgeben, Ausgangsfarben begrenzen.

Bob Ross' diverse Videos, z. B. auf YouTube zugänglich, ermöglichen den sachlichen Nachvollzug des Malprozesses. Meist werden zuerst alle sachlichen Voraussetzungen (exakte Farbangaben, Malwerkzeug, Malgrund) aufgelistet. Dann führt er Schritt für Schritt vor und kommentiert jede seiner Malhandlungen – das Auswaschen des Pinsels und das Trocknen durch Ausschütteln werden dabei als gleichrangig wichtige Handwerkstipps behandelt wie der anzulegende Winkel und der ausgeübte Druck beim Anlegen einer Malspachtel am Bild usw.

Zusammenfassende Systematik

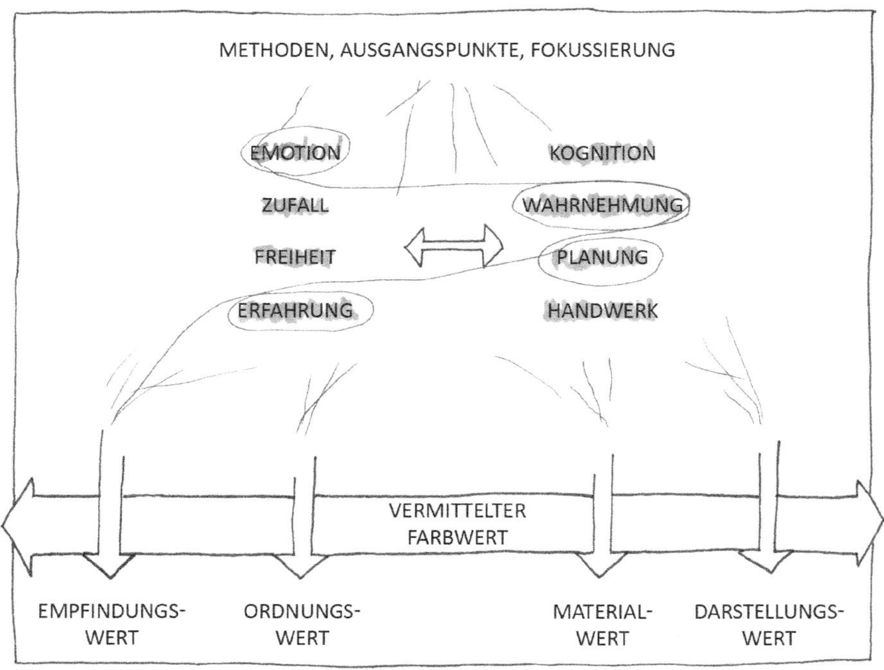

Abb. 10: Zusammenfassende Systematik maldidaktischer Ansätze

In allen beschriebenen didaktischen Ansätzen wird Malerei als ein eigener, spezifischer Gestaltungsbereich mit eigenen Gestaltungsmöglichkeiten verstanden, die weder in der Zeichnung, noch in der Plastik auf gleiche Weise gefordert werden. Trotzdem sind die maßgeblichen Leitgedanken, Vorgehensweisen und Ziele grundverschieden. Eine kategorienbezogene Systematisierung hilft Transparenz zu erzeugen. Je nach Paradigma verläuft jeder Lehr-Lern-Weg auf den Skalen leitender Begriffsoppositionen näher bei dem einen oder anderen Pol. So ergeben sich folgende polare Positionen von Lehre:

Planung ↔ Freiheit: Malen wird planmäßig gemäß einer vorgegebenen Struktur (z. B. Entwicklungsphasen) erlernt vs. Malen wird frei und ohne jeglichen Referenzrahmen erlernt.

Kognition ↔ Emotion: Malen wird durch Kognition d.h. durch Begreifen von Theorie über Farbphänomene und aus Farbsystematiken erlernt vs. Malen wird durch expressives Vorgehen erlernt.

Wahrnehmung ↔ Zufall: Malen wird durch Anschauung von Kunstwerken und Phänomenen der Natur und durch Mimesis erlernt vs. Malen wird durch aleatorische, spielerische und experimentelle Verfahren und sinnliches Handeln erlernt.

Handwerk ↔ Erfahrung: Malen wird durch Einübung und Perfektionierung der handwerklichen Technik erlernt vs. Malen wird durch strukturiertes Handeln und gezieltes Sammeln von Erfahrungen erlernt.

Das methodische Handeln zwischen diesen Polen kennt scheinbar unendlich viele Varianten – und dennoch bestimmt jede Positionierung tendenziell recht klar, wie Lernende malen und wie sie Farbe und Malerei verstehen werden:

- *Empfindungswert:* Farbe als subjektive, empfindungsgemäße Qualität; Malerei als Spiegel und individueller Ausdruck eigener innerer Empfindung (z. B. Ott).
- *Ordnungswert:* Farbe als absolute, objektive und in Ordnungen systematisierbare Größe; Malerei als auf Harmonie- und Kontrastgesetzen beruhende Farbgestaltung (z. B. Schwerdtfeger), teilweise auch als der Zeichnung untergeordneter Gestaltungsbereich, bei dem die Farbe dem Motiv beigefügt ist.
- *Materialwert:* Farbe als materielle Farbsubstanz; Malerei als analytische Anwendung von theoretischem Wissen (z. B. Bob Ross) und als konkretes Handwerk und darstellende Anwendung einer bestimmten Farbskala (Palette), deren Zusammenstellung sich aus den farbtechnologischen Möglichkeiten und dem farbigen „Stil" einer jeweiligen Malschule begründet.
- *Darstellungswert:* Farbe als relationale, intersubjektiv verhandelbare, variable und kontextabhängige Größe, die sich nie in absolute Schemata zwängen lässt; Malerei als wahrnehmungsbezogene und handwerkliche Übersetzungsleistung eines in Kontexte gebundenen Subjekts (z. B. Pawlik).

3.2.2 Positionierung im Feld

Das Repertoire von möglichen Vermittlungsansätzen und theoretischem Farbwissen ist offensichtlich groß. Dennoch blieben klar lehrbare didaktische Konkretisierungen im Umgang mit dieser methodischen Vielfalt bisher aus. Die im realen, konventionellen schulischen Kunstunterricht praktizierte Lehre von Farbe und Malerei beruht zu oft auf isoliertem „Inselwissen", das nur Teilbereiche des weitläufigen Phänomens streift, anstatt seine Komplexität in allen Facetten zu erfassen. Jede einseitige, dogmatische Nutzung der Methodenfelder geht jedoch an der Farbrealität vorbei und verengt das Verständnis und die Möglichkeiten farbiger Darstellung. Die didaktische Konsequenz und Handlungsempfehlung ist, Abstand zu nehmen von methodischer Polarisierung und Ausschließlichkeit. Es gibt nicht die eine bewährte Methode, die sich rezepthaft in jedem Unterricht abspulen lässt.[58] Jede Methode impliziert und vermittelt bestimmte Farbverständnisse und Auffassungen von Malerei. Die Verabsolutierung von Methoden, wie es in der Tradition reformpädagogischer empfindungsgemäßer Konzepte und auch in Tradition der farbsystematischen Bauhauslehren geschah, verkürzt den umfassenden Farbbegriff auf grobe Weise – z. B. indem wahrnehmungsbezogene Farbvergleiche prinzipiell ausgeschlossen werden.

Sachgemäßes Lehren und Lernen wird aber erst möglich durch zielgerichtetes Ergänzen und Verschmelzen des gesamten Methodenspektrums. Methoden dürfen nicht mehr geangelt, sondern müssen bewusst ausgewählt werden – im Blick auf die Lerngruppe und das Lernziel. Sie müssen nebeneinander existieren und in Wechselwirkung treten können, anstatt in Konkurrenz oder Beliebigkeit. Grundlegend darf nicht mehr die isolierte Methode sein, sondern ganzheitliches, weitblickendes, bewusstes methodisches Handeln, das zu jedem Zeitpunkt

- *sachgemäß* (durch unverkürzte Berücksichtigung des variablen, weiten, komplexen Wesens von Farbe/ Malerei),
- *entwicklungsgemäß* (durch Berücksichtigung des Lernstandes im Sinne von handwerklichem und wahrnehmungsbezogenen Vorwissen und Vorerfahrung)[59] und
- *bildungsgemäß* (durch relevante, lebensnahe Bezüge zu Kultur, Kunst, Alltag, Beruf usw.) gestaltet ist.

Erst die übergeordnete Einbettung jeder einzelnen Methode in dieses sinnvolle, anthropologische und hermeneutische kunstdidaktische Lehr-/Lernverständnis kann eine Kongruenz und synergetische Wirksamkeit der Methodenfelder erzeugen. Dann stehen nicht mehr die Methoden im Fokus, sondern der Umgang damit. Denn gemeinsam ist allen, dass letztlich jedes Malen seinen Ausgangspunkt und seinen Verlauf in Imaginationen nimmt. Diese bilden sich durch das verhandelte Wahrnehmen und Darstellen von Farben. So kann auch das vorprogrammierte Scheitern beim Ausmalen des Itten-Farbkreises mit Wasserfarbe Erkenntnisse bringen – aber nur insofern dieses Darstellungsproblem auch auf der Ebene des Vorstellens und Wahrnehmens bewusst thematisiert, verhandelt und praktisch bearbeitet wird. In dogmatischer Anwendung ohne Erzeugung von Resonanzverhältnissen bleibt die Übung dagegen weitgehend sinnlos. Es bleibt die Kernfrage,

58 Vgl. die kritischen Bemerkungen bei Seydel (2009)

59 Regel (1961) entwirft bspw. ein systematisches Curriculum zur Förderung und Entwicklung des Darstellungsvermögens, des Gestaltungsvermögens und bildnerisch-technischer Fertigkeiten - von Klasse 1 bis 12 ausgerichtet auf eine zunehmend erscheinungsgemäßere Darstellung.

wie den Lernenden geholfen werden kann, mit Hilfe geeigneter Wahrnehmungs- und Vorstellungshilfen farbige Phänomene differenziert zu verstehen und sie entsprechend ihrer Wahrnehmungen und Vorstellungen und Darstellungsfähigkeiten darzustellen. „*Farben wahrnehmen, vorstellen und darstellen*“[60] muss demnach als übergeordnetes, vereinendes und verbindendes Methodenfeld verstanden werden, in dem alle beschriebenen Teilaspekte integriert sind. Ziel bleibt, die reiche, breite Komplexität von Farbe und Malerei mit Kindern und Jugendlichen endlich in ganzem Umfang zur erschließen – ohne sie dabei zu überfordern. Grundlegend hierfür sind

a) das entwicklungsgemäße sensible Reagieren auf Lernvoraussetzungen (Entwicklungsstand, Interessen usw.)
b) die didaktische Segmentierung des komplexen Feldes in Teilziele (Lerninhalte, Lernschritte, Lernabfolgen usw.)
c) die konstante sachgemäße Ausrichtung auf ein breites Verständnis von Farbe und Malerei.

Erst indem ich als Lehrperson erkenne, was die Lernenden schon über Farbe und Malerei wissen und was sie bereits können, kann ich ihnen ein weiterführendes Lernangebot unterbreiten, das ihr Farbverstehen dichter, komplexer und damit vollständiger werden lässt.[61]

Die in Kapitel 4 und 5 folgende Unterrichtsforschungsstudie hat das Ziel, die so verstandenen malerisch-darstellerischen Lehr-Lern-Prozesse im Feld von Vorstellung, Wahrnehmung und Darstellung empirisch nachzuweisen. Daraus abgeleitete konkrete Praxishinweise runden die Forschungsstudie ab.

60 Dazu Kap. 2.2.2 und Kap 4 und 5
61 Vgl. Gonser (2016a)

EMPIRIE I

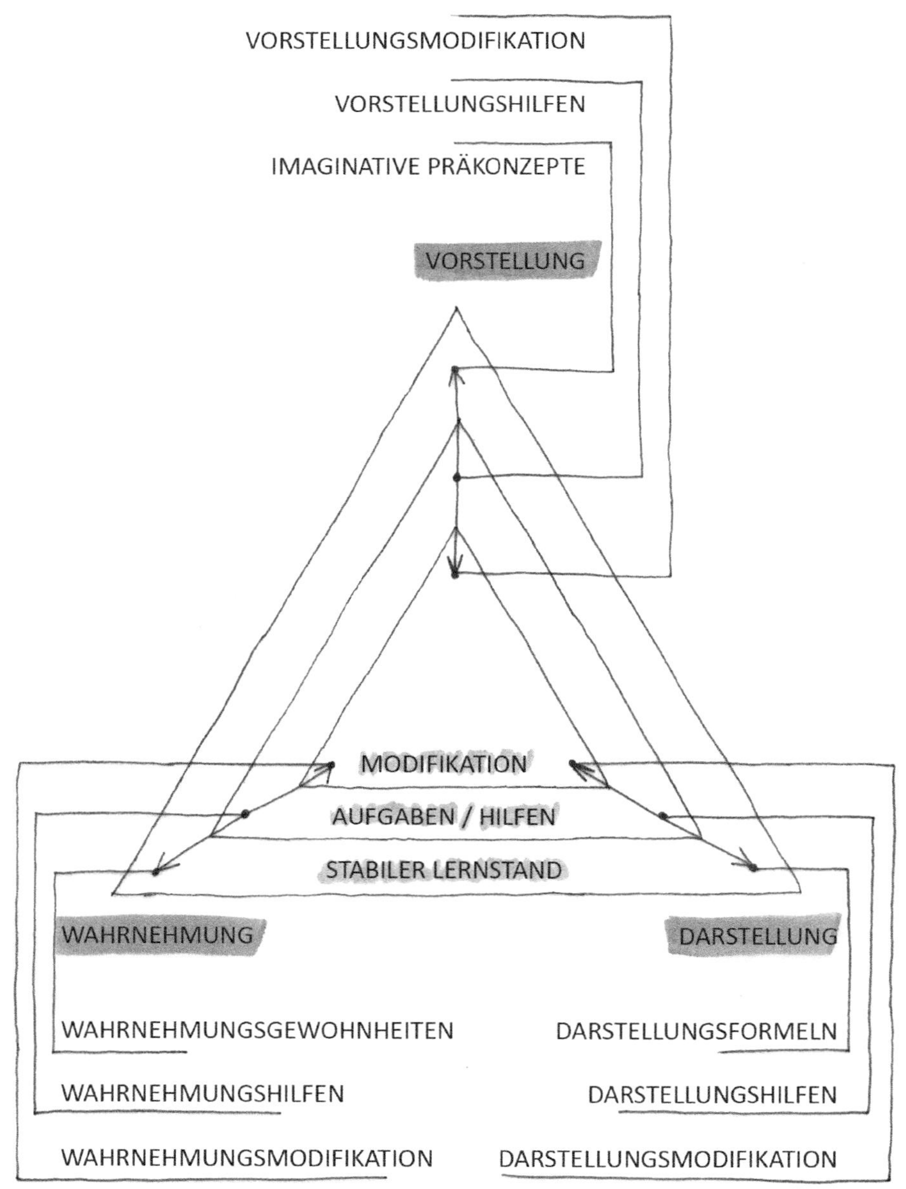

Abb. 11: Kapitel 4

4. Modell einer relationalen, mimetischen Maldidaktik

Das nachfolgende Kapitel greift auf die Ergebnisse der vorangegangenen Theorieanalysen zurück: Kongruent zur Theorie wurde ein Modell einer relationalen Maldidaktik entwickelt. Es entstand aber nicht nur in der einseitigen Bearbeitungsrichtung von der Theorie ausgehend auf das Modell hin – sondern ebenso von der Empirie ausgehend auf das Modell hin. Im ersten Schritt wurde das Modell deduktiv aus der Theorie entworfen, im zweiten Schritt induktiv durch die empirischen Beobachtungen weiter in seinen Inhalten und Gliederungsformen geschärft. Die rekursive Kreisläufigkeit dieser Denkbewegung entspricht den Grundsätzen der Hermeneutik: Ohne Theorie kann kein didaktisches Modell entwickelt werden und ohne konkrete, modellgeleitete Handlungserfahrung bleibt Theorie ein fragiles Konstrukt.[1]

Damit stellt dieses Kapitel auch das Bindeglied zwischen Empirie und Theorie dar: In der modellgeleiteten Anwendung wird die Theorie konkretisiert und in der Unterrichtsforschung überprüft und reflektiert.

Zunächst resümiere ich die leitenden Prämissen (Abschn. 4.1), die aus der Theorie deduziert sind. Dies ist nötig, weil sie später als Interpretationshorizont für die nachfolgende Auswertung der empirischen Befunde dienen. Es folgt die Konkretisierung der maldidaktischen Theorie, in der die Erkenntnisse konkret auf den Bereich des Malens transferiert werden. Im malerischen Lernprozess zeigen sich eigene, domänenspezifische Herausforderungen zwischen Wahrnehmung, Vorstellung und Darstellung, die im Detail herausgearbeitet werden (Abschn. 4.2). All diese Darlegungen bündeln sich im Entwurf eines didaktischen Modells, das die zentralen Aspekte von Wahrnehmung, Vorstellung und Darstellung in ein klar definiertes Verhältnis bringt (Abschn. 4.3). Aus diesem Modell ergeben sich dann die forschungsleitenden Thesen als direkte Brücke zur Empirie (Abschn. 4.4).

4.1 Prämissen

Mein Forschungsvorhaben gründet in einem Verständnis von Didaktik, das aus der in der Arbeit schon mehrfach aufgegriffenen, dreigliedrigen Relation von *Sache, Mensch und Bildung*[2] besteht. Anfangs stellte sich mir die Frage[3], wie sich diese dreigliedrige Relation in der grundsätzlichen Disposition der Maldidaktik zeigt:

- *Sache:* Der Sachgegenstand ist *das Malen*, also ein menschliches Darstellungshandeln. Malen ist ein spezifischer Gestaltungsbereich mit eigenen Gestaltungsmöglichkeiten, die weder in der Zeichnung, noch in der Plastik auf gleiche Weise gefordert und gefördert werden. Zu den spezifischen Herausforderungen des Malens gehören besonders das *Sich-Lösen von linearen Umrissformen, das wahrnehmende und*

1 Vgl. Erläuterungen zur hermeneutischen Methodik in Kap. 5.1.1

2 Im Rückbezug zu Kap. 1.3

3 Vgl. Kap. 1

verstehend-schematisierende Erfassen von Farbflächen, das imaginative Zerlegen und Zusammensetzen von wahrgenommenen Farbtönen oder das farbliche Verbinden von Figur und Grund. Unterschiedliche *Materialien* (Malgrund, Malmaterial) und *Malweisen* (Farbwahl, Farbauftrag, Farbverteilung, Duktus usw.) bestimmen die malerische Vielfalt. Farbe ist Werkstoff der Malerei. Farben sind vielfältig, komplex, stets relational, variabel und kontextabhängig – es existieren keine allgemeingültigen Farbschemata und -definitionen. Malen vereint damit *poietische, theoretische und praktische Bezugsfelder.*[4]

- *Mensch:* Das anthropologische Bezugsfeld ist *der malende Mensch*, der in sichtbarem und kommunikativem Austausch mit seiner dinglichen und sozialen Umwelt steht, sie wahrnimmt und sich daran bildet. Er nimmt die farbige Welt nicht passiv, mechanisch oder fotografisch abbildend auf, sondern im resonanten, mimetischen, interpersonalen Handeln – im fluiden Kontext spezifischer Zeit-Raum-Personen-Konstellationen. Wahrnehmung stellt folgerichtig keine physiologische Konstante dar, vielmehr eine gebundene, bildungsfähige und -bedürftige veränderliche Größe.[5] Dieses Wahrnehmungsverständnis knüpft immer auch an anthropologisch konstante Voraussetzungen (wie Farbwahrnehmungsgesetze) an. So ist besonders das Gesetz der Farbkonstanz[6] zu beachten. Wie Malende die farbige Welt wahrnehmen und darstellen ist gleichsam an den Stand ihrer kognitiven und motorischen Entwicklung gebunden. Auch Entwicklung ist nicht als universeller Prozess mit einer festgelegten, kontinuierlich steigenden Richtung zu verstehen. Vielmehr ist ein Entwicklungsstand auch als „Lernstand"[7] zu begreifen. Denn vor dem Hintergrund eines anthropologischen Lernbegriffs findet Lernen in *intersubjektiven Situationen gemeinsamer Aufmerksamkeit* statt und kann pädagogisch intentional beeinflusst werden. Lernen heißt in diesem Sinne die eigenen Vorstellungen mit anderen Menschen durch verbale, gestische oder bildliche Darstellung zu verhandeln, zu teilen und sie gleichzeitig durch den Nachvollzug fremder Vorstellungen zu stabilisieren und zu modifizieren.
- *Bildung:* Die planvolle *Bildung des Malen-Könnens* wird unabhängig von Begabung als für jeden Lernenden realisierbar angesehen. Es ist von Gesetzmäßigkeiten des sukzessiven Aufbaus auszugehen: Malerische Darstellungsformeln werden bestimmt durch motorische und kognitive Fähigkeiten. Diese werden aber nicht festen Altersstufen zugeordnet, da ihre Entfaltung von vielschichtigen inneren (persönliche Bedarfe, Interessen, körperliche Voraussetzungen usw.) und äußeren (Verfügbarkeit materieller, kultureller Bildungsressourcen) Faktoren abhängt. Es wird von verbindenden, typischen, konventionellen Gemeinsamkeiten ausgegangen – -- ebenso von individuellen Profilen und Besonderheiten der Entwicklungsverläufe, die aktuelle Lernstände bedingen.

4 Vgl. Kap. 2.1
5 Vgl. zu diesem prinzipiellen Wahrnehmungsverständnis Gibson (1982)
6 Vgl. Kap. 2.2.2: Farbwahrnehmung, -vorstellung und -darstellung
7 Vgl. zum Begriff „Lernstand", Kap. 2.2.2

Die genannten, aus der Theorie gewonnenen Prämissen stellen trotz ihrer affirmativen Formulierungen zunächst Hypothesen dar. *Wie lässt sich ihre Setzung dennoch methodisch begründen?* Die Prämissen liefern notwendige fokussierende, handlungsleitende Ansatzpunkte für die Empirie, die im nachfolgenden Kapitel weiter ausgeführt und später in der Unterrichtsforschung konkretisiert und interpretiert werden. Alles Forschen könnte (wie Handeln) – in hermeneutischer Perspektive gesehen – nicht zielführend beginnen ohne ein erstes „hypothetisches" Handlungsziel und einen dadurch definierten Handlungsrahmen.[8]

4.2 Transfer: Resonanzräume des Malens

Die Anwendung der Prämissen auf die Maldidaktik[9] schafft eine überraschend klare Strukturierung spezifischer Lernherausforderungen des Malens nach der Anschauung, die im Resonanzraum von Wahrnehmung, Vorstellung und Darstellung verortet sind. Sie lauten:

- *Wahrnehmung*: Gesetz der Farbkonstanz ausschalten und Beleuchtungskante als Reflektanzkante wahrnehmen durch Fokussierung der Aufmerksamkeit, durch zerlegendes Sehen der Farben, durch vergleichendes Sehen zwischen Farben und durch Bildsehen des Farbganzen.
- *Vorstellung*: Variabilität und Kontextualität von Gestalt und von Farbe durch Sensibilisierung der Wahrnehmung, durch deiktische Gesten/Gespräche, mimetisches Handlen und durch Wissensinput anerkennen. Sich Form, Raum, Farbe als getrennte Elemente vorstellen (imaginativ zerlegen) und dann wieder imaginativ zusammenführen.
- *Darstellung*: Die Ausgangsfarben als reglementierendes Darstellungs-system verstehen und dann bewusst mischen und farbgestalterisch auftragen.

Wie verwirklichen sich diese theoretischen Prozesse? Wie gelangen Lernende zu einem differenzierten Farbgestaltungskönnen? Welche imaginativen/kognitiven und motorischen Operationen erlernen sie dabei, die das Malen-Lernen als allgemeines (schulisches) Bildungsziel rechtfertigen?

Um didaktische Schlüsse ziehen zu können, müssen die beteiligten Resonanzpraktiken[10] des Wahrnehmens, Vorstellens und Darstellens von Farbe weiter in ihre Details zerlegt werden. Das geschieht in einer Reihenfolge, die sich aus den empirischen Beobachtungen rückwirkend (induktiv) ergab. In der Gliederung spiegelt sich zwar eine gewisse Chronologie des Anfangens, gleichzeitig sind aber alle Aspekte auch wechselbezügliche Momente eines endlosen Kreislaufs des anschauungsbezogenen Malens zwischen Wahrnehmen, Vorstellen und Darstellen (dazu Abb. 12): Diese Teilprozesse des Malens (mit mimetischen Bezügen zu Sichtbarem) werden im Folgenden näher betrachtet: Malen ist zunächst zu verstehen im Kontext des Kontinuums des Sprechens über Farbe und des Zeigens auf Farben (Abschn. 4.2.1). Sodann ist zu bedenken, wie sich ein holistisch-

8 Vgl. Kap. 5.1.1

9 Transfer in Analogie zu Kap. 2.2.1

10 Vgl. allgemeine Resonanzpraktiken in Kap. 2.2.1

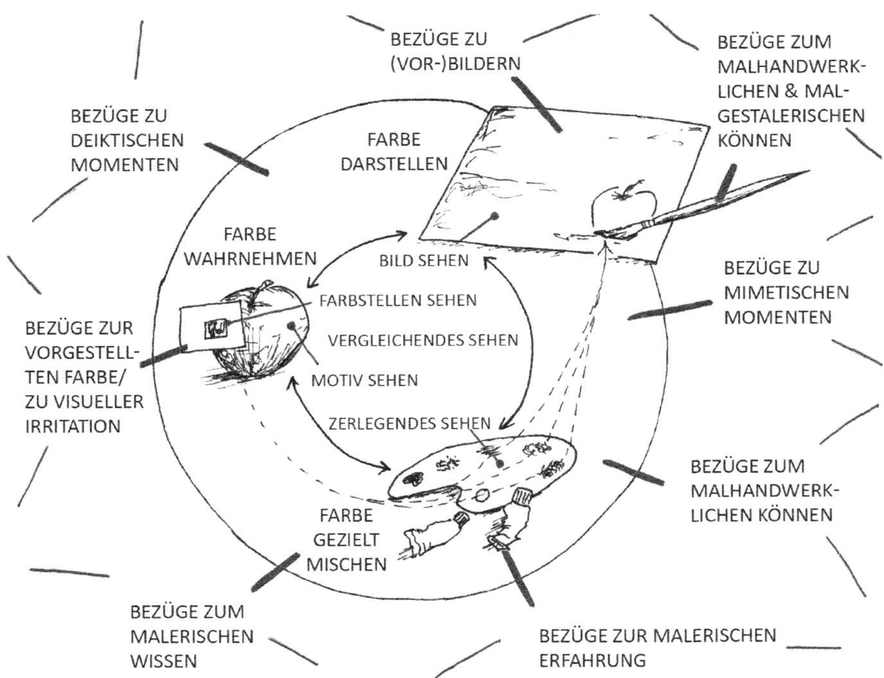

Abb. 12: Resonanzräume des Malens

impressives von einem fokussierten und zerlegenden Sehen unterscheidet (Abschn. 4.2.2). Sodann ist zu explizieren, wie sich ein normales Dingsehen von einem erweiterten Bildsehen unterscheidet (Abschn. 4.2.3) und welche Rolle dabei das vergleichende Sehen einnimmt (Abschn. 4.2.4). Des Weiteren ist das Phänomen der visuellen Irritation in seiner Bedeutung für das malerische Sehen und Darstellen zu thematisieren (Abschn. 4.2.5). Erst auf dieser Basis ist synthetisch zu explizieren, was malerische „Übersetzung" von Wahrnehmung in Darstellung ist (Abschn. 4.2.6) und welche zentrale Rolle dabei die Farbimagination spielt (Abschn. 4.2.7).

4.2.1 Über Farbe Sprechen und darauf zeigen

Im Blick auf ein reales Arrangement von Dingen oder auf ein Gemälde identifizieren Lernende problemlos Äpfel oder Zwiebeln. Sich auf die Farbigkeit unabhängig vom gegenständlichen Erfassen und Benennen zu konzentrieren, bedarf dagegen im Lernprozess einer sensiblen Umstellung der Wahrnehmungsaufmerksamkeit. In diesem Moment des Umstellens von Form- auf Farbaufmerksamkeit geht es zuerst um das Sich-Einlassen auf Farbigkeit außerhalb des identifizierenden Formerfassens. Inhaltliche und formale Klärungen/Entlastungen und Fragen zu Bildern müssen zugelassen und vorangestellt werden, bevor sich die Aufmerksamkeit auf die Farbe als solche fokussieren kann. Inhaltsleere, rein formal-abstrakte Farbgespräche („Wie sind denn die Farben in dem

Bild?" „Welche Stimmung herrscht hier?" usw.) verlieren sich dagegen schnell in einem orientierungslosen, vorstellungsleeren Raum.

Dennoch ist die Konzentration auf Farbe nicht gänzlich neu für Schülerinnen und Schüler: Sie kennen sie auch aus dem Alltag, beispielsweise von der Wahl und farbigen Zusammenstellung von Kleidung. Derartige Lebensweltbezüge können gestisch und verbal durch die kunstpädagogische Pendelbewegung[11] zwischen Material, Bild und Sprache ständig hergestellt und assoziiert werden.

Das *Sprechen über Farbe und das Zeigen auf Farbe* sind mithin essenzielle Resonanzpraktiken[12], um Aufmerksamkeiten zu lenken, zu fokussieren und zu teilen. Dennoch lässt eine sprachliche Identifikation einer „rötlichen Stelle" keinen automatischen Rückschluss auf die darstellerische Übersetzung des Nachmischens zu.[13] Die sprachliche Darstellung von Farbe ist zunächst nicht notwendig verbunden mit ihrer bildnerischen Darstellung. Sie ist zunächst nur ein Teil des Feldes von Wahrnehmung und Vorstellung. Begriffliche Vorstellung kann aber später durch den Aufbau von handwerklichem und gestalterischem Können in malerisches Darstellungskönnen übergehen. In jedem Fall hat farbbegriffliches Denken eine wichtige Funktion im Erwerb dieses Könnens.

Auch die Beziehung zwischen begrifflichem Benennen und der Farbwahrnehmung ist keine Einweg-Kausalbeziehung: Menschen können auch Farben wahrnehmen, für die sie kein Wort in ihrer Muttersprache kennen.[14] Dennoch bleibt die synergetische Wechselbeziehung und Verdichtung zwischen anschaulicher und verbaler Sprache einerseits, Zeigen und Sprechen andererseits ein essentielles Bezugssystem.[15] So wird meist gleichzeitig auf eine Farbstelle gezeigt und dabei wird sie begrifflich beschrieben. Die verbale Sprache alleine bliebe beim Verhandeln über Farbe weniger eindeutig.

Menschen können Farben nur sehr kurzzeitig exakt memorieren (höchstens 30 Sekunden). Für das Kurzeitgedächtnis sind Farbnamen irrelevant. Für die Speicherung und das Wiederabrufen von Farben im Langzeitgedächtnis ist die verbale Codierung dagegen hilfreich.[16]

Doch wie sprechen Menschen überhaupt über Farben und wie können Menschen lernen, möglichst präzise darüber zu sprechen? Der Farbwortschatz ist bei den meisten Europäern (gemäß Berlin-Kay-Hypothese[17] über große Kulturunterschiede hinweg) relativ begrenzt auf 7-11 Farbkategorien: Schwarz, Weiß, Rot, Gelb, Grün, Blau, Braun, Orange, Rosa, Violett, Grau.[18] Daraus resultiert ein gewisses Unvermögen, exakt über Farben zu sprechen. Wird die Relation zwischen den Farben aber imaginativ erfasst, dann genügen diese begrenzten Kategorien und einige Sprachzusätze, um präzise darüber zu sprechen. Die Sprachzusätze bestimmen die Relationen zu Vergleichsfarben/-objekten:

11 Glas (2006c) spricht vom „Paradigma des Pingpong zwischen Bild – Wort – Text"
12 Vgl. Abb. 12
13 Vgl. Wittgenstein/Anscombe (1979), S. 92
14 Vgl. Le Rider (2000), S. 285
15 Vgl. Buether (2010), S. 474
16 Vgl. Schawelka (2007a), S. 188 ff.
17 Vgl. ebd., S. 163 ff.
18 Vgl. Hansen/Gegenfurtner (2007), S. 288 f.

- Helligkeitsrelationen („dunkler als, heller als…")
- Sättigungsrelationen („leuchtender als, stumpfer als, stärker als, schwächer als,…")
- Kontrastrelationen („verträglich mit, verwandt mit, durchtränkt von, herausstechend zwischen, …")
- Bewegungsrelationen („wild, still, schillernd, glitzernd, funkelnd, schimmernd, …"[19])
- Tiefenrelationen („durchsichtig, tief, glühend, …")
- Dingrelationen („wie Sand, sand-farben, ...").

Je nach kultureller Sprachgemeinschaft und je nach Bezugnahmen (Sapir-Whorf-Hypothese) erhalten die Farbkategorien dann unscharfe Ränder, so dass beispielsweise die Grenzen dessen, was noch als Weiß bezeichnet wird, relativ sind.[20]

Ob Sprache hilft, Farben sichtbar zu machen oder ob sie sogar verhindert den Farbreichtum wahrzunehmen, wird je nach angenommenem Verhältnis zwischen Denken und Sprechen[21] verschieden ausgelegt. In einem relationalen Verständnis von Lernen wird eine Interaktivität zwischen Sprechen und Denken über Farbe angenommen, so dass das Gespräch über Farbe das Denken über Farbe gleichermaßen irritieren oder begrenzen, sowie klären oder erweitern kann. Deiktische, verbale und gestische Momente liefern besonders bei der aufmerksamkeitslenkenden Initiierung von Lernprozessen wichtige Resonanzpraktiken zwischen Verweisen und Erklären. Das deiktische (sprachliche und gestische) Kommunizieren über Farbe ist damit ein zentrales Aufgabenfeld der allgemeinen Bildung im Kunstunterricht.

4.2.2 Fokussierung auf eine Farbe: Zerlegendes Sehen

Menschen können ihre Wahrnehmung in gewissem Maße selbst steuern und beeinflussen.[22] Besonders Farbwahrnehmung verlangt danach, gestaltbezogene Wahrnehmungsgesetze in einem gewissen Maße auszuschalten. Das *zerlegende Sehen* ist dabei eine Sehtechnik, die hilft, eine Farbe losgelöst vom Umfeld wahrzunehmen und die imaginative Annahme einer Farbkonstanz auszuschalten (Beleuchtungskante als Reflektanzkante wahrnehmen). Zerlegendes Sehen meint die imaginative Fokussierung auf ein isoliertes, partielles Wahrnehmungsfeld. Im Bereich der Farbwahrnehmung verlangt zerlegendes Sehen folglich ein von der Form unabhängiges Wahrnehmen von *Farbstellen*. Die Voraussetzung für diese Sehweise ist die Konzentration auf Farbe als eigenständiges, ungebundenes Wirkungsmittel. Zerlegendes Sehen ist demnach weder Motivsehen, noch Bildsehen[23] – und dennoch in beidem impliziert.

Für Kinder und Jugendliche erscheint das Motivsehen der natürliche Ausgangspunkt der rezeptiven und darstellerischen Aufmerksamkeit zu sein. Die Wahrnehmungsvariation hin zum zerlegenden Sehen muss daher sensibel als Lernherausforderung und Eingriff

19 Vgl. Rothhaupt (2007), S. 71 ff.
20 Vgl. Schawelka (2007a), S. 170
21 Vgl. Kap. 2.2.1
22 Vgl. zum „Aspektwechsel" in Kap. 2.2.1: Wahrnehmung
23 Vgl. Sowa (2010b)

in habitualisierte Imaginationsmuster verstanden werden. Nur durch Übung und Hilfestellungen – wie die Begrenzung des Wahrnehmungsfeldes durch kleine Rahmen o.ä. – können Kinder und Jugendliche eine vom Motivsehen differente Wahrnehmungsweise einüben. Zerlegendes Sehen ist die perzeptive und imaginative Voraussetzung für das Nachmischen gezielter Farbtöne.[24]

4.2.3 Wahrnehmungsfeld erweitern: Bildsehen

Malen verlangt neben dem zerlegenden Sehen auch gegenläufige Wahrnehmungsprozesse, die die einzelne *Bild-/Farbstelle* im Gefüge des *Bild-/Farbganzen* erkennen lassen. Beim elaborierten Malen findet ein ständiges Oszillieren zwischen Farbstelle (zerlegendes Sehen), Figur (Motivsehen) und Bild (Bildsehen) statt. Für Kläger ist Malen „die durchgängige farbige Gestaltung von Grund und Figur"[25], für Reiß die malerische Gleichbehandlung von Figur und Grund. Reiß betont, dass für das durchschnittliche Kinderbild die eindeutige Trennung von gemeinter Figur und Hintergrund grundlegend ist – dennoch seien Kinder in der Lage diese Trennung mit malerischen Mitteln aufzulösen.[26] Die Herausforderung dabei ist, Figur und Grund als gleich relevant für die eigene Bildgestaltung zu erachten. Dazu muss die Aufmerksamkeit auf den Hintergrund fokussiert werden – z. B. durch das Setzen von ausgeschnittenen Motiven (Figur) auf unterschiedliche Gründe und durch die Diskussion der jeweiligen Wirkungsweisen.

Malerisches Bildsehen bedeutet neben der Gleichbehandlung von Figur und Grund auch das Absehen von vordergründiger Fixierung auf Gestaltprägnanz. Unbestimmtheitsstellen bezüglich spontan als „klar" aufgefasster Formen müssen bemerkt und zugelassen werden: Malerisch dargestellte Formen kommen auch ohne klare Konturen aus. Gemälde in extrem malerischer Ausführung verweigern dem Auge sogar, sich scharf zu stellen und Farbgrenzen zu identifizieren. In der gewöhnlichen Wahrnehmung bei klaren Sichtverhältnissen erscheint stets irgendein Element abgesondert vor einem Grund. Maler wie Monet und Cézanne brechen aber mit diesem Grundsatz und schaffen oszillierende Farbübergänge, wodurch Unbestimmtheit in der Wahrnehmung entsteht.[27]

4.2.4 Vergleichendes Sehen

Der Blick wandert beim Malen ständig, um aus mimetischen Vergleichen zwischen Farbstellen Erkenntnisse zu gewinnen. Wenn wir aktuell eine Farbe sehen, ist uns stets eine andere mitgegenwärtig – sei es, weil sie benachbart ist, sei es, weil wir sie kurz zuvor fokussiert hatten. Zwischen aktuell fokussierter und mitbewusster Farbe wirkt eine imaginative Differenz, aus der unsere Malhandlungen ihre Möglichkeiten schöpfen. Wir können diese Differenz z. B. durch handwerkliches Mischen und darstellendes Zusammenfügen im Bild verringern oder aufheben, was dann durch den vergleichenden Blick

24 Vgl. Schaubild in Kap. 2.2.2
25 Kläger (1997), S. 29
26 Vgl. Reiß (1996)
27 Vgl. Boehm (2006), S. 244 ff.

auf die Anschauungsbezüge überprüft werden kann – usw. Dieselben imaginativen, resonanten Fragen setzen immer wieder neu ein: *Ist die dargestellte Farbe zu hell oder zu dunkel, zu trüb oder zu bunt im Vergleich zu meinem Anschauungsbezug und meiner Vorstellung? Sind meine Ausgangsfarben die richtigen oder benötige ich weitere? Habe ich die Farbe zu dick oder zu dünn aufgetragen?* ...

Zerlegendes Sehen, Motivsehen und Bildsehen sind Voraussetzungen für das Anstellen von visuellen Vergleichen. Beim Malen meint *vergleichendes Sehen*:

- Farbstellen im eigenen Bild mit externen Farbwerten (Farbpalette, Farbe in Kunstwerken, Farbe an realen Objekten, Bild des Sitznachbarn, usw.) zu vergleichen;
- das eigene Farbsystem (Farbwahl, Farbdifferenzierung, Farbzusammenhänge) mit externen Farbsystemen (von Kunstwerken, realen Objekten, usw.) zu vergleichen;
- den eigenen Farbauftrag (lasierend, verbindend, flächig, deckend, schichtend, Richtung, Struktur, usw.) mit externen Arten des Farbauftrags zu vergleichen;
- die eigene Auffassung des Gesamtbildes (Trennung oder Verbindung von Figur und Grund, Bemalung oder Freilassung von Grund, usw.) mit externen Auffassungen zu vergleichen; ...

Die Auflistung verdeutlicht die Komplexität des imaginativ-komparativen Resonanzfeldes beim Malen, das weit über das akut bearbeitete Bild hinaus reicht.

Vergleichendes Sehen ist nicht nur eine komplexe Sehtechnik und ein Verfahren der visuellen Konfrontation, sondern auch eine intellektuelle Operation, die eine wenigstens implizit bewusste Kategorienbildung voraussetzt. Oft strebt der visuelle Vergleich eine epistemische Funktion an: Das Erkennen von Gemeinsamkeiten und Unterschieden soll zurückwirken auf das bessere Verstehen der einzelnen Vergleichsobjekte.[28]

Das Gemeinsame ist keinesfalls als Gleichheit in einem Aspekt zu verstehen, sondern vielmehr als eine gemeinsame Ebene des Vergleichens.[29] So bietet beispielsweise die gemeinsame Ebene der Malerei ein Vergleichsbezug, der alle Gemälde untereinander vergleichbar macht – unabhängig davon wie verschieden Motive und Malweise erscheinen. Cézannes Gemälde animieren außerdem beispielsweise zum Vergleich untereinander, aber auch mit realen Objekten, denn seine gemalten Gegenstände sind keine reinen Abbilder der Natur: Sie haben eine eigene Struktur und dennoch werden sie sofort als dies oder das erkannt. Denn sie sind dem realen Apfel irgendwie ähnlich, so dass ein Vergleich einsetzen kann. So lassen sich durch vielschichtige Vergleiche auch Erkenntnisse ziehen, die keiner Gegenstandsebene angehören – z. B. über Farbspuren.[30]

Vergleichendes Sehen ist immer auch ein imaginativer Akt: Es ist unmöglich, Gegenstände *unmittelbar* miteinander zu vergleichen, denn das Sehfeld und das Zentrum der Aufmerksamkeit können stets nur auf einem Ding oder Bildelement ruhen. Im Prozess des Vergleichens bewegt sich der Augapfel und es liegt eine kurze Zeit zwischen den Ein-

28 Vgl. Bader u. a. (2010)

29 Die Frage nach den Grenzen der Vergleichbarkeit ist trotzdem berechtigt, da das Ausbleiben einer gemeinsamen Kategorie (*tertium comparationis*) vorstellbar bleibt. Auf diese Möglichkeit der *Unvergleichbarkeit* soll verwiesen werden, ohne sie hier weiterauszuführen.

30 Vgl. Spies (2010)

drücken der Bilder. Während das vergleichende Auge wandert, stellt sich unmittelbar die Imagination ein, so dass jede Vergleichskonstellation ein Vergleichen in der Erinnerung ist. Vergleichen zu üben, bedeutet also das Erinnerte mehr ins Bewusstsein treten zu lassen. Ein Bild abzumalen verlangt Re-Imagination im Sinne der Wiederaufrufung des Wahrgenommenen.[31] Beim Malen ruht die Aufmerksamkeit entweder auf dem eigenen Gemälde und der pinselführenden Hand *oder* auf einem momentan externen Anschauungsbezug (Farben, Werkzeuge, Bilder...) – so mischt sich auch hier innerhalb der Blickwege stets die Imagination ein.

Mimetische Darstellungsweisen sind daher nie simple Reproduktionen, sondern die Produktion von Eigenem in Hinwendung zur Welt (Wahrnehmung) und zu sich selbst (Vorstellung).[32]

Vergleichendes Sehen macht gleichzeitig sichtbar und unsichtbar. Während die Aufmerksamkeit sich auf den zu vergleichenden Aspekt fokussiert, werden andere Aspekte ignoriert. Wolf spricht vom „Abblendeffekt des vergleichenden Sehens".[33]

Vergleichendes Sehen kann methodisch vielfältig realisiert werden – spielerisch, intuitiv bis wissenschaftlich, exakt. Besonders relevant als kunstdidaktische Methode ist die bewusste Initiierung visueller Vergleichskonstellationen. Durch überlegt angeordnete Gegenüberstellungen können Erkenntnisse und Handlungsoptionen gewonnen werden. Außerdem können Vergleichsobjekte in Vergleich treten durch...

- eine hinsichtlich einer bestimmten Absicht herbeigeführte, überlegt angeordnete Gegenüberstellung mit dem erklärten Ziel, daraus Erkenntnisse zu gewinnen,
- zufälliges Nebeneinanderstehen von Dingen,
- plötzliche, ungeplante in Gedankenwelt einbrechende Vergleichsbezüge.[34]

Die Bezugsebene des Vergleichs kann nach der formalen (Farbe, Raum, Form, usw.) und inhaltlichen Richtung (historisch, ethnisch, usw.) unterschieden werden. Anwendungsbereiche des vergleichenden Sehens finden sich in allen Wissenschaftsdisziplinen:

- Kunstgeschichte, Archäologie (wissenschaftliches Instrumentarium zur Deutungsarbeit[35], Hängung im Museum, Anordnung von Bildern in Büchern usw.),
- Medizin (pathologische Vergleiche, Röntgenbilder vergleichen usw.),
- Biologie (botanische Vergleiche, morphologische Vergleiche usw.),
- Sport (Visualisierung von Bewegungen usw.),
- Bildungsmittel in Pädagogik (Farbvergleichspunkte usw.), ...[36]

---

31 Vgl. Gaier (2010), S. 123f.

32 Vgl. Gebauer/Wulf (1992)

33 Wolf (2010), S. 267

34 Vgl. Niehr (2010), S. 72

35 Bekanntlich benutzte Heinrich Wölfflin programmatisch zwei Diaprojektoren mit Vergleichsbildern, um seine Studierenden das vergleichende Sehen zu lehren. Diese Methode beruht auf der Einsicht in den hohen epistemischen Wert des Vergleichs. Vergleichendes Sehen wird hier zur zentralen Lehrmethode – eine Übernahme von Methoden, die in den modernen Naturwissenschaften schon längst geläufig waren, bevor sie in die Kunstwissenschaft eingeführt wurden.

36 Vgl. Bader u. a. (2010)

Beim bewusst arrangierten und intersubjektiv verhandelten Vergleich von Farben oder Malweisen in Lernsituationen gemeinsamer Aufmerksamkeit treten viele Wirkungsweisen hervor:

- Anknüpfungsfunktion des Vergleichs (Bekanntes neben Unbekanntem),
- *Vergleich als visuelle Irritation (Verunsicherung)*[37],
- Vergleich als Initiierung einer bewussten Wahrnehmungsstörung (Täuschung),
- Vergleich als Anregung zur Suche nach Wahrnehmungslösung (Problemlösung),
- Demonstrativer Wert: Lenkung des Blicks durch bewusst gesetzten Vergleich,
- Epistemischer Wert: Aus Differenz resultierende Erkenntnis,
- Malerische Darstellung als re-imaginierendes vergleichendes Sehen.

4.2.5 Umgang mit visueller Irritation

Eine mögliche intensive Wirkung, die sich durch visuelle Vergleiche ergibt, ist die *visuelle Irritation*. Beim direkten Vergleich von isolierten Farbfeldern wird beispielsweise das Wahrnehmungsgesetz der Farbkonstanz blockiert und die ‚objektiven' Farbwerte werden different wahrgenommen. So kann eine bisher als Weiß identifizierte Schneefläche durch den Vergleich mit reinem Weiß in ihren grau-blauen und sogar ockerhaltigen Nuancen erfasst werden. Normalerweise verbundene Wahrnehmungsleistungen werden aufgespalten und ein irritierender, verunsichernder Effekt erzielt, der den gewohnten, alltäglichen Wahrnehmungserwartungen und -gewohnheiten widerspricht.

„Ein Maler muss die Schattenseite eines weißen Hauses mit einer grauen Palette wiedergeben, die vielleicht dunkler ist als das Grau des Daches im Sonnenlicht."[38] Tritt diese Störung gewohnter Sehweisen in das Bewusstsein, wird beim Rezipienten ein *Gefühl der Verunsicherung* ausgelöst (was besonders an der „modernen" Malerei auffiel und ihr mitunter auch zum Vorwurf gemacht wurde). Plötzlich erleidet die angenommene Transparenz des phänomenalen Erlebens einen Bruch. Man ist sich nicht mehr sicher über den Wahrheitsgehalt des mit den eigenen Augen Gesehenen. Das Streben nach Exklusivität (Ausschließlichkeit von visuellen Interpretationen) wird nicht mehr befriedigt. Die Exklusivität ist evolutionär zu begründen und notwendig für sichere Handlungsplanung. Um Handlungen wieder sicher planen zu können, ergibt sich die Notwendigkeit, sich auf mühsame Reflexionsprozesse und die Suche nach einer exklusiven Wahrnehmungslösung einzulassen – bis hin zur Revision bisheriger Annahmen.

Allerdings verursacht erst die *bewusst registrierte* Wahrnehmungsstörung diese Reflexionsprozesse, nach denen manchmal einige Annahmen, die der Wahrnehmung zu Grunde liegen, ihre Selbstverständlichkeit verlieren. Verweigert man die Reflexion, so bleiben die gewohnten Mechanismen stabil und man entzieht sich der Verunsicherung. Im Alltag werden festgeschriebene Mechanismen (wie beispielsweise die Farbkonstanz) ohnehin nie bleibend verändert. Jedoch kann die Konstanz aufgehoben werden – z. B., indem Farbstellen isoliert von ihrem räumlichen Kontext verglichen werden. Auf diese

37 Vgl. nachfolgendes Kap. 4.2.5

38 Schawelka (2007a), S. 224

Weise wird ein neuer, zusätzlicher Modus der Wahrnehmung geschult: Rock spricht von *Hauptmodus* (Konstanzprinzip überwiegt) und *Zusatzmodus* (Verwertung des objektiven Netzhautbildes) der Farbwahrnehmung.[39] Der Zusatzmodus kann beim Malen-Lernen sukzessive verfügbarer werden.

Die irritierende Erfahrung führt folglich zur Fähigkeit, in manchen Situationen bewusster mit den Wahrnehmungstäuschungen umzugehen oder sie partiell auszuschalten.[40]

Auch in methodisch angelegten visuellen Vergleichen innerhalb von kunstpädagogischen Settings kann die Aufmerksamkeit der Lernenden durch visuelle Irritation auf ihre eigene Wahrnehmung gelenkt werden, um nach entsprechender reflexiver Durchdringung auch Modifizierungen bisheriger Darstellungsformeln zu ermöglichen. Diese Modifizierung ist ebenfalls zunächst mühevoll und verunsichernd – und wird nicht selbstverständlich als neues Darstellungsmuster integriert. Fehlen entsprechende Entwicklungsvoraussetzungen wird die visuelle Irritation durch den Vergleich gar nicht erst zugelassen. Daher ist der kunstpädagogische Umgang mit visueller Irritation sensibel zu begründen und auch kritisch zu hinterfragen: Übersteigt die irritierende Erfahrung in zu hohem Maße das momentan Vorstellbare (den Lernstand), verbleibt der Lernende schlimmstenfalls in noch größerer Verunsicherung über spezifische malerische und farbige Aspekte.

Die Momente des vergleichenden Sehens und der visuellen Irritation besitzen fraglos allgemeine, übergeordnete Relevanz in kunstpädagogischen Bildungsprozessen (also auch in der Plastik, Zeichnung...). Die kognitive Operation des Vergleichens kommt darüber hinaus bei vielen menschlichen sozialen und kulturellen Tätigkeiten zur Anwendung. Der Erwerb dieser Operationen liefert damit eine grundlegende didaktische Begründung, warum mit Kindern und Jugendlichen überhaupt in mimetischer Relation zum malerischen Darstellungswert gearbeitet werden soll.

39 Vgl. Rock (1998), S. 38 ff.
40 Vgl. Zschocke (2006), S. 265

4.2.6 Synthese: Übersetzen der Wahrnehmung in Darstellung

Lernende können kognitive und perzeptive Erkenntnisse, die sich aus dem zerlegenden und vergleichenden Sehen von Farben ergeben, nicht automatisch in eine malerische Darstellung übersetzen. Die sensibilisierte, differenzierte Wahrnehmung führt zwar schnell zur Annahme einer vermeintlich ebenso einfachen darstellerischen Übersetzung in ein Gemälde. Doch fehlen *motorische, handwerkliche und gestalterische Handlungskonzepte*, kann die Übersetzungsleistung zwischen Imagination und Darstellung nicht gemäß eigener Ansprüche stattfinden. Um die daraus resultierende Frustration innerhalb des Übersetzungsprozesses (1) zu vermeiden, müssen Lernende *malhandwerkliches und malgestalterisches Können (2)* durch Übung und *mimetisches Handelns (Vormachen, Nachmachen) (3)* erwerben: Sie müssen lernen, den *Übersetzungsprozess* als solchen zu verstehen, müssen das dazu nötige *handwerkliche und gestalterische Können* erlernen und müssen sich methodisch in *mimetisches Handeln* einüben.

Übersetzungsprozess (1)

Was wird beim mimetischen Malen nach Anschauung übersetzt? Um den Begriff des *Übersetzens* im Feld von Malerei mit klarem Sinn zu füllen, muss die Differenz zwischen Malfarben und Farben in der Natur verstanden sein. Denn Übersetzungsprozesse beim Malen nach Anschauung finden zwischen *Naturfarbe und Malfarbe* statt:

Farben in der Natur und in der Malerei besitzen verschiedene Farbträger. In der Natur sind es dreidimensionale, bewegte Objekte, die u. a. im Bezug zur eigenen Kopfbewegung ihre Farbeffekte (Spiegelreflexe usw.) verändern. In der (klassischen) Malerei sind es zweidimensionale, invariante Bildträger, die Phänomene wie bestimmte Reflexionseigenschaften oder Spiegeleffekte nicht als Kopie der Natur repräsentieren können. Malende können ihre Wahrnehmung der Natur jedoch in ihr malerisches Darstellungssystem übersetzen: Die Beobachtung der variablen und unzähligen Wirkmöglichkeiten realer Objekte kann dann zum Beispiel durch die gestalterische Verwendung multipler Sichtweisen/Farbschichten/Überlagerungen in Malerei übersetzt werden und die Illusion realer Wirkung repräsentieren.[41]

Eine weitere Differenz zwischen Farben in der Natur und in der Malerei ist der Umfang der verwendeten Farben (= Farbsystem). „Unsere Farbenskala auf der Palette ist armselig klein im Vergleiche zur Farbenskala der Natur."[42] Deshalb übersetzt der Künstler die geschauten Farbtöne in seine eigene, sicher beherrschte Farbskala der ihm zur Verfügung stehenden Malfarben. Die Ausgangsfarben sind das jeweils konkret begrenzende und bestimmende Farbsystem, aus dem jede Malerei entsteht. Vor diesem Hintergrund kann die leider ungebrochene Fachtradition der Lehre von der „Grundfarbentrias" des Itten-Farbkreises keine pauschale Berechtigung mehr beanspruchen. Bei genauerer Betrachtung zeigt sich sogar: Weder in malpraktischer Hinsicht, noch in Absicht auf Wahrnehmungsschulung, noch als Hilfsmittel für die entwicklungsbezogene Bildung sind

41 Vgl. Zimmer (2011) S. 53 ff.
42 Volkmann (1925), S. 43

derartig *elementarisierte Farbvorstellungen* angemessen. Sie werden dem lebendigen Farbverstehen nicht gerecht.

Denn die Ausgangsfarben (Farbsysteme) müssen je nach Gemälde und Intention veränderlich und diskutierbar bleiben, um eine Abstumpfung der Farbwahrnehmung zu vermeiden und eine Anpassung an intendierte Farbwirkungen zu ermöglichen. Schwarz verweist darauf, dass nach Vorübungen/Mischübungen gemäß der Farbentrias bei anschließenden Arbeiten mit gegenständlichem Charakter nicht der angestrebte Grad der Farbdifferenzierung erreicht wird.[43]

Farben in der Natur und in der Malerei sind im direkten Vergleich also nie identisch und müssen es auch nicht sein, damit ein gemaltes Objekt als „realistisches Bild" wahrgenommen werden kann. Entscheidend für die menschliche Farbwahrnehmung ist nicht das Wiedergeben eines *exakten* Farbtons, sondern das Wiedergeben der *Relationen der Bildfarben zueinander*, die parallel zur Natur erscheinen. Schließlich nimmt der Mensch ohnehin feinste, sich ständig ändernde Farbunterschiede von Objekten nicht als Störung der Objektpermanenz wahr (Farbkonstanz[44]). So dürfen Bildfarbe und Naturfarbe in ihrer Farbigkeit verschieden sein, ohne dass es Rezipientinnen und Rezipienten verstören würde. Nur die relativen Gegensätze hellster und dunkelster Farbstellen (Licht, Schatten) müssen im eigenen malerischen Farbsystem beibehalten werden, um eine „realistische" Wirkung zu erzielen.[45] Und wenn reale Hell-Dunkelkontraste im Sonnenlicht sich in dieser Intensität nicht auf dem Bild darstellen lassen, so hat man im Bild aber die Möglichkeit anstatt der Valeurkontraste die Farbkontraste zu intensiveren, um dieselbe Wirkung zu erzeugen.[46]

Das Wahrnehmen der Bildfarbigkeit eines Gemäldes folgt im Idealfall von bewusster Bildrezeption dann auch keinen biologischen Verhaltensweisen von schneller Farbidentifikation und angemessener Handlungsoption, sondern kulturellen Verhaltensweisen. Farbe in Gemälden verlangt nicht nach schneller Farbidentifikation und bewirkt keinen Handlungszwang.[47]

Die Übersetzungsprozesse beim Malen nach Anschauung zwischen Farbe in Natur und Farbe im Bild finden also zusammenfassend statt zwischen

- Sensibler Wahrnehmungsfähigkeit und malhandwerklichem und malgestalterischem Können,
- bewegter Farbe in der Natur und invarianter Farbe in der Malerei,
- der Vielzahl unendlicher Farbnuancen in der Natur und einem begrenzten Farbsystem in der Malerei gemäß der zur Verfügung stehenden Malmaterialien (Ausgangsfarben, Malwerkzeug, Malgrund usw.),

43 Vgl. Schwarz (2012)
44 Vgl. Kap. 2.2.2
45 Vgl. Volkmann (1925), S. 123
46 Vgl. Schawelka (2007a), S. 209 ff.; man bedenke etwa die suggestive Abbildwikung, die der späte Rembrandt mit seiner extrem reduzierten Farbskala erreichte!
47 Vgl. ebd.

- realer Wahrnehmung von Wirkungsmöglichkeiten und eigener gestalterischer Lösungen (Variation des Farbauftrags, Kontrastwirkungen, Bildaufteilungen, Farbverläufe, usw.).

Malerisch handwerkliche und darstellerische Transferleistungen sind folglich immer Übersetzungsleistungen
- in eigene Farbsysteme gemäß der zur Verfügung stehenden Malmaterialien (Ausgangsfarben, Malwerkzeug, Malgrund usw.)
- in eigene gestalterische Lösungen (Variation des Farbauftrags, Kontrastwirkungen, Bildaufteilungen, Farbverläufe, usw.).

Malhandwerkliches und malgestalterisches Können (2)
Malhandwerkliches und malgestalterisches Können sind die Voraussetzung für gelingende Übersetzungsleistungen zwischen Wahrnehmung und Vorstellung zur Darstellung. Sie umfassen
- *Planen:* Wissen über malerische Gestaltungsmöglichkeiten und -regeln (Farben zusammenstellen, mischen, schichtend oder pastos auftragen, ...),
- *Ausführen:* Motorische Handlungsfähigkeit (Pinselhaltung, Variierung von Maldruck/-geschwindigkeit, Dosierung von Malmittel und Farbmittel, ...).[48]

Malhandwerkliche Synthesis meint das Zusammenführen der gewonnenen imaginativen Erkenntnisse im *gezielten Ermischen* der angestrebten Farbtöne. Gezieltes Ermischen[49] ist fundamental unterschieden von reinem Experimentieren mit Farbmaterialien, obwohl das Letztere natürlich mitunter im Verlauf der Annäherung an das wirkliche Mischenkönnen eine Rolle spielt. Für das Können des gezielten Mischens müssen motorische Handlungskonzepte und Wissen/Erfahrung beim Mischen erworben werden.[50] Nach dem Mischen richtet sich der Fokus von der Palette wieder auf das Bild – wobei das Motiv- oder Bildsehen wieder wirksam werden.

An dieser Stelle treten darstellerische Probleme auf, die beispielsweise die Aufteilung oder das Verbinden von Farben usw. betreffen und deren Bewältigung nicht automatisch durch den gewöhnlichen Blick auf die Welt gelöst werden kann. Hier helfen nur Wissen über Gestaltungsregeln, auch das genaue Nachsehen auf gemalten Bildern, in denen diese Übersetzungsleistungen schon geleistet wurden. Selbst wenn ein Maler der Naturbeobachtung entnommene Farbtöne schon zufriedenstellend gemischt hat (*handwerkliche Synthesis*), muss er sie darüber hinaus dann auch noch gemäß der imaginativ antizipierten Wirkung im Bild richtig platzieren und auftragen, bis dann die gewünschte Darstellung entsteht (*gestalterische und handwerkliche Synthesis*).

Alles in allem zeigen diese komplexen Überlegungen noch deutlicher: Farben in der Natur und Farben in Bildern sind nicht identisch und Begriffe wie „Abbilden" oder „Nachahmen" sind sehr genau zu differenzieren. Bilder folgen eben eigenen darstellerischen

48 Vgl. Kap. 2.1.1 und 2.1.2
49 Vgl. Schaubild zum Mischen in Kap. 2.2.2
50 Vgl. Mischgrundsätze, Kap. 2.1.1

Gesetzmäßigkeiten. Aber Farben in Bildern können als farbige Analogie zur Natur wahrgenommen werden, sofern sie systemisch entsprechend organisiert sind.

Mimetisches Handeln (3)
Wenn Malende eine Vorstellung vom Endprodukt eines Gemäldes entwickelt haben, bedeutet dies nicht automatisch, dass sie diese Vorstellung auch schon darstellerisch erreichen können. Die Wahrnehmung und Vorstellung des Malprozesses muss ebenso aufgebaut werden wie vorher die des Produktes. Die für den Malprozess nötigen Übersetzungsvorgänge sind Handlungen, die geübt und erworben werden müssen. Diese Handlungen können von ungeübten Malenden nicht einfach direkt vom betrachteten realen Gegenstand herausgelöst und in Malerei angewendet werden. Das Betrachten von schon in malerische Gestaltung übersetzten Gemälden erleichtert das Ableiten von Gestaltungsmöglichkeiten, da hier die Differenz zwischen Farben in der Natur und Farben im Bild schon überwunden ist.

Diese komplexen Handlungskonzepte können niemals nur durch Theorie erworben werden, sondern nur im Tun – besonders wirksam im Nachvollzug und Nachmachen, während es *Könnende vormachen*. Die Lehrperson sollte stets die Rolle eines Vorbildes einnehmen können: Sie sollte in der Lage sein, jegliche malhandwerklichen und malgestalterischen Handlungen vorzumachen.

Das *Arbeiten nach dem Vorbild* (Gemälde oder handelnde Person) wird in der gegenwärtigen Kunstpädagogik zu Unrecht als eine mindere Lehrform betrachtet.[51] Jedoch schon Leonardo da Vinci empfahl, zunächst gute Meister zu kopieren und danach nach der Natur zu arbeiten – aber nicht geistlos wie ein Spiegel, sondern nachdenkend. Denn erst im Nachmachen und Nachempfinden wandelt sich eine vermeintlich einfache und schnell erfasste Form/Farbe zu einer komplexen darstellerischen Herausforderung, die Geduld und Motivation teilweise bis an die Belastungsgrenze herausfordern kann. Im Nachmachen und Nachempfinden liegt die Chance, das Gewöhnliche neu zu deuten. Ein anschauliches Beispiel liefert die Form eines Hühnereis: Zum einen ist sie uns im Alltag vertraut, begegnet uns fast täglich und jeder weiß sofort, was „eiförmig" meint. Doch im Versuch der exakten mimetischen Darstellung entpuppt sich das in der Wahrnehmung scheinbar wohlbekannte Hühnerei als hochkomplexe Form mit ganz spezifischen Schattenverläufen.[52]

4.2.7 Farbimagination vergegenwärtigen und Reflektieren

Das *reflexive* oder *sehende Sehen*[53] meint die metareflexive Vergegenwärtigung der eigenen Vorstellung und Wahrnehmung von Farbe, ebenso der entsprechenden bewussten darstellerischen Verwendung. Dieses komplexe Denken verlangt die Einnahme einer reflexiven *Metaperspektive* auf das eigene Auswählen und Auftragen von Farbe.

51 Vgl. Glas u. a. (2017)
52 Vgl. Bast (2003), S. 11 ff.
53 Vgl. Imdahl (1996) und Seumel (2006), S. 267.

In welchem Maß sich das Malen-Können aus einer distanzierten und reflektierten Perspektive von „Wissen über..." begründet, hängt ab

- vom kognitiven Entwicklungsstand der Lernenden,
- von der Kommunikationsfähigkeit der Lernenden,
- von der malpraktischen Vorerfahrung der Lernenden,
- von theoretischem Vorwissen der Lernenden,
- und auch von der kommunikativen, personalen, deiktischen Gestaltung der Lernsituation.

„Sehendes Sehen" in seiner Perfektion stellt eine hohe Bildungsaufgabe dar und ist fraglos abstrakter und herausfordernder als beispielsweise das identifizierende Dingsehen. Gezielte Frageimpulse in Verbindung mit deiktischen Gesten können aber auch schon Grundschülerinnen und Grundschüler dazu anregen, ihre Malhandlung aus einer distanzierten Sicht zu begründen: *„Warum hast du das dunkle und nicht das helle Blau für den Himmel gewählt? Wie wirkt dein Himmel nun? ..."*. Im konkreten Bezug zu den Gemälden der Kinder und zu Kunstwerken sind derartige Reflexionen nicht zu „abstrakt". Das Einüben vom Verhandeln von Sichtbarkeit (durch Teilen und Nachvollziehen fremder und eigener Vorstellungen) ist über die gesamte Schulzeit essentielle Bildungsaufgabe des Kunstunterrichts.

Die strukturelle Beschaffenheit der je geäußerten, geteilten und verhandelten Vorstellungen können durch theoretische Modelle systematisiert werden. Gemäß Fausers[54] Strukturmodell zur Theorie der Vorstellung lassen sich Imaginationsleistungen dreifach bestimmen hinsichtlich

- ihrem Wahrnehmungsanteil (gering bis hoch),
- ihrem Anteil an Imagination (produktiv bis reproduktiv),
- ihrer Bewusstheit (gering bis hoch).

Zur Erläuterung verweist er auf Beispiele: Der Wahrnehmungsanteil ist klein in Narkose, im Tiefschlaf, in Träumen. Bewusstheit meint den Grad der Aufmerksamkeit und Genauigkeit, der z. B. bei der Besprechung einer Röntgenaufnahme unter Ärztinnen und Ärzten hoch ist, dagegen gering beim routinierten Griff zur Kaffeetasse. Imagination ist produktiv wenn der kreative, realitätsüberschreitende Anteil hoch ist – wie beim Erfinden fiktionaler Literatur. Reproduktiv bedeutet, dass der wahrnehmungsgebundene Anteil hoch ist wie bei Zeugenaussagen oder architektonischer Bestandaufnahme.[55] Auch die anschauungsbezogene Malaufgabe innerhalb meiner Unterrichtsstudie (Malaufgabe 2[56]) lässt sich vorwegnehmend in dem Strukturmodell einschreiben, bei angestrebter

- hoher Bewusstheit (Reflexionsgespräche, Fragen stellen, Vermittlung von Wissen, usw.),
- hohem Wahrnehmungsanteil (Anschauungsbezüge: Kunstwerke, reales Arrangement usw.),

54 Fauser (2014)

55 Vgl. Fauser (2014), S. 76

56 Vgl. Malaufgabe 2 in Kap. 5.2.2

- Pendelbewegung zwischen produktiver und reproduktiver Imagination (kein stupides Abmalen der Anschauungsbezüge, sondern Orientieren und Integrieren in eigene Vorstellungen).

Mimetisches Malen nach Anschauung ist demnach kein mechanistischer Prozess des Kopierens, sondern ein imaginativer Prozess des Wiederdarstellens. Gemälde von Lernenden zeigen stets individuelle Charakteristika – beispielsweise unterscheidet sich ihr sichtbarer Grad der Differenzierung und Verbundenheit von Farbe. Diese darstellerischen Unterschiede fußen auf unsichtbarer imaginativer Verschiedenheit im Denken über Farbe. Wird beispielsweise nur mit zwei Farbtönen modelliert, wechseln die Gedankengänge zwischen Hell-Dunkel-Parametern – wird mit mehreren Farben moduliert erhöhen sich auch das imaginative In-Beziehung-setzen, Hinterfragen und Erfassen der Farben. Handlungsvollzug und Imaginationsleistung müssen beim Malen also gemeinsam betrachtet werden. Damit Farbdenken sichtbar wird, muss es primär vom Darstellungsprozess her verstanden werden – die nachfolgenden tabellarischen Übersichten malerischer Darstellungskonzepte und Imaginationsprofile beruhen auf dieser Einsicht und erschließen sich auf folgende Weise:

Jeder malerische Darstellungsprozess besteht aus *Farbwahl* und Farbauftrag – denen je unterschiedliche Motive, Gesamtvorstellungen, Körperaktivitäten und Werkzeugverwendungen zu Grunde liegen. Jede Farbwahl ist mit jedem *Farbauftrag* kombinierbar – auch innerhalb eines Gemäldes variierend. Jede diesbezügliche Darstellungsentscheidung kann in Bezug auf ein zu Grunde liegendes imaginatives *Farbdenken* gedeutet werden.

Malerische Darstellungskonzepte:
Imaginative Prozesse des Farbenwählens und -mischens

Darstellungsprozess – Farbwahl/ -mischung	**Farbdenken**	
	Imaginationsleistung	Handlungsvollzug
Beliebige Farbe	*Ich wähle die Farbe einfach so.* Spontane Wahl *ohne bewusste Reflexion:* → Kein Resonanzsystem außerhalb der Farbe → kein Bezugsrahmen, der Korrekturen/ Differenzierungen anregt	Farbe nehmen, eventuell irgendwie mischen oder auch nicht… *Unbestimmte Perspektive*
Ausdrucksfarbe	*Ich wähle die Farbe, weil sie ausdrückt, was ich fühle.* Subjektive Reflexion: → Empfindung als Resonanzsystem → ständiger Rückbezug + Anpassungen Entspricht die Farbe tatsächlich dem, was ich durch sie ausdrücken möchte?	In sich gehen, Farbe auswählen, abgleichen mit subjektiver Vorstellung, mischen, wieder Innenperspektive einnehmen, eventuell weiter mischen/ abgleichen… Innenperspektive
Symbolfarbe	*Ich wähle die Farbe, weil sie ausdrückt, was alle verstehen.* Intersubjektive Reflexion → Kulturelle Übereinkünfte/Bilder als Resonanzsystem → ständiger Rückbezug + Anpassungen Können die anderen die Farbwahl entsprechend nachvollziehen?	Kulturelle Übereinkünfte kennen, Farbe auswählen, abgleichen mit intersubjektiven/ interkulturellen Vorstellungen, mischen, abgleichen… Ist die Farbe zu hell? Zu dunkel? Zu grell?... Was muss ich dazu mischen? ... Vermittelnde Perspektive
Gegenstandsfarbe	Ich wähle die Farbe, weil der Gegenstand die Farbe hat. Konventionelle Reflexion Entspricht die Farbe der typischen Farbe, die der Gegenstand normalerweise hat?	Farbige Vorstellung des Gegenstandes haben, Farbe auswählen, abgleichen, mischen, abgleichen… Vermittelnde Innenperspektive
Erscheinungsfarbe	Ich wähle die Farbe, weil der Gegenstand so erscheint. (=Außenperspektive) Wahrnehmungsbezogene Reflexion Habe ich genau und bewusst hingeschaut? (Reflexion der eigenen Wahrnehmung = Innenperspektive)	Hinschauen, Farbe auswählen, vergleichen, abgleichen, mischen, Ist die Farbe zu hell? Zu dunkel? Zu grell?... Was muss ich dazu mischen? … Innen- und Außenperspektive

Malerische Darstellungskonzepte:
Imaginative Prozesse des Farbenauftragens

Darstellungsprozess – Farbauftrag	**Farbdenken**
	Imaginationsleistung
Punktuell: Farbige Akzente setzen	*Ich trage die Farbe dort auf, um etwas zu betonen und den Blick zu lenken.* Farbe als Attribut
Flächig: Farbig ausmalen	Ich trage die Farbe so auf, um das Dargestellte durch seine prägnante Farbigkeit klar erkenntlich und bestimmbar zu machen. Farbe als Benennung
Fließend: Farbig modulieren	*Ich trage die Farbe so auf, um das Motiv plastisch wirken zu lassen.* Farbe für Körperlichkeit
Schichtend: Farbtiefe erzielen	*Ich trage die Farbe so auf, um Raumtiefe zu erzeugen.* Farbe für Räumlichkeit
+ Umsetzung durch Kombination handwerklicher und gestalterischer Handlungsvollzüge:	
Duktus	In eine Richtung/ohne Struktur/entlang der Form: *Ich trage die Farbe als Attribut der Formen auf – der Duktus ist irrelevant für meine Aussage.* vs. Variierende Hand-/Arm-/Körperbewegung/mit Struktur/über Formgrenzen hinweg: *Ich trage die Farbe als eigenes Gestaltungsmittel auf und nutze die Effekte der Überlagerung und Variation der Pinselstriche (wischen, verwischen, tupfen, aufdrücken, spritzen, klecksen, ...)*
Materialwahl	Beliebige Materialwahl: *Ich antizipiere bei der Materialwahl noch keine späteren Wirkungen und wähle deshalb beliebig Farben, Werkzeug und Untergrund aus.* vs. Bewusste Materialwahl: *Ich antizipiere bei der Materialwahl spätere Wirkungen und wähle deshalb bewusst bestimmte Ausgangsfarben, harte oder weiche, breite oder schmale Malwerkzeuge und einen angemessenen (saugfähigen, glatten oder rauen) Malgrund...*
Bildfüllung	Figur und Grund: Von unten schichtend: *Was schimmert von unten durch? (Lasur)* Von oben setzend: *Was ist oben zu sehen? (pastos)* - Nur Figur bearbeitet: Figur erscheint als wichtig, Grund als unwichtig. Abstimmung nur innerhalb der Figur, keine Wechselwirkung mit Grund; - Figur und Grund farblich scharf abgegrenzt: Auffassung als getrennte Farbsysteme. Farbliche Abstimmungen nur innerhalb je eines Systems; - Figur und Grund verbunden: handwerklich und imaginativ am komplexesten: Auffassung als farbliches Gesamtsystem, Abstimmungen zwischen allen Farben.

4.3 Didaktische Konsequenz: Modell

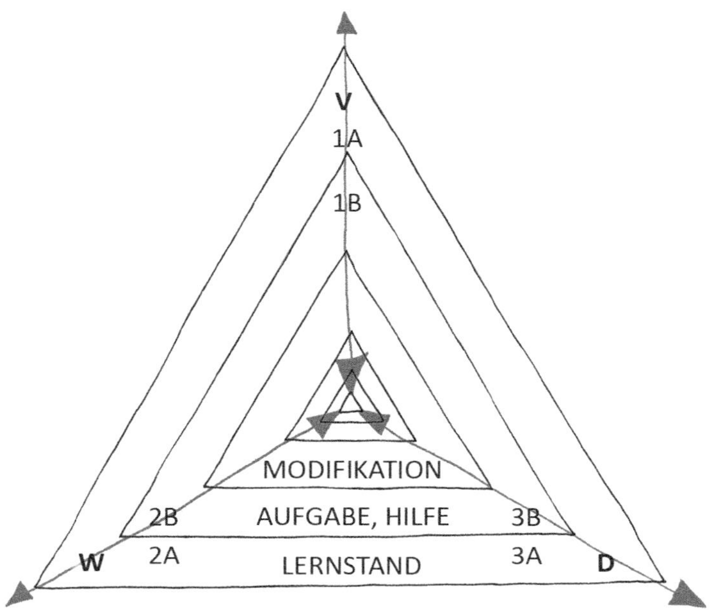

Abb. 13: Maldidaktisches Modell – erweitertes didaktisches Dreieck

Das im Folgenden umrissene Modell soll dem Anspruch gerecht werden, die bisher detailliert ausgeführten didaktischen Grundsätze prägnant zu visualisieren und auf Schlüsselbegriffe zu reduzieren. Dies ist notwendig, um mit einem einheitlichen Begriffsapparat zu operieren, der in sich auf einem großen, systematisierten theoretischen Fundament fußt.

Die Trias von Wahrnehmung, Vorstellung und Darstellung stellt das zentrale Gerüst des Modells dar und bestimmt die Grundform als Dreieck.[57] Da der resonante Zusammenhang und die Übersetzungsleistungen zwischen Wahrnehmung, Vorstellung und Darstellung im angeleiteten Unterricht relational gebunden sind an Aufgaben, wird das Grundmodell um zwei umschließende Dreiecke erweitert:

Im äußeren Dreieck sind die *Lernvoraussetzungen* der Schülerinnen und Schüler eingeschrieben und fassen das Modell – und jede Unterrichtshandlung – ein. Unter Lernvoraussetzungen sind alle resonanten räumlichen, materiellen, situationellen, personalen Einflussfaktoren zu verstehen, die bestimmte Wahrnehmungs-, Vorstellungs- und Darstellungsprozesse fördern oder andere verhindern. Diese Bedingungsanalyse ist von Klasse zu Klasse, von Stunde zu Stunde und von Lernenden zu Lernenden immer wieder neu zu überdenken. Das Können und Vorwissen, das Lernende tatsächlich realisieren, bleibt in diese Kontexte eingebunden. Die Realisierung von Können und Vorwissen zeigt

57 Sowa (2011) und Glas u. a. (2015

sich im (malerischen) Lernstand. Er differenziert sich aus in Fähigkeiten und Fertigkeiten, die in den Bereich der Darstellung oder in den der Vorstellung und Wahrnehmung fallen:

1.A *Imaginationsfähigkeiten* (als Qualität der Vorstellungsfähigkeit von narrativen, räumlichen, körperlichen, farbigen, grafischen, kinetischen, mathematischen usw. Inhalten und Gestaltungsweisen),

2.A *Wahrnehmungsfähigkeiten* (als Qualität der Wahrnehmungsfähigkeit von narrativen, räumlichen, körperlichen, farbigen, grafischen, kinetischen, mathematischen usw. Inhalten und Gestaltungsweisen),

3.A *Darstellungsformeln*[58] (als vereinfachende, eingeübte und wiederkehrende Darstellungsweisen von Formen/Farben/Körpern – in Abhängigkeit von der motorischen/kognitiven Entwicklung und vom Lernstand).

Darstellerische und imaginative Lernstände werden einerseits als regelhafte Entwicklungsaufgaben verstanden, die bei allen Lernenden auf ähnliche Weise und in ähnlicher Reihenfolge auftreten – so wie beispielsweise in der Kinderzeichnungsforschung Verläufe von Hiebkritzeln bis zu Kopffüßlern als allgemeine Verläufe verstanden werden. Gleichzeitig unterscheiden sich individuelle Verläufe in ihrem Tempo, ihrer Intensität und ihrer Nachhaltigkeit. Die Balance zwischen dem Erfassen der Regelhaftigkeit und der individuellen Umsetzung zu halten, bleibt die große Herausforderung.

Das dritte, mittlere Dreieck symbolisiert modellhaft das Reagieren auf die Lernvoraussetzungen und das Intervenieren der Lehrenden mittels sinnstiftender Aufgaben[59] und *Hilfen*, um bei den Lernenden jeweilige Lernstände weiter zu bilden, zu festigen oder zu modifizieren. Unter „Hilfen" werden verbale/schriftliche/gestische/darstellerische Inputs oder Übungen gefasst. Hilfen sind wieder nach handwerklichen und imaginativen Aspekten zu unterscheiden:

1.B *Vorstellungshilfen* (als Hilfsmittel zur Sensibilisierung und Hinterfragung vorhandener Vorstellungen, z. B. durch Verbalisierung, Zeigegesten, Verweise, usw.)

2.B *Wahrnehmungshilfen* (als Hilfsmittel zur Sensibilisierung der Wahrnehmung, z. B. durch Bildbetrachtung, Veranschaulichung, usw.)

3.B *Darstellungshilfen* (als Hilfsmittel zur Einübung von Handwerk, Technik, Verfahren, Gestaltung, usw.).

Mit *Farbwahrnehmungs-, Vorstellungs- und Darstellungshilfen für Schülerinnen und Schüler* für den Unterricht, soll stets

- die *Vorstellung* von Farbe modifiziert werden (z. B. farbige Vergleichspunkte, farbige Rahmen…),
- die *Wahrnehmung* fokussiert und differenziert werden (z. B. mit didaktischen Werkzeugen wie Pfeilen, Zoomrahmen…),
- die *Darstellung* als Übersetzung von neuen Wahrnehmungs- und Vorstellungsleistungen ausdifferenziert werden (Anleitungen z. B. zum Nachmischen von Farben …).

58 Vgl. Begriffserläuterung zu „Darstellungsformel" in Kap. 2.2.2

59 Vgl. Kap. 6: Erläuterung sinnstiftender Aufgaben (Kongruenz von Form und Inhalt)

Die Farben werden nicht isoliert von ihrer Erscheinung in der Natur oder von ihrer Verwendung in der Malerei betrachtet. Es wird Abstand von stark elementarisierten Farbsystemen genommen. Vielmehr wird ein stabiles Orientierungssystem in dem offenen, relationalen Feld von Farbe und Malerei dargelegt, das in zweifacher Hinsicht Orientierung bietet: Es ist an dem Wahrgenommenen orientiert (z. B. dem Bildmaterial). Es wird stets auf den Bereich der handlungsbezogenen Erprobung in der Darstellung bezogen. Es begleitet die Lernenden während allen Lernschritten.

Ein effektives maldidaktisches Hilfsmittel ist der *didaktische Werkzeugsatz:* Die von mir in der Arbeit mit Lernenden verwendeten Werkzeuge sehen z. B. so aus[60]:

Hilfsmittel

Beispiele: Werkzeuge	**Hilfe**
Abb. T1	Die *Vorstellung* von Farbe kann durch vergleichende Bezugnahme auf Farbreferenzen modifiziert werden, die direkt auf das Bild gelegt werden. Dazu können *Farbvergleichspunkte* angefertigt werden, auf denen die ungemischten Ausgangsfarben aufgetragen sind. Im Vergleich werden sich imaginative Differenzen erschließen lassen als Basis für spätere handwerkliche Übersetzungen. Bemalte Farbrahmen, Farbstreifen o.ä. können dieselbe Vergleichsfunktion übernehmen. Die Vorstellung kann außerdem durch Gespräche, Bildbetrachtungen und verbale Inputs modifiziert werden.
Abb. T2	Die *Wahrnehmungslenkung* kann durch symbolische Pfeile (z. B. aus Pappe) oder eine gestische oder verbale Zeigegeste geschehen (z. B. Fingerzeig oder gezielte Fragestellungen). Die Wahrnehmungsfokussierung auf eine Farbstelle kann durch zusätzliche Beschränkung des Wahrnehmungsfeldes (z. B. durch Abdecken des Umfelds durch Papprahmen) erleichtert werden.
Abb. T3	Die *Darstellung* als Übersetzung von neuen Wahrnehmungs- und Vorstellungsleistungen kann durch erworbenes handwerkliches Wissen und geübtes Handeln ausdifferenziert werden. Mischgrundsätze helfen einzelne Farben bewusst nachzumischen, Übung hinsichtlich variierender Möglichkeiten des Farbauftrags helfen sie bewusst aufzutragen, gestalterische Sensibilität erlaubt das bewusste Anordnen auf der gesamten Bildfläche.

60 Exakte Erläuterung der Hilfen/des Werkzeugsatzes, vgl. Online-Anhang

Durch die resonante Verbindung von Handwerk und Imagination, soll ein Lernfortschritt im Sinne einer Modifikation der Darstellung und Imagination erzielt werden. Diese Modifizierung stellt in sich wieder eine neue Lernvoraussetzung dar, die wiederum neue Hilfestellungen verlangt usw. Damit verläuft der symbolische Handlungspfeil im Modell endlos in die Tiefe des didaktischen Dreiecks: Es ließen sich im Lernprozess immer weitere Dreiecke von neuen Lernvoraussetzungen und Hilfen einschieben... Rückgriffe auf frühere Darstellungsformeln und Hilfen bleiben stets möglich.

Imaginative Teiloperationen und jeweilige Hilfen
(Malen-) Lernen ist als Prozess von Teiloperationen aufzufassen, die isoliert verstanden, durch differenzierte Hilfen gefördert und schließlich zusammengeführt werden müssen (wie in der Tabelle ersichtlich). In meiner empirischen Unterrichtsstudie wird dieser Prozess des Malens im Resonanzfeld relationaler Wahrnehmungs-, Vorstellungs- und Darstellungsbezüge nachgewiesen, beschrieben und analysiert.

Farbdenken	Teiloperation	Hilfsmittel
Welche Farbe sehe ich?	Farben wahrnehmen, Zerlegendes Sehen, Vergleichendes Sehen	Zoomfenster, Pfeile, Gesten, Vergleichspunkte, ...
Welche Farben brauche ich zum Nachmischen?	Farben wählen, Zerlegendes Sehen, Vergleichendes Sehen	Vergleichspunkte, Wissen über Mischgrundsätze, ...
Wie mische ich die Farbe nach?	Handwerk: Farben mischen/ differenzieren	Wissen und Übung beim Mischen
Wie trage ich die Farbe auf?	Handwerk: Farben auftragen/ verbinden	Wissen und Übung beim Mischen
Wo und in welcher Variation trage ich die Farben auf? In welcher Reihenfolge?	Gestaltung: Figur und Grund als Einheit bearbeiten	Vorstellung des Malprozesses durch Zuschauen, Bildbetrachtung, Wahrnehmungsfokussierung auf Grund, ...
Wo male ich weiter? Welche Farbe mische ich als nächste? usw.	Bildsehen	Synthese aller Hilfsmittel

4.4 Forschungsfrage und leitende Thesen

Wie gehen Lernende mit einem relationalen, differenzierten Farbverständnis um? Konkreter: Welche relationalen, resonanten Prozesse und Beziehungen zwischen Wahrnehmung, Vorstellung und Darstellung sind beim mimetischen Malen mit Anschauungsbezügen wirksam? Wie sind die Lernprozesse durch sach- und lernstandsgemäße Hilfestellungen zu fördern?

Für meine empirischen Untersuchungen habe ich folgende Leitthesen formuliert, die sich in ihrer Gliederung in chronologischer Ordnung auf die stattfindenden Lehr-

Lern-Prozesses beziehen. In der Auswertung der empirischen Studie werden sie wieder prüfend aufgegriffen und im Sinne einer hermeneutischen Hebung präzisiert werden.[61]

Leitthesen zum Lernverständnis

1. Man kann mit Kindern und Jugendlichen die Komplexität von Farbe und Malerei erschließen.
2. Malen-Lernen findet statt in systemischen Szenen, nicht in monologischen Prozessen zwischen Maler/in und Leinwand.
3. Alle situativ sichtbaren Bilder und Gegenstände[62] können resonant auf den malerischen Lernprozess einwirken, sobald sie in das Zentrum der Aufmerksamkeit gelangen.

Leitthesen zum Verständnis malerischer Darstellungsformeln

4. Es gibt malerische Darstellungsformeln. Sie werden sichtbar in farbig-bildnerischen Gestaltungen, sowie in sich darauf beziehenden verbalen oder gestischen Äußerungen.
5. Malerische Darstellungsformeln übersetzen Farbwahrnehmung und Farbvorstellung in bildnerische Darstellung, insofern das erforderliche handwerkliche Handlungskonzept verfügbar ist.
6. Das Verstehen malerischer Darstellungsformeln eröffnet den Zugang zur Farbwahrnehmung und Farbvorstellung der Schülerinnen und Schüler.

Leitthesen zur Bildung von Imagination und Handwerk

7. Malen im mimetischen Bezug zu Sichtbarem gründet zugleich in Wahrnehmungs-, Vorstellungs- und Darstellungsleistungen.
8. Farbimagination und Malhandwerk schlüsseln sich in kleinschrittige Teilhandlungen und Gedankengänge auf, die jede für sich bildbar sind.
9. Malen-Lernen vollzieht sich im Wechselspiel und der Verzahnung von handwerklichen, gestalterischen Darstellungshilfen und imaginationsbezogenen Wahrnehmungshilfen.

Leitthese zur Modifikation von Darstellungsformeln

10. Das vorstellungsdurchdrungene[63] Wahrnehmen des jeweiligen Wahrnehmungsangebotes nimmt Einfluss auf malerische Darstellungsformeln und ermöglicht die Modifikation der Darstellungsformeln und das Erreichen eines neuen Lernstandes. Diese Modifikation zeigt sich in der Differenzierung und Kontextualisierung[64] von Farbe in bildnerischen Gestaltungen, sowie in referenziellen verbalen oder gestischen Äußerungen.

61 Vgl. Kap. 5.3

62 Ausgangsfarben, Farbpalette, Bild des Sitznachbarn, eigenes Bild, Künstlervorlage, reale Anordnungen...

63 Begriff übernommen von Colin McGinn (2007): *vorstellungsdurchdrungen* meint innerhalb meines Forschungszusammenhanges: die Intensivierung der Wahrnehmung durch zerlegendes Sehen, vergleichendes Sehen, handwerkliche Synthesis, darstellerische Synthesis

64 „Bildsehen" – Farbige Verbindungen/Relationen/Wechselwirkungen im gesamten Bildraum von Figur und Grund

EMPIRIE II

HERMENEUTISCHE FORSCHUNGSPERSPEKTIVE

STUDIE: STILLLEBEN MALEN, 9. KLASSE, REALSCHULE

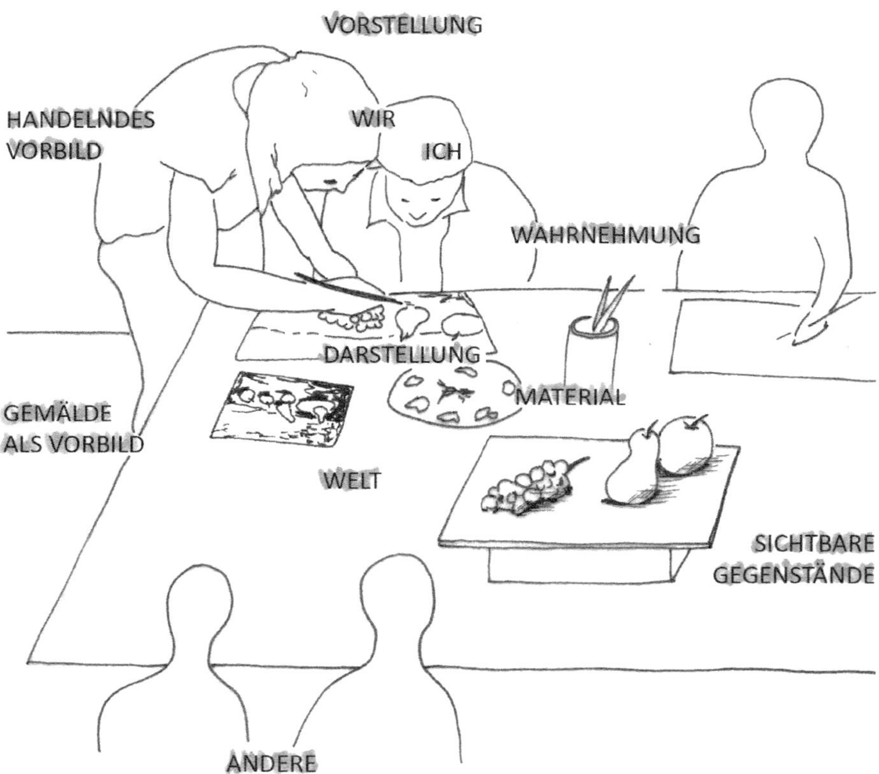

Abb. 14: Empiriekapitel 5

5. Mimetische Maldidaktik in der Anwendung und Forschung

Das im vorherigen Kapitel dargelegte Modell einer mimetischen Maldidaktik findet nun innerhalb eines empirischen Settings praktische Anwendung. Begründet liegt die Positionierung der Empirie innerhalb der Gesamtarbeit einerseits in ihrer Funktion als praktisches Korrektiv, andererseits in der Funktion einer Konkretisierung und Präzisierung der theoretischen Annahmen. Die vorstehend dargelegten Thesen tauchen aus diesem Grund als inhaltliche Klammer am Ende des empirischen Teils nochmals auf. Sie werden dann durch die Erkenntnisse der Empirie Modifikationen unterzogen.

Ich stelle eine schemenhafte Beschreibung der gesamten Unterrichtsstudie voran, um eine erste Vorstellung davon zu erzeugen. Details werden dann in den Einzelkapiteln aufgearbeitet: Die Schülerinnen und Schüler einer neunten Realschulklasse malten Stillleben mit Acrylfarben nach Anschauung. Anschauung im engen Sinn meint dabei den Blick der Lernenden auf

- vor ihnen sichtbare, aufgebaute Arrangements realer Früchte/Süßigkeiten auf jedem Gruppentisch und[1]
- Abbildungen von Stillleben-Gemälden von Cézanne, die alle Lernenden als Farbdruck erhielten.[2]

Vor dem Hintergrund des relationalen Lernverständnisses nehmen auch weitere Anschauungsbezüge als mimetische Resonanzmedien Einfluss, wenn sie in das Zentrum der Aufmerksamkeit treten. In dem weiteren Resonanzfeld des Malens befanden sich beispielsweise

- Malmaterialien (Ausgangsfarben, Farbpalette, Pinsel, ...),
- alle Bilder im Klassenraum (von Mitschülerinnen und Mitschülern, von sich selbst, ...),
- Bildhandlungen (von Lernenden, von Lehrenden)[3],
- Hilfestellungen (Impulse der Lehrperson).

Der in meinem Forschungsvorhaben empirisch untersuchte Zugang zur Farbe und Malerei basiert demzufolge in erster Linie auf ihrer Wahrnehmung, nicht auf Systematiken oder Empfindungen von Farbe. Im Fokus stehen Akte von

- Deixis (Verweisen auf, Zeigen auf, Sprechen über Farbe/Malerei) und
- Mimesis (Malhandlungen vormachen und nachmachen).

Im Forschungsfokus stehen außerdem die wechselbezogenen, relationalen Wahrnehmungs-, Vorstellungs- und Darstellungsprozesse beim Malen mit Anschauungsbezügen: Ziel ist es, diese Prozesse in ihre imaginativen und darstellerischen Teilhandlungen zu analysieren. Zusammenfassend ist im Rückgriff auf die weiter oben dargelegten Überset-

1 „imitatio naturae", vgl. Krautz/Sowa (2017)
2 „imitatio auctoris", vgl. ebd.
3 „imitatio personae", vgl. ebd.

zungsleistungen[4] folgender Übersetzungsprozess Gegenstand der Unterrichtsforschung: *(A) Foto: Malerei (flächig), Blick auf die reale Welt -> (B) enaktives, relationales Vorgehen: Verwendung von Wahrnehmungs-/Vorstellungs-/Darstellungshilfen/ begleitende Kommunikationsprozesse -> (C) Klassische Malerei (malerisch).*

Folglich erlaubt die von mir dokumentierte experimentell-didaktische Studie vorerst noch keinen wertenden Vergleich gegenüber anderen Lehr-Lern-Methoden, bei denen beispielsweise Malprozesse rein aus der Vorstellung initiiert werden. Äquivalente Untersuchungen aleatorischer, experimenteller, gegenstandsloser, farbsystematischer usw. Verfahren könnten diese Forschungslücken schließen und uns allmählich in die Lage versetzen, derartige Fragen zu beantworten.

5.1 Experimentell-didaktisches Forschungskonzept

Zunächst erläutere ich mein methodisches Handeln innerhalb der empirischen Unterrichtsstudie – bevor in den nachfolgenden Kapiteln die konkrete Auseinandersetzung mit den erhobenen Daten folgt. Ich lege die von mir angewendete kunstpädagogische Forschungsmethodik dar, die ich bedingt durch bisher fehlende methodische Systematisierungen erst entwerfen und an meine Forschungsfrage adaptieren musste (Abschn. 5.1.1). Es folgt die präzise Präsentation des personalen, räumlichen und situationellen Forschungskontextes (Abschn. 5.1.2). Letztlich setze ich das Vorhaben in Beziehung zu didaktischen Begründungen z. B. hinsichtlich der Themen- und Bildwahl innerhalb der Studie (Abschn. 5.1.3).

5.1.1 Forschungsmethodik

Da die Forschungsfragen/-thesen sich auf relationale Phänomene zwischen Wahrnehmung, Vorstellung und Darstellung beziehen, muss die angewendete Forschungsmethodik diese erfassen und deutend miteinander in Beziehung setzen können. Diesen besonderen – im relationalen Lernverständnis begründeten – Ansprüchen kann nur eine spezifisch darauf abgestimmte Methodik Rechnung tragen. In den nachfolgenden Kapiteln soll diese spezifische Methodik entwickelt, erläutert und begrifflich definiert werden: Ich begründe zunächst allgemein den *Bedarf der durchdachten Kombination und Modifizierung* bestehender Methoden. Danach präzisiere ich die *Methodik hinsichtlich des chronologischen Ablaufs* und des *spezifischen Settings* in meiner Studie. Letztlich versuche ich die angewendete Methodik präzise *begrifflich und metaperspektivisch* zu verorten.

Bedarf einer Methodenkombination

Die Klärung meiner maldidaktischen Fragestellung verlangt die spezifische Modifikation und Kombination qualitativer Forschungsmethoden. Meine empirisch erhobenen Daten

4 Vgl. Kap. 3.2.1

sind Bilder, Fotos Videos und Beobachtungen, also *visuelles und textuelles Material.* Dieses Datenmaterial soll letztlich interpretierend aufeinander bezogen werden. Dazu werden in innovativer Weise hermeneutische, bildbezogene Methoden (kriterienbezogene *bildhermeneutische*[5] *Aufarbeitung*) mit adaptierten, modifizierten qualitativ-sozialwissenschaftlichen Methoden (*Inhaltsanalyse*[6]) kombiniert. Allgemein werden in meinem empirischen Teil der Arbeit also *Bilder in Bezug auf ihren Entstehungskontext beschrieben, analysiert und interpretiert*. Das bedeutet im Detail:

Der Entstehungskontext ist fotografisch, videografisch oder durch begleitende Beobachtungsprotokolle dokumentiert und muss seinerseits aufbereitet werden, um der bildhermeneutischen Auswertung zuträglich zu werden. Die Aufarbeitung dieser sprachlichen und visuellen Kontextdaten geschieht durch *modifizierte Inhaltsanalysen*, in denen bildhermeneutische Bezüge und Kriterien schon mitbedacht und angemerkt werden. Das Audio(-Video-)Material wird in meiner Studie schrittweise mit Hilfe desselben Kriterienkatalogs wie die Bilder codiert. Auf diese Weise ist die Inhaltsanalyse mit dem bildhermeneutischen Vorgehen kompatibel und kann die Bilddaten verdichten.[7] Ziel der Inhaltsanalyse ist die Zuordnung von Kategorien zu Textbestandteilen im Hinblick auf die darauf gestützte Wiederverarbeitung im bildhermeneutischen Bildverstehen. Konkret folgt die modifizierte Inhaltsanalyse folgendem Vorgehen[8]

1. Bestimmung/Auswahl der zu transkribierenden Texte durch Sichtung des Datenmaterials,
2. Gesamttranskriptionen dieser Texte,
3. Bestimmung von Sinneinheiten innerhalb der Gesamttranskriptionen,
4. Bestimmung von Auszügen innerhalb der Sinneinheiten,
5. Paraphrasierung dieser Auszüge,
6. Kategorisierung (Rückbezug zu Strukturierungsdimensionen des Kriterienkatalogs),
7. Erweiterte Kontextanalyse: Verweis auf relationale Bezüge (zu Inputs usw.),
8. Materialdurchlauf: Ankerbeispiele je Kategorie markieren,
9. Weiterverarbeitung der Ankerbeispiele innerhalb der bildhermeneutischen Analyse.

Das Forschungsvorhaben zieht seinen Erkenntnisgewinn somit aus der Verzahnung hermeneutischer und modifizierter sozialwissenschaftlicher Methodik. Dieses interdisziplinäre Öffnen methodischer Ansätze kann im Kontext einer allgemeinen sozialwissenschaftlichen Tendenz eingeordnet werden.[9]

---

5 Scwa/Uhlig (2006)

6 Kuckartz (2014b)

7 Vgl. ebd.

8 zur Paraphrasierung (5.). Innerhalb der Tabelle der Paraphrasierung lauten die Spalten von links nach rechts: „Nr." (Codierung), „Interviewauszug" (4.), „Paraphrase"(5.), „Kategorie"(6), „Bezugsfelder"(7.).

9 Vgl. Cropley (2011), S. 24

Ausgangspunkt	Deductiver Theoriebezug: Thesen Aus Theorieteil deduziert, später durch Empirie präzisiert	
Erhebung: Forschungs-setting	Malaufgabe 1: Ist-Stand, Malaufgabe 2: Lehrgang, Malaufgabe 3: Poststand Einzige Variable: Einsatz von Wahrnehmungs-, Vorstellungs-, Darstellungshilfen bei Malaufgabe 2	
Fokus	Querschnitte: Lerngruppe	Längsschnitte: Einzelfälle
Datenmedium	Bild: exemplarische Bildausschnitte Text: Gesprächssequenzen aus Unterrichtssituationen und aus Interviews	Bild: Bilder und Zwischenschritte Text: Gesamtinterviews
Aufbereitung	Kriterienkatalog Aufbereitung der Texte durch modifizierte Inhaltsanalyse und übergeordnete Weiterverarbeitung der Kategorisierungen in der bildhermeneutischen Analyse, die gleichsam am Kriterienkatalog orientiert ist.	
Auswertung	Induktiver Theorie-Rückbezug zu übergeordneten Thesen Modifizierung, Ergänzung, Konkretisierung, usw.	

Chronologie der Forschung

Hermeneutische Kreisläufigkeit der Studie
Fundament und Rückbezug jeder qualitativ-hermeneutischen Studie ist der Interpretationshorizont und das Forschungsparadigma der Forscherin oder des Forschers. Meine diesbezüglichen Annahmen und Einstellungen wurden vorherstehend ausgiebig erläutert und modellhaft verdichtet. Für die Forschung leitend sind somit die oben aufgeführten, aus der Theorie deduzierten Thesen[10] und das Modell hinsichtlich des Wahrnehmens, Vorstellens, Darstellens von Farbe und der Wirkungsweise von jeweiligen Hilfsmitteln.[11]

Der weitere methodische Verlauf folgte der üblichen Chronologie von der Datenerhebung, zur Datendokumentation über die Datenaufbereitung, zur Datenauswertung.

Die *Datenerhebung* von malerischen Produkten und Prozessen erfolgte innerhalb eines dreigliedrigen Forschungssettings[12] im Kunstunterricht einer 9. Realschulklasse[13] (16 Datensätze), das ich als beteiligte Forscherin durchführte. Jede Schülerin und jeder Schüler malte insgesamt drei Gemälde. Alle Kontextbedingungen (Malmaterial von 17 Acrylfarbtönen, Pinsel in 3 Größen, usw.), wie auch die inhaltliche und formbezogene Auseinandersetzung (Stillleben im weitesten Sinne) wurden über die gesamte Erhe-

10 Vgl. Cropley 2011, S. 162 f.: „Obwohl qualitative Auswertungen auch ohne Eingangstheorie - sozusagen „blindlings" - durchgeführt werden können, können sie auch auf der Basis von Theorien erfolgen. [...] Der Forscher legt bereits vorab Themen oder Sachverhalte fest, die laut Theorie auftauchen müssten, bzw. für den gegenwärtigen Untersuchungsgegenstand bekanntlich von besonderer Bedeutung sind, und konzentriert die Auswertung darauf, um festzustellen, ob und in welcher Form sie tatsächlich hervortreten (oder aber auch nicht erscheinen)."

11 Vgl. vor allem Kap. 4, aber auch 1-3

12 Vgl. nachfolgendes Kap. 5.1.1: Forschungssetting

13 Die Wahl der Jahrgangsstufe (15- bis 16-Jährige) ist bedingt durch kognitionspsychologische Erkenntnisse, die auf vorhandene Farbsensibilität schließen lassen, vgl. dazu Oswald (2012).

bungsphase (10 wöchentliche Doppelstunden und Befragungen) konstant gehalten. Lediglich der Lehrgang (Einsatz der Hilfsmittel) fand nur während der Erarbeitung von Malaufgabe 2 statt.

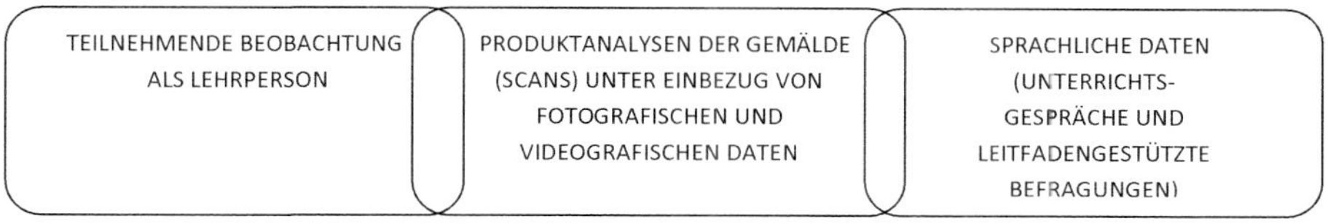

TEILNEHMENDE BEOBACHTUNG ALS LEHRPERSON	PRODUKTANALYSEN DER GEMÄLDE (SCANS) UNTER EINBEZUG VON FOTOGRAFISCHEN UND VIDEOGRAFISCHEN DATEN	SPRACHLICHE DATEN (UNTERRICHTS-GESPRÄCHE UND LEITFADENGESTÜTZTE BEFRAGUNGEN)

Die Datendokumentation geschah durch Scans aller Zwischenstände nach jeder Doppelstunde, durch Notizen der teilnehmenden Beobachtung und durch Fotoaufnahmen (durch eine zweite anwesende Lehrperson). Videografie[14] wurde nur sequenziell (hauptsächlich bei den zwei Lernenden Nela und Karl) eingesetzt. Die Auswahl dieser Einzelfälle begründet sich durch hohe Kontrastierung[15] hinsichtlich ihres farbigen Wahrnehmungs-, Vorstellungs- und Darstellungsvermögens (Kriterienkatalog[16] als Maßstab). Die Videografie nahm lediglich die Rolle eines notwendigen Korrektivs innerhalb der späteren Aufarbeitung der Längsschnitte ein. Denn die für das Darstellungslernen relevanten Teilprozesse, wie das gestische Zeigen auf Farben oder das stumme Verwenden der Hilfsmittel usw., können nur durch diese audio-visuelle Datenrepräsentation sicher dokumentiert werden. Nach Fertigstellung der drei Gemälde wurden außerdem leitfadengestützte Befragungen[17] mit den genannten hoch kontrastierten Lernenden (und ergänzend 3 weiteren Lernenden) erhoben und aus denselben genannten Gründen durch Videografie dokumentiert.

Alle erhobenen Daten wurden zur hermeneutischen Absicherung im Expertenkreis[18] gesichtet, um die Kontrastierungen und die exemplarischen Fallbeispiele zu diskutieren. Somit wurden nicht alle 16 Datensätze aufbereitet: Im vergleichenden Längsschnitt (Lernprozesse von Malaufgabe 1 bis Malaufgabe 3) bereitete ich ausschließlich die schon genannten zwei hoch kontrastierenden Datensätze von Nela und Karl auf. Außerdem bereitete ich in weiterer Anwendung des Kriterienkatalogs aus der gesamten Lerngruppe querschnittartig exemplarische Sequenzen von unterschiedlichen Lernenden auf (z. B. exemplarische Übungs-/Bildgesprächs-/Bildauswahlsequenzen einzelner Lernenden usw.). Da die erhobenen Daten wie beschrieben von bildlichem und sprachlichem Medium sind, musste die Methodik der Aufbereitung text- und bildbezogene Daten verbinden. Aus diesem Grund erfolgte die *Datenaufbereitung* in Verbindung bildhermeneutischer und inhaltsanalytischer Verfahre.[19] Grundlegend für die interpretative Verzahnung visueller und sprachlicher Daten ist dabei die Verwendung eines einheitlichen Kriterienkatalogs

14 Vgl. Miller (2010)

15 Vgl. Brenne (2007), S. 15: Maximale Kontraste durch unähnliche Fälle erzeugen.

16 Vgl. Kriterienkatalog in Kap. 5.2.1

17 Die Fragen des Leitfadens orientierten sich an den Kriterien des Kriterienkatalogs, während alle drei Gemälde als deiktische Bezugsmöglichkeit vor dem/der Interviewten lagen.

18 Forschungskolloquium PH Ludwigsburg

19 Vgl. Kap. 5.1.1

für Bild und Textdaten. Kuckartz (2014b) verweist darauf, dass inhaltsanalytischen Aufarbeitungen wesenhaft die hermeneutische Sinnfindung zu Grunde liegt. Daher sind sie mit den Erfordernissen bildhermeneutischer Methoden kompatibel und ihnen zuträglich.[20] Die Videografien werden dabei nicht gesondert aufbereitet, sondern immer wieder zur Absicherung herangezogen. Die Befragungen werden zunächst primär als auditive Daten transkribiert[21] – dann wird in der Paraphrasierung und Kategorisierung aber stets schon auf diverse relationale außersprachliche Bezüge verwiesen (z. B. in den letzten beiden Spalten „Kategorie" und Bezugsfelder"). Diese außersprachlichen Bezüge konnten durch die Videodaten und die Beobachtungen überprüft und ergänzt werden. Die aufbereiteten Daten spiegeln somit Produkte und Prozesse:

- *Inputs:* Die Unterrichtsinputs sind als bewusste Setzungen der Lehrperson zu verstehen und wurden folglich beschreibend aufgelistet und gemäß der Doppelstunden nummeriert.
- *Bild:* Die gemalten Bilder wurden teilweise mit Bildbearbeitungsprogrammen zugeschnitten, um relevante Bildinformationen zu bündeln. Die Bilder und Bildelemente werden dann durch bildhermeneutische Analysen auf Grundlage des kategorialgeordneten Kriterienkatalogs[22] versprachlicht.
- *Text:* Die leitfadengestützten Befragungen und Unterrichtsgespräche wurden durch modifizierte qualitative Inhaltsanalysen mit demselben Kategoriensystem wie die Gemälde der Schülerinnen und Schüler aufbereitet, damit sich Text und Bild wechselseitig verdichten konnten.

Die *Datenauswertung* bezieht sich zurück auf die theoriegenerierten Thesen und präzisiert jede einzeln im deduktiven Rückbezug auf Theorie und induktiven Rückbezug auf die Empirie.

Forschungssetting

Die Unterrichtsstudie wurde als qualitative Forschung einmalig in einer 9. Klasse[23] durchgeführt. Die Versuchsteilnehmerinnen und -teilnehmer wurden im Unterschied zu psychologischen Feldforschungen über ihre Teilnahme aufgeklärt. Störfaktoren (wie z. B. Fehlzeiten) waren dabei nur teilweise kontrollierbar. Die Untersuchungsgruppe wurde zufällig gewählt – der Unterricht hätte auch in jeder anderen 9. Realschulklasse stattfinden können. Mit dem zugrundeliegenden Forschungsverständnis ist jeder Fall signifikant, aber nie per se repräsentativ. Aus diesem Grund erübrigt sich die parallele Durchführung in einer Vergleichsgruppe. Mit der anthropologischen Perspektive auf die Schülerinnen und Schüler bietet die Heterogenität jeder Klassengemeinschaft ausreichende Kontraste.

---

20 Vgl. Kuckartz (2014b)

21 Konglomerat gängiger Transkriptionskonventionen (u. a. orientiert an Minimal-transkript nach GAT). Sprachliche Modulationen (Stottern, Einsatz des Dialektes, ...) wurden nicht transkribiert.

22 Vgl. Kriterienkatalog in Kap. 5.2.1

23 Vgl. Beschreibung des Forschungskontexts in Kap. 5.1.2

Das methodische Forschungssetting wurde in einer Vorstudie mit einer Kleingruppe (8 Personen) an einer anderen Realschule erprobt, überarbeitet und dann mit folgendem Ablauf in der Unterrichtsstudie realisiert:

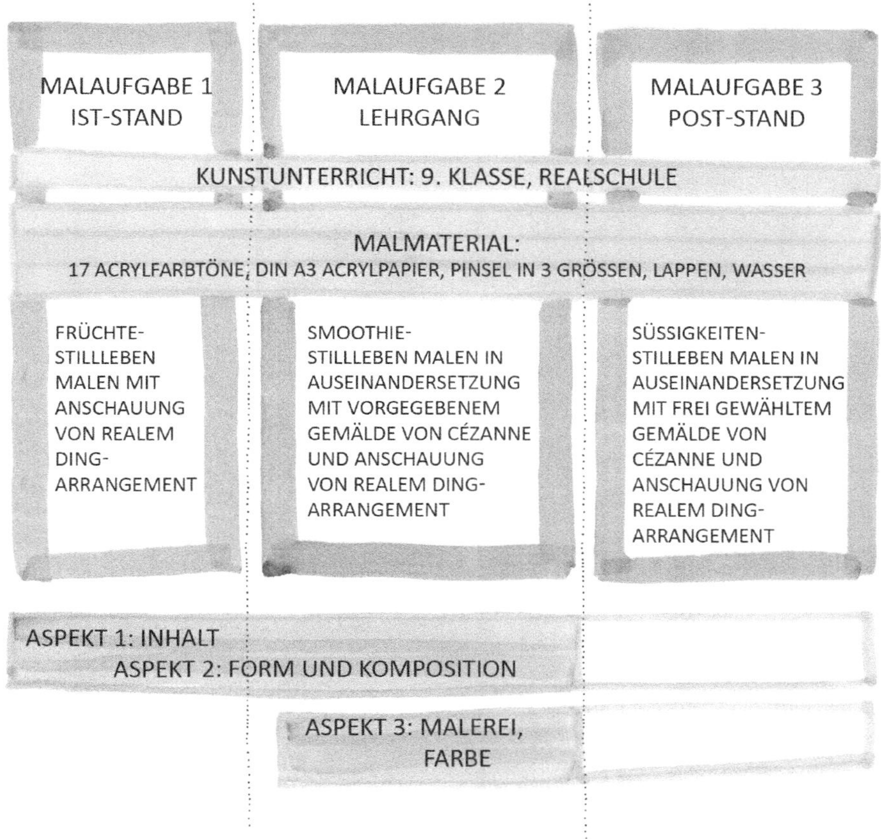

Abb. 15: Setting der Unterrichtsstudie

Jeder malte insgesamt drei Stillleben, die als reales Arrangement auf den Gruppentischen präsent waren. Die Variation der Lebensmittelmotive geschah einerseits aus motivationalen Gründen, andererseits wurde für Malaufgabe 3 eine neue Motivgruppe gewählt, um die Transferleistung zu überprüfen:

1. *Malaufgabe 1* (Früchtestillleben) entstand ohne spezifischen Input zur Malerei und bildet als Ist-Stand das momentan verfügbare malerische Können ab;
2. *Malaufgabe 2* (Smoothie-Stillleben, Früchte und Glas) entstand innerhalb eines Malereilehrgangs;
3. *Malaufgabe 3* (Süßigkeiten-Stillleben) überprüfte den Post-Stand vier Wochen nach dem Lehrgang durch eine Transferaufgabe. Transfer meint die nachhaltige Modifizierung und den erneuten, stabilisierten Abruf der erworbenen malerischen Darstellungsformeln.

Während allen drei Forschungseinheiten stellten folgende Faktoren *Konstanten*[24] dar:

- *Probanden:* Das dreigliedrige Setting wurde in einer Klasse durchgeführt.
- *Raum:* Die Forschung fand stets im Kunstraum der Schule statt.
- *Zeit:* Die effektiv verfügbare Zeit des Malens an Bild 1/2/3 war in etwa konstant. Bei Malaufgabe 1 und 3 hatte die Klasse je zwei bis drei Doppelstunden bis zur Fertigstellung. Malaufgabe 2 entstand in fünf Doppelstunden, da in jeder Sitzung Lehrgangselemente einflossen.
- *Material:* Die Materialtheke blieb über den Forschungszeitraum unverändert. Die Schülerinnen und Schüler erhielten als Malwerkzeug Synthetikpinsel (S.T.A.R.T. von boesner) in drei Größen (20, 12, 4), in der Schule vorhandene Borstenpinsel (Größe 12) ergänzten das Angebot, außerdem Baumwolllappen und Wassergefäße. Als Malgrund diente Acrylpapier im DIN A3-Format (quer, glatte Seite, Canson XL, Aquarell-Acryl-Papier, 300g/qm). Mischunterlagen waren aus Forschungszwecken weiße Pappteller, die archiviert werden konnten. Die Tische wurden, wie an der Schule üblich, mit Zeitung abgedeckt. Als Farbmaterial (Ausgangsfarben) standen 17 Acrylfarbtöne zur Verfügung:
    - Zitronengelb (Schminke Akademie)
    - Chromgelb (Schminke Akademie)
    - Ocker (Schminke College)
    - Siena natur (Lukas Studio)
    - Terrakotta (Schminke Akademie)
    - Umbra gebrannt (Schminke Akademie)
    - Zinnoberrot (Schminke College)
    - Rot krappdunkel (Schminke Akademie)
    - Violett (Schminke College)
    - Maigrün (Schminke College)
    - Blattgrün (Schminke College)
    - Smaragdgrün (Schminke College)

24 In Abb. 15: Kennzeichnung der konstanten Faktoren durch spaltenübergreifende Balken.

- Ultramarinblau [Schminke College]
- Kobaltblau [Schminke College]
- Preußischblau [Schminke College]
- Weiß [Schminke College]
- Schwarz [Schminke College]

Die Wahl der Ausgangsfarben orientierte sich an der Farbpalette Cézannes, die besonders durch gelbliche, rötliche oder bräunliche Erdtöne geprägt ist. Nur durch diese Abstimmung der Ausgangsfarben mit den Farbtönen Cézannes ist eine farbliche Übersetzung möglich. Mittels einer bildnerisch-praktischen Analyse hatte ich diese Zusammenstellung der Ausgangsfarben durch Nachmischen einzelner Farbtöne in Cézannes Werken vorab selbst malerisch überprüft.

- *Inhaltliche und formbezogene Entlastungen:* Alle drei Aufgaben siedelten sich in dem thematischen und formalen Bezugsfeld Stillleben von Lebensmitteln an. Da der Forschungsfokus auf der Malweise/Farbverwendung lag, wurde in allen drei Phasen der Input zur Klärung der Form, Komposition und zu inhaltlichen Aspekten[25] konstant gehalten.

Die einzige *Variable* innerhalb des Settings war folglich der Malerei-Lehrgang mit Wahrnehmungs-, Vorstellungs- und Darstellungshilfen, der bei Malaufgabe 2 einsetzte. Mittels dieser Forschungskonzeption als Vorher-Nachher-Studie, konnte eine Kausalität zwischen dem Einfluss des Lehrgangs [unabhängige Variable] und der Schülerleistungen [abhängige Variable] angenommen und überprüft werden.

Begriffliche Einordnung

Nach den Deskriptionen des methodischen Vorgehens soll die angewendete Forschungsmethodik innerhalb der Unterrichtsforschung begrifflich als *hermeneutisch* eingeordnet werden.

Es stellt sich in diesem Zusammenhang auch die Frage: *Wie ist die hermeneutische Methodik zu rechtfertigen?* Die oben dargestellte Chronologie des Forschungsprozesses verdeutlicht, wie ich als handelnde Lehrerin Entwurf [Thesen, Inputs], Anwendung und distanzierende Betrachtung [Aufbereitung, Auswertung] einer maldidaktischen Theorie *in persona* durchführte. Dieses methodische Faktum bietet aus rein empirischer Sicht Angriffsflächen für den Vorwurf eines fehlerhaften Zirkelschlusses durch mangelnde Trennung von

- Beobachter und Beobachteten,
- Lehrenden und Lernenden,
- Theorie und Praxis,
- Fakt und Interpretation,
- Einzelereignis und Zusammenhang,
- Vorkenntnis und Erkenntnis.

25 Vgl. Aspekte 1 und 2 im Anhang: Kap. 7.3.1: Visualisierung der Unterrichtsaspekt zu Inhalt, Form und Malerei

Auf Grundlage dieser Forschungsgrundsätze müsste eine fremde Lehrperson meine Unterrichtsmodelle durchgeführt haben, damit ich als Theoretikerin in möglichst objektive, beobachtende Distanz hätte treten können. Den letzteren Weg habe ich nicht gewählt, stattdessen nahm ich innerhalb der Unterrichtsforschung beide Rollen ein: Die einer aktiv beteiligten Lehrperson und die einer Beobachterin. Diese beiden polaren Möglichkeiten im Umgang mit Erhebung und Interpretation von Daten verweisen gleichsam auf basale forschungsmethodische Fragen, die auch in der jüngeren kunstpädagogischen Forschung wenig Klärung erfahren: *Was charakterisiert kunstpädagogische Forschung? Welche Forschungsparadigmen existieren und lassen sich in welcher Weise systematisieren? Wie gestaltet sich der Transfer von Forschungsmethoden anderer Disziplinen (wie z. B. der empirischen Sozialforschung)? Inwieweit verlangt kunstpädagogische Forschung Modifikationen dieser fachfremden Methoden? Wie sehen diese modifizierten und neu kombinierten Forschungsmethoden aus? ...*

Meine Arbeit ist als kunstpädagogische Forschungsstudie unweigerlich diesen Fragen ausgesetzt. Auf die oben gestellten Fragen an die Methodik kunstpädagogischer Forschung antwortet meine Arbeit nicht offen oder multiperspektivisch: Ich stelle dazu die These voran, dass der konzeptionelle Rahmen der Studie *experimentell-didaktisch* war, das Vorgehen innerhalb der Auswertung *hermeneutisch*. Diese Begrifflichkeiten sollen nachfolgend weitere Klärung erfahren:

Die Qualifizierung *experimentell-didaktisch* grenzt sich davon ab, was *experimentell* in den Sozialwissenschaften in klassischem Sinn bedeutet: Im hier angewendeten experimentell-didaktischen Konzept der Unterrichtsforschung wurde keine Vergleichsgruppe herangezogen. Außerdem wussten die Lernenden über ihre Teilnahme an einer Studie als Probandin oder Proband Bescheid. Sie traten dabei wie gewohnt in ihre Rolle als Schülerin oder Schüler. Denn das experimentelle Design wurde schlicht in realen didaktischen Unterrichtskontexten angewendet und diesen auch angepasst – nicht umgekehrt. *Experimentell* blieb dieses Vorgehen dennoch hinsichtlich der konkreten Versuchsanordnung des Forschungssettings, sowie der Zielsetzung der Datengewinnung und des Bezugs zu vorangestelltem Wissen/Vermutungen über die abhängige Variable – im vorliegenden Fall das malerische Können und Lernen der Schülerinnen und Schüler.

Die Forschungsmethodik definiere ich als *hermeneutisch*[26]: Mein *Vorverständnis* entwickelte ich durch theoretische Analysen (und bisherige praktische Erfahrungen). Es bündelte sich in Thesen[27], die leitend für den empirischen Teil meiner Arbeit sind und die durch die Empirie weiter in ihrem Sinn erschlossen und geprüft und ggf. modifiziert werden. Es vollzieht sich dabei ein Prozess einer hermeneutischen Hebung, wobei jede These als *Vorverständnis* in hermeneutischer Sicht zu jedem Zeitpunkt falsifizierbar bleibt. In detaillierterer Ausführung bedeutet das: *Hermeneutisch* ist meine Forschung in ihrem übergeordneten Verständnis vom relationalen Zusammenwirken aller Einzeltatsachen als Teile eines Gesamtzusammenhangs. Die hermeneutische Sicht erfasst das Verbun-

26 Die hermeneutische Methodik lässt sich in Abb. 16 modellhaft nachvollziehen; vgl. zur hermeneutischen Methodik z. B. Oevermann u. a. (1979)

27 Vgl. z. B. Thesen in Kap. 4.4

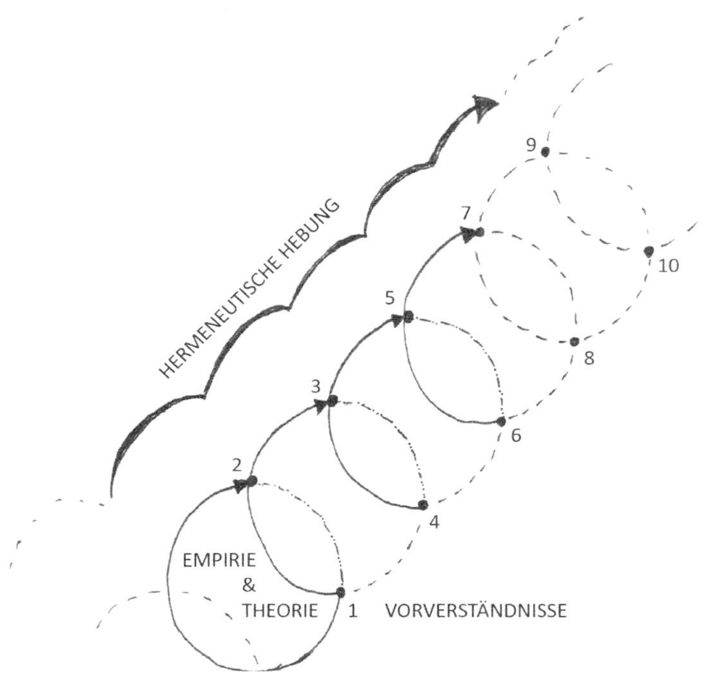

Abb. 16: Hermeneutisches Vorgehen

densein und die wechselseitige Beeinflussung von Beobachtenden und Beobachteten, Lehrenden und Lernenden, Theorie und Praxis, Fakt und Interpretation, Vorkenntnis und Erkenntnis. Der empirische Vorwurf eines *circulus vitiosus* ist zu entkräften: Im hermeneutischen Verständnis spricht man von praktischen Erkenntnisprozessen als einer *hermeneutischen Hebung*. Das heißt: Das Vorverständnis, das einem praktischen Handeln vorangeht (als Erwartung, Ziel, Intention usw.), wird am Ende des Prozesses erneut in Erinnerung gerufen, um es an den Resultaten zu messen. Am Ende des Prozesses kommt der Anfang also wieder in den Blick – aber nun auf einer höheren Stufe des Verstehens. Was als Vorverständnis am Anfang stand, geht ins rückblickende Verständnis wieder ein und hat sich „gehoben" oder „geschärft". Dieser Prozess ist nicht rein „zirkulär", sondern gleicht eher einer Spirale – und er ist nicht abschließbar.

Handeln und Forschen haben dieselbe hermeneutische Struktur: Beide gehen von Vorsätzen und Vorannahmen aus, sind insofern gewissermaßen „deduktiv". Beide kommen zu Erfahrungen, die am Anfang dennoch nicht absehbar waren – und sind insofern auch „induktiv": Aber Ausgangslage und Resultat gehören eng zusammen und verweisen untrennbar aufeinander. Man könnte das einen „Zirkel" nennen, aber dieser Zirkel ist nicht notwendigerweise ein „Mangel" oder „Fehler" (*circulus vitiosus*): Das Ende verdankt sich dem Anfang, aber er ist doch auch „weiter" als der Anfang. Genau dieses Verständnis des „hermeneutischen Zirkels" versuche ich in meinem Forschungsansatz und meinen Methoden sinnvoll und kontrolliert einzusetzen.

Aus dieser hermeneutischen Perspektive betrachtet, kann eine Person eine didaktische Theorie *entwerfen, anwenden* und gleichzeitig *betrachten*. Insofern führt ein ständiger, zirkulärer Wechselbezug von Datengewinnung, Theorie und Interpretation zur Differenzierung des eigenen Vorverständnisses [= hermeneutische Hebung]. Das sich ständig erneuernde Vorverständnis bleibt dabei stets der Interpretationshorizont.

*Bild*hermeneutik bezieht sich explizit auf Bilder und versteht sich als Teil menschlichen Handelns.[28] Untersuchungsgegenstand der Bildhermeneutik ist damit das relationale Zusammenwirken und das Antwortverhältnis von Rezeption und Produktion, von Mitteilung und Verständnis von Bildern. *Kunstpädagogische Hermeneutik* fokussiert speziell Bilder von heranwachsenden und erwachsenen Lernenden. Auch hier lässt sich das faktisch vorliegende Bild nicht trennen vom Entstehungszusammenhang. Um ein Bild zu verstehen, muss das Bildhandeln gleichsam verstanden sein. Bildhandeln im Feld der Malerei umfasst das Planen, Ausführen, Reflektieren und Überarbeiten durch

- Sprechen über Farbe/Malerei,
- Zeigen auf Farbe/Malerei,
- Wahl der Materialien,
- Mischen und Auftragen von Farbe.[29]

Das Bildhandeln ist wiederum eingebettet in einen größeren Handlungskontext sozialer, kultureller oder persönlicher Begleitumstände [Intensität, Ethos, Motivation, ...] und entwicklungsmäßiger Voraussetzungen und Vorbildung [zum Beispiel hinsichtlich Bild- und Farbwahrnehmung]. In diesem hermeneutischen Verständnis begründet sich der Untersuchungsfokus im Zwischen von Bild, Geste und Sprache. Die empirischen Daten werden stets in Balance verwendet zwischen dem Verstehen des Ganzen [Unterricht] und dem Nachsehen in Details [z. B. Videosequenz]. Der Verzicht auf vollständige Videotranskriptionen begründet sich demnach durch das hermeneutische Verstehen des Ganzen.

Nachdem Bild und Text sukzessive mit steigendem Abstraktions- und Reduktionsniveau verdichtet wurden, strebt die *Auswertung* als hermeneutische Interpretation eine generalisierende Exemplarik der Forschungsergebnisse an. Die Auswertung orientiert sich an den übergeordneten Forschungsthesen. Die bisherigen methodischen Darlegungen deuten darauf hin, dass der Nachvollzug der Generalisierbarkeit der Interpretation des exemplarischen Einzelfalls für eine größere Gruppe von Menschen als Gütekriterium[30] hermeneutischer Forschung gilt. Diese angenommene Korrelation zwischen Einzelfall und Typus[31] ist eine allgemeine Grundlage qualitativer Forschung und muss dennoch immer wieder sensibel diskutiert werden. So sind auch meine Ergebnisse nur im Nachvollzug meiner Setzungen und des von mir entworfenen Interpretationshorizonts zu verstehen. Beides wird gewährleistet durch die Darlegung der Theorie [Interpretationshorizont[32]]

---

28 Vgl. Sowa/Uhlig [2006], S. 9

29 Vgl. Kap. 1 und 4

30 Vgl. Peez [2007], S. 3 ff.

31 Dazu grundlegend Kelle/Kluge [2010]

32 Vgl. Kap. 2 und 3

und die modellbildenden Schlüsse (Setzungen[33]). Das hermeneutische Vorgehen ist selbst wohl schon im Vorverständnis von relationalem Lernen angelegt. Malen-Lernen und Malen-Können wurden in der Arbeit nicht quantifiziert und gemessen, SONDERN IN EINZELSCHRITTE ZERLEGT UND IM GESAMTGEFÜGE VERSTANDEN.[34]

5.1.2 Forschungskontext

Die dargelegte Unterrichtsforschung wurde im Kunstunterricht einer 9. Klasse einer Realschule durchgeführt. Für die Forschung blieb der gewohnte schulische Rahmen unverändert: Der Unterricht fand einmal wöchentlich als nachmittägliche Doppelstunde (90min) statt. Ich übernahm während der Forschungsphase von ca. 4 Monaten das Unterrichten in der Rolle als Lehrperson und als teilnehmende Beobachterin. Die Kunstlehrerin der Klasse war ebenfalls im Raum anwesend und assistierte teilweise bei der Datendokumentation. Der Raum ist Fachraum für Kunst und verfügt über Waschbecken, Gruppentische[35], ebenso über die Möglichkeit der Beamerprojektion. Ein Gruppentisch vorne blieb stets frei, um dort Bildgespräche im Steh-/Sitzkreis führen zu können. Der Großteil der Arbeitsmaterialien wurde von mir mitgebracht.

Die unterrichtete Kunstklasse setzte sich aus zwei Schülergruppen unterschiedlicher Klassen zusammen, da die Lernenden Kunst als Wahlfach belegten (alternativ zum Wahlfach Musik).

Insgesamt wurden die Datensätze von vier Mädchen und zwölf Jungen im Alter zwischen 14-16 Jahren dokumentiert. Die Daten von Schülerinnen und Schülern, die aus gesundheitlichen oder persönlichen Gründen mehr als die Hälfte des Unterrichts fehlten, fallen aus der Auswertung heraus, da sich ihr Lernprozess schwer auf Interventionen zurückführen lässt. Soziokulturelle oder ethnische Hintergründe standen nicht im Fokus der Arbeit und wurden nicht erhoben. Als relevant erachtet wurde aber das *Vorwissen über Farbe und Malerei* der Schülerinnen und Schüler. Es wurde durch Sichtung bisheriger Arbeitsergebnisse im laufenden Schuljahr, durch ein Expertengespräch mit der Lehrerin und durch ein aufgezeichnetes Klassengespräch in der ersten Stunde erhoben:

Vorarbeiten im laufenden Schuljahr bezogen sich auf Collagen räumlicher, perspektivischer Strukturen und auf das grafische Weiterführen von Kopiervorlagen. Nach Auskunft der Lehrerin malt sie aus Gründen des höheren Arbeitsaufwandes fast nie mit Klassen. Die Klasse bestätigte, dass sie sich an keine Malaufgaben in den letzten Jahren erinnern könnten – außer an das Thematisieren des Farbkreises in der 5. Klasse. Ittens Farbkreis wird laut des schulinternen Curriculums in jeder 5. Klasse behandelt. Insgesamt setzte ich demzufolge in der Klasse kaum imaginatives, noch

33 Vgl. Kap. 4

34 Ein abschließender Vermerk: Bis hier bewegt sich die Beschreibung der Forschungsmethodik noch auf einer sehr abstrakten und komplexen Ebene. Durch die tatsächliche Anwendung in den nachfolgenden Kapiteln kann sie weiter nachvollzogen werden.

35 Vgl. Sitzordnung im Anhang: Kap. 7.3.1

handwerkliches Vorwissen voraus. Die Wahl einer 9. Klasse als Untersuchungsgruppe geschah, da die kognitiven und motorischen Potentiale der Komplexität der Gesamtaufgabe entsprechen können – insofern sie durch Einübung verfügbar werden. Gemäß Oswald[36] ist in diesem Alter wieder eine intensive Konzentration auf Farbe möglich, nachdem im Alter von ca. 14 Jahren die Farbsensibilität eher rückläufig war, da sich vermehrt die Gehirnareale ausbildeten, in denen Form- und Raumkomponenten geklärt werden.

Mit dem im Theorieteil dargelegten Verständnis von Lernen und Entwicklung ist dennoch die These zu formulieren, dass dieselbe Aufgabenstellung auch in anderen Klassenstufen zu diversen Modifizierungen der Darstellungsformeln und zu neuen Lernständen geführt hätte. Die empirische Überprüfung durch die Übertragung ähnlicher Settings auf andere Altersstufen kann nicht im Rahmen dieser Arbeit geschehen und bleibt offen.[37]

5.1.3 Didaktische Begründungszusammenhänge

Jede Schülerin und jeder Schüler malte im Forschungsverlauf insgesamt drei Stillleben nach Anschauung – je von unterschiedlichen Früchten/Süßigkeiten. Dieser Dreischritt von malerischen Aufgabenstellungen und der Fokus der drei Malaufgaben begründen sich durch die Forschungskonzeption:

Es sind genuin malerische Probleme, die hier thematisiert wurden, nicht normative, symbolische Inhalte. Malerei wurde in den drei Aufgaben in dezidiertem Bezug auf Wahrnehmung praktiziert. Der Einwand, dass beim dreifachen Stilllebenmalen der inhaltliche Aspekt zu kurz kommt, ist zu erwarten. Diese Bedenken bringen besonders subjektorientierte Kunstpädagoginnen und Kunstpädagogen gegenüber jedem abbildlichen Arbeiten an.[38]

Der Einwand kann nur durch Einnahme eines relationalen Lernverständnisses entkräftet werden: Auf den ersten Blick waren die real arrangierten Dinge und Bilder augenscheinlich auch „Inhalte“. Sie standen den Lernenden vor Augen. Doch beim Malen-Lernen rückten diese Inhalte in den Hintergrund. Essentieller Inhalt war für die Malenden schnell nicht mehr der Apfel als Lebensmittel und Frucht, sondern der Apfel als visuell gesehener Gegenstand (Gegenstand der Vorstellung und Wahrnehmung). Zentraler Inhalt war dann das Malen selbst und die eigene und fremde Wahrnehmung, der eigene visuelle Bezug zur Welt und die gestaltende Übersetzung. *Wie nehme ich wahr? Wie nehmen andere wahr? Warum nehmen wir so wahr? Was bedeutet das für den Alltag? Müssen wir genauer hinschauen?* ... Und dadurch, dass jeder Lernende mehrere Stillleben malte, war auch zu fragen: *Wie hat sich meine Wahrnehmung verändert? Wie kann das sein? Warum male ich das nun anders? Usw.* Derartige Fragen sind „Inhalte“ des Malens nach Anschauung. Sie

36 Vgl. Oswald (2003)

37 Vgl. dazu erste Ansätze in Miller u. a. (voraussichtlich 2018 oder 2019) „Anschauungsbezogenes Malen in der Grundschule“

38 Einwände gegenüber einem „abbildlichen“ Arbeiten. z. B. in Marr (2014)

müssen intersubjektiv geteilt, herausgearbeitet und verhandelt werden, um der Gefahr eines rein formalen Unterrichts zu entgehen. Die weitere Überfrachtung mit Inhalten wie Vergänglichkeit, Prunk, Überfluss usw. könnte dabei sogar hinderlich sein.

Aber warum sollen Schülerinnen und Schüler Stillleben malen? Die Wahl der Gattung Stillleben begründet sich inhaltlich aus ihrer kunstgeschichtlichen Relevanz, aber auch aus kulturellen und persönlichen Symbolisierungsbedürfnissen, die sich darin erfüllen können. Ein Blick in die Geschichte der Stilllebenmalerei zeigt nicht nur die Veränderlichkeit der Motivgruppen, sondern auch ihrer formal-gestalterischen Auslegungen.

Aber warum Stillleben malen mit Cézanne[39] *als Vorbild?* Im historischen und kulturellen Bezugsfeld der Prunk-, Vanitas-, Jagd-, Blumen-, Markt-, Musikinstrumente-, Sach- oder Naturstillleben verorten sich auch Cézannes Früchte- und Gemüsestilleben (ab 1890er Jahre). Sie wurden als Vorbilder für die Unterrichtseinheit ausgewählt, da sie einerseits traditionelle, naturnachahmende und andererseits autonome, eigengesetzliche formale Gestaltungsabsichten auf besondere Weise vereinen. Der Zugang und Nachvollzug dieser malerischen und farbigen Bildsprache bezüglich Farbwahl, Farbauftrag und Farbdifferenzierung ist damit für Lernende mit heterogenen Lernständen möglich.

Cézanne ging es besonders seit der Mitte der 1880er Jahre durchaus um kraftvolle, modellierende Körperlichkeit im abbildhaften Sinne – er löste die Dinge nicht komplett auf und seine Malweise lehnte sich immer weniger an impressionistische Vorgehen an. Er verzichtete dennoch auf vollnaturalistische, tastbare Illusion von Stofflichkeit und Raum, ebenso auf anatomische, proportionale Richtigkeit. Er hatte das Bildganze im Blick, in dem Naturform und Kunstform gleichberechtigt erschienen: Äpfel oder Zwiebel, Farben oder Formen bleiben zwar als Gegenstände im Bild zu erkennen, sind aber auch als malerische Gefüge präsent. Somit blieb die Orientierung an der Form in Cézannes Gemälden für die Lernenden leicht möglich. Die Schülerinnen und Schüler stellte das vor die Herausforderung diese doppelte Sehaufmerksamkeit zu entwickeln und neben dem Dinge-identifizierenden-Sehen (Äpfel, Zwiebel,...) auch eine Aufmerksamkeit für malerische Farbwerte und Fakturen zu schärfen. Cézannes Faktur lässt sich anhand der Spuren eher flächiger Pinselstriche in seinen Gemälden von Lernenden nachvollziehen. Seine Farbwahl nimmt den Ausgangspunkt bei Anschauungsbezügen. Trotzdem sind seine Gemälde befreit von reiner Naturnachahmung. Er lässt „sich seine Farben nicht von den Gegenständen diktieren, sondern umgekehrt: er diktiert seinen Gegenständen die Farben, wie er sie farbmelodisch braucht".[40] Er vollbrachte damit eine bewusste Übersetzungsleistung in eigene Farbsysteme und sagte dazu selbst: „Man muss die Natur nicht reproduzieren (nachbilden), sondern repräsentieren (darstellen). Wodurch? Durch gestaltende farbige Äquivalente"[41] und „Die Kunst ist eine Harmonie parallel zur Natur".[42]

Aber wie zeigt sich Cézannes Konzept von Malerei in den Malaufgaben des vorliegenden Forschungssettings? Auch in den Malaufgaben des vorliegenden Forschungssettings *übersetzten* die Schülerinnen und Schüler wahrgenommene Farbrelationen in

39 Vgl. auch zu Cézannes Malweise: Kap. 2.1.2

40 Uhlig (1986), S. 28

41 Ebd., S. 39

42 Ebd., S. 40

vergleichbarer Weise in ein eigenes Farbsystem „farbiger Äquivalente". Die Farbrelationen entnahmen sie den verfügbaren Anschauungsbezügen (einerseits: Cézannes Stilleben-Gemälde, andererseits: reale Gegenstandsarrangements).

Die Wahl von Cézannes Stillleben als Vorbilder ermöglichte ein in besonderer Weise relationales Vorgehen. Denn Cézannes Gemälde zeigen in mehrere Richtungen relationale Beziehungen: Die Helligkeitsrelationen werden relational zu den Helligkeitswerten in der Natur beibehalten. Das heißt: Die hellste Stelle in der Natur bleibt die hellste Farbstelle im Gemälde, die dunkelste die dunkelste usw. Außerdem zeigen sich relationale Gefüge hinsichtlich der Farbwahl: Teilweise moduliert Cézanne die Gegenstandsfarbe der Objekte, teilweise sind seine Farbentscheidungen auch auf Empfindung beruhend, teilweise übernimmt er naturnachahmende Elemente durch Einsatz der Erscheinungsfarbe. Gegenstandsfarbe, Ausdrucksfarbe und Erscheinungsfarbe treten bei Cézanne in relationale Beziehungen – die sich stets einem komponierten Gesamtfarbsystem unterordnen. Die Lernenden wurden durch Cézanne als Vorbild nicht in eine darstellerische Richtung (z. B. Malen mit Ausdrucksfarbe) gedrängt – ihnen standen vielmehr unterschiedliche relationale mimetische Anknüpfungspunkte offen, die sie je nach ihrem Lernstand und ihrer fokussierten Aufmerksamkeit aufgreifen konnten. Die Farbwahl der Lernenden war damit variierend objektiv-anschauungsbezogen oder subjektiv-anschauungsbezogen motiviert – dennoch stets bewusst *imaginativ durchdrungen* und relational.

5.2 Datenaufbereitung

Aus zahlreichen Prozessbeobachtungen im Unterricht und den dabei entstandenen Produkten wurde umfangreiches Datenmaterial gewonnen. Das nachfolgende Kapitel begründet und zeigt die Datenaufbereitung gemäß dem beschriebenen methodischen Vorgehen. Entsprechendes Datenmaterial befindet sich im Online-Anhang.[43]

Grundlage des Kapitels bildet ein übergeordneter Kriterienkatalog, der als fokussierendes Analysesystem sämtlicher Untersuchungen diente (Abschn. 5.2.1). Im zweiten Schritt lege ich alle von mir vorgenommenen Setzungen (z. B. Hilfsmittel) offen, die einen spezifischen Unterrichtsverlauf bedingten (Abschn. 5.2.2). Nach dem Überblick über den Unterrichtsverlauf kann sich dann die fokussierende Analyse zweier individueller Lernwege (von Nela und Karl) im Längsschnitt sinnvoll anschließen (Abschn. 5.2.3). Nach den Längsschnitten der zwei Einzelfälle weite ich den Blick nochmals auf die Daten der Gesamtklasse und untersuche exemplarische Quer- und Längsschnitte von anderen Lernenden der Klasse (Abschn. 5.2.4).

43 Vgl. Kap. 7.3 (online)

5.2.1 Übergeordneter Kriterienkatalog

Es wird ein Kriterienkatalog vorangestellt, der allen Aufbereitungen der darstellerischen und imaginativen Lernprozesse zu Grunde liegt. Er wurde einerseits aus der Theorie und andererseits prozessbegleitend aus dem empirischen Material generiert. Der Anspruch an den Kriterienkatalog lautet: Er muss als übergeordnetes Analyseinstrument das resonante Verhältnis zwischen Wahrnehmen, Vorstellen und Darstellen erfassen und ist deshalb nicht als lineare Tabelle, sondern auf folgende Weise zu lesen:

(1) Die handwerklichen und perzeptuellen Kriterien[44] werden durch...

(2) ...ein *Darstellungsmedium* vergegenständlicht, dadurch sichtbar, dokumentier- und auswertbar. Darstellungsmedien sind Körper, Sprache und die Malerei. Somit sind die dokumentierten Handlungsprozesse, verbale Äußerungen und Gemälde der Schülerinnen und Schüler die auszuwertenden Datenquellen.

(3) Die in der malerischen Darstellung verorteten Kriterien zeigen sich in oder beziehen sich auf drei bildräumliche *Darstellungsbereiche* – die Figur (Gegenstand), den Grund oder das Zusammenspiel von Figur-Grund.

(4) Nährboden jeder malerischen Darstellung sind *imaginative Handlungen und Anschauungsbezüge,* sobald sie in den Fokus der Aufmerksamkeit gelangen – mimetische Bezüge zu Gemälden der Tischnachbarn, zu Gemälden von Cézanne, zu Hilfestellungen der Lehrperson usw. können sich somit ebenso durch die Darstellungsmedien (2) materialisieren.

Der Kriterienkatalog wird diskursiv, nicht als starres Raster, verwendet. Offenheit und der Zugang zu individuellen Imaginationsprofilen sollen erhalten bleiben. Auf diese methodische Weise wird angestrebt, das systematische Kodieren und den hermeneutischen Zugang zu vereinen.

44 Die Wahl der Einzelkriterien (Farbwahl/Farbdifferenzierung/...) orientiert sich an den im Unterricht (Lehrgang) thematisierten Inhalten, die im anschließenden Kap. 5.2.2 erläutert werden.

Tab.: Kriterienkatalog für die Aufarbeitung des Datenmaterials

(1) Handwerkliche und perzeptuelle Kriterien	**(2) Darstellungsmedium**	**(3) Darstellungsbereich**		
		Figur	Grund	Figur-Grund
Farbwahl und Farbzusammenhänge	⇔ Verbildlichung, Verbalisierung, Körperhandlung/ Interaktion ⇔	Gegenstandsfarbe Erscheinungsfarbe Ausdrucksfarbe Unbemalt	Gegenstandsfarbe Erscheinungsfarbe Ausdrucksfarbe unbemalt	Farbkontrast zw. Figur und Grund Helligkeitskontrast zw. Figur und Grund ähnliche Farben v. Figur und Grund Schattenfarbe
		→ je Mengenverhältnisse, Akzentuierungen, Lagebeziehungen…		
Farbdifferenzierungen		schematisch, benennende vs. malerisch-plastische Elemente (monochrome Farbflächen Grad der Differenzierung der Farbflächen)		
		ungemischt, beliebig gemischt vs. abgleichend gemischt, auf der Palette vs. auf Bild, Trübung/Verwässerung/Aufhellung durch hellere Farbe…		Schattenfarbe
Farbauftrag		lasierend/verdünnt vs. deckend/pastos, schichtender vs. planer Auftrag, strukturierte vs. vereinheitlichte Bildoberfläche, linear vs. malerisch, kurzer vs. langer/breiter vs. schmaler/gerichteter vs. tanzender Pinselstrich Materialbewusstheit (sicherer Duktus, sicherer Werkzeuggebrauch – Lappen, Wassermenge…), Farbübergänge fließend vs. getrennt		Lasierende Übergänge Scharfe Trennung
Form- oder Farbfokussierung, Bild- oder Motivsehen		mit Umrisslinien ohne Umrisslinien Orientierung an Umrisslinie vs. an Farbflächen	nicht bemalt teils bemalt ganz bemalt mit/ohne Horizont	Dingsehen vs. Bildsehen Abheben von Figur vor Grund (Prägnanztendenz) vs. Verbinden von Figur und Grund Bearbeitungsreihenfolgen Raumauffassung (Standlinie, Schrägsicht, Staffelung, Meidung von Überschneidung…)
Rezeptionsfähigkeit		Erkennen, Einordnen, Beschreiben von Malstilen und Farbsystemen beim eigenen Bild, bei Bildern der anderen, bei Kunstwerken		
Malhandlung und -handwerk , Malhabitus		Kritikfähigkeit und Teilnahme an Unterrichtsgesprächen: Reaktion auf Input/Intervention Malhabitus: sorgfältig, motiviert, stürmisch, gelangweilt, lange vs. kurze Bearbeitungszeit … Bildüberarbeitung (übermalen, neu malen, stellenweise überarbeiten, keine Änderung vornehmen…)		
(4) imaginative Handlungen und mimetische Bezüge		Anschauung oder Empfindung, eigene subjektive Beurteilung, Sichtbezug zu Tischnachbar, Vorwissen/Schema, Palette, reale Objekte, Cézannes Malerei, Unterrichtsinput/Hilfen, Bilder der Mitschülerinnen und Mitschüler…		

5.2.2 Hilfsmittel und Unterrichtsverlauf

Die ausführliche Dokumentation des durchgeführten Unterrichtsverlaufs ist im Anhang[45] dargestellt. In diesem Kapitel wird der Verlauf nur überblickartig skizziert. Dabei gehe ich chronologisch vor, so dass zunächst der Verlauf der *Malaufgabe 1*, dann der *Malaufgabe 2* und zuletzt der *Malaufgabe 3* dargelegt wird. Die Reaktionen der Lernenden werden schließlich in den nachfolgenden Kapiteln fokussiert.

Malaufgabe 1

Die erste Malaufgabe des Forschungssettings hatte primär die Funktion einer Lernstandserhebung. Ohne große didaktische Vorbereitung wurde ein Früchte-Stillleben gemalt.

Räumliche und materielle Organisation

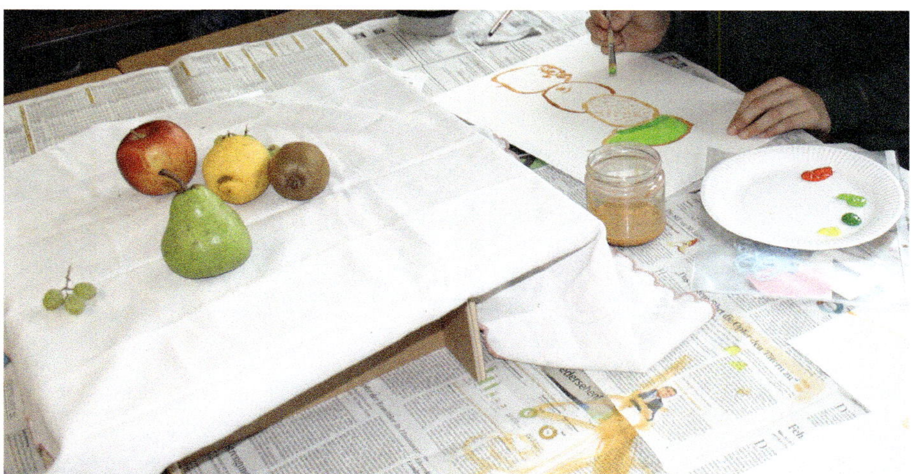

Abb. 17: Exemplarische Malsituation in Malaufgabe

45 Vgl. Dokumentation im Anhang, Kap. 7.3.1

Auf jedem Gruppentisch[46] standen bei Unterrichtsbeginn ein Podest aus braunem Karton (40x40x20cm) und je fünf reale Früchte bereit. Vorne lagen weiße, schwarze, blaue, grüne, rote, braune, gelbe Tücher, Servietten oder Handtücher, die bei Bedarf als Drapierung des Untergrunds dienen konnten. Eine Zitrone und ein Apfel standen jeder Gruppe zur Verfügung, die weiteren drei Motive variierten in Voraussicht auf Malaufgabe 2, wo unterschiedliche Smoothie-Farben je Gruppe entstehen sollten:

- Gruppe 1: Apfel, Zitrone, Birne, Trauben, Kiwi,
- Gruppe 2: Apfel, Zitrone, Birne, Trauben, Kiwi,
- Gruppe 3: Apfel, Zitrone, Orange, Brombeere, Karotte,
- Gruppe 4: Apfel, Zitrone, Orange, Brombeere, Karotte,
- Gruppe 5: Apfel, Zitrone, Erdbeere, Orange, Birne.

Aufgabenformulierung
Die Schülerinnen und Schüler erhielten zu Malaufgabe 1 *Aspekt 1* und *Aspekt 2*[47] als Inputs zu den Problemen der formbezogenen, kompositionellen und inhaltlichen Klärungen. Spezifischer Input zu Farbe und Malerei blieb aus.

Doppelstunde	1	2
Aufgabe	***Früchte-Stillleben*** Arrangiert euer Früchte-Stillleben in der Gruppe. Skizziere es und übertrage es dann als Malerei auf das Malpapier! Schau genau hin und male so gut du kannst.	***Früchte-Stillleben*** Male dein Stillleben weiter bis es für dich fertig ist. Du darfst wie in der vorherigen Stunde alle bereitgestellten Farben nutzen. Schau wieder genau hin und male so gut du kannst.
Wahrnehmung, Vorstellung, Darstellung	Wahrnehmung und Darstellung von Form und Komposition des Stilllebens	Fortführung der selbstständigen Arbeitsphase

Malaufgabe 2

Die zweite Malaufgabe des Forschungssettings wurde im Laufe einer mehrwöchigen Unterrichtssequenz bearbeitet. Sie hatte die Funktion, Wahrnehmung, Vorstellung und Darstellung von Farbe gezielt durch Hilfen und Übungen zu fördern. Im Fokus standen die Modifizierung von Darstellungsformeln/Lernständen und das Erzielen von Lernfortschritten.

Räumliche und materielle Organisation
Auf jedem Gruppentisch standen zu Beginn aller fünf Doppelstunden das Kartonpodest und dieselben realen Früchte wie in Malaufgabe 1, zusätzlich ein Glas und ein Strohhalm. Vorne lagen die identischen Tücher wie bei Malaufgabe 1 bereit, außerdem Pfefferminzblätter, Bretter und Messer um die Früchte aufzuschneiden. Außerdem befanden sich während Phase 2 auf jedem Gruppentisch weitere Hilfsmittel und Anschauungsbezüge:

46 Vgl. Sitzordnung im Anhang, Kap. 7.3.1
47 Vgl. Dokumentation der Aspekte 1 und 2 im Anhang, Kap. 7.3.1

Jede Gruppe erhielt in jeder Doppelstunde die Abbildung eines Gemäldes von Cézanne als Farbdruck (DIN A6) in mehrfacher Ausfertigung. Die Gemälde wurden nach Farbkriterien ausgewählt: Cézanne malte alle ausgewählten Früchte-Stillleben mit unterschiedlichen Ausgangsfarben, Farbbeziehungen und Farbverteilungen – das heißt: jedes der fünf Gemälde spiegelt ein eigenes Farbsystem wider. Dennoch ist in allen fünf Gemälden Cézannes ein charakteristischer Umgang mit Farbe zu erkennen, der in Kap. 5.1.3 dargelegt wurde. Jede Gruppe setzte sich mit ihrem Gemälde von Cézanne mimetisch-darstellerisch auseinander. Ihr Verstehen und imaginativer Nachvollzug sollte als anschauungsbezogene Orientierung besonders bei maltechnischen und farbgestalterischen Problemen dienen. Die Schülerinnen und Schüler erhielten zu keinem Zeitpunkt die Anweisung bei Cézanne abzumalen, vielmehr den Hinweis der Orientierung im Sinne des „parallel Malens".

Anschauungsbezüge jeder Gruppe bei Malaufgabe 2 (Abb. 18-27)

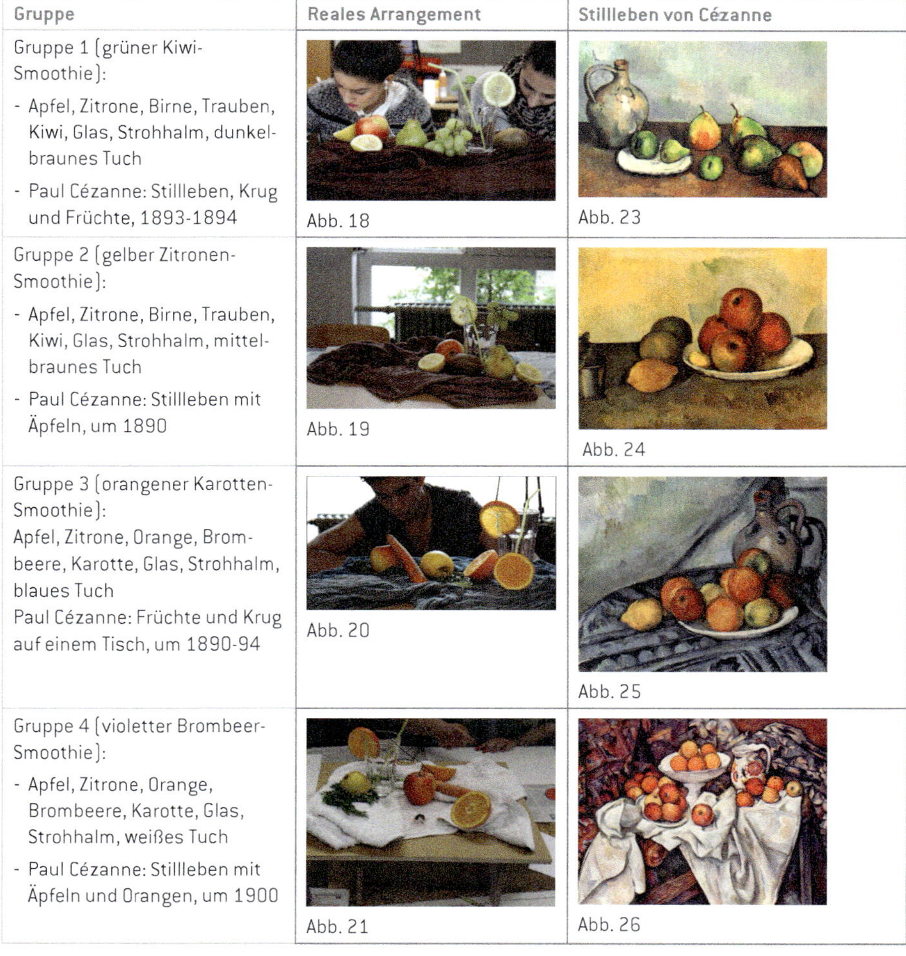

Gruppe	Reales Arrangement	Stillleben von Cézanne
Gruppe 1 (grüner Kiwi-Smoothie): - Apfel, Zitrone, Birne, Trauben, Kiwi, Glas, Strohhalm, dunkelbraunes Tuch - Paul Cézanne: Stillleben, Krug und Früchte, 1893-1894	Abb. 18	Abb. 23
Gruppe 2 (gelber Zitronen-Smoothie): - Apfel, Zitrone, Birne, Trauben, Kiwi, Glas, Strohhalm, mittelbraunes Tuch - Paul Cézanne: Stillleben mit Äpfeln, um 1890	Abb. 19	Abb. 24
Gruppe 3 (orangener Karotten-Smoothie): Apfel, Zitrone, Orange, Brombeere, Karotte, Glas, Strohhalm, blaues Tuch Paul Cézanne: Früchte und Krug auf einem Tisch, um 1890-94	Abb. 20	Abb. 25
Gruppe 4 (violetter Brombeer-Smoothie): - Apfel, Zitrone, Orange, Brombeere, Karotte, Glas, Strohhalm, weißes Tuch - Paul Cézanne: Stillleben mit Äpfeln und Orangen, um 1900	Abb. 21	Abb. 26

Gruppe 5 (roter Erdbeer-Smoothie): - Apfel, Zitrone, Erdbeere, Orange, Birne, Glas, Strohhalm, ockerfarbenes Tuch - Paul Cézanne: Stillleben mit Äpfeln und Gebäck, um 1895	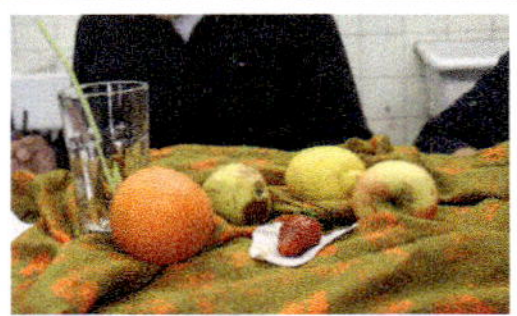 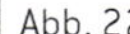 Abb. 22	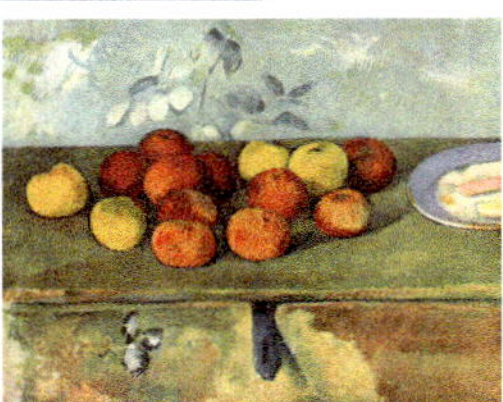 Abb. 27

Aufgabenformulierungen des Lehrgangs[48]

Input Doppelstunde	1	2	3	4	5
Aufgabe	***Smoothie-Stillleben*** *Arrangiert euer Smoothie-Stillleben, skizziert es und übertragt es dann als Hell-Dunkel-Untermalung auf das Malpapier!*	***Smoothie-Stillleben*** *Versuche den Apfel so zu malen wie es euch vorgemacht wurde. Wende dann die Grundsätze für alle weiteren Gegenstände an.*	***Smoothie-Stillleben*** *Schaue wieder genau auf den Apfel! Mache die Apfel-Übung*[49] *und wende dann in deinem gesamten Bild an, was du gelernt hast.*	***Smoothie-Stillleben*** *Mache die Farbauftrag-Übung*[50]*. Wende das Gelernte in deinem Bild an und konzentriere dich dabei auch auf den Hintergrund.*	***Smoothie-Stillleben*** *Was möchtest du an deinem Bild noch überarbeiten? Nutze die Checkliste dafür und stelle dein Bild fertig*
Wahrnehmung, Vorstellung, Darstellung[51]	Wahrnehmung und Darstellung von Form und Komposition des Stilllebens, erste Wahrnehmung der Variabilität von Farbe und der Lichtquelle, erste handwerkliche Erfahrung durch Hell-Dunkel-Modellierung mit 1 - 2 Farbtönen.	Wahrnehmung von Farbe, Lichtquelle, Schatten, malerischen Farbsystemen und von Malweisen sensibilisieren, Farbvorstellungen hinterfragen, Handlungskonzept des Malens wahrnehmen und erproben.	Wahrnehmung in Darstellung übersetzen durch teilschrittiges Einüben des Handlungskonzepts (*genau hinschauen, mischen, auftragen*) und Anwendung im Bild.	Farbauftrag üben (*lasierend, deckend, in Schichten*), Wahrnehmung vom Motivsehen vermehrt auf Bild-Sehen lenken, Figur und Grund mittels eingeübten Farbauftrag verbinden.	Finale Aus- und Überarbeitung des gesamten Bildes angeregt durch Erarbeitung von Korrekturvorschlägen für ein vorbereitetes Bild und Zuschauen bei parallelen handwerklichen Übersetzung im Bild durch Lehrperson.

48 Vgl. Aspekt 3 und ausführliche Darlegung des Unterrichtsverlaufs in Kap. 7.3.1
49 Vgl. Apfel-Übung im Anhang, Kap.7.3.1
50 Vgl. Farbauftrag-Übung im Anhang, Kap. 7.3.1
51 Vgl. Darlegung des Unterrichtsverlaufs gemäß erweitertem didaktischen Dreieck im Anhang, Kap. 7.3.1
52 Vgl. Visualisierungen aller Inputs im Anhang, Kap. 7.3.1

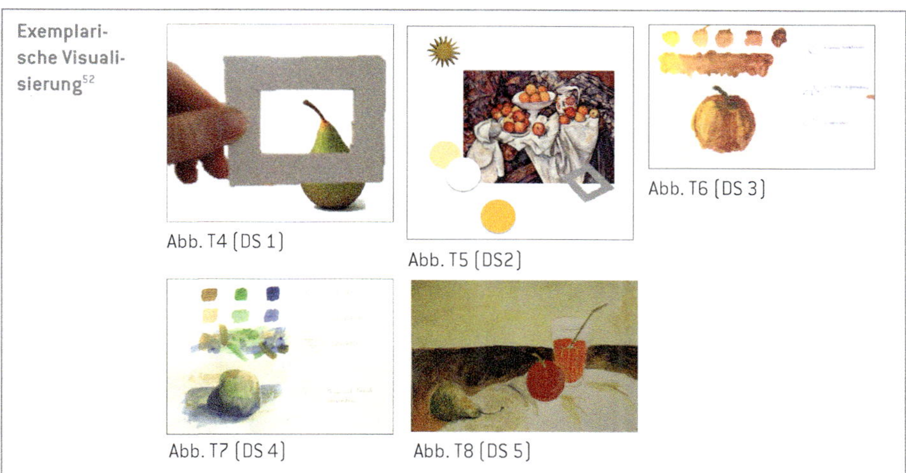

Exemplarische Visualisierung[52]

Abb. T4 (DS 1)

Abb. T5 (DS2)

Abb. T6 (DS 3)

Abb. T7 (DS 4)

Abb. T8 (DS 5)

Im Lehrgang eingesetzte Hilfsmittel[53]

Während des fünf Wochen dauernden Lehrgangs wurden an verschiedenen Stellen des Unterrichts didaktische deiktische und mimetische Hilfsmittel verwendet – entweder im Bereich der Farbwahrnehmungsförderung oder der Vorstellungshilfe oder als direkte Hilfestellung in der Darstellung. Stets existierte der mimetische Bezug zu Gemälden von Cézanne/von Mitschülerinnen und Mitschülern/von der Lehrperson, zum handelnden Vormachen der Lehrperson, zu deiktischen Hilfsmitteln, zu Übungen, ... Chronologisch lassen sich die Hilfsmittel wie folgt aufreihen[54]:

DS 1[55]

- Teil-Malinput 1.1: *Warum haben Gegenstände keine feste Farbe?* (→ V[56])
- Teil-Malinput 1.2: *Zeigen einer fertigen Pinselskizze* (àW, V)
- Teil-Malinput 1.3: *Acrylfarben sind in Schichten übermalbar* (→ V, D)
- Teil-Malinput 1.4: *Wo ist Schatten?* (→ W)
- Teil-Malinput 1.5: *In Farbflächen denken (kein, wenig, mittel, viel Licht)* (→ V)
- Teil-Malinput 1.6: *Film zeigen (darin legt Lehrperson Hell-Dunkel an)* (→ V, D)
- Teil-Malinput 1.7: *Wie bekommt man eine Farbe heller? Wie dunkler?* (→ D)

DS 2

- Teil-Malinput 2.1: *Verbalisierung von fünf Malgrundsätzen: Genau hinschauen! Farben differenzieren! Figur und Grund verbinden! An Farbsystem orientieren! Schrittweise und sorgfältig am gesamten Bild arbeiten!* (→ V)

53 Die form-/kompositionsbezogenen Hilfsmittel von Bild 1 stehen weiterhin zur Verfügung. Alle Hilfsmittel sind in ausreichender Anzahl vorhanden und jedem zugänglich.

54 Vgl. detaillierte Ausführung aller Inputs im Anhang, Kap. 7.3.1

55 DS= Doppelstunde

56 V (= Vorstellung), W (= Wahrnehmung), D (= Darstellung)

- Teil-Malinput 2.2: *Veranschaulichung: Was bedeutet „genau hinzuschauen“?* (→ W, V)
- Teil-Malinput 2.3: *Veranschaulichung: Was bedeutet „Farben zu differenzieren“?* (→ W, V)
- Teil-Malinput 2.4: *Veranschaulichung: Was bedeutet „Figur und Grund zu verbinden“?* (→ W, V)
- Teil-Malinput 2.5: *Veranschaulichung: Was bedeutet „sich an einem Farbsystem zu orientieren“?* (→ W, V)
- Teil-Malinput 2.6: *Mischgrundsätze* (→ D)
- Teil-Malinput 2.7: *Wdh. Farbflächen* (→ V)
- Teil-Malinput 2.8: *Material sauber halten* (→ D)
- Teil-Malinput 2.9: *Apfel vormalen, Prozess verbalisieren, parallel mitmachen* (→ W, V, D)
- Teil-Malinput 2.10: *Gemeinsamer verbaler Transfer des Malprozesses auf Zitrone* (→ W, V)

DS 3
- Teil-Malinput 3.1: *Farbausschnitte vergleichen* (→ W, V)
- Teil-Malinput 3.2: *Einführung von Symbolpunkten (für „Genau hinschauen“, „Farben differenzieren“ und „Verbindungen“)* (→ W, V)
- Teil-Malinput 3.3: *Anwendung der Symbolpunkte im Bildgespräch über eigene Gemälde* (→ W, V)
- Teil-Malinput 3.4: *Fließende Farbübergänge vormachen* (→ W, D)
- Teil-Malinput 3.5: *Apfel-Übung* (→ W, V, D)
- Teil-Malinput 3.6: *Korrekturhinweis zum Übermalen* (→ D)

DS 4
- Teil-Malinput 4.1: *Farbauftrag-Übung* (→ D, V)
- Teil-Malinput 4.2: Gemeinsame Aufmerksamkeit auf Hintergrund richten (→ W, V)
- Teil-Malinput 4.3: *Farben des Hintergrunds und des Vordergrunds wahrnehmen (Farbstreifen)* (→ W, V)
- Teil-Malinput 4.4: *Veranschaulichung von „Figur und Grund verbinden“* (→ W, V)

DS 5
- Teil-Malinput 5.1: *Vorher-Nachher-Vergleiche* (→ W, V)
- Teil-Malinput 5.2: *Korrekturbild* (→ W, V, D)
- Teil-Malinput 5.3: *Folienplan* (→ W, V)
- Teil-Malinput 5.4: *Checkliste* (→ D)
- Teil-Malinput 5.5: *Allgemeine Verbesserungsvorschläge* (→ D)

Malaufgabe 3
Die dritte Malaufgabe des gesamten Forschungssettings war vergleichbar der Aufgabe 1 eine kompakte Stillebenmalerei ohne neue Hilfen. In der Funktion als Transferaufgabe zielte sie auf die Überprüfung des in Aufgabe 1 bis 3 nachhaltig erworbenen malerischen Könnens und Wissens.

Räumliche und materielle Organisation
Bei Malaufgabe 3 wurde kein neuer Input gegeben und auch die Malmaterialien blieben konstant. Alle bei Malaufgabe 1 und 2 angewendeten Hilfsmittel lagen zu jedem Zeitpunkt vorne auf einer Materialtheke zur freien Verfügung aus. Ich verwies in der ersten Doppelstunde nochmals auf sie, zeigte sie im Einzelnen. Ihre Nutzung blieb freigestellt. Des Weiteren verlief der Unterricht im Werkstattprinzip. Die Stillleben-Arrangements konnten alleine, zu zweit oder wieder in Gruppen gestaltet werden. Als Motive standen immer folgende Gegenstände zur freien Wahl bereit:

- Gläser, Strohalme (s.o.),
- Tücher und Servietten (s.o.),
- Süßigkeiten: Kekse mit Konfitüre, Schaumküsse, Waffelröllchen mit Schokolade, Müsliriegel, Muffins, Sprühsahne, Schokostreusel, Schokoladenreiswaffeln, Bonbons,
- Kirschen, Erdbeeren.

Die Zuweisung von Cézannes Gemälde blieb aus. Stattdessen lagen zahlreiche Abbildungen von Stillleben von Cézanne aus, die von den Schülerinnen und Schülern frei ausgewählt werden sollten. Die einzige Bedingung dabei war, ein anderes Gemälde als bei Malaufgabe 2 zu wählen.

Für Malaufgabe 3 standen auf Grund der Fehlzeiten vieler Schülerinnen und Schüler drei Doppelstunden zur Verfügung. Ich war als Lehrperson stets anwesend und sorgte dafür, dass alle kontext- und materialbezogenen Faktoren konstant blieben. Ich verzichtete auf allgemeine inhalts-, form- oder malbezogene Interventionen. Bei konkret durchdachten Fragestellungen der Schülerinnen und Schüler wich ich dennoch nicht aus, sondern verwies auf geeignete Hilfsmittel. Zu begründen ist diese Art durch die Interpretation des gezielten Nachfragens als Anzeichen für ein theoretisch erworbenes Handlungskonzept, außerdem durch das Aufrechterhalten der Motivation.[57] Die Störung auf der Beziehungsebene durch das Alleine- und Hilfloslassen hätte die Unterrichtsstudie vermehrt verfälscht.

57 Vgl. Krapp/Weidenmann (2006), S. 217: Grundbedingungen für intrinsische Motivation: sich autonom, kompetent UND gleichzeitig sozial eingebunden fühlen.

Aufgabenformulierungen

Doppelstunde	1	2	3
Aufgabe	***Süßigkeiten-Stillleben*** *Male das Süßigkeiten-Stillleben! Male so, wie du es in den letzten Wochen gelernt hast: Schaue genau hin! Wähle und differenziere deine Farben bewusst.*	***Süßigkeiten-Stillleben*** *Fortführung: Male das Süßigkeiten-Stillleben weiter! Male so, wie du es in den letzten Wochen gelernt hast.*	***Süßigkeiten-Stillleben*** *Fortführung: Male das Süßigkeiten-Stillleben weiter! Male so, wie du es in den letzten Wochen gelernt hast.*
Wahrnehmung, Vorstellung, Darstellung	Werkstatt-Prinzip (alle Hilfen liegen bereit)	Werkstatt-Prinzip (alle Hilfen liegen bereit)	Werkstatt-Prinzip (alle Hilfen liegen bereit)

5.2.3 Prozesse im Längsschnitt: Fokussierung von zwei Lernenden (Nela Und Karl[58])

Die tabellarische Längsschnitt-Dokumentation aller Gemälde der Klasse befindet sich im Anhang.[59] Im Folgenden werden daraus zwei hochkontrastierte Längsschnitte von Nela und Karl aufgearbeitet:

Nela

Die Längsschnitte wurden sukzessive entlang der Chronologie des Unterrichtsverlaufs aufgearbeitet: So beschreibe ich zunächst Nelas malerisches Verhalten und einflussnehmende relationale Wirkungskontexte bei *Malaufgabe 1*, dann bei *Malaufgabe 2*, dann bei *Malaufgabe 3*. Daran schließt sich die ergänzende Aufarbeitung von Informationen an, die Nela im *leitfadengestützten Gespräch*[60] im Anschluss an alle drei Malaufgaben gab. Zuletzt resümiere ich Nelas *Längsschnittdaten tabellarisch*.

Um sich vorab ein Bild von Nela zu machen: Nela wurde mir im Vorfeld meiner Studie von der Kunstlehrerin der Klasse als „starke Schülerin", besonders im zeichnerischen Bereich, beschrieben. Über malerisches Vorwissen und Handlungskonzepte bezüglich des Umgangs mit Nassfarben verfügt sie nicht. Zeichnen ist dagegen ihr Hobby. Sie interessiert sich für Details wie Augen und Haare, versucht genau hinzuschauen und abzubilden und zeichnet die Motive immer wieder. Oft zeichnet sie Fotos von Internet-Plattformen ab und verwendet in diesem Zusammenhang Holzbuntstifte zur Kolorierung. Andere Farben besitzt sie nicht.

58 Alle Namen der Schülerinnen und Schüler wurden aus Datenschutzgründen geändert.

59 Vgl. Anhang, Kap. 7.3.2

60 Vgl. Transkription, Paraphrasierung und Kategorisierung des Gesprächs im Anhang: Kap. 7.3.3

„Ich hab' schon im Kindergarten gerne gezeichnet und schön. Ja, ich liebe es einfach zu zeichnen, zu malen, zu basteln und alles so Zeugs"[61,62]

Malaufgabe 1 – Nela

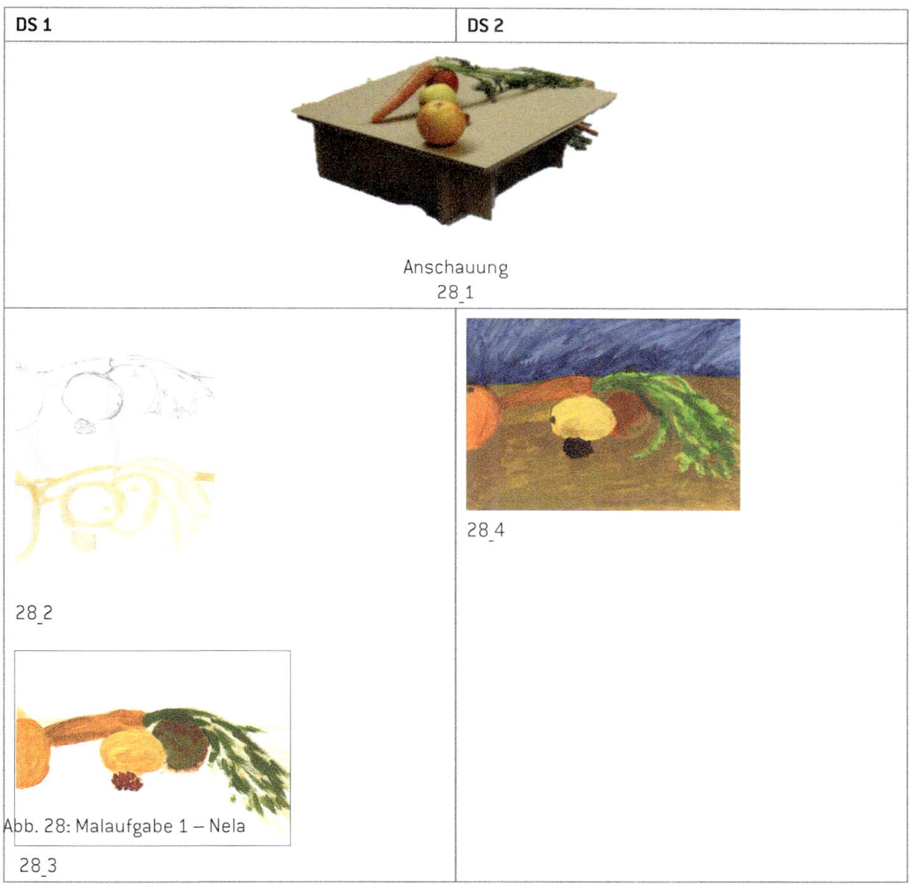

Abb. 28: Malaufgabe 1 – Nela

Nela skizziert[63] die Umrisse des Früchte-Stilllebens mühelos mit Bleistift auf das Skizzenpapier. Sie stellt räumliche Staffelungen, adäquate Größenverhältnisse und einen angeschnittenen Bildausschnitt dar. Die Übertragung mittels der Pinselskizze auf das großformatige Malpapier gelingt auf Anhieb. Innerhalb der Phase der Formerfassung

61 N-1-29 (Die im Fließtext verwendeten Codierungen finden sich in den Aufarbeitungen der Daten im Anhang wieder.)

62 Die Paraphrasen werden im Fließtext aus Gründen der Lesbarkeit nicht im Transkriptionscode dargestellt.

63 In den Analysen der Einzelfälle verwende ich die Präsensform als zeitliche Verlaufsform, um die Prozesshaftigkeit und auch die Verallgemeinerbarkeit dadurch zu markieren.

richtet sich ihr Blick immer wieder auf das reale Früchte-Arrangement, während sie beim späteren Malen fast ausschließlich auf ihre Palette und das eigene Bild schaut. Sie koloriert ihr Bild getrennt nach Figur und Grund und wählt dazu in beiden Doppelstunden je 5-6 Farbtöne für ihre Mischpalette (DS 1: Chromgelb, Terrakotta, Ultramarinblau, Blattgrün, Zinnoberrot, DS 2: Zitronengelb, Maigrün, Zinnoberrot, Terrakotta, Ocker, Ultramarinblau). Die Farbwahl der Ausgangsfarben orientiert sich vermutlich an subjektiven Grundfarben (Rot, Gelb, Blau, Grün), wobei die Vielfalt der verfügbaren 17 Ausgangsfarben nicht genutzt wird. Vor allem der Verzicht auf Schwarz und Weiß fällt auf. Die Kolorierung ist insgesamt bunt und leuchtend. Nela trägt die Farbe des Karottenkrauts, der Zitrone und des Apfels und des Hintergrundes ungemischt auf. Bei der Orange, der Karotte und der Brombeere liegen die ihr auf der Palette zur Verfügung stehenden Ausgangsfarben weit von den wahrgenommenen Anschauungsbezügen entfernt, so dass sie abgleichend ein Orange und ein dunkles Violett mischt. Innerhalb der Figuren lassen sich neben der primär schematisch verwendeten Gegenstandsfarbe Ansätze von modulierender Farbdifferenzierung erkennen – besonders bei Apfel, Karottenkraut und Zitrone. Nela hellt ihre Farben ausschließlich durch Beigabe von Gelb auf, Weiß fehlt ohnehin auf ihrer Palette. Die Helligkeitsvariierung durch Beimischung von Wasser nutzt sie nicht. Die Farben werden deckend aufgetragen. Der Duktus ist strukturierend, so dass die Farbflächen nicht plan wirken. Besonders der blaue Hintergrund über dem Horizont wurde dynamisch mit handwerklich sicherem, diagonalem Pinselstrich koloriert.

Während der Körperschatten rudimentär malerisch-darstellerische Beachtung findet, fehlt der Schlagschatten komplett. Dadurch und durch die Farbkontraste heben sich Figur und Grund stark voneinander ab. Nela malt in der Malaufgabe 1 *von vorne nach hinten* – wie die beiden anderen Mitschülerinnen an ihrem Gruppentisch auch. In DS 1 malt Nela zuerst alle Früchte, dann das Kraut der Karotte. Erst in DS 2 richtet sie nach weiteren Überarbeitungen an der Figur den Fokus auf den Hintergrund: Zuerst wird er unter dem Horizont, dann über ihm koloriert. Die Farbwahl unter dem Horizont entspricht näherungsweise der Farbe der real wahrgenommenen braunen Kartonunterlage. Die Farbwahl des Ultramarinblaus über dem Horizont geschieht dagegen aus pragmatischen Gründen, sie meint *„ich hab das nur auf diesem Ding gesehen, auf der Farbpalette“.*[64] Die farbliche Assoziation des Himmels bedachte sie anscheinend nicht. In der Videoaufnahme zeigt sich aber, dass das Blau nicht von Anfang an auf der Palette war und Nela es erst vor Bearbeitung des Hintergrundes hinzufügte. Diese Beobachtung lässt einerseits die Vermutung zu, dass Nela doch intuitiv einen hohen Farbkontrast und eine leuchtende Farbe dafür wählte, andererseits dass ihre Farbentscheidung nicht vollständig reflektiert war und sie sie somit auch wieder vergessen hat.

In Malaufgabe 1 legt sich der Hintergrund insgesamt unverbunden um die Früchte im Vordergrund. Nelas Darstellungssystem ist von Formfokussierung bestimmt. Dennoch sieht sie keinesfalls nur das Motiv, sondern auch das Bildganze, was sich primär in der Formgestaltung und im gewählten Bildausschnitt zeigt, aber auch darin, dass sie das

64 N-1-10

gesamte Bild ohne Aussparungen bemalt. Das Bildsehen konkretisiert sich dagegen noch in einer bewussten, die ganze Bildfläche relational ordnenden Farbgestaltung.

Während des Malens spielt Nela phasenweise minutenlang mit dem Pinsel oder Motivsucher und stützt ihren Kopf in ihre Hände. Sie erläutert, dass sie am Anfang *„bisschen schlecht gelaunt“*[65] war und erst ab Malaufgabe 2 *„wo ich gemerkt habe, es funktioniert, dass irgendwas rauskommt, was ok aussieht“*[66], war sie wieder optimistischer gestimmt. Nach dem Malen von allen drei Bildern schätzt sie Malaufgabe 1 unbestritten als schwächstes Resultat ein. Sie findet es *„furchtbar“*, *„wie* 'n *Kindergartenbild“*, *„zu grell“*[67]– nur die Zitrone findet sie akzeptabel. Sie merkt an, dass sie in Malaufgabe 1 *„nix verbunden“* hat – *„als würd es schweben irgendwie“*.[68] Sie distanziert sich von dem Bild, reflektiert es und verbalisiert Korrekturvorschläge: Zunächst äußert sie eher form-/kompositionsbezogene Verbesserungsvorschläge. Sie würde alles anders arrangieren, z. B. auch ein Tuch darunter legen und auch mehr Schatten anlegen. Auf Nachfrage präzisiert sie, dass sie die Farben auch mehr differenzieren und abdunkeln würde, damit sie nicht so grell erscheinen.[69]

65 N-1-26
66 N-1-26
67 N-1-9
68 N-1-17
69 Vgl. N-1-11, N-1-12

Malaufgabe 2 – Nela

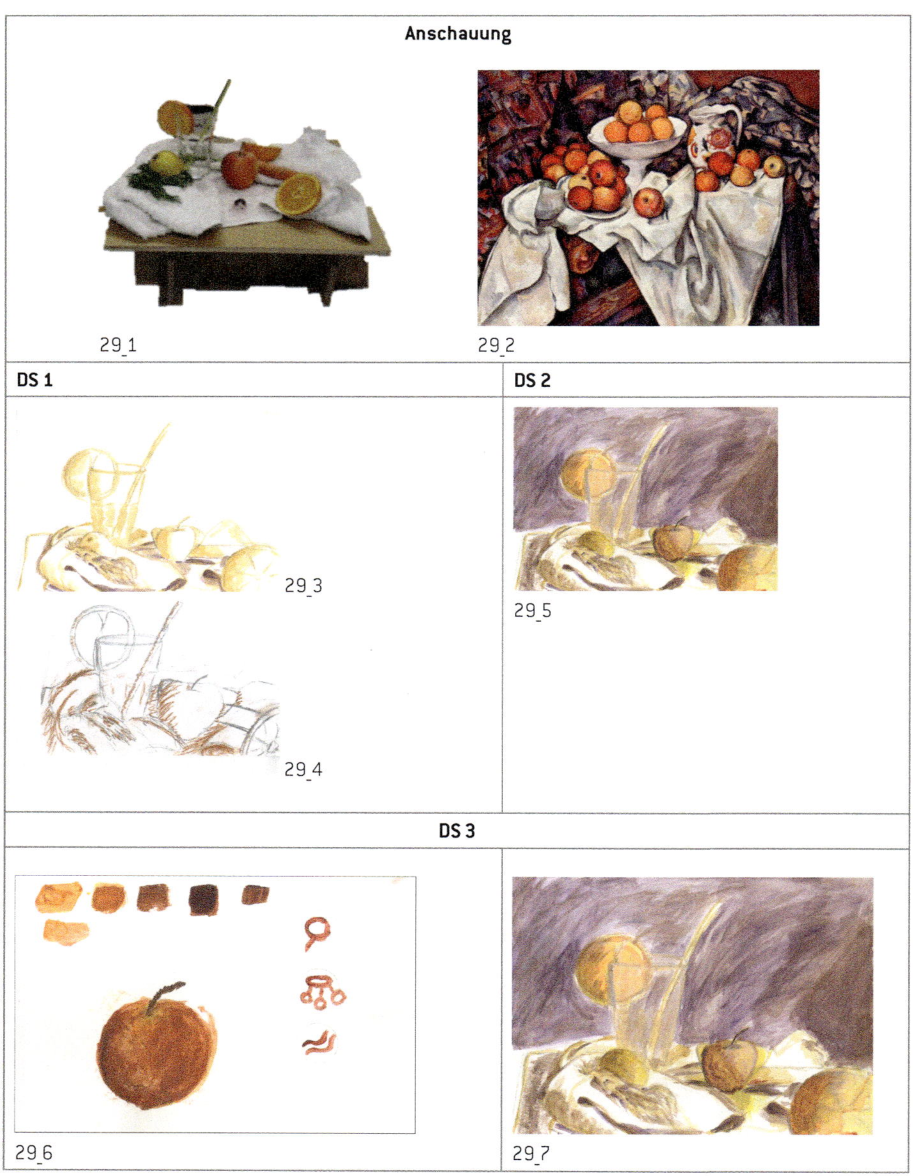

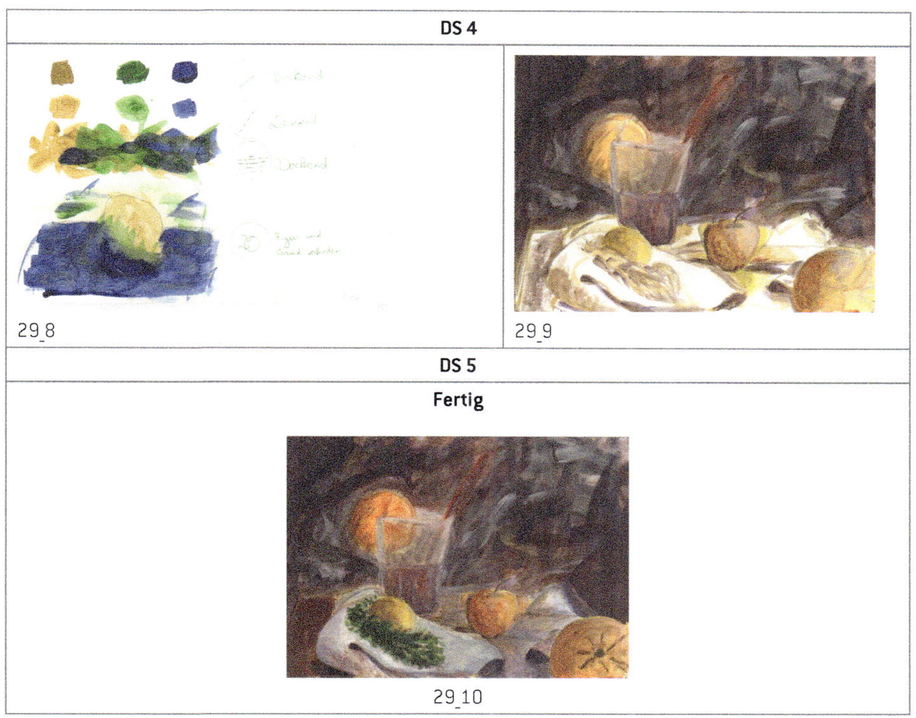

Abb. 29: Malaufgabe 2 – Nela

Auch bei Malaufgabe 2, dem Smoothie-Stillleben, gelingt das Arrangieren und zeichnerische Formerfassen des Stilllebens in DS 1 problemlos. Diesmal hat die Gruppe[70] zusätzlich ein Tuch gewählt und es unter den Gegenständen drapiert – analog zum vorliegenden Cézanne-Gemälde. Der angeschnittene Bildausschnitt ist in leicht aufsichtiger Perspektive dargestellt und die Größenrelationen zwischen den Motiven verstärken die Bildräumlichkeit (z. B. Orange im Vergleich zu Apfel). Als erste am Gruppentisch greift Nela nach der zeichnerischen Formanlegung den 12er-Pinsel, taucht ihn in verdünnte Ockerfarbe, erprobt die Maleigenschaft kurz mit einem Pinselstrich auf der Zeitungsunterlage, versichert sich mit einem Blick auf das Stillleben und beginnt mit dem Auftragen des Körperschattens des Apfels. Schon nach 10 Sekunden springt sie innerhalb der Motive und modelliert das Tuch mit dem Ockerton, dann wieder den Apfel, später das Glas. Dieses Vorgehen konnte auch im vorgeführten Film (Teil-Malinput 1.6) mimetisch nachvollzogen werden. Ihr Blick wandert regelmäßig, teilweise sekündlich, auf das reale Arrangement der Früchte. Dagegen bleibt die Cézanne-Vorlage seit dem gemeinsamen Betrachten am Anfang der Stunde unbeachtet und liegt außerhalb ihres Blickfelds bei den Gruppenmitgliedern gegenüber auf dem Tisch. Nela arbeitet schnell. Nach rund 7 Minuten Arbeitsphase meldet sie sich und versichert sich rück, ob sie nun mit Lila die ganz dunklen Stellen ausarbeiten könne. Das Prinzip des Denkens in unterschiedlich hellen

70 Gruppe 4 bei Malaufgabe 2, vgl. Kap. 5.2.2

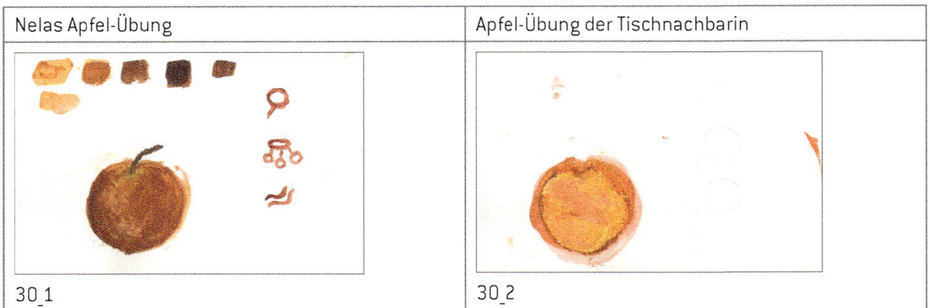

Abb. 30: Apfel-Übung – Nela und Tischnachbarin

Farbflächen (Teil-Malinput 1.5) spiegelt sich in dieser verbalen Nachfrage. Im Gespräch zeigt sie auf die Stellen in ihrem Bild, die sie Abdunkeln will und ich bejahe durch das Zeigen auf das reale Ding-Arrangement, während ihr Blick folgt. Ich weise sie außerdem darauf hin, dass es auch Zwischentöne gibt – die zum Beispiel durch Lasur darzustellen sind. Ich mache ihr es an ihrem Apfel vor, worauf sie erfreut über die Erkenntnis lacht und den Blick ihrer Lehrerin sucht, die sich mit ihr freut. Die verbleibende Zeit arbeitet sie kontinuierlich, konzentriert in oben beschriebener Weise weiter, wobei sie die Zeitung ständig als Unterlage zur handwerklichen Erprobung nutzt. Ihr malerisch-darstellerisches Zwischenergebnis der ocker- und violettfarbenen Hell-Dunkel-Modellierung nach der DS 1 lässt ein Verständnis der Variabilität von Farbe (Teil-Malinput 1.1) erkennen, ebenso das Wahrnehmen von Schattenflächen (Teil-Malinput 1.4), die springende Malreihenfolge (auch im Vergleich zu Malaufgabe 1) und ein Lösen von reinem Formdenken. Dennoch bleibt der Hintergrund über dem Horizont zunächst komplett unbemalt.

In DS 2 arbeitet Nela weiterhin modellierend mit zwei, teilweise aber auch schon modulierend mit mehreren Grundtönen. Auf ihrer Farbpalette befinden sich zur differenzierenden Ausmischung acht Ausgangsfarben: Zitronengelb, Chromgelb, Ocker, Umbra gebrannt, Zinnoberrot, Violett, Ultramarinblau und Blattgrün. Die Farbwahl ist orientiert an meiner Farbpalette, die ich für das Apfelvormalen (Teil-Malinput 2.9[71]) nutze. Nela schaut sehr genau auf den Apfel vor ihr und ist zu Beginn meines Vormalens irritiert, da ich meinen Apfel mit einem Gelbton grundiere: Bei meinem realen Apfel schimmert mehr Gelb durch, als bei ihrem. Sie ist verunsichert. Ich betone nochmals, dass es nur die erste Farbschicht ist und dass Nela später mehr Rot darüber schichten kann, um ihren Apfel realitätsgetreu abzubilden. Sie hat dieses Prinzip schnell verstanden und setzt es handwerklich sicher um. Obwohl man sich zunächst auf den Apfel konzentrieren soll, arbeitet sie meine vorgemachten Hinweise schon parallel am gesamten Bild ab – springt beispielsweise zur Orange unten rechts, dann zur aufgeschnittenen Orange am Glas, dann zu Stellen im Tuch. Sie trägt alle Farben nach Mischung auf der Palette auf. Dann widmet sie sich dem Hintergrund oberhalb des Horizonts und trägt ihn mit dem 20er-Pinsel in lasierenden Schichten, mit langen, breiten, diagonalen Pinselstrichen auf. Auch bei Cézannes Gemälde, das vor ihr liegt, ist der Hintergrund fast grafisch strukturiert. Sie

71 Vgl. Transkription im Anhang, Kap. 7.3.3 (Codierung: U1)

trägt das Violett im Hintergrund viel heller als Cézanne auf. Insgesamt geht Nela in der 2. DS variierend und sicher mit dem Malwerkzeug, mit dem Farbauftrag, ihrem Duktus und der Mischung um. Ihr Bild erscheint als farbige Einheit von Figur und Grund – auch wenn die größere Aufmerksamkeit noch auf den Figuren liegt.
In der DS 3 arbeitet Nela nicht an ihrem Bild weiter, sondern erledigt nur die Apfel-Übung.[72] Ihr soziales Bezugsfeld wurde verändert. Ihre Tischnachbarin ist heute das erste Mal nach Monaten wieder in der Schule (wird auch nur in DS 3 und 4 anwesend sein, daher existiert kein vollständiger Datensatz von ihr). Bei der Apfel-Übung konzentrieren sich zwar beide, aber ihre Nachbarin, die keinerlei malerisches Vorwissen mitbringt und noch nie mit Acrylfarben gemalt hat, hat große Schwierigkeiten mit allen Teilaspekten. Nela schaut oft auf die Übung der Tischnachbarin. Sie überspringt den Teilschritt der fließenden Übergänge und arbeitet direkt nach der Mischung der Einzelfarben am Apfel. Die Farbdifferenzierung des gemalten Apfels steht in enger Relation zu der des realen Apfels. Der transferierenden Anwendung im Bild 2 kommt sie nicht nach. Sie blickt immer wieder auf das noch leere Bild ihrer Nachbarin, die neu beginnt. Auch im Vergleich zu allen anderen Gruppenmitgliedern ist Nela am schnellsten und weitesten, was sie selbst wahrnehmen kann. Sie tritt in Austausch mit ihrer Tischnachbarin und erklärt ihr, was sie bisher gemacht hat und in welcher Reihenfolge sie vorgegangen ist. Dabei zeigt sie auf jeweilige Stellen in ihrem Bild und wartet gewissermaßen die restliche Stunde bis die anderen auch weiter sind.

In DS 4 zeigt sich wieder eine Differenzierung der malerischen Qualitäten im Bild: Nela nutzt die handwerklichen Teilschritte aus der Farbauftrag-Übung[73], um besonders den Hintergrund ihres Bildes (Teil-Malinput 4.3 und 4.4) zu bearbeiten. Sie trägt die Farbe deckend mit tanzendem Pinselstrich auf. Sie dunkelt den Hintergrund in angleichendem Bezug zu Cézannes Gemälde ab – dazu mischt sie das dunklere Violett durch variierende Beimischungen von Rot, gebranntem Umbra, Terrakotta oder Blau. Außerdem arbeitet sie den Smoothie mit differenziertem, fließenden Hell-Dunkel-Verlauf aus. Für die wahrgenommene Farbtransparenz und die Glanzlichter des Glases findet sie eine handwerklich-darstellerische Übersetzung durch das Abmischen der Farben mit Weiß und den lasierenden Farbauftrag im Vergleich zum Bildumfeld.

In DS 5 überarbeitet Nela das Gesamtbild orientiert an den allgemeinen Verbesserungsvorschlägen (Teil-Malinput 5.5). Alle bisher ausgesparten, unbemalten Stellen werden malerisch ausgebessert und geschlossen. Nela mischt für das Tuch die Ausgangsfarbe Weiß mit Blautönen und Violett ab. Die Ränder des Tuches verbindet sie handwerklich sensibel durch lasierende Übergänge mit dem Hintergrund. Die Farben des Hintergrundes spiegeln sich in den Modulierungen des Vordergrundes. Nela äußert sich mir gegenüber besorgt, dass ihr Hintergrund ihr zu wild erscheint. Ich blicke mit ihr auf Cézannes Gemälde, um eine Lösung dafür zu finden. Wir erkennen, dass Cézanne neben die unruhigen Musterungen fast plane ruhende Farbflächen legte (untere und obere rechte Bildecke). Auf diese Hilfestellung hin setzt sie auf ihrem Bild den Tisch als plane terrakottafarbene Fläche, ebenso eine dunkel abgemischte violette Dreiecksfläche in der Mitte des rechten

72 Vgl. Apfel-Übung im Anhang, Kap. 7.3.1
73 Vgl. Farbauftrag-Übung im Anhang, Kap. 7.3.1

Bildrandes. Nela behält das Bildganze im Blick, denn durch diese Malentscheidungen wirkt ihr Bild gefasster. Außerdem prüft Nela wie auf der Checkliste (Teil-Malinput 5.4) dargelegt sukzessive alle Einzelmotive und Schattenstellen. Sie vertieft die Schattenstellen durch Abdunklung. Die Plastizität des Bildes erhöht sich durch die Steigerungen des Hell-Dunkel-Kontrasts. Letztlich setzt sie farbliche Akzente durch das grüne Karottenkraut und kräftigere Orangetöne, die sie teilweise auf Orange und Apfel schichtend aufträgt.

Das fertige Bild erscheint in einem geschlossenen, violett dominierten Farbsystem, das auf bewussten Farbentscheidungen beruht. Das zur Darstellung genutzte Farbsystem konstituiert sich durch die Anschauungsbezüge des realen Arrangements und des Cézanne-Gemäldes. So ist beispielsweise das Grün des Karottenkrauts nicht bei Cézanne zu finden, der violette Hintergrund aber ohne Cézanne als Imaginationshilfe nicht vorstellbar. Cézannes Gemälde dient als Anschauungsbezug bei Fragen, die besonders das Bildganze, das Farbkonzept und die farbliche Gestaltung des Hintergrundes betreffen.

Plastische und farbliche Details der Figuren entnimmt Nela dagegen dem real aufgebauten Arrangement der Früchte. Sie verwendet Farben als Erscheinungsfarben im farblichen Kontext der violetten Farbrelationalität. Die Farbdifferenzierung vollbringt sie mimetisch, abgleichend – wobei sie sich schrittweise und schichtend den Anschauungsbezügen farblich nähert. Ihre Mischungen sind nie beliebig, stets abgleichend. Auch wenn Nela nach eigener subjektiver Einschätzung Schwierigkeiten beim Mischen hatte, zeigt ihre Aussage gleichfalls das geduldige, sensible Bedürfnis, die Farben zu treffen:

„Ich hab' immer bisschen zu viel und die falsche Farbe aus Versehen genommen und dann war ich immer voll depri bisschen drauf, hab' mich immer aufgeregt und hab's nochmal gemacht und dann ging's wieder schief und dann hat's immer so lang gedauert bis ich dann mal eine Farbe hatte und dann war die andere schon eingetrocknet, die dann auch irgendwie gepasst hätte."[74]

Aus Nelas Beschreibung lässt sich auch deuten, dass sie durchaus über imaginative Konzepte der angestrebten Mischfarbe verfügt und dass sie ihre Mischfarbe in der Wahrnehmung kritisch überprüft. Sie will nicht irgendwelche Farben mischen, sondern gezielte Farbwirkungen erzeugen. Ihre Hindernisse sind dabei handwerkliche Schwierigkeiten (wie die Dosierung der Farbe) und imaginative Schwierigkeiten durch fehlende Malerfahrung (wie die Wahl der richtigen Ausgangsfarben).[75]

Sie erreicht Mischungen auf unterschiedlichen handwerklichen Wegen der Differenzierung und des Farbauftrags: Zum Zwecke der Aufhellung verwässert sie die Farben teilweise, mischt Weiß bei oder lasiert mit verdünntem, getrübtem Weiß schichtend über Glanzstellen. Farben werden deckend, lasierend und schichtend aufgetragen. Sie orientiert sich wenig an Umrisslinien, sondern springt innerhalb des Bildes und kann Farbflächen über Umrisse hinaus ziehen. Sie beherrscht das Imaginieren des Übereinander-Liegens von Farbflächen.

Nela setzt ihren Pinselduktus variierend ein: Von sichtbar, schwungvoll und breit im Hintergrund bis fließend im Apfel oder der Orange vereinheitlicht. Ihr Vorgehen lässt auf Ma-

74 N-1-21

75 Vgl. Kap. 2.2.2: Die Aussage bestärkt die Komplexität des gezielten Farbmischens für *ungeübte* Malende.

terialbewusstheit bezüglich Farbmaterial, Farbwerkzeug und Malgrund schließen. Sie kann ihre Malhandwerk rückblickend bei der Betrachtung des Bildes verbalisieren und erläutern, wie sie Schicht für Schicht gemalt hat und bezieht sich dabei auch auf Cézannes Malerei:

„und dann hab ich da noch bisschen Blau reingebracht, weil da ist ja auch überall blau und braun, so grau-braun ((zeigt auf Cézannes Gemälde)).“[76]

Für Nela selbst ist Malaufgabe 2 am besten gelungen, wobei Malaufgabe 3 ihr genauso gut gefallen würde, wenn sie noch Änderungen vornehmen könnte. Besonders gelungen findet sie das Tuch unten links, damit qualifiziert sie eine malerisch besonders differenzierte Stelle als „gut“. Mit ihrem Hintergrund ist sie nicht ganz zufrieden. Sie bezeichnet ihn als „kritzeliger“ und verweist durch vergleichendes Zeigen auf Cézannes Gemälde darauf, dass in ihrem Hintergrund gewisse Blau-Lila-Töne fehlen. Dennoch ist sie froh, dass in diesem Bild nichts zu „schweben“ scheint.

Malaufgabe 3 – Nela

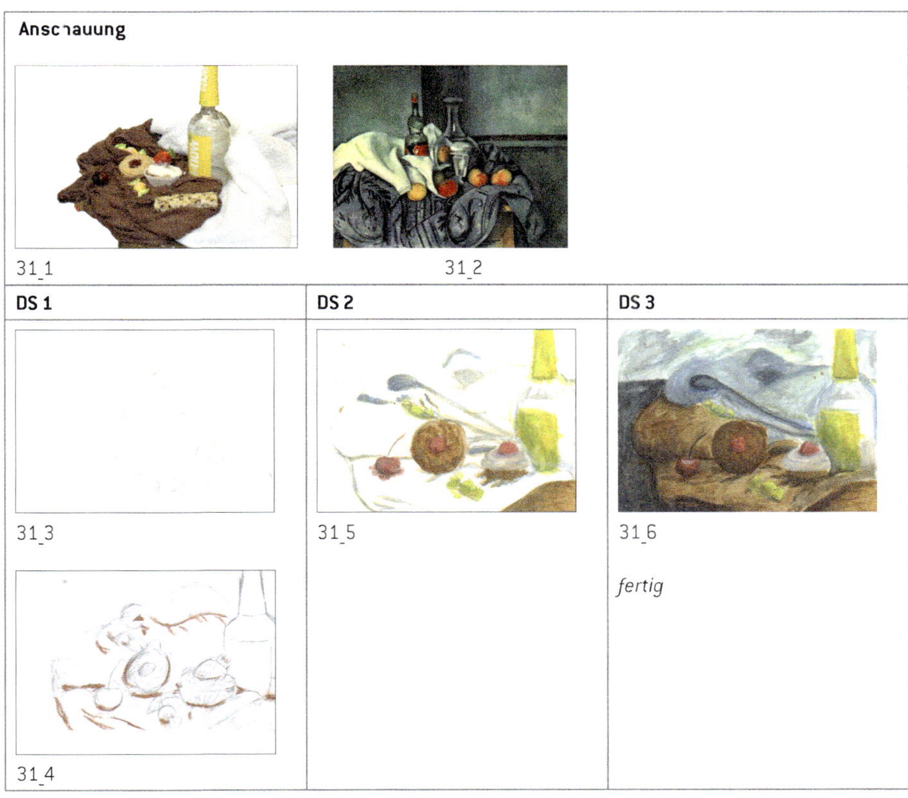

Abb. 31: Malaufgabe 3 – Nela

76 N-1-5

Bei Malaufgabe 3 sitzt Nela neben Tommy.[77] Als orientierenden Anschauungsbezug wählen sie zusammen das Gemälde „Stillleben mit Pfefferminzflasche" (1893–1895) von Cézanne aus. Nela findet die Farben darin *„perfekt", „weil die einfach so harmonieren irgendwie".*[78] Zu zweit arrangieren sie die Süßigkeiten in ständiger Absprache. Sie wägen zusammen ab, legen dazu, nehmen wieder weg, stellen um, bis beide mit dem Arrangement von Tuch, Flasche, Keks, Bonbons, Muffin und Kirsche zufrieden sind. Bei der Formerfassung geht Nela wie gehabt vor: Sie skizziert das Stillleben auf DIN A6 mit Bleistift, markiert darin mit Kohle dunkle Schattenstellen, so dass die Lichtquelle von rechts oben markiert ist. Sie beginnt mit der Übertragung auf ihr Malpapier und schaut dabei immer wieder auf ihre Skizze. Das Arrangieren, die Formerfassung und die entsprechende Bildanlage nimmt die gesamte DS 1 ein. In DS 2 ist ihr die Fokussierung auf Farbe und Malerei möglich. Sie mischt sich in einem Glas eine mit Wasser verdünnte Ockerlasur und legt damit Schatten an. Hierbei orientiert sie sich zunächst eher an linearen, umrissbezogenen Elementen als an Farbflächen. Dann steht sie auf und bereitet sich eine Mischpalette vor: Mit Zitronengelb, Chromgelb, Zinnoberrot, Krappdunkelrot, Siena natur, Ocker, Ultramarinblau, Maigrün, Blattgrün und Weiß. Sie nimmt den 12er-Pinsel aus der Ockerlasur und reinigt ihn mit Wasser und Lappen. Bevor sie anfängt zu mischen, greift sie noch schnell zur Cézanne-Abbildung und legt sie näher, direkt neben die Mischpalette und leicht auf ihr Bild. Sie beginnt Blautöne zu mischen und hält ihren Pinsel mit der Mischfarbe immer wieder vergleichend an Cézannes Gemälde. Dann wendet sie sich wieder ihrer Mischpalette zu und fügt minimale Mengen weiterer Farben hinzu, vergleicht wieder mit Cézanne und trägt dann die Farbe auf, bis alle dunklen Schattenstellen blau markiert sind. Dann widmet sie sich der Flasche. Tommy holt eine neue leere Mischpalette, um darauf die Gelbtöne zu mischen und Nela nutzt sie mit. Sie springt und trägt die gemischten Gelbtöne auch gleich für die Bonbons auf. Später malt sie den Keks, den Muffin und die Kirsche. Und zuletzt den Schatten unter dem Muffin und in derselben Farbe die Tischecke unten rechts. Nela verteilt die Farben ausgewogen auf dem Bildganzen, fokussiert bisher aber mehr die Figuren als den Grund. Dennoch wird der Schlagschatten aller Motive immer gleich mit dargestellt, wobei sich Figur und Grund verbinden. Der Farbauftrag ist bisher eher wässrig.

In der 3. DS legt Nela ihr fertiges Bild 2 zusätzlich auf den Tisch. Sie malt das braune Tuch, mit derselben Farbe tupft sie über die Motive die darauf stehen, malt dann das in Realität weiße Tuch durch Modellierung mit Blautönen analog zu Cézannes Gemälde. Dann gestaltet Sie den Hintergrund unterhalb des Horizonts in einem dunklen Mintton, oberhalb in einem hellen Blau-Grün-Ton wie auch bei Cézannes Vorlage. Sie hält dabei immer wieder inne, betrachtet ihr Bild und trägt dann Farbe wechselnd am Hintergrund und im weißen Tuch auf.

Nelas Bild 3 zeigt deutlich die handwerkliche Sicherheit, einen gezielt eingesetzten Pinselstrich und das Erfassen des Bildganzen. Die Farben verbinden sich und gehen ineinander über. Die Malreihenfolge folgt eher wieder der Richtung von vorne nach

77 Vgl. Sitzordnung im Anhang, Kap. 7.3.1

78 N-1-8

hinten. Nela ist mit Malaufgabe 3 zufrieden. Für sie ist das Bild 3 aber noch nicht fertig, ansonsten wäre es für sie so gelungen wie Bild 2. Das Bonbon, die Kirsche und die Flasche findet sie am besten. Sie verbalisiert, was noch zu erledigen wäre: Sie würde Farbspritzer entfernen, auf den Hintergrund nochmal eine Farbschicht legen und den Keks mit mehr Lichtstellen darstellen.

Gespräch – Nela

Im leitfadengestützten Gespräch sprechen wir auch über Bilder der anderen, wobei Nela subjektive Einschätzungen äußert. Expressive Malweisen wie bei Sina oder Dario beurteilt sie als *„gemanscht"* und *„komisch"*.[79] Unverbundenheit von Figur und Grund umschreibt sie mit dem Begriff *„Insel"*.[80] Für sie sind Figur und Grund verbunden, wenn der Übergang *„schön"* ist und *„nicht in der Luft schwebt"*.[81] Realistische Effekte gefallen ihr, wie zum Beispiel, dass man bei Tommy die Kiwi durch das Glas sehen kann. Innerhalb der Reflexion ihres Malprozesses nimmt sie Bezug zu den Hilfsmitteln und betont, dass Cézannes Gemälde sie bei der Farbwahl unterstützt haben – *„ich hätte sonst irgendwelche Farben genommen"*.[82] Beim erneuten Stillleben-Malen würde Nela nun in folgender Reihenfolge vorgehen:

1. Arrangieren und abwägen,
2. Farbliche Orientierung suchen,
3. Abzeichnen,
4. Schatten anlegen,
5. Farben auftragen.

Im Verlauf der Unterrichtseinheit hat sich ihre Alltagswahrnehmung verändert, da sie oft überlegt, wie sie Wahrgenommenes malen könnte: *„Ich habe mir immer gedacht, wie ich das dann malen würde, wenn ich des jetzt als Bild machen müsste, wie ich dann die Farben male ((lacht))."*[83] Für sie ist ihre wesentliche, nachhaltige Lernerkenntnis, dass Gegenstände nicht nur eine Farbe besitzen, dass durch Schatten und farbliche Verbindungen eine Einheit entsteht und dass Farben bewusst ausgewählt werden – je nach Orientierung.

„…also dass ein Gegenstand nicht nur eine Farbe hat, dass es mehrere Farben sind und das man das alles schön verbindet und das auch schattiert in den Farben, die man sich aussucht, also je nach dem an welchem Bild man sich orientiert. Lila zum Beispiel hier… hat geholfen ((Malaufgabe 2))."[84]

Innerhalb des leitfadengestützten Gesprächs bekam Nela die rezeptionsbezogene Aufgabe aus einem Bilderstapel vier Bilder (zwei von Monet, eines von Matisse, eines

79 N-1-13
80 N-1-14
81 N-1-16
82 N-1-19
83 N-1-24
84 N-1-27

von Van Gogh) auszusortieren, die nicht von Cézanne sind. Sie erkannte auf Anhieb alle Werke und konnte das begründen:

- Matisse: *„wilder"*, *„durcheinander"*, *„aufregend"*, *„grell"* (vs. Cézanne *„ruhiger"*),
- Monet (Blumen): *„kleine Pinselstriche"*,
- Van Gogh (Blumen): sieht aus, als würde es *„schweben"*, kein Schatten unter der Vase, Umrandungen, eher *„gezeichnet"*,
- Monet (Stillleben): *„wilder"*, *„kurze Pinselstriche"*.[85]

Überblick – Nela

Handwerkliche und perzeptuelle Kriterien	Malaufgabe 1	Malaufgabe 2	Malaufgabe 3
Farbwahl und Farbzusammenhänge	- Hohe Kontrastierung von Figur und Grund - Farbwahl orientiert an subjektiven Grundfarben (Gelb, Grün, Blau, Rot) - primär Gegenstandsfarben	- einheitliches Farbsystem für Figur und Grund - Farbsystem orientiert an Cézanne und realem Arrangement - Erscheinungsfarben	- einheitliches Farbsystem für Figur und Grund - Farbsystem orientiert an Cézanne und realem Arrangement - Erscheinungsfarben
Farbdifferenzierungen	- primär schematisch - Ansätze von modulierender, mimetischer Differenzierung	- mimetisch - modulierend	- mimetisch - modulierend
Farbauftrag	- primär deckend - strukturierender Duktus - erst alle Figuren bemalt, zuletzt Grund	- Variation: deckend, lasierend, schichtend - strukturierender Duktus, von schwungvoll und breit bis fließend - springender Farbauftrag am gesamten Bild	- Variation: deckend, lasierend und schichtend - strukturierender Duktus, von schwungvoll und breit bis fließend - springender Farbauftrag, aber tendenziell zuerst an Figur

85 Vgl. N-1-28

Form- oder Farbfokussierung, Bild- oder Motivsehen	- Formfokussierung - Bildsehen hinsichtlich Bildaufteilung (Anschnitte) und komplette farbige Bildausfüllung - Motivsehen hinsichtlich scharfen Farbgrenzen zwischen Figur und Grund - Körperschatten ansatzweise, kein Schlagschatten	- Formfokussierung in DS 1, ab DS 2 gesteigerte Farbfokussierung - Bildsehen hinsichtlich Farbe und Form - farbige Verbindungen zwischen Figur und Grund - Schlagschatten und Körperschatten	- Formfokussierung in DS 1, ab DS 2 gesteigerte Farbfokussierung - Bildsehen hinsichtlich Farbe und Form - farbige Verbindungen zwischen Figur und Grund, Grund tendenziell unbemalter - Schlagschatten und Körperschatten
Malhandlung und -handwerk	- primär sicherer, schneller Malhabitus – dazwischen Phasen von Demotivation - Kaum Variation der Materialien (Pinsel, Wasser, Lappen...) - keine Überarbeitungen	- mutig erprobend - Variation der Materialien (Pinsel, Wasser, Lappen...) - Überarbeitungen	- mutig, sicher - Variation der Materialien (Pinsel, Wasser, Lappen...) - Überarbeitungen
imaginative und mimetische Bezüge	- Farbvorstellung (Gegenstandsfarbe) - reales Arrangement - Farbpalette	- Farbanschauung - reales Arrangement - Cézannes Gemälde - Farbpalette - Inputs	- Farbanschauung - reales Arrangement - Cézannes Gemälde - Farbpalette - Tommys Farbpalette
Reflexion im Interview	- „furchtbar“ - „Kindergartenbild“ - „nix verbunden“ - „grell“ - verbalisiert Verbesserungsvorschläge	- „ah diese Stelle find ich super“ - „find ich das Bild sowieso gut“	- „das Bonbon hab ich gut hin gekriegt oder die Kirsche“ - „die Flasche die sieht ja auch schön aus irgendwie, weil das ja auch nicht schwebt oder so“

Karl

Karls Längsschnitte arbeitete ich analog zu Nelas Längsschnitten sukzessive entlang der Chronologie des Unterrichtsverlaufs auf: So beschreibe ich zunächst Karls malerisches Verhalten und einflussnehmende relationale Wirkungskontexte bei *Malaufgabe 1*, danach bei *Malaufgabe 2*, dann bei *Malaufgabe 3*. Daran schließt sich die ergänzende Aufarbeitung von Informationen an, die Karl im *leitfadengestützten Gespräch*[86] im Anschluss an alle drei Malaufgaben gab. Zuletzt resümiere ich Karls *Längsschnittdaten tabellarisch*. Abschließend stelle ich *Nelas und Karls Malprozesse und -produkte kurz vergleichend* gegenüber.

Um sich vorab ein Bild von Karl zu machen: Er wurde mir im Vorfeld meiner Studie von der Kunstlehrerin der Klasse als Schüler beschrieben, der schnell resigniert und sich Anstrengungen verweigert. Es stand schon zum Zeitpunkt der Studie fest, dass Karl nach diesem neunten Schuljahr die Realschule verlassen und eine Lehre beginnen würde. Für mich ergab sich folgendes Bild: Innerhalb der Forschungsphase war er zuverlässig anwesend, neigte nur teilweise dazu aufzugeben oder verfiel kurzzeitig in Passivität, legte seinen Kopf auf dem Tisch ab und ignorierte Arbeitsanweisungen schweigend. Dass Verhalten hatte sicherlich komplexe, mir in diesem Moment nicht zugängliche Gründe – wahrscheinlich war es aber auch ein Zeichen von mangelndem Mut und Selbstvertrauen, als Wunsch sich durch Nichtstun vor Fehlversuchen und Modifikationen gewohnter Handlungsmuster zu schützen. Er interessierte sich bisher nicht für Kunst, hat keine kunstpraktischen Hobbys und wurde zu Hause auch nie diesbezüglich gefördert.

86 Vgl. Transkription, Paraphrasierung und Kategorisierung des Gesprächs im Anhang: Kap. 7.3.3

Malaufgabe 1 – Karl

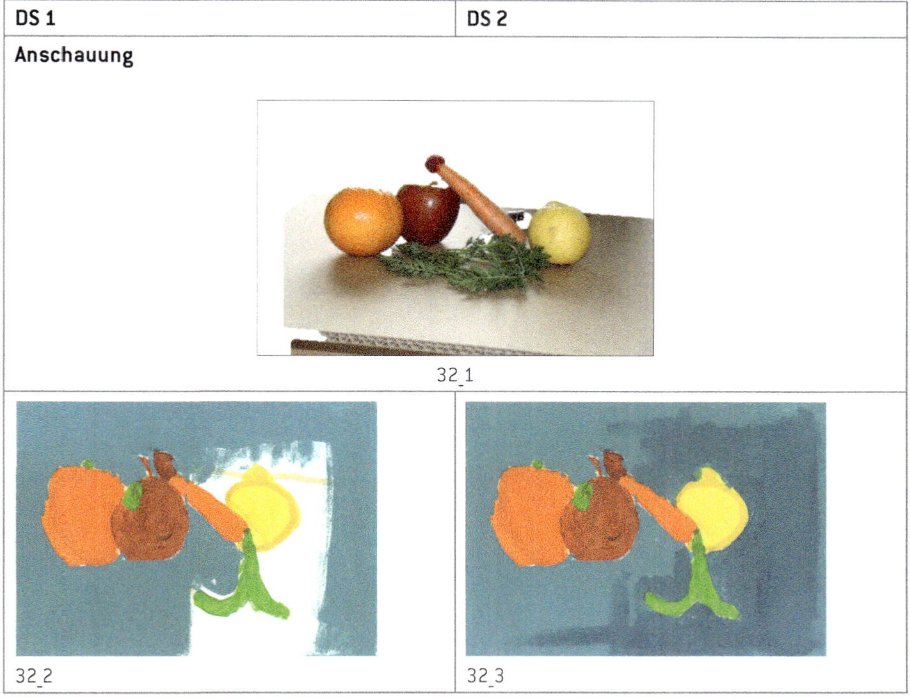

Abb. 32: Malaufgabe 1 – Karl

In DS 1 arrangiert Karl mit seiner Gruppe[87] das Früchte-Stillleben. Die bereitliegenden Tücher werden ignoriert. Karl fokussiert die Außenformen der Früchte und skizziert sie auf DIN A6 mit Blei. Unzufrieden vernichtet er die Skizze.

Auch beim Übertragen auf das DIN A3-Malpapier nutzt er die Pinsellinie, um die Umrisse linear zu umschreiben. Bei der Pinselskizze ist eine Horizontlinie im oberen Drittel positioniert. Durch die Kolorierung des Hintergrundes wird diese später übermalt und verschwindet. Für Karl liegt die Schwierigkeit nach seiner subjektiven Einschätzung eindeutig beim Formerfassen, denn er *„musste schon mehrmals radieren"*.[88] Die Kolorierung empfindet er danach als leichtere Handlung, da er die Farben nur noch in und um die Umrisse legen muss. Auf diese Weise erklärt er das Bild auch sehr früh in der 2. DS als fertig – nämlich sobald das ganze Bild mit Farbe bedeckt ist. Angleichende oder korrigierende Überarbeitung nimmt Karl an keiner Stelle vor. Die Fruchtmotive koloriert er gemäß ihrer typischen, benennenden Gegenstandsfarbe: Für die Zitrone genügt ihm das ungemischte Zitronengelb zur farblichen Identifizierung, für das Karottenkraut das

87 Vgl. Gruppe 3 bei Malaufgabe 2, Kap. 5.2.2
88 K-2-8

ungemischte Maigrün. Für die Orange und Karotte mischt er aus Zitronengelb und Zinnoberrot einen Orangeton, den er ohne farbliche Differenzierung auf beide Motive legt. Das Rot des Apfels ergibt sich durch das restliche gemischte Orange und die Beigabe von Zinnoberrot. Im Vordergrund verwendet er den 12-er Pinsel. Karl trägt die Farbe je entlang der Formumrisse auf, so dass der Duktus beispielsweise innerhalb der Karotte lang und gerade, in dem Apfel dagegen kürzer und rundlich ist. Karl widmet sich erst nach der Fertigstellung aller Vordergrundmotive dem Hintergrund. Für diesen wählt er einen türkisfarbenen Grundton, der keine farbliche Relation zu dem Braunton der vor ihm liegenden Kartonunterlage zeigt. Die Farbwahl begründet sich aus möglichen anderen imaginativen Bezügen: Am Gruppentisch rechts neben Karl hat die Gruppe (Tommy, Dario usw.) ein hellblaues Handtuch unter ihrem Früchte-Arrangement drapiert. Dieser Sichtbezug ist für Karl durch einen Blick nach rechts geschaffen und möglicher mimetischer Einfluss bei der Farbentscheidung. Auch sein Sitznachbar Dani legt einen blauen Hintergrund, allerdings nur unterhalb der Horizontlinie an. Die Farbe mischt Karl nicht abgleichend, sondern beliebig experimentell, indem er Restfarben der Palette (Weiß, Smaragdgrün, etwas Maigrün, etwas Hellblau von Dani) vermengt. In der folgenden DS 2 erinnert er sich nicht mehr wie er den Farbton gemischt hat, möchte aber noch die unbemalte Lücke im Bild schließen, weshalb er gezwungen ist den Farbton angleichend nachzumischen. Das gelingt ihm bezüglich des Helligkeitsgrades nicht. Der Hintergrund wird flächig deckend mit dem 20er-Pinsel um alle Früchte gemalt. Sein Duktus ist dabei motorisch unsicher, es gelingt ihm nicht die Farbkanten klar um die Formen zu führen. Karl verwendet alle Farben koloristisch, leuchtend, flächig und deckend. Er malt weitestgehend ohne Nutzung von Wasser und Lappen. Figur und Grund heben sich scharf voneinander ab. Plastisch-räumliche Schattenmodulationen nimmt er nicht vor, weder als Körper-, noch als Schlagschatten. Das kontextlos betrachtete Bild gibt keine gestalterischen Hinweise auf das Oben oder Unten des Bildganzen, was darauf schließen lässt, dass Karl mehr die Einzelmotive als die Bildgesamtfläche wahrnimmt.

Malaufgabe 2 – Karl

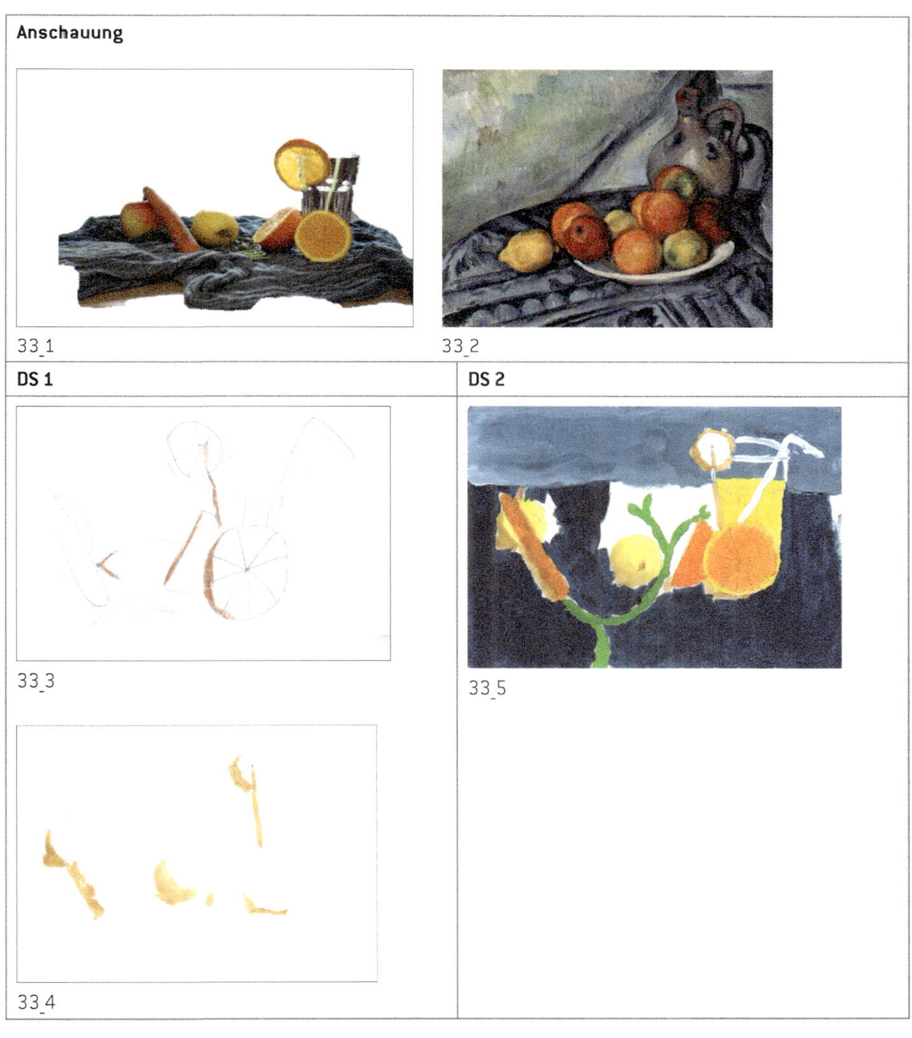

33_1 33_2 33_3 33_4 33_5

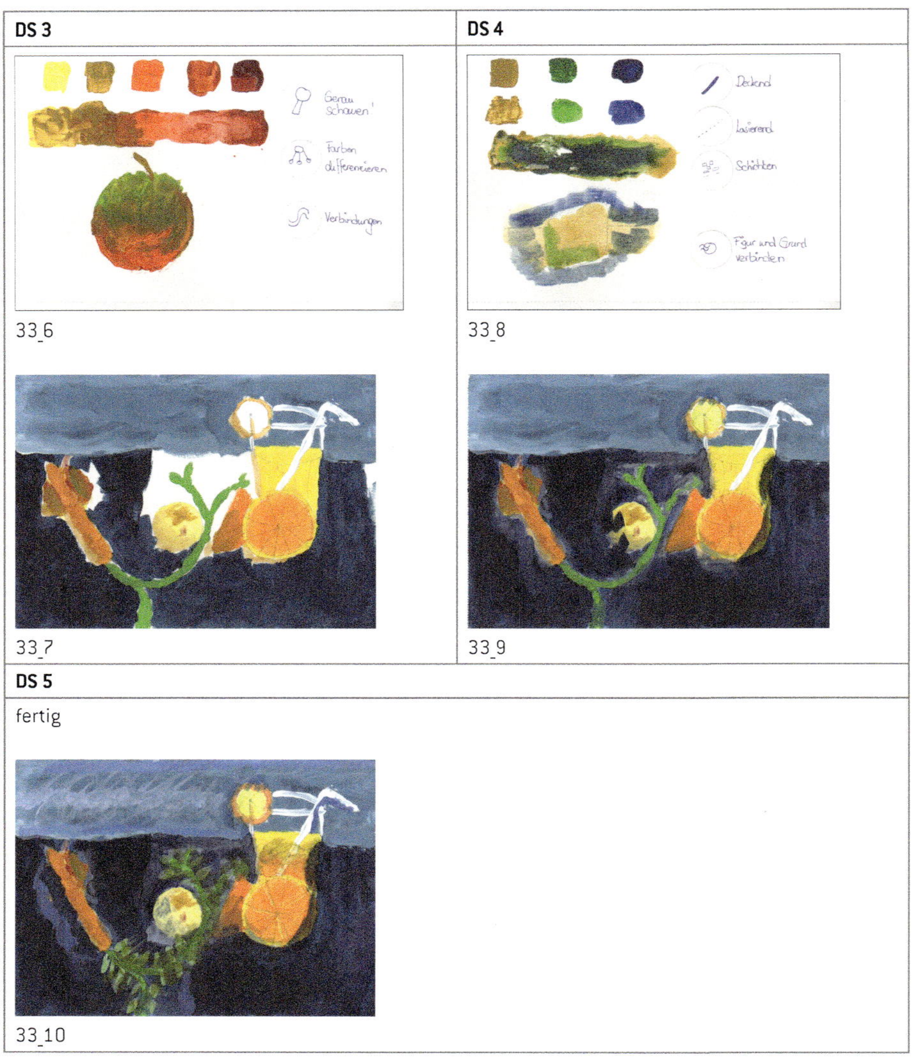

Abb. 33: Malaufgabe 2 – Karl

Karl war in allen fünf Doppelstunden des Lehrgangs anwesend. In DS 1 widmet er sich mit seiner Gruppe wieder dem Arrangieren der Objekte. Durch steigende Anzahl und Anordnung der Motive mit blauem Tuch gewinnt das Arrangement an räumlicher, formbezogener und farblicher Komplexität. Karls Skizze erfasst das Arrangement in seinen Umrissen. Er nutzt hauptsächlich die Staffelung als räumliches Gestaltungsmittel. Seine Komposition sitzt ähnlich wie bei Malaufgabe 1 ohne Anschnitt mittig im Bild. Bei der Übertragung auf das Malpapier greift er nicht zum Pinsel, sondern zum Bleistift. Die Bleistriche sind mit viel Druck, dunkel aufgezeichnet – ohne antizipierendes Bedenken, dass in der späteren Malerei kein Blei zu sehen bleiben sollte. Karl sitzt mit Blick zum Fenster, so dass das

Licht tendenziell von hinten rechts kommt. Er legt seine Lichtquelle dementsprechend oben rechts an. Seine Hell-Dunkel-Anlage im Bild geschieht mit nur einem Farbton, da die Formerfassung für ihn viel Zeit beanspruchte. Die Schattenstellen sind nicht räumlich oder plastisch gedacht – außer bei der Zitrone in der Mitte des Bildes. Dort zeigt sich eine sichelförmige Farbfläche als Körperschatten, die sogar in einen leichten Schlagschatten übergeht. Die restlichen Schatten scheinen in ihren linearen Ausführungen schematisch, im Rückgriff auf bisherige Darstellungsformeln. So markiert Karl den Schatten unter der Orange oder links am Glas durch eine Linie entlang der Außenform – ohne dieses Schema in der Anschauung zu überprüfen.

In DS 2 füllt sich Karls Bild ähnlich wie bei dem Früchte-Stillleben sehr rasch mit Farbe. Er scheint bezüglich Farbmischung und Auftrag auf das gewohnte, oben beschriebene Handlungskonzept von Malaufgabe 1 zurückzugreifen. Dieses festigt er weiterhin und er ist nur an einer Stelle bereit, es zu transformieren: Er zeigt einen anderen Umgang mit dem Hintergrund, indem er ihn wie bei Cézannes Malerei in Oben und Unten teilt. Die farbliche Differenzierung in helles und dunkles Blau wird dazu im mimetischen Bezug nachgemischt – jedoch relational, nicht exakt angleichend. Diese Farbentscheidung ist damit eindeutig auf den Anschauungsbezug von Cézannes Gemälde zurückzuführen und wäre ohne die Bildbetrachtung für Karl nicht vorstellbar gewesen. Karl orientiert sich ansatzweise an einem Farbsystem und die farbige Beliebigkeit nimmt ab. Die weiteren Malinputs (z. B. bezüglich Farbdifferenzierung innerhalb der Motive) kann er zunächst nur abstrakt-theoretisch aufnehmen, ohne sie malerisch-praktisch umzusetzen. Während ich den Apfel vormale und handwerkliche und malprozessuale Mechanismen kommentiere (Teil-Malinput 2.9)[89] erprobt er die Handlungszüge nicht parallel. Zu diesem Zeitpunkt ist sein Apfel schon Gelb – entweder er scheut das Überarbeiten oder er ist gemäß seiner Vorstellungen schon damit zufrieden. Das Endprodukt der 2. DS zeigt ein Smoothie-Stillleben, das im Wesentlichen wieder flächig, umrissbezogen ausgemalt wurde.

Erst in der DS 3 differenziert Karl den Apfel, nachdem er die Apfel-Übung[90] gemacht hat. Die isolierten Farbfelder der Übung mischt er nicht abgleichend, sondern annäherungsweise. Wobei er die meisten Farbtöne ungemischt verwendet (Krappdunkel, Ocker, Zitronengelb, usw.). Der fließende Farbübergang aus der Übung durch wässriges Ineinandermalen gelingt Karl handwerklich von links nach rechts zunehmend: Links noch mit wahrnehmbaren Grenzen, rechts dagegen verschwimmend. Im Apfel selbst taucht dann Grün als weitere Farbe auf, da er vermutlich nun das erste mal genau auf den realen Apfel geschaut hat, der diese Färbung trägt. Auch hier verwendet er die Farbe ungemischt und gestaltet den Übergang zwischen ihnen handwerklich solide. Dem Lichteinfall entsprechende Farbmodulationen nimmt er nicht weiter vor. Er versucht seine Erkenntnisse auf seinen Apfel im Bild zu transferieren – dieser ist sehr klein und hinter der Karotte, wodurch der Farbauftrag nicht eins zu eins übernommen werden kann. Außerdem beachtet Karl den Korrekturhinweis nicht (Teil-Malinput 3.6). Er trägt zwar alle Farben, die er im Apfel gesehen hat (Grün, Gelb,Rot) in der Fläche auf, schichtet sie aber

89 Vgl. Transkription im Anhang, Kap. 7.3.3 (Codierung: U1)

90 Vgl. Apfel-Übung im Anhang, Kap. 7.3.1

flächig zu einem Braunton. Seine differenzierterte Wahrnehmung kann also einerseits auf Grund handwerklicher Probleme nicht in eine entsprechende Darstellung übersetzt werden, andererseits beherrscht er das Imaginieren des Über- und Untereinander-Liegens von Farbflächen noch nicht. So ist der Apfel in Malaufgabe 2 kaum mehr als solcher zu identifizieren – auch wenn er damit eventuell mehr über Farbe verstanden hat als bei dem erkennbaren Apfel in Malaufgabe 1.

Mit der Farbauftrag-Übung (Teil-Malinput 4.1[91]) in DS 4 soll das Repertoire an verschiedenen Farbaufträgen erweitert und gefestigt werden. Karl trägt seine Farben bisher ausschließlich deckend auf. Auch die Übung spiegelt wider, dass ihm lasierendes und schichtendes Arbeiten mit Farbe schwerer fällt. In der dritten Zeile der Übung schichtet er die Farben durch horizontale Farbbahnen, die nacheinander übereinander gelegt werden. Variationen der Pinselrichtung und Farbkonsistenz bleiben aus und somit auch variierende Effekte hinsichtlich Farbtransparenz und -tiefe. Nur an den Rändern fließen die Farben ineinander. Im unteren Teil verwendet er zur malerischen Darstellung erstmals Lasur und den Effekt der Farbtransparenz. Ihm gelingt es, die blaue Lasur farblich unter- und oberhalb des Horizonts in heller und dunkler zu differenzieren. Die Lasur legt sich um die Figuren ohne sie mit dem Grund zu verbinden. In der Arbeitsphase widmet sich Karl ebenfalls dem Hintergrund seines Bildes, jedoch erst nachdem er ca. 15 Minuten nicht weitermalt und ich mit ihm ins Gespräch komme. Er äußert Unlust und Ratlosigkeit, da ihm sein Bild nicht gefalle und man es neu malen müsse. Der relationale Einfluss der Werke der Mitschülerinnen und Mitschüler wirkt sich eventuell demotivierend aus. Auch wenn die Werke nie unter wertenden Aspekten betrachtet wurden, so kann er im visuellen Vergleich Unterschiede wahrnehmen und erkennen, dass sein Bild weniger differenziert ist als die meisten anderen. Im Gespräch erkläre ich Karl, dass er mit Malaufgabe 3 die Chance bekommt ein neues Bild nach seinen jetzigen Vorstellungen zu malen. In dem Moment kann er nicht verbalisieren oder zeigen, was ihn genau stört. Ich erzähle ihm, wie ich an dem Bild weiterarbeiten würde, um konstruktive malerisch-darstellerische Vorstellungen zu erzeugen. Dabei greife ich auf den Korrekturhinweis (Teil-Malinput 3.6) und auf die Fokussierung auf den Hintergrund zurück (Teil-Malinput 4.3 und 4.4). In der verbleibenden Arbeitszeit widmet sich Karl der farblichen Füllung des Hintergrundes, wobei er größtenteils nach gewohntem Handlungskonzept vorgeht. Innerhalb seines Bildes lassen sich dann aber auch bildnerische Spuren entdecken, die den Versuch dokumentieren, Figur und Grund durch Lasur zu verbinden. An der Orange und an dem Glas malt Karl mit der Farbe des Hintergrundes lasierend in die Figuren. Der Input wurde schematisch ohne Anschauungsbezug erfüllt und nicht im Bildkontext und im Gedanke an das Bildganze verortet – denn gemäß der Lichtquelle wäre der Schatten links. Auch an der Zitrone erprobt er das Verbinden von Figur und Grund durch Hineinmalen mit deckender blauer Hintergrundsfarbe. Karl kann die Farbkonsistenz damit nun zwar handwerklich variieren, ihre Wirkung jedoch nicht antizipierend imaginieren und einsetzen.

In der letzten Lehrgangsdoppelstunde 5 ist Karl einer der Schüler, der einen Folienplan (Teil-Malinput 5.3) erhält, den wir gemeinsam besprechen. Die methodische Entscheidung

91 Vgl. Farbaufrag-Übung im Anhang, Kap. 7.3.1

wird dadurch begründet, da Karl in der vorhergehenden Stunde keine Imagination hinsichtlich sinnvoller Weiterarbeit aufbauen konnte und die rein verbale Hilfestellung dafür nicht genügte. Mit dem Folienplan werden viele Möglichkeiten der malerischen Weiterarbeit direkt an seinem Bild visualisiert, um Vorstellungen davon zu erzeugen. Karl motiviert die Hilfe. Er lacht als er ungläubig feststellt, dass es sein Bild unter dem Folienplan ist. Ihm wird ersichtlich, dass kleine Überarbeitungen schon große Wirkungen erzielen können und gewinnt Motivation. In der DS korrigiert er die Zitrone, in die er letzte Stunde grob reinmalte, er differenziert das Kraut der Karotte formbezogen durch Auffächerung der Blätter, farbbezogen durch Variation von drei Grüntönen. Außerdem differenziert er den Hintergrund mit weißen lasierenden Akzenten, die er schwungvoll, diagonal aufträgt und den Pinselstrich sichtbar erhält – ein Ansatz wie auch bei Cézannes Gemälde in weiterer Vollendung nachzuvollziehen ist. In dem Interview kann Karl farbbezogene Unterschiede zwischen seiner Malerei und der von Cézanne verbalisieren: Er erklärt beispielweise, dass bei Cézanne im Hintergrund außerdem Grüntöne zu finden seien und kann darauf zeigen.

„Also bei dem ((zeigt auf Cézannes Gemälde)) sieht man eh, dass da an dem, ich sag mal Himmel, dass da halt des besser rausgekommt, weil da halt auch so Grüntöne drin sind 'n bisschen.“[92]

Karls Bearbeitung der Malaufgabe 2 zeigt bildnerische Anknüpfungen, aber auch langsame Modifikationen im Vergleich zum ersten Gemälde. Die Malerei verliert an Beliebigkeit hinsichtlich der Farbentscheidungen des Hintergrundes, die nun gebunden sind in das blaudominierte Farbsystem. Bei den Figuren dominiert noch die grelle, deckende Gegenstandsfarbe. Mimetische und plastische Elemente werden teilweise schematisch ausgeführt, jedoch wahrscheinlich nicht imaginativ nachvollzogen. Besonders an der Zitrone lassen sich die Versuche der Farbdifferenzierung nachvollziehen. Sie wirkt leicht plastisch durch die Schattenfläche links unten, die Karl durch deckende und lasierende Farbschichten darstellt. Geschlossene Gegenstände nimmt er als geschlossene Farbformen wahr und stellt sie demgemäß dar. Das Kraut der Karotte, das strukturell komplexer zu erfassen ist, erleichtert Karl eine Variation des Pinselduktus und das verwenden mehrerer Grüntöne. Im Vergleich zur Malhandlung bei Malaufgabe 1 erweitert Karl seine Farbpalette und nutzt nun auch das Wasser als Malmaterial. Seine Mischungen sind nie exakt abgleichend. Er vergleicht seine Mischfarben nicht eingängig mit den Anschauungsbezügen, sondern trägt sie auf, sobald sie der benennenden Farbfunktion (Karotte ist orange) entsprechen. Im Laufe des Lehrganges arbeitet Karl dennoch mit unterschiedlichen Farbkonsistenzen und setzt sie variierend im Bild ein. Die handwerklich-motorische Ausführung dabei scheint manchmal noch grob. Die Bildoberfläche ist strukturierter und der Pinselduktus teilweise sichtbar. Fließende Farbübergänge sind in dem Bild nicht enthalten. Das Bildganze erscheint räumlich geklärter als bei Malaufgabe 1. Die gesamte Bildfläche wurde malerisch bearbeitet und Ansätze von Schlagschatten sind zu erkennen (vgl. Karotte). Karl selbst erachtet im Interview den Schatten der Zitrone und der Karotte in seiner Malaufgabe 2 als besonders gelungene Stellen. Die Figuren heben sich tendenziell immer noch vom Grund ab, scheinen ihm wichtiger zu sein. Dennoch finden

92 K-2-4

sich erste Verbindungen – besonders durch den Schlagschatten der Karotte, ebenso durch die malerische Lösung des Karottenkrauts und die Modellierung der Zitrone, in der das Blau wieder zu finden ist. In der halben Orange links neben dem Glas lasiert Karl den Hintergrund in die Figur und überschreitet somit die umrissbezogene Formgrenze, die im bisher die wichtigste Orientierung bot. Dass Formbezug und Formklärung für Karl sicherlich noch die primäre Problematik darstellen, zeigt sich auch an der Darstellung des Glases: Hier konnte er das Davor und Dahinter des Strohhalms im Glas nicht klären und malt ihn als lineares Element „vor" das Glas.

Er äußert im Interview, dass er die unscharfen Farbränder oben an der Karotte als zu ungenau und reingemalt empfindet. Er fände es besser, klare Ränder zu haben – was auch auf den Formbezug schließen lässt.

Karls Malhandlungen waren ingesamt ausdauernder als bei Malaufgabe 1. Er nahm Überarbeitungen und Korrekturen vor. Seine zögernde Grundhaltung interpretierte ich nicht als Verweigerung, vielmehr als Verunsicherung. Karl beurteilt seine Lösung der Malaufgabe 2 im abschließenden Interview als stärkstes Bild, das in Malaufgabe 1 entstandene als schwächstes. Er begründet seine Beurteilung zunächst pauschal mit *„viel besser"*[93], erst auf Nachfrage präzisiert er, dass er sich damit auf die Farbdifferenzierung beziehe.

93 K-2-1

Malaufgabe 3 – Karl

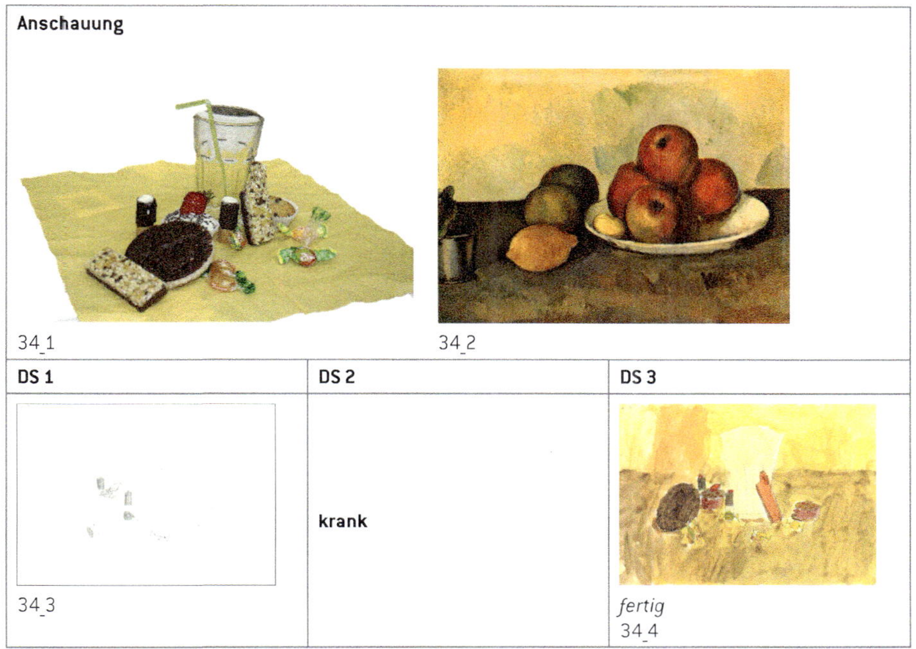

Abb. 34: Malaufgabe 3 – Karl

Malaufgabe 3 malt Karl in zwei Doppelstunden, da er einmal krankheitsbedingt fehlt. Sein Nebensitzer Dani und er suchen sich das gelb, braun dominierte Stillleben mit Äpfeln von Cézanne (1890) als farbige Orientierung aus. In der ersten Doppelstunde widmet er sich wieder ausschließlich der Formerfassung mit Bleistift und orientiert sich an prägnanten Formlinien. Perspektivität gelingt ihm teilweise – so wird das Glas in leichter Draufsicht dargestellt. Alle anderen Gegenstände dagegen in ihrer Frontalität. Zeichnerische Details wie das Ende der Bonbonverpackung vereinfacht er mit wiederholenden dreieckigen Darstellungsformeln ohne Überprüfung in der Anschauung.[94] Die Komposition ist mittig ausgeglichen arrangiert. In der dritten Doppelstunde liegt diese gezeichnete Bildanlage, nachdem er einmal krank war, wieder vor ihm. Fast eine Minute schaut er Dani nebenan zu, der schon weiter ist und an der Bemalung der Figuren arbeitet. Dann taucht er den Pinsel in das Wasser und in das Umbra auf der Palette. Damit koloriert er sukzessive alle dunkelbraunen Bildstellen (Reiswaffel, Waffelröllchen). Sein Blick wandert immer wieder zur Malerei von Dani. Der malt mittlerweile am gelben Hintergrund. Karl greift ebenfalls zu Gelb und beginnt den Hintergrund von links nach rechts einheitlich zu lasieren. Nach einem Drittel verlässt ihn das Durchhaltevermögen wieder, er kippelt mit dem Stuhl und

94 Vgl. dazu Glas (2016) bzw. Kap. 2.2.2: Verwendung von geometrisierenden Darstellungsformeln für komplexere Formen.

äußert Unlust. Dani lässt sich nicht abhalten und malt konsequent weiter, so dass auch Karl irgendwann neuen Mut fasst und den gesamten Hintergrund gelb ausfüllt ohne farbliche Abgleichungen vorzunehmen. Er bedient sich dabei an den Gelbtönen, die Dani verwendet. Anschließend lasiert er den Smoothie etwas heller – ebenso flächig und undifferenziert. Später koloriert er die weiteren Motive im Vordergrund. Mit dem breiten Pinsel legt er dann die dunklere, lasierte Schicht unterhalb des Horizonts auf. Farbkorrekturen nimmt er nicht mehr vor, mit allem was er einmal setzt, gibt er sich zufrieden.

Karls Malaufgabe 3 zeigt im Darstellungsbereich Figur die Gegenstandsfarben – aber auch Ausdrucksfarben. So waren die Muffinformen nicht Krappdunkelrot, sondern Weiß. Ob Karl beliebig dazu griff oder es eine bewusste bildinterne Entscheidung zur Erhöhung der Farbkontraste war, bleibt Spekulationen überlassen. Im Darstellungsbereich Grund dominiert der Bezug zu Cézannes Farbkonzept, beziehungsweise zu Danis Malerei, die wohl Karls primärer Anschauungsbezug bei Malaufgabe 3 war. Im Bereich zwischen Figur und Grund schafft Karl ansatzweise Verbindungen: Erstens dadurch, dass Farben des Hintergrundes auch im Vordergrund auftauchen, zweitens durch Markierungen der Schlagschatten. Die Farben sind innerhalb des Farbbereichs zwischen Braun und Gelb differenziert – werden meist ungemischt verwendet oder durch schichtenden Farbauftrag erst im Bild gemischt. Sein Farbauftrag variiert innerhalb des Bildes und erscheint weniger vereinheitlicht als in Malaufgabe 1. Er trägt Farbe in unterschiedlichen Wasserverdünnungen auf und nutzt das Phänomen der Farbtransparenz, das er bisher wenig einsetzte. Karls primäre Orientierung bleibt auch bei Malaufgabe 3 die Klarheit der Formen, wenn auch Farbentscheidungen Einzug in das Malen erhalten haben und Farben nicht mehr beliebig den Formen beigefügt werden.

Gespräch – Karl

Im Interview antwortet Karl, dass er ,seit er die Bilder gemalt hat, nicht mehr oder weniger über Farben nachdenkt als davor. Seine Alltagswahrnehmung hinsichtlich Farben in der direkten Umwelt hat sich offenbar nicht geändert. Dennoch erklärt er, dass er nun weiß, was Farbdifferenzierung bedeutet und zeigt auf sein Bild aus Malaufgabe 3, das viele verschiedene Gelbtöne enthält. Er würde nicht mehr wie in Malaufgabe 1 malen wollen, sondern eher wie in Malaufgabe 2 und 3.

> „...eigentlich ein relativ gelbes Bild, aber da sind sehr verschiedene, sehr viele unterschiedliche Gelbtöne drin."[95]

> „...davor hat' ich, wenn es heißt eh mal' was in Gelb, dann hätte ich halt ´ne Gelb genommen und hätte des drauf gemalt und so kann man auch noch fragen, was für ein Gelbton, wie soll man des mischen und so."[96]

Ich lege Karl ebenfalls den Bilderstapel vor und bitte ihn die Werke, die nicht von Cézanne sind, zu bestimmen. Er erkennt nicht alle Werke auf Anhieb: Er nimmt an, dass das Stillle-

95 K-2-5
96 K-2-13

ben mit Obstschale (1889-90) nicht von Cézanne wäre, weil es der Malerei von Matisse ähne n würde. Letztlich erkennt er alle Werke in folgender Reihenfolge: Matisse, Van Gogh, Monet, Monet. Er argumentiert stets bezüglich der Motive oder hinsichtlich des Duktus. So schließt er das Blumenstillleben von van Gogh aus, weil er glaubt Cézanne male nur Früchte. Er erkennt wiederum, dass die beiden Bilder von Monet dieselbe Malweise spiegeln, *„weil das auch die gleiche Art ist zu malen mit diesen Strichen"*.[97] Präziser verbalisierte Begründungen kann er nicht geben, denn er nimmt es eher intuitiv wahr, *„man merkt dass es von ´nem anderen ist"*.[98]

Überblick – Karl

Handwerkliche und perzeptuelle Kriterien	Malaufgabe 1	Malaufgabe 2	Malaufgabe 3
Farbwahl und Farbzusammenhänge	- Hohe Kontrastierung von Figur und Grund - Farbwahl orientiert an subjektiven Grundfarben (Gelb, Grün, Blau, Rot) - Gegenstandsfarben	- einheitliches Farbsystem für Figur und Grund - Farbsystem orientiert an Cézanne und realem Ding-Arrangement - primär Gegenstandsfarben	- einheitliches Farbsystem für Figur und Grund - Farbsystem orientiert an Cézanne und realem Ding-Arrangement - primär Gegenstandsfarben, teilweise auch beliebige Farbe
Farbdifferenzierungen	- schematisch - Keine Binnendifferenzierung - meist ungemischte grelle, bunte Farben	- primär schematisch - mimetische Ansätze - figurfüllende, flächigschichtende Farbmodulierung ohne gezielte Verortung der Farben	- primär schematisch - mimetische Ansätze, figurfüllende, flächigschichtende Farbe
Farbauftrag	- deckend, flächig - kein strukturierender Duktus - erst alle Figuren bemalt, zuletzt Grund	- Variation: decckend, lasierend, schichtend - teilweise strukturierender Duktus - tendenziell erst alle Figuren bemalt, zuletzt Grund	- Variation: deckend, lasierend und schichtend - strukturierender Duktus - tendenziell erst alle Figuren bemalt, zuletzt Grund

97 K-2-12
98 K-2-12

Form- oder Farbfokussierung, Bild- oder Motivsehen	- Formfokussierung - Motivsehen - scharfe Farbgrenzen zwischen Figur und Grund - kein Körperschatten, kein Schlagschatten	- primär Formfokussierung, aber steigende Farbfokussierung - Bildsehen hinsichtlich Bildaufteilung - ansatzweise Verbindungen zwischen Figur und Grund - teilweise Schlagschatten, vereinzelt Körperschatten	- primär Formfokussierung, aber steigende Farbfokussierung - Bildsehen hinsichtlich Bildaufteilung - ansatzweise Verbindungen zwischen Figur und Grund - teilweise minimaler Schlagschatten, kein Körperschatten
Malhandlung und -handwerk	- Motorisch unsicher - teilweise gleichgültig/ unsicher? - kaum Variation der Materialien (z. B. kein Einsatz des Lappens) - keine Überarbeitungen	- sicherer, erprobt Variationen - teilweise gleichgültig/ unsicher? - Variation der Materialien (Pinsel, Wasser, Lappen...) - Überarbeitungen	- mutig, greift auf Variationen zurück - teilweise gleichgültig/ unsicher? - Variation der Materialien (Pinsel, Wasser, Lappen...) - Überarbeitungen
imaginative und mimetische Bezüge	- primär Farbvorstellung (Gegenstandsfarbe)	- Farbanschauung - reales Arrangement - Cézanne - Farbpalette - Inputs	- Danis Malaufgabe 3 - Farbanschauung - reales Stillleben - Cézanne - Farbpalette
Reflexion im Interview	- Am schwächsten	- Am stärksten - „hab ich das ein bisschen besser gemacht mit diesem Farben differenzieren"	- Am zweit stärksten - „da sind sehr verschiedene, sehr viele unterschiedliche Gelbtöne drin"

Nelas und Karls Malprozesse und -produkte im Vergleich

Karls und Nelas Lernprozesse und darstellerische Ergebnisse zeigen einen signifikanten Kontrast.

In Malaufgabe 1 finden sich zwar noch Gemeinsamkeiten in beiden Bildern hinsichtlich der hohen Kontrastierung von Figur und Grund, des vorwiegend deckenden Farbauftrags, der Formfokussierung und der meist reinbunten Farbwahl. Trotzdem ist der Lernausgangspunkt der Beiden nicht derselbe, wie sich bei genauerer Beobachtung zeigt: Nela hat keinerlei Probleme mit der Formerfassung und kann durch ihre zeichnerische Vorerfahrung das Bild sicher und schnell anlegen. Ihr Arbeitstempo, ihre Sicherheit bei der Pinselführung und minimale Ansätze der beobachteten und dann darstellerisch umgesetzten Farbmodulierung verweisen auf ein geschultes perzeptives und motorisches bildnerisches Handeln. Dieses Vorwissen und Können, und vor allem auch ihr Interesse, ermöglichen ihr in Malaufgabe 2 sehr schnell die Konzentration auf Farbigkeit und das Umsetzen des Lehrgangs.

Karl bringt diese Voraussetzungen nicht mit: Er hat über alle drei Bilder hinweg Schwierigkeiten mit der Formerfassung, seine Pinselführung ist motorisch unsicherer und die darstellerisch-übersetzende Integration aller Anschauungsbezüge (reales Arrangement + Cézannes Gemälde) gelingen ihm nicht. Trotzdem erzielt er gemessen an seinem anfänglichen Lernstand Lernfortschritte: Seine nachhaltigste Lernleistung ist das Bildsehen und das Beachten eines einheitlichen Farbsystems in Anlehnung an Cézanne, was ihm bei Malaufgabe 2 und Malaufgabe 3 gelingt. Nela erwirbt in allen Bereichen (Farbwahl, Farbauftrag, Farbdifferenzierung, Bildsehen, …) nachhaltige Darstellungsformeln, die sie sehr bewusst in Malaufgabe 2 und 3 einsetzt und sogar variiert.

Die Gegenüberstellung der beiden Lernprozesse verweist auf die Komplexität des Resonanzfeldes aller möglichen Einflussfaktoren beim Malen-Lernen. Sie verweist zudem darauf, wie nah Lernstände ohne Förderung beieinander liegen (Nelas und Karls Bild 1) und wie unterschiedlich sie sich bei Förderung weiter ausdifferenzieren (Nelas und Karls Bild 3). Außerdem zeigen die Beobachtungen einen engen Zusammenhang von Form- und Farbproblemen, die sich gegenseitig überlagern, wenn sie einzeln keine Klärung erfahren können. Demnach ist es unmöglich Lernende zu verstehen, ohne sie vor Lernherausforderungen zu stellen und den Umgang damit zu beobachten.

5.2.4 Exemplarische Quer- und Längsschnitte innerhalb der Klasse

Nelas und Karls individuelle Lernprozesse wurden mit der Absicht auf hohe Kontrastbildung ausgewählt. Sie repräsentieren in sich eigene, deutlich unterscheidbare Handlungs-/Imaginationsmuster und gleichzeitig auch typische Muster, die sich bei anderen Menschen in ähnlichen Ausprägungen zeigen könnten. Durch die beiden Fokussierungen konnte die Vielfalt möglicher Lernprozesse zwar nicht repräsentiert werden, dennoch eröffnen sie die Vorstellung eines Spektrums von imaginativen und malerisch-darstellerischen Lernprofilen. Im folgenden Kapitel wird dieses Spektrum möglicher Darstellungsweisen und Bildhandlungen weiter herausgearbeitet und mittels aufgearbeiteter Beispiele aus der Unterrichtsforschung dokumentiert.

Methodisch wurde dazu nach Sichtung des kompletten Datenmaterials eine gezielte Auswahl getroffen: Aus Gründen der Vergleichbarkeit und fokussierenden Aufmerksamkeit werden die Lernprozesse und Bilder nicht umfassend, sondern ausschnitthaft aufbereitet.[99] Die Eingebundenheit der Ausschnitte/Details/Handlungssequenzen in das Bildganze und in die Komplexität der Lernprozesse wird mitgedacht. Zu bedenken bleibt z. B., dass Lernfortschritte oder Problematiken, die an einem einzelnen Bildgegenstand konstatiert werden, sich nicht zwangsläufig im gesamten Bild wiederfinden. Mit einem relationalen Lernbegriff lässt sich jede Malhandlung in Abhängigkeit von allen beteiligten externen und internen Kontexten begreifen – in Relation zur Komplexität der Form, zum Zeitpunkt des Malens, zur Motivation und zum Befinden, zur Konzentration, zur sozialen Eingebundenheit, usw. Die folgende Aufbereitung soll vor diesem Hintergrund verstanden werden, um voreilige Rückschlüsse von Teilleistungen auf Gesamtleistungen zu vermei-

99 Vgl. z. B. gezielter Bezug zu Apfeldarstellungen in den Gemälden, Kap. 7.3.2

den. Vielmehr geht es exemplarisch um das Prinzip des Nachvollzugs, um das Verstehen der Schülerinnen und Schüler mit ihren Handlungsmotiven. Die malerische Darstellung des Apfels einerseits, daneben diverse aus der Gesamtheit gegriffene verbale, gestische Äußerungen, sowie gemalte Bilder dienen als Hauptdatenbezüge.

Die Aufarbeitung orientiert sich wiederum am übergeordneten Kriterienkatalog und seinen definierten handwerklichen und perzeptuellen Kriterien.[100] Der Aufbau des Kapitels folgt im kunstpädagogisch-hermeneutischen Sinne unterschiedlich kreisenden, fernen und nahen, punktuellen und sequenziellen Blickwinkeln – die stets kontextuell und zeitlich verortet werden[101]: Dazu behalte ich zunächst dieselbe Längsschnittperspektive wie bei Nela und Karl bei und blicke auf Lernverläufe von anderen Lernenden der Klasse, um daraus gemeinsame, verschiedene und typische Verläufe der malerischen Darstellungsformeln abzuleiten. Dabei gehe ich nicht in gleicher Intensität wie bei Nela und Karl vor, sondern fokussiere je nur darstellerische Teilaspekte, wie z. B. die *malerische Darstellung des Apfels in einem Bild* .Es folgen auf die *Längsschnitte*, querschnittartige, punktuelle bis sequenzielle Untersuchungen *von imaginativen und darstellerischen Teilaspekten*, wie z. B. einer einzelnen spezifischen Übung, eines spezifischen Unterrichtsgesprächs oder des spezifischen Gestaltungsaspektes der Bearbeitung des Bildganzens usw.

Darstellungsformeln: Gesamtschau auf Teilaspekte und Lernverläufe der Klasse

In den Apfel-Darstellungen[102] von *Malaufgabe 1*[103] lassen sich – neben individuellen Ausprägungen – gemeinsame, mehrheitlich dominierende Darstellungsweisen feststellen. Vor allem im *Darstellungsbereich Figur-Grund* sind die Gemeinsamkeiten signifikant:

- Alle Äpfel heben sich als geschlossene Flächen vom Grund ab.
- Meist ist der Farb- oder Helligkeitskontrast von Figur und Grund hoch.
- Es findet sich einheitlich kein Schlagschatten an den Äpfeln, wodurch die scharfe Abhebung von Figur und Grund verstärkt wird.
- Auch die Malreihenfolgen der Gesamtklasse verweisen auf die Prägnanztendenz hinsichtlich der sich vom Grund abhebenden Figur. Hier lässt sich eine generalisierende Feststellung treffen: Alle Lernenden widmen sich zunächst der Bearbeitung der Figur, dann erst des Grundes.
- Der *Darstellungsbereich Grund* wird durch deckende, geschlossene Farbflächen dargestellt. Falls ein Horizont eingezeichnet ist, wird die Farbe oberhalb und unterhalb verschieden gewählt. Die Farbwahl für die untere Farbfläche orientiert sich meist an der Gegenstandsfarbe des Anschauungsbezugs (reales Arrangement). Oberhalb des Horizonts bleibt der Grund dagegen unbemalt oder wird beliebig koloriert.

Die Gruppe 5 (Sina, Dirk, Eduard) scheint – ohne genaue Kenntnis der kontextuellen Bedingungen – eine Ausnahme darzustellen, da sich Farbdifferenzierungen im Grund finden.

100 Vgl. Kriterienkatalog im Kap. 5.2.1

101 Das meint: Die Sequenzen werden hinsichtlich der Lernsituation und der aktuellen Malaufgabe/DS beschrieben.

102 Vgl. Kap. 7.3.2

103 Vgl. zu Malaufgabe 1, Kap. 5.2.2

Die Lehrerin der Klasse berichtete im Gespräch, dass die Gruppe keine „Idee für den Hintergrund“ hatte und bei ihr nachfragte. Sie hatte die Konzeption des Forschungssettings noch nicht verinnerlicht und nahm ihre Rolle als Lehrperson spontan wahr. Sie antwortete den Lernenden, sie sollten alle restlichen Farben verwenden. Diese Intervention bedingte die darstellerischen Ergebnisse der Gruppe. Das Nachfragen der Gruppe zeigt – ähnlich wie das Nicht-Bemalen des Grundes – ein darstellerisches und imaginatives Unvermögen und gleichzeitig ein Bedürfnis nach Anregung.

Im *Darstellungsbereich Figur* (Apfel) überwiegen in *Malaufgabe 1* darstellerische Unterschiede. Die unterschiedlichen Darstellungsweisen lassen sich wiederum zu Kategorien zuordnen, die bei mehreren Schülerinnen und Schülern auftauchen:

- Äpfel mit formumschreibender Umrisslinie,
- Äpfel ohne formumschreibende Umrisslinie,
- Äpfel als einheitliche, monochrome Farbfläche (Gegenstandsfarbe),
- Äpfel mit Farbdifferenzierungen durch…
  1. Modellierung (mit zwei Farben)
  2. Modulierung (mit mehr als zwei Farbe)
  3. Trennung von Farbflächen innerhalb des Apfels[104]
- Äpfel mit gemischten Farbtönen,
- Äpfel mit ungemischten Farbtönen.

In den Apfel-Darstellungen von *Malaufgabe 2* verändert und erweitert sich das Klassenrepertoire der malerischen Darstellungsformeln:

- Im Darstellungsbereich Figur-Grund verbindet sich die Figur nun mehrheitlich durch die Wiedergabe von Schlagschatten mit dem Grund.
- Rund die Hälfte der Klasse nutzt den lasierenden Farbauftrag, um den Hintergrund in die Figuren zu ziehen.
- Auch die Malreihenfolgen der Gesamtklasse verweisen auf ein verändertes Bildsehen: Fast alle Lernenden widmen sich schon früher der Bearbeitung des Grundes – wenn auch der Bemalung der Figur insgesamt noch mehr Zeit zukommt.
- Der Darstellungsbereich Grund wird von allen Schülerinnen und Schülern bemalt. Jeder greift bei der Farbwahl für den Hintergrund auf die jeweilige Cézanne-Vorlage als Anschauungsbezug zurück.
- Der Grad der farblichen Differenzierungen variiert – ist jedoch bei allen höher als bei Malaufgabe 1.

Im *Darstellungsbereich Figur* (Apfel) werden folgende Darstellungsweisen *nicht* mehr angewendet:

- Äpfel mit formumschreibender Umrisslinie,
- Äpfel mit Farbdifferenzierungen durch Trennung von Farbflächen innerhalb des Apfels,
- Äpfel mit ungemischten Farbtönen,

---

104 Vgl. z. B. Darstellung des Apfels in Bild 1 von Silas im Anhang, Kap. 7.3.2

- Die Kategorie „Äpfel als einheitliche, monochrome Farbfläche (Gegenstandsfarbe)" wird nur zweimal (Dave, Silas) genutzt, wobei auch hier schon leichte dunklere Modellierungen am unteren Bereich der Äpfel zu erkennen sind.

In *Malaufgabe 3* modifizieren sich die Darstellungsformeln erneut. Sie pendeln sich in der Skala zwischen Malaufgabe 1 und Malaufgabe 2 ein, wobei die Nähe zu Malaufgabe 2 größer ist. Mehrheitlich bleiben die beschriebenen Modifikationen der Darstellungsformeln in Malaufgabe 3 erhalten. Rückgriffe auf formumschreibende Umrisslinien oder Farbdifferenzierungen durch Trennung von Farbflächen innerhalb einer Figur bleiben klassenintern aus. Auch der Darstellungsbereich Grund ist bei allen Bildern formatfüllend bemalt und die Farbwahl lässt je eine Relation zu den Cézanne-Vorlagen erkennen. Des Weiteren erlaubt die Zusammenschau keine pauschalisierenden Erkenntnisse: Die langfristigen Modifizierungen der Darstellungsformeln müssen in Relation zum anfänglichen Lernstand jedes Individuums betrachtet werden. Es zeichnet sich eine erste Hierarchisierung der Darstellungsformeln bezüglich des handwerklichen und perzeptuellen Schwierigkeitsgrades und Entwicklungsstandes ab, die zunächst nur als Hypothese verstanden werden darf:
- *Figur:* Sichtbare Umrisslinie mit Farbe als nachträgliches Attribut →[105] Farbdifferenzierung durch Teilung in Farbflächen → Monochrome Farbfläche in schematischer Gegenstandsfarbe → Monochrome Farbfläche mit abgestimmt gemischter Gegenstandsfarbe → figurfüllende, flächige Farbmodellierung ohne Beachtung der Lichtverhältnisse → Farbmodellierung des Körperschattens gemäß der Lichtquelle, figurfüllende, flächige Farbmodulierung ohne Beachtung der Lichtverhältnisse → Farbmodulierung des Körperschattens gemäß Lichtquelle → Farbmodulierung des Körperschattens gemäß Erscheinungsfarbe
- *Grund:* nicht koloriert → teilweise beliebig koloriert → monochrom beliebig/abgestimmt koloriert → zweifarbig beliebig/ abgestimmt koloriert → mehrfarbig beliebig differenziert → mehrfarbig bewusst differenziert und abgestimmt
- *Figur-Grund:* reines Motivsehen ohne Bearbeitung von Grund → hohe Kontrastierung und scharfe Trennung durch Farbwahl und Farbauftrag → Anlegen von Schlagschatten → farbige Verbindungen zwischen Figur und Grund durch Verwendung der Figurfarben im Grund → Bildeinheit durch einheitliche Untermalung und lasierende Übergänge zwischen Figur und Grund.

Die Aufzählung ist nicht als sukzessive Entwicklungsreihenfolge zu verstehen, die komplett durchlaufen werden muss. Dennoch ist sie als Lernskala zu interpretieren, die aufzeigt, dass ein Lernweg je nach Ausgangspunkt (Lernstand) und Lernziel länger, kürzer, intensiver oder schwieriger sein kann. Demnach gestalteten sich die Lernwege zwar individuell, haben aber eine gemeinsame Richtung. Durch die Richtung lassen sich typisierende Aussagen treffen hinsichtlich „anfänglichem" oder „fortgeschrittenem" Lernstand. Die Lernfortschritte können schrittweise oder sprunghaft stattfinden. Die Abhängigkeit des

105 Anmerkung: Mit dem Symbol „→" will ich Folgendes verdeutlichen: Die Darstellungsformeln sind geordnet in aufsteigender Reihe – anfangend mit „niederen" Lernständen und endend mit „elaborierten" Lernständen.

Lernzuwachses von vorgängigen Ausgangständen zeigt sich im visuellen Nachvollzug des Datenmaterials jedes Lernenden. Entsprechende Beispiele aufgearbeiteter Lernverläufe der Darstellungsformeln, denen die beschriebenen Entwicklungsrichtungen interpretativ entnommene wurden, sind im Online-Datenanhang einzusehen.

Teilsequenzen im Lernprozess einzelner Schülerinnen und Schüler

Nachdem die qualitativen Kriterien im vorherigen Abschnitt primär an den Produkten (Gemälden) nachgewiesen und methodisch verankert wurden, werden sie nun in ihren kontextuellen, prozessualen, sich transformierenden Zusammenhängen betrachtet und dadurch in einem relationalen Feld vernetzt. Aus der Gesamtheit aller Produkte und Prozesse (bezogen auf *Malaufgabe 2*) wurden nach der Sichtung folgende charakteristische Sequenzen im Rückbezug zum Unterrichtsverlauf (Setzungen) und zum Kriterienkatalog ausgewählt und aufgearbeitet:

- Imaginativer und malerisch-darstellerischer Transfer der praktischen Apfel-Übung,
- Imaginativer und malerisch-darstellerischer Transfer der praktischen Farbauftrag-Übung,
- Imaginativer und malerisch-darstellerischer Umgang mit Farbsystemen von Cézanne,
- Verbaler Umgang mit Form- vs. Farbfokussierung im Unterrichtsgespräch,
- Rezeptiv-verbale Transferleistung hinsichtlich des Erkennens unterschiedlicher Malstile,
- Imaginative und malerisch-darstellerische Wege zur farbigen Füllung der Bildfläche,
- Subjektive Bildpräferenz in der Beurteilung der eigenen drei Bilder.

Die Komplexität der Unterrichtsforschung hinsichtlich der wechselseitigen Verwobenheit aller relationalen Bezüge innerhalb der Klasse (Inputs, Anschauungen, Gespräche mit Tischnachbar, Blickbeziehungen, usw.) ist unmöglich detailliert darzustellen. Sie ist aber modellhaft vorstellbar – z. B. als Netz, indem sich die Lernenden und alle Einflussfaktoren des Lernens verbinden: ein Netz mit festen Parametern (Lernende, Lehrperson, Inputs, Übungen, Anschauungsbezüge usw.) und gleichzeitig variabler Struktur. Die Parameter können intensiv oder oberflächlich in das imaginative Geschehen einwirken und es beeinflussen. Sie vernetzen sich in den verschiedenen Lernprozessen neu, rücken näher oder ferner zueinander – gemäß der gemeinsamen und individuellen Aufmerksamkeit im Lernprozess. Auch die aufgearbeiteten Sequenzen müssen auf diese Weise als punktuelle, aber dynamische Ausschnitte dieses Netzes verstanden werden.

Imaginativer und malerisch-darstellerischer Transfer der praktischen Apfel-Übung (DS 3)

Die Sequenz fokussiert die malerischen Veränderungen (Farbwahl, Farbzusammenhänge, Farbdifferenzierungen, Farbauftrag) des Apfels von DS 2 zu DS 3. In DS 2 malte ich den Apfel vor und kommentierte dabei meine Malhandlung[106], anschließend *erprobten* die Lernenden diese Malhandlungen selbst und stießen dabei an handwerkliche Grenzen.

106 Vgl. Transkription U1 im Anhang, Kap. 7.3.3

In DS 3 *übten* die Schülerinnen und Schüler dann gezielt diese handwerklichen Aspekte in Verzahnung mit der visuellen Wahrnehmung des realen Apfels.[107]

Tommy[108]

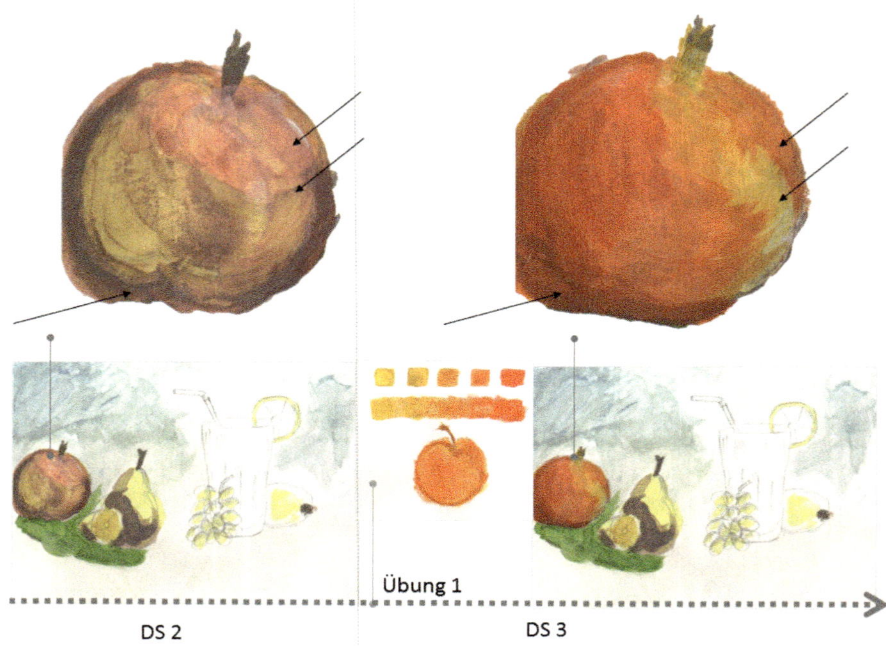

Abb. T1-Ü1-Apfel: Abgebildet ist eine Visualisierung zu Tommys Transfer der Erkenntnisse aus der Apfel-Übung auf Überarbeitungen in seinem Bild. Die Visualisierung steht hier stellvertretend für jede exemplarische Bildaufarbeitung, die in ähnlicher Weise für alle nachfolgend aufgearbeiteten Teilsequenzen einzelner Lernenden durchgeführt wurde. Sie sind gesammelt im Anhang einzusehen und dort auch durch eine Legende erläutert[109]. Ich verweise je durch Codierungen im Text auf sie (z. B. „T1-Ü1-Apfel").

Tommy malt den Apfel in DS 2 mit drei Farbtönen: Er erfasst den gelbliche Grundton und legt ihn unter den gesamten Apfel (gemäß U1-1). Auch die Hell-Dunkel-Verhältnisse klärt er (gemäß U1-15), indem er einen dunkelbraunen Schatten lasierend über die untere Hälfte des Apfels aufträgt. Das Denken in Farbflächen spiegelt sich zudem in der roten Lasur in der oberen Apfelhälfte. Insgesamt fokussiert er die Figur ohne Verbindungen zum Grund. Das malerische Vorgehen zeigt, dass Tommy über ein handwerkliches Repertoire von Farbaufträgen und Farbdifferenzierungen verfügt. Dennoch ist er schon während des Malens unzufrieden und bemängelt, dass sein Apfel ganz anders aussieht als der reale und dass er es nie so gut wie ich (also die Lehrerin) malen werden könne. Seine getrübte Farbwahl entspricht nicht dem leuchtenden Apfelrot, das er vor

107 Vgl. Apfel-Übung im Anhang, Kap. 7.3.1
108 T1-Ü1-Apfel

sich zu sehen meint. Seine Wahrnehmung konnte er nicht für sich zufriedenstellend in eine Darstellung übersetzen.

Die Verzahnung von Wahrnehmung und Darstellung auf Grundlage der handlungsbezogenen Erfahrungen ist Ziel der nachfolgenden DS 3. Die Teilaspekte der vorgeführten Malhandlung aus der vorigen DS 2 werden isoliert geübt und dann wieder am Apfel synthetisiert. Tommy lässt sich Zeit bei der Übung und nimmt sie sehr ernst. Er möchte die Farben des vor ihm liegenden Apfels exakt abgleichend treffen. Das isolierte Farbenmischen, das Farbenverbinden und das Auftragen am Apfel gelingen ihm perzeptiv und handwerklich. Er verwendet die Farbe meist trocken und variiert wenig mit dem Einsatz des Wassers. Die fließenden Farbübergänge werden ihm dadurch erschwert. Seine Farbwahl stellt ihn nun zufrieden – er ist begeistert, dass sein gemalter Apfel „wie der echte" aussieht. Die Erkenntnisse aus der Übung kann Tommy auf den Apfel im Bild (Malaufgabe 2) transferieren: Er überarbeitet ihn mit den Farben, die er in der Übung als funktional brauchbar wahrgenommen und gemischt hat. Der primär *modellierte* Apfel aus DS 2 weicht in DS 3 einem *modulierten* Apfel, in dem sich feinste Rot-, Orange-, Gelb- und Brauntöne finden. Die Farbflächen verbinden sich durch Ineinandermalen, ohne dass die Farbtöne sich gegenseitig trüben oder löschen. Die geübten Teilleistungen des genauen Hinschauens, des Farbendifferenzierens und des Farbenverbindens scheinen von Tommy verstanden zu sein.[110] Seine Aufmerksamkeit richtet sich bei dem intensiven Prozess ausschließlich auf die Figur des sich-abhebenden farbigen Gegenstandes. Das Ausblenden des Bildganzen hilft Tommy in diesem Moment, den Grad der Komplexität zu reduzieren. Die Verbindung von Figur und Grund gelangt erst später wieder in das Aufmerksamkeitsfeld von Tommy.

Diese Beobachtung spricht für die didaktischen und lernpsychologischen Notwendigkeiten des Vormachens, Erprobens und schließlich angeleiteten getrennten und fokussierenden Übens und wieder Zusammenführens der Teilaspekte. Der Lernweg vom imaginativen Erfassen vom Ganzen (Handlungsprozess durch Vormachen) hin zur Fokussierung auf Details und Teilschritte (Übung) wieder zum Ganzen (Bild) entfaltet sich bei Tommy als sinnvolles Lernen.

Ricardo[111]

Ergänzend wird nun Ricardos Apfeldarstellung skizziert: Ricardos Darstellung des Apfels aus DS 2 spiegelt ebenso imaginative Erkenntnisse und angemessene handwerkliche Erprobungen der Umsetzungsmöglichkeiten: Auch er hat die leitenden Impulse des Vormalens aufgegriffen. Der Apfel zeigt einen hellen, verbindenden Grundton, auf die Ricardo Farbflächen in drei Nuancen gelegt hat. Die Schattenfläche ist sichelmondartig an die Form angepasst. Sie ist sehr dunkel, fast schwarz. Der Körperschatten zieht sich als Schlagschatten über die Figur hinaus und verbindet Figur und Grund. Die Farbgrenze des Körperschattens innerhalb der Figur ist dagegen scharf abgegrenzt. Der Hell-Dunkel-Kontrast im Sinne einer Modellierung dominiert.

109 Vgl. alle Visualisierungen im Anhang, Kap. 7.3.4
110 Vgl. Schaubild zum gezielten Farbmischen, Kap. 2.2.2
111 Vgl. Visualisierung „R-Ü1-Apfel" im Anhang, Kap. 7.3.4

In der folgenden DS 3, nach der Apfel-Übung, gelingt es Ricardo, die Anlage aus DS 2 zur Überarbeitung sensibel zu nutzen. Die geübte Fähigkeit, Farben differenziert wahrzunehmen und nachzumischen, zeigt sich in der Zunahme und dem Verschmelzen der Farbnuancen. Er nutzt die geübte lasierende Technik für fließende Übergänge und überarbeitet die Schattenfarbe auf diese Art. Die scharfen Farbgrenzen verschwinden. Die eher modellierte Hell-Dunkel-Anlage aus DS 2 konnte durch die handwerkliche und imaginative Übung als Untermalung für eine Modulierung genutzt werden.

Imaginativer und malerisch-darstellerischer Transfer der praktischen Farbauftrag-Übung[112] (DS 4)

Tommy[113]

Die anschließende Sequenz fokussiert die weiteren malerischen Veränderungen bei Tommy nach der Farbauftrag-Übung in DS 4. Die in Übung 2 (DS 4) isoliert und rein handwerklich erprobten Teilaspekte (deckend, lasierend, schichtend malen und Figur und Grund verbinden) nutzt Tommy in DS 4 und 5 für Überarbeitungen in seinem Bild. Als Beispiel dient seine Überarbeitung der Birne: Sie ist in DS 3 (vor der Übung) lasierend blass gelb dargestellt mit scharf abgegrenztem dunkelbraunem Körperschatten, der sich sichelartig über die Birne legt. In DS 4 wählt er dann dasselbe leuchtende Gelb wie für die Zitrone und verdünnt es leicht mit Wasser – mutmaßlich eine malhandwerkliche Handlung, die er in Übung 2 erproben konnte. Indem er die nur leicht transparente Lasur über die Birne legt, entsteht ein Effekt von Plastizität durch das Durchschimmern der darunter liegenden Schattenanlage. Der dunkle Schlagschatten endet immer noch scharf getrennt an der unteren Formkante. Diese Darstellungsweise verweist auf das Verstehen vieler bisher besprochenen Inputs und spiegelt variierende Farbaufträge.

Dennoch entspricht die gleichmäßig kolorierte Oberfläche der Birne noch nicht dem realen Anschauungsobjekt, das sich mehr durch ungleichmäßig gesprenkelte grünbräunliche Strukturen charakterisiert. Tommy nutzt auch in DS 5 Teilaspekte der Übung 2, um seine gemalte Birne der real wahrgenommenen anzunähern. Durch schichtendes, lasierendes Malen differenziert er die Oberfläche aus. Das Leuchten des vorherigen Gelbs schimmert durch, abwechselnd intensiv bis kaum wahrnehmbar. Insgesamt ist die Farbigkeit nun weniger gesättigt und grell. Sie entspricht mehr der Birne, deren Farbe bei exakt angleichender Mischung noch weiter ins Grünliche gehen müsste. Das Malen in Schichten zeigt sich auch in Tommys Entscheidung, die Zitrone, die vor der Birne liegt, zu übermalen und wegzulassen. Er wählt dazu den Braunton des Grundes, den er dann über die bisherig scharfe Schattengrenze zwischen Figur und Grund halb transparent in die Birne hineinzieht.

Dieser Prozess (des Lasierens mit der Hintergrundfarbe in die Figur) verlangt von Tommy hohe Aufmerksamkeit und Anstrengung. Er meldet sich und verlangt nach meiner Rückversicherung, ob er das so machen könne. Er hat sich getraut, das für ihn

112 Vgl. Farbauftrag-Übung im Anhang, Kap. 7.3.1

113 Vgl. Visualisierung „T1-Ü2-Birne" im Anhang, Kap.7.3.4

ungewohnte Prinzip auszuprobieren. Er führt die Handlung schematisch gemäß meiner Anleitung aus, mehr in der Hoffnung als in dem Wissen, dass es was werden könnte. Das mimetische Sich-Trauen und Übernehmen von Formeln, noch ohne den Sinn gänzlich verstanden zu haben, spiegelt Tommys Vertrauen in die Begründetheit und Bewusstheit meiner Handlung.

Der Beziehungsaspekt zwischen Lernenden und Lehrenden kommt hier zum Tragen. Lernende müssen Vertrauen in das Können der Lehrenden haben. Das auf diesem Vertrauen basierende Weitergeben und Weitertragen von Bildungsinhalten kann Schlüsselfunktionen in Lernprozessen übernehmen. Es darf keinesfalls mit mechanischem, sinnfreiem Lernen verglichen werden – denn durch Weitertun und Üben bleiben die Endziele des Lernens: die Reflektion, Modifikation und Integration in das eigene individuelle Wissen und Handeln. So wendet Tommy bei allen weitern Früchten in Malaufgabe 2 das Prinzip des Lasierens in die Figuren nicht mehr in gleicher Intensität an. Erst in Malaufgabe 3 kann er wieder verstärkt daran anknüpfen – eventuell erinnern ihn seine Beobachtungen zum malerischen Vorgehen seiner Sitznachbarin Nela daran. So vermitteln die Schlagschatten in Malaufgabe 3 weicher und fließender zwischen Figur und Grund als noch in Malaufgabe 2.

Imaginativer und malerisch-darstellerischer Umgang mit Cézannes Vorlagen

Cézannes Gemälde sind stets präsent auf jedem Tisch in gedruckter Form zuhanden und immer wieder Gegenstand von verbalen Inputs. Dennoch wird nie explizit ein Abmalen, ein Imitieren oder Kopieren als Aufgabe formuliert. Vielmehr werden die Bildvorlagen als *Orientierung und Vorbild* bezeichnet – die in unterschiedlichen Graden genutzt werden kann. Das Spektrum des malerisch-darstellerischen Umgangs mit Cézannes Vorlagen (hinsichtlich Farbsystem/Farbwahl, Bildaufteilung, Farbzusammenhänge usw.) lässt sich ordnen auf einer Skala zwischen *Ignorieren* bis *Kopieren.* Das Feld dazwischen ist breit:

- Aspekte des Farbauftrags können in gewissem Maß aufgegriffen werden;
- Aspekte der Bildaufteilung können in gewissem Maß aufgegriffen werden;
- Farbbeziehungen (Hell-Dunkel-Verläufe, usw.) können in gewissem Maß aufgegriffen werden;
- Farben können vorstellungsgemäß farblich angenähert werden, ohne weiteres Farbvergleichen oder exaktes Nachmischen;
- Farben können durch vergleichendes Sehen und sukzessives handwerkliches Nachmischen angenähert werden.[114]

Das Grundprinzip bleibt identisch – unabhängig von individuellen Handlungsmustern: Die Bilder der Lernenden und ihre Farbgestaltung müssen in visuellen Vergleich mit Cézannes Gemälde treten, um davon beeinflusst zu werden. Drei sequenzielle Aufbereitungen zeigen individuelle Ausprägungen dieser Beeinflussung bei Lernenden:

---

114 Dazu sind diverse Handlungsschritte möglich, die in der Klasse beobachtet wurden: Der Pinsel mit der Farbe kann immer wieder vergleichend an das Anschauungsobjekt gelegt werden die Farbe kann auf den Zeitungsuntergrund erprobend aufgetragen werden, das Farbsystem kann auf den vorbereiteten Papierstreifen nachgemischt und isoliert werden...

Ricardo (Malaufgabe 2)[115]

Bis zur DS 4 richtet Ricardo seine Aufmerksamkeit primär auf die Figuren. Die Figur-Grund-Verhältnisse bleiben unklar: Ein einheitlich grün-monochromes Farbkonzept legt sich über den Grund. Auch in der Vorlage von Cézanne sind im Grund feine grüne Nuancen zu entdecken – auf den ersten Blick dominiert eigentlich das gelb-braune Farbkonzept. Aus diesem Grund bleibt zu spekulieren, dass Cézannes Vorlage bis dahin nicht in Ricardos bewusstem Aufmerksamkeitsfeld war und dass das Grün vorstellungsgemäß gewählt wurde. Auch geringe Blickbezüge zu Cézannes Vorlage lassen darauf schließen. Erst in DS 4 überarbeitet er den Grund hinsichtlich Bildaufteilung, Farbwahl und Farbbeziehungen in darstellerischer Relation zu Cézanne. Er transferiert alle Inputs (4.1-4.4[116]), die die Aufmerksamkeit auf den Hintergrund und auf Cézannes Vorlage lenken.

Ricardo teilt seinen Grund wie Cézanne in zwei Farbflächen, wobei er die Form des Horizonts variiert und abrundet. Auch die Farbbeziehungen von oben (heller) zu unten (dunkler) werden bei Cézanne wahrgenommen und übernommen. Die Farbwahl nähert sich gleichsam Cézannes Braun und Gelb. Ricardo nutzt das Malen in Schichten (Input 4.1, Übung 2) zur Ausdifferenzierung des monochromen Hintergrundes. Wie bei Cézanne gelingen ihm dadurch eine Farbtransparenz und ein Durchschimmern tieferliegender Farben. Auch das farbliche Einfassen der Figuren durch Dunkelheit vollzieht er parallel zu Cézannes Vorlage.

Ricardos Bild zeigt, wie der Anschauungsbezug zu fremder Malerei die eigene Bildimagination und Bilddarstellung anregen kann. Das reale Arrangement scheint andere Informationen sichtbar zu machen, als die schon in eine zweidimensionale Malerei übersetzte Darstellung von Cézanne. Erst im rekonstruktiven Nachvollzug aller wirksamen Anschauungsbezüge ist Ricardos Bild in seiner besonderen Qualität nachzuvollziehen. Seine Apfeldarstellung bleibt dabei bis zuletzt unabhängig von Cézannes Malerei in engem Bezug zur Wahrnehmung des realen Apfels zu verstehen, während die Grund-Gestaltung primär im relationalen Bezug zu Cézanne entstand. Cézannes Gemälde wurde nicht kopiert, sondern nachempfunden. Eine Verwandtschaft zwischen beiden ist visuell nachvollziehbar – auch wenn Unterschiede hinsichtlich Farbsättigung und Farbauftrag bestehen bleiben.

Dirk[117] *– Malaufgabe 3*

Auch in Dirks Malaufgabe 3 tritt eine Verwandtschaft zu Cézannes Vorlage deutlich zum Vorschein. Sie soll nicht im Detail analysiert werden, sondern anhand Dirks verbalen Beschreibungen nachempfunden werden. Im Interview berichtet er, wie er Cézannes Vorlage immer wieder von Weitem beobachtete. Durch diese Distanzierung blendete er Details aus und fokussierte das Bildganze in seinen Farbbeziehungen: Er erfasst zunächst die Hell-Dunkel-Aufteilungen in Cézannes Vorlage und übernimmt diese dann zur Gestaltung seines Bildes. Durch Zeigegesten verortet er seine Aussagen *„hier ist heller“*... *„und hier auch heller“*, indem er zuerst auf das Gemälde von Cézanne unten links, dann auf dieselbe

115 Vgl. Visualisierung „R-Cézanne“ im Anhang, Kap. 7.3.4

116 Vgl. Ausführung der Inputs im Anhang, Kap. 7.3.1

117 Vgl. Visualisierung „D1-Cézanne“ im Anhang, Kap. 7.3.4

Stelle unten links in seinem Bild deutet. Auch bezüglich der Dunkelheiten im Bild orientierte Dirk sich an Cézanne, wie er im Interview erklärt. Er zeigt auf seine Malerei unten rechts und erklärt *„hier halt dunkler“*, dann wieder parallel auf Cézannes Malerei *„und da dunkler“*. Die Sequenz spiegelt die Parallelität der beiden Gemälde durch Sprache und Geste wieder.

Im Malprozess selbst stellt Dirk diese Parallelität durch ständigen Sichtbezug zu Cézannes Gemälde her. Er nutzt den Zeitungsuntergrund zur mischenden Annäherung an Cézanne – wo er jeden Farbton isoliert ausprobiert und vergleicht bevor er ihn ins Bild legt.

Lea[118]

Bei Malaufgabe 3 greift rund die Hälfte der Lernenden (Ricardo, Lea, Cleo, Dani, Lukas, Dario, usw.) auf die leeren Streifen zurück, die auf der Materialtheke zur Verfügung stehen. Die Streifen übernehmen ähnlich wie die Zeitungsunterlage oder die Übungen 1 (bei Malaufgabe 2) die Funktion, die Farben zunächst isoliert nachzumischen, zu sortieren und darstellend zu verstehen.

Leas erste malerisch-darstellerische Handlung in der 3. Forschungsphase ist es, ihr ausgewähltes Cézanne-Gemälde bildnerisch nachzuvollziehen. Sie mischt dazu auf einem Streifen die Farben des braunen Grundes unterhalb der Horizontlinie, auf dem anderen die Blautöne oberhalb der Horizontlinie. Anschließend widmet sie sich ihrem Bild, auf dem sie die Formen angelegt hat. Sie malt das Bild von hinten nach vorne: Sie nutzt die gewonnene Sicherheit hinsichtlich der Farbwahl und des Farbauftrags aus und arbeitet den Hintergrund parallel zu Cézanne aus, bevor sie sich anschließend den Figuren widmet. Damit hat Lea eine Handlungsstrategie entwickelt, Aspekte von Cézannes Gemälde in ihr Bild einzuarbeiten. Sie öffnet sich neuen Farbkonzepten, die sie rein ausdrucksgemäß oder vorstellungsgemäß so nicht erkundet hätte.

Verbaler Umgang mit Form- vs. Farbfokussierung im Unterrichtsgespräch[119] *(DS 3)*

In einem der Unterrichtsgespräche mit Anschauungsbezügen zu Gemälden von Cézanne und Werken der Schülerinnen und Schüler entsteht eine verbale Konfrontation zwischen der Orientierung am imaginativen Formbezug und der am imaginativen Farbbezug. Die gemeinsame Aufmerksamkeit richtet sich zu dem Zeitpunkt auf Malaufgabe 1 und Malaufgabe 2 von Dani – geleitet durch meine Frage, welches davon differenzierter sei. Die Szene knüpft an eine vorausgehende verbale Definition von Tom hinsichtlich „Farbdifferenzierung“ an, in der er davon spricht, Farben in Strukturen zu zerlegen und verschiedene Farben zu verwenden.[120]

Der Begriff *„differenzieren“* ist jedoch nicht genuin nur auf Farben zu beziehen. Die konventionelle Bedeutung im Sinne von *„genau“* oder *„detailliert“* muss beim Verstehen der sprachlichen Mitteilung imaginativ realisiert und auf ein Bedeutungsfeld übertragen werden. Das gemeinte und gemeinsam geteilte Bedeutungsfeld der vorliegenden Situation ist zwar Farbe/Malerei – der Bezug zum Bedeutungsfeld Form bleibt aber gleichsam offen. Kann die zum Verstehen notwendige imaginative Rekonstruktion der Bedeutung

118 Vgl. Visualisierung „L-Cézanne“ im Anhang, Kap. 7.3.4

119 Vgl. Aufarbeitung des Gesprächs „U2“ im Anhang, Kap. 7.3.3

120 Vgl. U2-5, Kap. 7.3.3

hinsichtlich Farbe/Malerei nicht geleistet werden, so ist es plausibel auf das imaginativ vertrautere Feld Form zurückzugreifen. Eben dieses imaginationstheoretische Phänomen des Sprachverstehens[121] zeigt sich in dem Auszug aus dem Unterrichtsgespräch[122]:

Für Max, der selbst Schwierigkeiten mit dem Formerfassen hatte und seinen ersten Apfel mit einer deutlich sichtbaren formumschreibenden Linie definierte, sind Werke mit flächig-monochrom kolorierten Figuren *„differenzierter"*. Er begründet stets hinsichtlich eines *„einfacheren Erkennens"*. Malaufgabe 1 von Dani findet er folglich besser und differenzierter, weil er mehr darauf erkennen kann. Alle anderen Schüler und Schülerinnen zeigen aber auf Malaufgabe 2 von Dani, um sie als differenzierter zu bezeichnen. Tommy, Ricardo und Dani widersprechen ihm mehrmals verbal – zunächst nur vehement entgegnend und verneinend. Letztlich lenkt Dani sogar mit einer formumfahrenden Zeigegeste die Aufmerksamkeit von Max auf Malaufgabe 2, womit er verdeutlichen möchte, dass auch hier Formen zu erkennen sind. Max vertritt seine Überzeugung danach nur noch leiser gegenüber der sozialen Gruppe und scheint ins Nachdenken zu geraten. Dennoch ist er zumindest gegenüber den anderen nicht bereit, sein imaginatives Bezugsfeld zu wechseln. Für Max bleibt das klar umrissorientierte Bild „differenzierter". Auch seine Bilder bis zu dieser DS 3 spiegeln eine primäre Orientierung an der Form wider. Die Farbdifferenzierung durch Mischung und variierenden Farbauftrag nimmt bei ihm aber stetig zu. Zu spekulieren bleibt: Durch eine weiter andauernde praktische Erfahrung mit Farbe und anschauungsbezogener Malerei würde Max den Begriff „differenzieren" irgendwann von dem Bezugsfeld „Form" lösen und auf das Bezugsfeld „Farbe" beziehen können.

Rezeptiv-verbale Transferleistung hinsichtlich des Erkennens unterschiedlicher Malstile

Die leitfadengestützte Befragung habe ich außer mit Karl und Nela noch mit drei weiteren Schülern (Dani, Dirk, Tommy) einzeln durchgeführt. Die folgende Aufarbeitung greift das Kriterium der Rezeptionsfähigkeit von Malstilen auf: Alle Schülerinnen und Schüler bekommen im Verlauf des Interviews die rezeptive Aufgabe, aus einem Bilderstapel vier Bilder auszusortieren, die *nicht* von Cézanne sind. Zehn Bilder sind von Cézanne, eines von Van Gogh, eines von Matisse und zwei von Monet. Alle Bilder liegen im selben Format (ca. DIN A6) vor. Sie zeigen Stillleben, wobei leichte Unterschiede hinsichtlich der Motivwahl vorhanden sind (Blumen oder Früchte). Die Malstile der Künstler ähneln sich hinsichtlich ihres Grades von Abbildlichkeit, der Sichtbarkeit des Duktus und auch der formbezogenen Anordnungen. Bei genauerer Betrachtung sind aber auch charakteristische Unterschiede hinsichtlich Farbwahl, Farbauftrag und Farbdifferenzierung zu erkennen, die die Schülerinnen und Schüler im Vergleichsbezug zu Cézannes Malweise beschreiben[123]:

121 Vgl. Sowa (2015c), S. 93 f.

122 Vgl. U2-6 bis U2-7, Kap. 7.3.3

123 Vgl. Transkription im Anhang, Kap. 7.3.3

	Van Gogh	Matisse	Monet
Nela [N-1-28]	sieht aus, als würde es *„schweben“*, kein Schatten unter der Vase, Umrandungen, eher *„gezeichnet“*	*„wilder“, „durcheinander“, „aufregend“, „grell“*	*„kleine Pinselstriche“ „wilder“*
Karl [K-2-12]	*„ich glaub der malt nur so so Früchte und nicht so Blumen“*	*„des sieht halt anders aus“*	*„weil das auch die gleiche Art ist zu malen mit diesen Strichen“*
Dirk [Di-3]	*„nicht so viele Farben gemischt und hier ist kaum Schatten, also wo man sieht, woher die Sonne kommt“*	*„komisch gemalt“ „viel Farben, alles bunt“*	*„die passen zusammen ((legt die beiden Monet Bilder zusammen))“*
Dani [D-3]	*„Farben nicht so gut differenziert“*	*„der Künstler hat viel mehr Farben verschwendet“*	*Man erkenne die Motive nicht so gut wie bei Cézanne*
Tommy [T1-3]	*„find ich dass der nur ein eine Gelb also nur die gleiche Farbe benutzt für den Hintergrund“ „Nicht so differenziert“*	*„des ist viel zu bunt find' ich für Cézanne“*	*„ganz kleine (...) Pinselstriche und ich glaub Cézanne macht des also nicht“*
Mehrheitsmeinung	*Weniger differenziert als Cézanne*	*Bunter als Cézanne*	*Kleinere Pinselstriche als Cézanne*

Der Auszug zeigt, inwieweit die malpraktische Auseinandersetzung mit den Gemälden von Cézanne auch in der Bildrezeption argumentativ zum Erkennen unterschiedlicher Malstile genutzt werden kann. Alle fünf Interviewten können ihr primär praktisch erworbenes Handlungs-/Ausführungswissen rezeptiv-imaginativ nutzen, um die Werke verschiedenen Künstlern zuzuordnen. Die namentliche Benennung der Künstler ist dabei irrelevant. Alle gehen mit großer Sicherheit und fehlerfrei vor – nur Karl sortiert auch eine Malerei aus, die eigentlich von Cézanne ist. Er begründet die Entscheidung jedoch plausibel durch den Hinweis auf malerische Ähnlichkeiten zwischen den Bildern von Cézanne und Matisse. Innerhalb aller Argumentationen lässt sich ein Konsens herauslesen: Van Goghs Gemälde erscheint allen farblich weniger differenziert als die Bilder Cézannes, Matisses Gemälde bunter als bei Cézanne und Monets Werke mit kleineren Pinselstrichen als bei Cézanne. Die Analyse dieser Sequenz verweist auf größere Wirkungszusammenhänge und imaginative Transferleistungen des bildnerisch-praktisch erworbenen Wissens. Rezeptive Anknüpfungen scheinen möglich. Innerhalb meiner Forschungsstudie übernimmt die Beobachtung vorrangig die Funktion eines bemerkenswerten Randverweises auf größere Netze und Strukturen. Die imaginative Wechselwirkung zwischen dem praktisch-darstellerischen Malen und der Rezeption malerischer Stile stellt in sich einen weiteren, offenen Forschungsbereich dar.

Imaginative und malerisch-darstellerische Wege zur farbigen Füllung der Bildfläche
Die Fähigkeit des Bildsehens und das malerische Arbeiten stehen in engem Verhältnis zueinander. Den Vordergrund, den Hintergrund, ein Detail oder die Gesamtheit des Bildes wahrzunehmen, verlangt das bewusste Einnehmen und gezielte Wechseln unterschiedlicher Perspektiven und Aufmerksamkeitszentren zwischen Motiv- und Bildsehen. Im Sinne der Wechselwirkung zwischen Wahrnehmung und Darstellung erleichtert auch im Darstellungsprozess die Fokussierung und Trennung der einzelnen Bildbestandteile das unerfahrene Malen. Die imaginative Konzentration auf Figuren im Vordergrund ist entwicklungsgemäß vor dem integrierenden Erfassen „von Ding-Relationen (Szenen) und syntaktischen Relationen in Bildern (Komposition, Raumorganisation...)"[124] verortet. Wird nur die Figur bearbeitet, ist davon auszugehen, dass der Grund als unwichtiger gilt oder einfach nicht bewusst wahrgenommen wird. Farbabstimmungen sind hier nur innerhalb der Figur vorzunehmen, die Wechselwirkung mit dem Grund kann ignoriert werden. Sind Figur und Grund jeweils in sich koloristisch differenziert, aber farblich scharf abgegrenzt – werden sie als getrennte Farbsysteme aufgefasst. Farbliche Abstimmungen müssen dann nur immanent innerhalb je eines Systems stattfinden. Wenn Figur und Grund verbunden werden sollen, ist das Malhandeln handwerklich und imaginativ am komplexesten: Denn dann muss das Bild als farbliches Gesamtsystem aufgefasst und alle Farben miteinander abgestimmt werden.[125]

Vor diesem Hintergrund dienen sich wandelnde *darstellerische* Reihenfolgen und Arten des Bildfüllens einzelner Lernenden als Datenquelle, die Rückschlüsse auf jeweils sich entwickelnde *imaginative* Bildverständnisse zwischen farbigem Motiv- und Bildsehen erlauben. Innerhalb des Gesamtdatensatzes der Klasse finden sich viele imaginative und malerisch-darstellerische Möglichkeiten zur farbigen Füllung der Gesamtfläche:

- Von vorne nach hinten (Figur zu Grund)[126]
- Von hinten nach vorne (Grund zu Figur)[127]
- Hinten und vorne (Figur und Grund parallel).[128]

Wie alle bisher beschriebenen Sequenzen sind diese Lernwege genauso wenig pauschalisierend oder rezepthaft zu verstehen. Die exemplarische, hohe Kontrastierung von zwei Lernenden hinsichtlich ihrer Entwicklung des Bildfüllens/Bildsehens dient als Veranschaulichung:

Silas[129]
Bei allen drei Bildern plant Silas imaginativ primär von vorne nach hinten. Er verlässt die kolorierte Form erst nach Fertigstellung und widmet sich dann erst dem Grund – ohne nochmals zum Motiv zu springen. Zudem lässt sein Vorgehen weitere systematische

124 Sowa (2011), S. 11
125 Vgl. Tabelle in Kap. 4.2.7
126 Vgl. alle Bilder der Malaufgabe 1 im Anhang, Kap. 7.3.2
127 Vgl. z. B. Leas Umgang mit Cézanne als Vorbild (L-Cézanne)
128 Vgl. z. B. Nela, Kap. 5.2.3
129 Vgl. Visualisierung „S-Bildsehen" im Anhang, Kap. 7.3.4

Bildorientierungen erkennen: Bei Malaufgabe 1 füllt er die Figuren von rechts nach links, bei Malaufgabe 2 von links nach rechts, bei Malaufgabe 3 wieder von rechts nach links. Er trennt Figur und Grund imaginativ und lässt sie demzufolge auch malerisch-darstellerisch unverbunden. Die einzige Ausnahme von dieser imaginativen Richtung zeigt sich in Malaufgabe 2, DS 4. In dieser Doppelstunde werden die Inputs gegeben, um die Aufmerksamkeit auf den Hintergrund zu lenken. Silas verlässt die Figuren *gezwungenermaßen* vor Fertigstellung und widmet sich dem Grund, den er von unten nach oben farbig bearbeitet. Ich beobachte ihn dabei und frage, ob ich ihm an einer kleinen Stelle unten links in seinem Bild zeigen darf, wie ich den Pinsel führe um den Hintergrund zu bemalen. Er willigt ein. Ich nehme den Pinsel und führe ihn lockerer, springender und variiere mit zwei Blautönen. Silas schaut zu und lässt den Eingriff zu. Als ich später bei ihm vorbeikomme, ist die Stelle wieder *ordentlich* flächig übermalt.

Auch in Malaufgabe 3 zeigt sich, dass er den Input nicht imaginativ integrieren konnte. Er greift auf sein bisheriges System des Bildfüllens zurück und widmet sich zuerst den Figuren in der Folge von rechts nach links, dann dem Grund in der Folge von unten nach oben. Silas' imaginative und malerisch-darstellerische Wege zur farbigen Füllung der gesamten Bildfläche verweisen auf eine primäre Formorientierung und eine Fokussierung im Motivsehen. Farben besitzen für ihn keine formverbindende Funktion, sondern eine formumschreibende, formunterscheidende und formfüllende. Sein lineares, geordnetes Vorgehen bezüglich der Art und Reihenfolge des Füllens des Bildraumes schließt einen malerischen Zugang zu Farbe noch aus. Sein Lernweg lässt einen grundlegenden Zusammenhang zwischen Bildsehen und malerischem Arbeiten erkennen.

Dirk[130]

Anders als Silas verändert Dirk von Bild zu Bild die Art und die Reihenfolge, in der er sein Bild mit Farbe bedeckt. In Malaufgabe 1 malt er, wie alle seine Mitschülerinnen und Mitschüler, sukzessive erst von Figur zu Figur, dann den Grund von vorne nach hinten. Farbige Verbindungen innerhalb der Bereiche werden noch nicht imaginativ antizipiert und darstellerisch eingeplant. In Malaufgabe 2 wird dieses Handlungskonzept zunächst weiterverfolgt und nur leicht modifiziert, so dass Schlagschatten im Grund schon mitgedacht und mitdargestellt werden. Die Inputs in DS 4 lenken seine Aufmerksamkeit erstmals gesamtheitlich auf das Problem der Grundgestaltung. Er malt in Schichten, mit variierendem Duktus und verbindet Figur und Grund durch Lasur und Schlagschatten. Die Farbwahl des Hintergrundes oberhalb des Horizonts bleibt scharf vom restlichen Bild abgetrennt. In Malaufgabe 3 ist die farbige Bildeinheit dagegen gesteigert. Dirk fängt zwar auch mit der Ausarbeitung von Figuren (Schokokuss und Kirsche) an, springt dann aber zur Bearbeitung des Grundes. Diesen legt er zunächst grundierend von unten (blau), nach oben (grün) an. Sein Bild ist damit schon sehr früh komplett farbig gefüllt – was für ihn aber nicht mehr das Kriterium darstellt, um es als fertig zu erklären (wie noch in Malaufgabe 1). Denn im weiteren Verlauf arbeitet er springend am gesamten Bild, es sind keine linearen, rein systematischen Reihenfolgen zu erkennen. Vielmehr scheint die Aufmerksamkeit ständig

130 Vgl. Visualisierung „D1-Bildsehen" im Anhang, Kap. 7.3.4

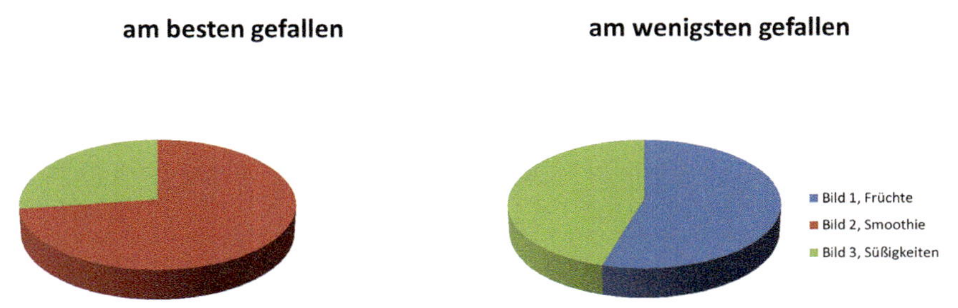

Abb. 36: Subjektive Bildpräferenz

zwischen Gesamtbild und Detail zu springen. So schaut Dirk nach jeder Veränderung auf das ganze Bild, um die relationalen Farbveränderung im Gesamtbild festzustellen und weitere Darstellungskonsequenzen zu ergreifen. Er löst sich von Formen und Umrissen, ohne sie zu vergessen. Das Zusammenspiel aller Farben wird möglich. Auch Dirks Lernweg lässt eine grundlegende Abhängigkeit zwischen Bildsehen und malerischem Arbeiten erkennen. Für Farbabstimmungen und Farbverbindungen zwischen Figur und Grund ist die Fähigkeit zum Bildsehen sogar die tragende Voraussetzung.

Subjektive Bildpräferenz in der Beurteilung der eigenen drei Bilder
Nach der letzten Doppelstunde frage ich alle anwesenden Schülerinnen und Schüler, welches der drei Bilder ihnen am besten und am wenigsten gefallen hätte. Die Tendenzen aus den Einzelfallstudien spiegeln sich auch in der Gesamtklasse, die einen distanzierten Blick auf Malaufgabe 1 eingenommen hat und einheitlich entweder Malaufgabe 2 oder 3 am besten findet.

5.3. Auswertung und Interpretation Der Daten

Die folgende Auswertung nimmt innerhalb meiner Arbeit die Funktion ein, die aus der Theorie generierten Ausgangshypothesen anhand der Erkenntnisse aus ihrer unterrichtspraktischen Anwendung kritisch zu prüfen. Es soll so ein noch klareres Bild von einer didaktisch-sinnvollen Struktur und Methodik einer *relationalen Mallehre* entstehen.

Dazu ist es nötig, die Ergebnisse meiner empirisch-hermeneutischen Unterrichtsstudie noch einmal näher anzusehen und zu interpretieren:

a) Die in den vorangegangenen Einzelfallanalysen sichtbar gewordene Spezifik der angeleiteten Lernprozesse der Schülerinnen und Schüler muss hinsichtlich ihres Erkenntniswertes für die maldidaktische Praxis überprüft und ausgewertet werden. Daraus soll sich ein *praktischer* Nutzen für den Unterricht ergeben.

b) Des Weiteren soll aber auch überprüft werden, ob sich die allgemeine maldidaktische Theorie angesichts dieser Erkenntnisse aus der Anwendung noch weiter präzisieren lässt: Lassen sich mithin nach der Auswertung der Einzelfallanalysen die Ausgangshypothesen über den relationalen Charakter des Malen-Lernens noch etwas genauer fassen?

Es handelt sich also bei dieser Auswertung und Interpretation der von mir in der Unterrichtspraxis gewonnenen Daten einerseits um eine schlichte Verifikation/Falsifikation meiner Ausgangshypothesen anhand praktischer Empirie. Andererseits bewirkt die Auswertung der empirischen Befunde auch eine „hermeneutische Hebung" meines anfangs hypothetisch vorausgesetzten Verständnisses von malerischen Lehr-Lern-Prozessen: Die die Forschung leitenden Ausgangshypothesen können im Lichte ihrer Anwendung und auch im Lichte weiterer Literaturquellen besser verstanden werden.

Wie bei jeder Form der Theoriebildung gilt auch im Bereich der experimentellen Didaktik das Falsifikationsprinzip mit dem Grundsatz, dass jede These zu jedem Zeitpunkt widerlegbar, weiter präzisierbar oder verifizierbar bleibt. Ein tieferes Verstehen der Sinnstruktur jeder einzelnen These und ein Zusammenwirken aller Thesen zu einer verdichteten maldidaktischen Theorie werden angestrebt. Dazu wird jede These im methodischen Vierschritt durchdrungen:

1. *Präzisierung:* Der Wortlaut der These wird ergänzt, gestrichen oder modifiziert.
2. *Rückgriff auf Beispiele:* Die These wird durch exemplarische Verweise auf Einzelfälle verdeutlicht (Forschungsbezug).
3. *Folgen für die maldidaktische Theorie:* Die These wird durch Einnehmen einer theoretischen Metaebene strukturiert und objektiviert (Theorie- und Literaturrückbezug).
4. *Folgen für die maldidaktische Praxis:* Der konkrete Anwendungsbezug im Unterricht erfährt eine präzisere Auslegung (Gewinn von Leitlinien für den Unterricht).

Das Verstehen der Ergebnisse der vierschrittigen Auswertung und Interpretation muss vor dem Hintergrund eines sensiblen qualitativen Forschungshorizontes geschehen. Dieser Horizont verschiebt sich (hebt sich im hermeneutischen Sinn) je weiter man in dem Forschungsgebiet des Malen-Lernens voranschreitet. Das bedeutet im Detail für das Verstehen der nachfolgenden Kapitel:

Offenheit: Die Ergebnisse sind Resultat einer qualitativen, empirisch-hermeneutischen[131] Forschung. Es liegt im Wesen dieses Forschungsparadigmas, dass die Ergebnisse zu ergänzen und korrigierbar bleiben. Es haben sich Anschlussfragen und weitere Forschungslücken aufgetan, die in Kap. 6.3 erläutert werden. Dennoch ist ein höchst möglicher Grad der Verallgemeinerbarkeit erreicht durch sukzessive Abstraktion, systematisches Vorgehen und Verdichtung aller Daten.

Alternativen: Die Unterrichtsforschung beruht auf von mir vorgenommenen normativen Setzungen.[132] Jede einzelne Setzung hätte durch Variierung (z. B. expressionistisches

131 Vgl. Kap. 5.1.1
132 Vgl. Unterrichtsverlauf, Kap. 5.2.2 und Kap. 7.3.1

Künstlerbeispiel anstatt Cézanne) neue Forschungsperspektiven eröffnet. Die Ergebnisse müssen im Kontext meiner Setzungen verstanden werden.

Auch der weite Forschungsfokus auf das gesamte Resonanzfeld des schulischen Malens hätte begrenzt werden können (z. B. nur auf das mimetische Handeln beim Malen/ nur auf den Farbauftrag/ nur auf den Einfluss des Sitznachbarn/ ...). Diese Fokussierung auf Einzelaspekte ist sicherlich möglich und sinnvoll, um Lernprozesse immer kleinschrittiger zu verstehen und Hilfsmittel immer gezielter einzusetzen. An meinem Versuch die Gesamtheit aller Einflussfaktoren zu erfassen, lassen sich Vorwürfe von Oberflächlichkeit oder unscharfer Weitläufigkeit anbringen. Diese Vorwürfe entkräften sich durch das hermeneutische Forschungsparadigma und durch das relationale Lernverständnis. Beides erfordert den Blick auf das Funktionieren des Ganzen, bevor Einzelaspekte herauszugreifen sind.

Auch *methodische Alternativen* wären möglich gewesen – die Datenmenge hätte reduziert oder erweitert werden können. Hinsichtlich der vorgenommenen Auswahl und Fokussierung der Daten lassen sich wiederum Vorwürfe von Beliebigkeit oder Subjektivität anbringen. Dieses Argument wurde schon mehrfach durch das vorliegende Forschungsparadigma und Interpretationsverständnis entkräftet.

Auf Farbsehtests wurde bewusst verzichtet, da mündlich, auch auf Nachfrage, keine Farbsehschwäche oder Farbenblindheit mitgeteilt wurde. Auch Oswald[133] rät von flächendeckenden Farbsehtest ab, mögliche Benachteiligungen sollen zum einen durch vielfältige Unterrichtsgestaltung im Gesamtjahr und durch Beachtung des individuellen Bewertungsmaßstabs kompensiert werden. Totale Farbenblindheit (0,001%) tritt sehr selten auf, Farbenfehlsichtigkeit tritt mit einer Wahrscheinlichkeit von unter 5% auf (wobei Jungen häufiger betroffen sind als Mädchen). Es ist damit zu rechnen, dass in einer Klasse von 25-30 Lernenden einer farbenfehlsichtig (z. B. Rot-Grün-Schwäche) ist. Dass unter den 16 Probanden laut eigener Aussage keiner farbenfehlsichtig war, liegt ebenso in der Norm. Eine Farbsehschwäche verhindert nicht das Malen-Lernen in vollem Sinne, da Farbauftrag, Farbverlauf, Farbfokussierung davon unberührt bleiben können. Dennoch rate ich zu einer Abfrage, damit jeder die Chance bekommt, sich dazu zu äußern und besondere Hilfen (z. B. Beschriftungen von Farben) zu erhalten.

Einklang: Die Ergebnisse stehen im Einklang mit akademischen Auffassungen von Malerei, mit relationalen Farbtheorien, mit modernen interaktionistischen Entwicklungstheorien, mit dem Verständnis von Malerei als kulturelle, intersubjektive Praktik, mit Malerei als Handwerk und Wahrnehmungsweise, mit relationalen Lerntheorien, relationalen kunstpädagogischen Positionen, die Subjekt- und Welt-Bezug fördern.

Opposition: Die Ergebnisse bilden einen Widerspruch zu rein subjektiven oder rein objektiven Malauffassungen und Farbtheorien, zu endogenen oder exogenen Entwicklungstheorien, zum Verständnis von Malerei als subjektive Praxis, zu subjektiven Lerntheorien, zu subjekt-orientierter Kunstpädagogik, die nur den Subjekt-Bezug fördert.

133 Oswald (2003)

5.3.1 Grundlegendes Lernverständnis

These 1: „Man kann mit Kindern und Jugendlichen die Komplexität von Farbe und Malerei erschließen."[134]
Diese These widerspricht einer anderen, ebenfalls verbreiteten Meinung, Kinder könnten nur im Rahmen eines reduzierten, vereinfachten Repertoires von Grundfarben oder Buntfarben wahrnehmen und darstellen. Nach dem empirischen Befund kann die These ergänzt und präzisiert werden:

> Kinder und Jugendliche wollen und können die Komplexität von Farbe und Malerei lernend erschließen (und wollen nicht nur mit Buntfarben agieren). Sie haben ein diesbezügliches Darstellungsbedürfnis, das den Lernprozess motiviert. Dieses Lernen, in dem sich sowohl die Farbwahrnehmung, als auch die Farbvorstellung und das malerische Darstellenkönnen nachweisbar verändern, kann durch maldidaktische Aufgabenstellungen (Interventionen, Hilfen, usw.) gefördert werden, wenn diese sich präzise auf die tatsächlich vorhandenen Lernvoraussetzungen (Lernstand) und Darstellungsbedürfnisse beziehen. Dabei bezieht sich dieses Lernen nicht auf abstraktes theoretisches Wissen, sondern auf konkrete Wahrnehmungen und Darstellungspraxen in der je konkreten Anwendung.[135]

Rückgriff auf Beispiel:
Nela[136] hat von Beginn an das Bedürfnis die Malerei gut und realitätsnah darzustellen. Bei Malaufgabe 1 verfügt sie noch nicht über die darstellerischen Fähigkeiten, um der Komplexität ihrer Wahrnehmungen gerecht zu werden. Sie bemerkt die Differenz. Unzufriedenheit und Demotivation sind die Folge. Ihre Lernentwicklung bei Malaufgabe 2 und 3 zeigt, wie sich ihr malerisches Darstellungsvermögen durch sensible situative Lernhilfen sukzessive verfeinert.

Auch die subjektive Bildpräferenz aller anderen Lernenden (die sich auf Bild 2 und 3 beschränkt) lässt auf ein allgemeines Darstellungsbedürfnis angesichts der komplexen farbigen Wirklichkeit schließen.

Silas' Einzelfall[137] zeigt hinsichtlich des Bildsehens in eindrücklicher Weise die Relevanz der *Lernvoraussetzungen* auf. Sie dürfen nicht übergangen werden, wenn sinnvolles, verstehendes Lernen möglich sein soll. Silas' auf Motive fokussiertes Formsehen und sein diesbezügliches Darstellungsbedürfnis sind in sich noch wenig gesichert und differenziert. Die diese Problematik übergehende Aufgabenstellung, den Hintergrund zu differenzieren und die Formgrenzen zu übermalen, greift daher an seinen motivfixierten

134 Die Ausgangsthesen aus Kap. 4.4 werden den Präzisierungen je nochmals vorangestellt.
135 Hinweis: Die Präzisierungen der Ausgangsthese werden im Kasten dargestellt.
136 Vgl. Längsschnittaufarbeitung von Nelas Malprozessen, Kap. 5.2.3
137 Vgl. S-Bildsehen, Kap. 7.3.4 (bzw. 5.2.4.2)

Darstellungsbedürfnissen vorbei. Das Verstehen und Transferieren der komplexeren Darstellungsweise bleibt für Silas daher noch unmöglich.

Folgen für die maldidaktische Theorie:
Malerische Komplexität meint die Vielschichtigkeit ineinandergreifender Merkmale (Materialien, Techniken, Wahrnehmungsweisen, ...), die beim Farbwahrnehmen und Malen zusammenspielen. Sie ist ein Gegenmodell zu reduktionistischen, abstrahierenden Elementarisierungen, wie sie beim Lehren der Grundfarbentheorie, bei der Verwendung von Normfarbkästen oder bei der kognitiven Vermittlung vermeintlicher Gesetzmäßigkeiten durch Farbsysteme vorliegen. Auch Ausmalvorlagen verhindern die Entwicklung eigener Farbanschauung, denn sie halten zur Verwendung von schematisierenden Symbolfarben an.[138]

Die Verkürzungen führen zu „einer Nivellierung der Farbwahrnehmung, weil unterschiedliche Farbnuancen zu groben Farbkategorien zusammengefasst werden".[139] Schreibt man aber der Wahrnehmung größeren Stellenwert als der kognitiven Orientierung zu, werden Farbvergleiche plötzlich möglich, feinste Ähnlichkeiten und Unterschiede zwischen Farben sichtbar und die Relativität der Farbe anerkannt.[140] Der Lernprozess ist gebunden an alle Lernvoraussetzungen, an Interessenlage, Bildverständnis und Entwicklungsstand, wie ab These 4 ausgeführt wird. Es geht beim so verstandenen Malen-Lernen nie nur um Befriedigung von „künstlerisch-ästhetischen" Geschmacksansprüchen, die Erwachsene von außen an die Malerei von Kindern herantragen, sondern um die wahrnehmende und darstellende Erschließung deren eigener komplexer Wirklichkeit – aus der Sicht und dem Bildverständnis der Schülerinnen und Schüler selbst.[141]

Folgen für die maldidaktische Praxis
Maldidaktisch begründete Aufgabenstellungen müssen der Arbeit von Lernenden eine klare Richtung geben, damit sie sich gezielt auf die Bearbeitung von konkreten malerischen Problemen konzentrieren können. Diese Probleme müssen gewissermaßen vereinzelt und isoliert werden – also z. B. das Problem der Verbindung von Figur und Grund – denn in ihrer Fülle und Komplexität sind diese Probleme unübersichtlich. Doch darf die Isolation von malerischen Einzelproblemen nicht zu leeren formalistischen Übungen führen – wie dies z. B. in den didaktisch angewandten Kontrastlehren häufig geschieht.

Am Beispiel „Figur und Grund" hieße das: Schülerinnen und Schüler würden darauf aufmerksam gemacht, dass in klassischen Malereibeispielen Figur und Grund malerisch „zusammengezogen" werden – sowohl in der Farbwertigkeit als auch im Duktus. Die Schülerinnen und Schüler würden aufgefordert, dies selbst zu versuchen (z. B. in einem Stillleben), indem sie die Farbwertigkeiten von Gegenstand und Hintergrund aus einem Grundton heraus entwickeln und die Kontraste nur vorsichtig einsetzen würden.

138 Vgl. Buether (2010), S. 291
139 Schwarz (2012), S. 28
140 Vgl. Schwarz (2012), S. 114 ff.
141 Vgl. Reiß (1996), S. 5

Dies ist ein überschaubares malerisches Problem, eine didaktische Fokussierung (aber keine elementarisierte Reduktion!). Es setzt am Bedürfnis der Lernenden an, eine „richtige" malerische Darstellung zu leisten. Und es gibt ein kontrollierbares Verfahren an die Hand, das neue darstellerische Spielräume eröffnet.

These 2: „Malen-Lernen findet statt in systemischen Szenen, nicht in monologischen Prozessen zwischen Maler/in und Leinwand." …[142]

Auch diese These stellt sich einem reduktionistischen Didaktikverständnis entgegen, in dem Malerei immer nur *entweder* aus der Vorstellung (subjektiver Ausdruck) *oder* in Bezug auf Wahrnehmung („abmalen") *oder* als rein technische Mallehre (handwerkliche Übung) betrieben werden kann. Nach dem empirischen Befund kann die These ergänzt und präzisiert werden:

> Die systemischen Szenen des Malen-Lernens beinhalten Prozesse im relationalen, resonanten Verhältnis von Wahrnehmung, Vorstellung und Darstellung. Jede systemische Szene gestaltet sich überdies in Abhängigkeit von noch mehreren anderen systemischen Kontexten, die z. B. situativer und sozialer Art sind.

Rückgriff auf Beispiele:
Die sequenziellen Aufarbeitungen zeigen, wie das Malen-Lernen in Relation zu Inputs (Übungen), zu Gesprächen (z. B. bei Bildbetrachtungen), zu Wahrnehmungs- und Darstellungsformeln der Lernenden (z. B. Formerfassen, Bildsehen usw.) steht. Nelas und Karls Einzelfälle verdeutlichen außerdem, wie soziale Situationen (z. B. Sitzordnung) Einfluss auf den Malhabitus nehmen.[143]

Die systemische Wechselwirkung von Wahrnehmung, Vorstellung und Darstellung zeigt sich in allen aufgearbeiteten Beobachtungen. In einer Szene aus DS 2 (Malaufgabe 2) war das System von Wahrnehmung, Vorstellung und Darstellung beispielsweise unzureichend verbunden: Die Lernenden konnten mein Vormalen (Apfel) nur unzulänglich nachmachen, da die Wahrnehmung und Vorstellung zwar aufgebaut wurden, ihnen aber Darstellungskonzepte fehlten. Die Apfelübung in DS 3 übernahm dann die Funktion einer Übersetzungshilfe zwischen Wahrnehmung/Vorstellung und Darstellung – wonach der Transfer zum Beispiel bei Tommy und Ricardo gelang.[144]

Innerhalb aller Aufarbeitungen lassen sich viele weitere mitschwingende systemische Einflussfaktoren auf das Malen-Lernen erkennen, teilweise explizit erläutert, teilweise vage angedeutet. Die Forschung ist in diesem Feld der relationalen Maldidaktik als in viele Richtungen offene Grundlagenforschung zu betrachten.

142 Hinweis: „…" markiert, dass die These weiter unten im Kasten direkt fortgeführt wird.
143 Vgl. Kap. 5.2.3: Nelas Apfel-Übung und Karls Bild 3
144 Vgl. Kap. 5.2.4: Teilsequenzen im Lernprozess einzelner Schülerinnen und Schüler

Folgen für die maldidaktische Theorie:
Malen-Lernende agieren in Unterrichtsituationen (Werkstattsituationen) als materiell und sozial eingebundene Akteure in einer systemischen Szene zwischen: Anderen Lernenden (ihren Prozessen und Produkten), einer Lehrperson (ihren Verweisen, Hilfen und Übungen), Vorbildern/Modellen (Bilder, reale Gegenstände, usw.) und Malmaterialien (Malwerkzeuge, Malgründe und begrenztes bis differenziertes Farbmaterial, usw.).

Jede Veränderung innerhalb der Besetzung dieser Szenerie (z. B. Wahl der Hilfsmittel s.o.) beeinflusst demnach den Malprozess in seinen Wahrnehmungs-, Vorstellungs- und Darstellungsdimensionen. Zu beachten bleibt: Die momentane Wahrnehmungsperspektive und wirksame Vorstellungsstruktur der Lernenden (Lernstand) auf die je vorzufindende systemische Szene entscheidet über den Grad der modifizierenden Einflussnahme (Modifizierung von Darstellungsformeln -> neuer Lernstand).

Die Lehrperson muss die momentane Perspektive (*Wahrnehmungsmodus* nach Rock) der Lernenden auf die systemische Szene nachvollziehen, um die Wirkungsweise abzusehen und zu beeinflussen. Rock spricht von *Hauptmodus* (Konstanzprinzip überwiegt) und *Zusatzmodus* (Verwertung des „objektiven" Netzhautbildes) der Farbwahrnehmung.[145] Der Zusatzmodus kann beim Malen stetig verfügbarer werden.

Folgen für die maldidaktische Praxis:
Die Auseinandersetzung der Lernenden mit maldidaktischen Aufgabenkonzeptionen im Kunstunterricht ist von Lehrpersonen als Problemlösungsprozess zu verstehen, der durch äußere und innere Faktoren gestört oder gefördert werden kann. Lehrpersonen müssen bei methodischen Interventionen die gesamte systemische Szene (von inneren und äußeren Faktoren) im Blick haben und an entsprechenden Stellen ansetzen:

Die gezielte Veränderung direkter äußerer Kontexte meint: Materialwahl verändern (z. B. einem Lernenden einen anderen Pinsel anbieten, ...), soziale Kontexte verändern (z. B. die Zusammenarbeit mit einem bestimmten Partner anregen, ...).

Die Veränderung interner Faktoren geschieht dagegen nicht auf gleiche Weise unmittelbar, sondern durch intensive, teilweise mühevolle Prozesse von Wahrnehmungs- und Vorstellungsbildung bis zur durchdringend geübten Übersetzung in Darstellung. Lehrpersonen müssen (mit den Worten von Rock) den „Hauptmodus" (z. B. Motivsehen) der Wahrnehmung ihrer Lernenden nachvollziehen, da in dieser Wahrnehmungsgewohnheit ihr momentaner imaginativer Lernstand begründet liegt. Von hier werden dann gemeinsam und intersubjektiv verhandelnd Wege zu diversen imaginativen „Zusatzmodi" (z. B. zerlegendes Sehen Bildsehen, ...) beschritten.

145 Vgl. Rock (1998), S. 38 ff.

These 3: „Alle situativ sichtbaren Bilder und Gegenstände[146] können resonant auf den malerischen Lernprozess einwirken, sobald sie in das Zentrum der Aufmerksamkeit gelangen."...

Diese These widerspricht der Auffassung von einer Tabula-Rasa-Malerei (Arno Stern[147]), die nur vor dem leeren Papier in einem isolierten Malraum aus sich selbst heraus geschieht. Nach dem empirischen Befund kann diese These ergänzt und präzisiert werden: *Rückgriff auf Beispiele:*

> Das Malen-Lernen ist sogar in einem substanziellen Sinn auf diese aktiven Anschauungsbezüge angewiesen. Die Schülerinnen und Schüler müssen allerdings dezidiert lernen, die Anschauungsbezüge zu nutzen und sie nicht zu übersehen.

Die untersuchten Sequenzen zum imaginativen und malerisch-darstellerischen Umgang mit Farbsystemen von Cézanne zeigen beispielsweise, wie die Gemälde von Cézanne in das Zentrum der Aufmerksamkeit rücken oder auch ignoriert werden: Ricardo[148] fokussiert bis zur DS 4 nur das reale Arrangement der Früchte, ohne dass die ständig vor ihm liegende Malerei von Cézanne Beachtung findet. Erst durch die gemeinsame, darauf gerichtete Aufmerksamkeit überarbeitet er seinen flächig kolorierten Hintergrund *parallel* zu Cézanne, indem er ihn aufteilt und farblich differenziert. Cézannes Malerei wird als Ricardos Anschauungsbezug sichtbar, indem man farbsystematische Ähnlichkeiten zwischen beiden erkennt.

Dirk[149] verweist im Interview sprachlich und gestisch auf die Ähnlichkeiten zwischen seiner Malerei und der von Cézanne.

Die Hinzunahme von Cézannes Gemälden bewirkte bei allen Bildern eine Zunahme der malerischen Qualität im Sinne des Farbendifferenzierens und der Klärung der Figur-Grund-Verhältnisse.

Karls Malprozess bei Malaufgabe 3 zeigt, wie die Gemälde von Mitschülern zu primären Anschauungsbezügen werden können, wobei alle anderen Anschauungsbezüge zurücktreten.[150]

Folgen für die maldidaktische Theorie:
Visuelle Angebote sind im Kunstunterricht grundlegend. Alle Kunsträume müssten mit einem geeigneten Fundus von Bildern (Poster, Bücher[151], Postkarten, ...) ausgestattet sein, um sie immer wieder ins Zentrum der Aufmerksamkeit rücken zu können. Lernende könnten dann auf Verweis der Lehrperson hin bei entsprechenden Bildern nachsehen und nachvollziehen wie Künstler/innen ihre eigene momentane malerische (zeichnerische,

146 Ausgangsfarben, Farbpalette, Bild des Sitznachbarn, eigene Bild, Künstlervorlage, reale Anordnungen...
147 Vgl. Arno Sterns Homepage (*http://www.arnostern.com/de/index.html*)
148 Vgl. Kap. 5.2.4 (bzw. „R-Cézanne")
149 Vgl. Kap. 5.2.4 (bzw. „D1-Cézanne")
150 Vgl. Längsschnittaufbereitung von Karls Malaufgabe 3, wo Danis Bild sein primärer Bezug wird: Kap. 5.2.3
151 Z.B. Bildatlas von Seydel u. a. (2008)

...) Herausforderung schon einmal gelöst haben. Sie könnten dann in ein mimetisches Verhältnis dazu treten und Lösungsansätze für ihr Bild üben/erproben/anwenden – stets in Abhängigkeit zu ihrer eigenen handwerklichen Fähigkeit.

Es geht nicht nur um ausdrucks- und fantasiebezogenes Gestalten, „sondern auch um klar sachbezogene Darstellungsweisen und Bildsprachen, mit dem Anspruch, die Pädagogik auf die Perspektive einer allgemeinen Bildung hin zu orientieren."[152] Seit Beginn des 20. Jahrhunderts setzte eine Abkehr von Farben in ihrem natürlichen Umfeld und eine verstärkte Hinwendung zur wissenschaftlich abstrakten Farbe unter Laborbedingungen ein.[153] In dieser Arbeit wurde die Richtung umgekehrt – wieder hin zur *sichtbaren Farbe in unserer Umwelt*. Gemäß einem anthropologischen Verständnis von Kunstpädagogik bildet Kunstunterricht das Verhältnis des Menschen zu Sichtbarkeit und gleichzeitig die Fähigkeit, mit sichtbarer Darstellung darauf zu antworten. Das Antwortverhältnis zwischen Sehenden und Sichtbarem wird ständig verfeinert: Das verstehende Sehen entwickelt sich vom physiognomischen, antwortenden Blick im Kleinkindalter, über späteres Gestalt-Sehen, über Bild-Sehen hin zum reflexiven Sehen, wobei der Blick selbst thematisiert werden kann. Abstraktes, ungegenständliches Sehen ist somit, wenn überhaupt, nach anschauungsbezogenem Sehen sehr spät im Gesamtcurriculum der Kunstpädagogik anzusetzen. Die Entwicklung des Malens spiegelt dieses Sehen wieder – indem durch das Dingsehen zunächst primär Figuren und erst später im Entwicklungsprozess die gesamte Bildfläche ausgearbeitet wird. Das Bildsehen kann nur durch mühevolle Auseinandersetzung mit Bildern erarbeitet und erlernt werden.[154] Die Hinzunahme von malerischen Kunstwerken als Anschauungsbezüge zur Förderung des Bildsehens erscheint beim Malen unverzichtbar.

Anschauungsbezüge sind nur wirksam, wenn sie verstanden und nachvollzogen werden. Dazu müssen sie zunächst in das Zentrum der Aufmerksamkeit der Lernenden gelangen. Denn Wahrnehmung und Vorstellung sind stets auf eine klare Kernzone fokussiert, Mitgegenwärtiges erscheint mehr als periphere Unschärfe.[155] Auch in der bildhaften Darstellung von Kindern und Jugendlichen kann sich diese Eigenheit des Vorstellungsbildes zeigen, indem beispielsweise der Hintergrund vernachlässigt wird. Können Lernende den Anschauungsbezug nicht verstehen, greifen sie in der Darstellung auf schematische Vorstellungen zurück (wie auf die Wahl gewisser Grundfarben usw.). Nicht die Anzahl der Anschauungsbezüge, sondern die Intensität ihres Verstehens entscheidet über den Einfluss auf die malerische Darstellung. Wie eine möglichst hohe Intensität des anschauungsbezogenen und darstellerischen Verstehens erreicht werden kann, soll später mit These 8 und 9 erörtert werden.

Folgen für die maldidaktische Praxis:
Im Kunstunterricht realisiert sich ein didaktisch sinnvoller Einsatz von Anschauungsbezügen im Zusammenspiel mehrerer resonanter Parameter:

152 Sowa (2010), S. 92
153 Vgl. Schwarz (2012), S. 100
154 Vgl. Sowa (2010b)
155 Vgl. Sowa (2012b), S. 159

1. Die planende Lehrperson verfügt über die Fähigkeit, Anschauungsbezüge hinsichtlich ihres didaktischen Wertes bewusst auszuwählen. Das meint: Alle konkret gegebenen Anschauungsbezüge verfügen über je eigene deiktische, exemplarische Werte. So ist beispielsweise die malerische Auflösung der linearen Form bei Impressionisten wohl leichter visuell nachzuvollziehen als bei Barockkünstlern – obwohl sie bei beiden angelegt ist. Außerdem lässt sich nicht jedes malerische Phänomen gleichermaßen einfach von realen und gemalten Anschauungsbezügen ablesen. Das Motivsehen und Umrissidentifizieren ist bei realen Arrangements einfacher, da es der Alltagswahrnehmung entspricht. Das Verbinden von Figur und Grund (Bildsehen) kann dagegen einfacher an Gemälden nachvollzogen werden.
2. Lehrpersonen wenden Methoden der Aufmerksamkeitslenkung und -fokussierung an: Sie setzen dazu mikromethodische gestische, verbale und bildnerische deiktische Handlungen bewusst ein – gestisch meint z. B. ein Fingerzeig, verbal z. B. ein Zeigepartikel wie „da", bildnerisch z. B. die Nebeneinanderstellung zweier in ihrer Malweise sehr unterschiedlicher Gemälde.
3. Die Wirkung der Anschauungsbezüge kann von der Lehrperson überprüft werden durch die gestischen, verbalen und bildnerischen Reaktionen der Lernenden, die auf jeweilige Anschauungsimpulse folgen. Zeigen die Lernenden im Gespräch über ihr Bild keine verbale oder gestische Bezugnahme zum Anschauungsbezug oder ist keine bildnerische Ähnlichkeit abzulesen, dann ist davon auszugehen, dass die Aufmerksamkeit nicht ausreichend fokussiert wurde. Das angestrebte Darstellungsbedürfnis konnte nicht durch den Anschauungsbezug ausgelöst werden. Dann ist wieder bei 1. und 2. anzusetzen... Geben die Lernenden dagegen viele gestische und verbale Verweise auf den Anschauungsbezug, der sich nicht in ihrer bildnerischen Lösung spiegelt, ist von einer anderen Sachlage auszugehen: Die Lernenden haben den Anschauungsbezug imaginativ durchdrungen, aber nicht darstellerisch (handwerklich und gestalterisch) nachvollzogen. Hier stellt sich dann die Frage nach geeigneten Darstellungshilfen.[156]

5.3.2 Malerische Darstellungsformeln verstehen

These 4: „Es gibt malerische Darstellungsformeln. Sie werden sichtbar in farbig-bildnerischen Gestaltungen, sowie in sich darauf beziehenden verbalen oder gestischen Äußerungen."...

Diese These widerspricht subjektzentrierten Entwicklungstheorien, die jedes Gemälde als rein individuellen Ausdruck deuten (z. B. Ott[157]). Nach dem empirischen Befund kann die These ergänzt und präzisiert werden:

156 Vgl. Kap. 4.3 und 5.2.2 bzw. im Anhang, Kap. 7.3.1
157 Vgl. Ott (1949)

Malerische Darstellungsformeln lassen sich analog zur Zeichendidaktik ordnen – hinsichtlich Tendenzen der schematischen Prägnanz und der abbildenden Differenzierung. Malerische Darstellungsformen beziehen sich auf imaginative und darstellerische Herausforderungen im Feld Malerei und stehen dennoch in Relation zu zeichnerischen oder räumlichen Darstellungsformeln: Sie können nicht isoliert vom Formerfassen und Bildsehen verstanden werden. Der Prozess der Modifikation von Darstellungsformeln verläuft in gezielter bildnerischer Auseinandersetzung mit Inhalten: Lernende festigen ihre Darstellungsformeln zunächst, treiben sie durch herausfordernde Aufgaben an Grenzen, durch die sie neue Darstellungsformeln als Lösungen entwickeln müssen usw.

Rückgriff auf Beispiele:
Im Rahmen der Unterrichtsstudie zeigte jeder Lernende in seinem Handlungsprozess und seinem gemalten Bild individuelle Merkmale und Kombinationen hinsichtlich Farbwahl, Farbdifferenzierung, Farbauftrag, Form- oder Farbfokussierung, Bild- oder Motivsehen und malhandwerklicher Sicherheit. Dennoch zeigen alle klasseninternen Produkte und Prozesse in der Gesamtschau auch kategorisierbare Gemeinsamkeiten wie in den exemplarischen Sequenzen[158] ausgearbeitet wurde. Es wurden Kategorien zur Analyse der farbig-bildnerischen Gestaltungen für jeden Darstellungsbereich (Figur, Grund, Figur-Grund) aus dem Datenmaterial entwickelt. Durch den Vergleich mehrerer Längsschnittanalysen kristallisierten sich auch bezogen auf die Lernentwicklung formelhafte Verläufe in der Klasse heraus – je in Abhängigkeit zum entwicklungsgemäßen Ausgangspunkt. Die Lernrichtung und Reihenfolge scheinen bei gleichen kontextuellen Bedingungen (Hilfestellungen, usw.) bei allen Lernenden ähnlich zu verlaufen. Ebenso wurde durch die Unterrichtsgespräche, -beobachtungen und Interviews ersichtlich, dass nicht nur die Bilder Aufschluss über implizierte Darstellungsabsichten und Imaginationsbezüge geben, sondern auch die referenziellen verbalen oder gestischen Äußerungen. Das Unterrichtsgespräch U2[159] zeigt exemplarisch wie sich in verbalen Aussagen Form- oder Farbfokussierungen spiegeln können. Außerdem zeigt diese Sequenz, dass (zeichnerische) Formprobleme und reines Dingsehen (z. B. Max) das malerische Lernen überlagern und verhindern können. Dadurch stehen malerische Darstellungsformeln im Feld des anschauungsbezogenen Malens stets in Abhängigkeit zum Formerfassen und Bildsehen, d.h. auch zu zeichnerischen Entwicklungen.

Folgen für die maldidaktische Theorie:
Der Begriff *‚Darstellungsformel‘*[160] stammt aus dem Kontext der Kinderzeichnungsforschung und wurde von mir auf den Bereich des Malens übertragen. Darstellungsformeln sind einerseits notwendige vereinfachende Darstellungsweisen – sie bilden Sichtbares schematisch ab. Andererseits können und sollen sie sich im Lernprozess langsam aus-

158 Vgl. Kap. 5.2.4
159 Vgl. Aufarbeitung von „U2“ im Anhang, Kap. 7.3.3
160 Vgl. Erläuterungen zu „Darstellungsformel“, Kap. 2.2.2

differenzieren, damit sie sich in ihrer Formelhaftigkeit der Komplexität des Sichtbaren mehr und mehr annähern. Die Pendelbewegung zwischen Stabilisierung und Modifizierung der Darstellungsformeln ist dabei unumgänglich. Herausfordernde Themenimpulse und Übungen können in Momenten der Stabilität gezielt Grenzen der stabilen Darstellungsformel aufzeigen und dann Lösungen fordern, die darüber hinausgehen.

Glas (2006a) verweist darauf, dass Zeichnen andere Prozesse als das Malen generiere.[161] Beim Malen sollte in der Tat das Abrufen von Formen (zeichnerische Darstellungsformeln) früh in die Peripherie der Aufmerksamkeit geraten können, um sich auf das Abrufen von Farben und Flächen (malerische Darstellungsformeln) zu fokussieren. Sind die zeichnerischen Darstellungsformeln jedoch noch nicht stabilisiert, generiert das Malen ähnliche formorientierte Darstellungsformeln wie beim Zeichnen. Eine klare Trennung zwischen Zeichen- und Maltätigkeit kann beim anschauungsbezogenen Arbeiten von Jugendlichen nicht gezogen werden – beim abstrakten, experimentellen Arbeiten mit Farbe würden sich die Zusammenhänge vermutlich anders gestalten. Auf Form zielende Darstellungsbedürfnisse dürfen beim anschauungsbezogenen Malen mit Kindern und Jugendlichen dagegen nie völlig ignoriert und übergangen werden.

Die Kategorisierung in prägnante und differenzierte Darstellungsformeln[162] erwies sich in meiner Aufarbeitung der Daten als sinnvolles System: Die prägnanten Darstellungsformeln scheinen wie auch in der Kinderzeichnung beim Malen in der Regel zuerst aufzutauchen. Ebenfalls ist die Entwicklung vom prägnanten Dingsehen (Figur-Bearbeitung) hin zum differenzierten Bildsehen (Figur-Grund-Bearbeitung) in Analogie zur Entwicklung des Zeichnens zu deuten. Sich auf Farbigkeit außerhalb von Lokalfarben und Buntfarben zu konzentrieren, verlangt demnach, die Gestaltgesetze in gewissem Maß außer Kraft zu setzen. Für Kinder und Jugendliche ist das eine signifikante Umstellung ihrer natürlichen Wahrnehmung und Vorstellung. In einem zu frühen Entwicklungsmoment scheint das malerische, verbindende, vergleichende Arbeiten gegen ihre menschliche Natur zu laufen. Das Sehen in feinsten, differenzierten Farbwerten ist eine artifizielle Fertigkeit, die aus evolutionärer Perspektive die menschliche Überlebensfähigkeit geringfügig stärkt. Dennoch akzentuiert dieses Malen als tief verwurzelte traditionelle Kulturtechnik sicherlich grundlegende Tendenzen der menschlichen Natur, sonst wäre sie nicht entstanden und hätte nicht bestanden. Wann und wie dieses Malen leistbar ist und warum das vergleichende Sehen überhaupt als didaktisches Ziel zu begründen ist, kann nur durch die Aufschlüsselung der involvierten Teilleistungen nachempfunden werden (dazu These 8).

Folgen für die maldidaktische Praxis:

Eine Lehrperson muss Wissen und Bewusstheit über mögliche Darstellungsformeln zwischen Prägnanz- und Differenzierungstendenz besitzen. In praktischen Produktions- und Rezeptionsprozessen kann sie dann jeweilige Tendenzen als Lernstände ablesen: Ablesen kann die Lehrperson die Darstellungsformeln nicht nur am Gemälde, sondern auch an verbalen und gestischen Darstellungen der Lernenden. Miteinander-vor-Bildern-sprechen,

161 Vgl. Glas (2006a)

162 Vgl. dazu Tabelle in Kap. 2.2.2

Sich-zuhören und Aufeinander-achten bilden essenzielle Praktiken der Lehrperson für das Verstehen von Darstellungsformeln der Lernenden.

Ebenso muss die Lehrperson über allgemeine bildnerische Darstellungsformeln (Motivsehen...) und zeichnerische Darstellungsformeln (Umrissbetonung...) Bescheid wissen, um Überlagerungen von Form- und Farbproblemen zu erkennen und für die Lernenden klar didaktisch zu trennen. Mit diesem Grundsatz gehen Formentlastungen (z. B. durch Skizzen, Studien, Abmessen, ...) der späteren Fokussierung auf Farbe voraus – zumindest beim gegenständlichen Malen.

Die Lehrperson kann (nachdem sie den Lernstand nachvollzogen hat) Modifizierungen der Darstellungsformeln in entsprechenden Bereichen der Prägnanz und Differenzierung anregen. Fokussierungen sind dabei erforderlich. Der Lehrperson obliegt es dann, sinnvolle Aufgaben und Anregungen zu konzipieren, die von ihrem Inhalt her schon zu einer Modifizierung der Darstellungsformel herausfordern. Beispielsweise könnte mit einer Klasse, die bisher nur buntfarbig und prägnant malte, im Themenfeld „Nebelbilder" weitergearbeitet werden. Aufhellungen, Trübungen und Unschärfe ergäben sich dann als Konsequenz der Auseinandersetzung mit dem Naturphänomen Nebel als Bildinhalt.

These 5: „Malerische Darstellungsformeln übersetzen Farbwahrnehmung und Farbvorstellung in bildnerische Darstellung, insofern das erforderliche handwerkliche Handlungskonzept verfügbar ist." ...

Die These widerspricht der Vorstellung von „unmittelbarem" Malen und unterstreicht die Komplexität des farbigen Darstellens. Nach dem empirischen Befund kann diese These ergänzt und präzisiert werden:

Diese handwerklichen Handlungskonzepte können durch das Zusammenwirken von Vormachen, Erproben und Üben verfügbar gemacht werden.

Rückgriff auf Beispiele:
In DS 2 (Malaufgabe 2) wurde durch Vormachen/Nachmachen eine Vorstellung von der Komplexität der Malhandlung aufgebaut. Handwerkliche Erfahrungen und Übungen der Lernenden waren zu diesem Zeitpunkt noch nicht vorhanden. Tommy nimmt aus diesem Grund wahr, dass er nicht in der Lage ist, den Apfel realitätsnah und seinen neuen Vorstellungen entsprechend zu malen. Diese Erkenntnis stimmt ihn unzufrieden. Die Apfelübung in DS 3 übt das erforderliche Handwerkskonzept ein. Danach gelingt es Tommy seine Imagination gemäß seiner Ansprüche in eine Darstellung zu übersetzen.[163]

Folgen für die maldidaktische Theorie:
Es gibt kein Gemälde ohne Handwerk. Die bildhafte Vorstellung für ein Gemälde ist noch nicht das gemalte Bild. Malen vereint Wahrnehmung und Handwerk. Was ich sehe oder meine, kann nur durch beherrschte Technik und Sensomotorik ausgeführt werden.

163 Vgl. „T1-Ü1-Apfel", bzw. Kap. 5.2.4

Fehlende Technik/Sensomotorik schränkt wiederum die Darstellung und dadurch auch die Imagination im weiteren Verlauf ein.[164] Das gilt z. B. sowohl für *realistische Gemälde* als auch für *Action Paintings* – wenn auch Wahrnehmung und Handwerk dabei in ganz unterschiedlicher Intensität involviert sind und je differenziert zu bestimmen wären.

Handwerkliche Handlungskonzepte basieren auf hoch entwickelten Fähigkeiten und Fertigkeiten – die in ihrer Perfektion niemals mechanische Tätigkeit sind. Besonders in modernen Gesellschaften werden sie jedoch als solche herabgewürdigt – da hier Individualität und Originalität den Wettbewerb bestimmen. Traditionelle Konventionen, Regeln, Normen, Rituale und kollektive Weitergabe von Wissen werden dann in ihrer Langsamkeit des Prozesses vorschnell als ineffizient abgetan. Tatsächlich benötigt der Aufbau handwerklicher Handlungskonzepte als „durch Übung erworbene praktische Fähigkeit" [165] Zeit, Rhythmus und Takt für mehrfache Wiederholung. Handwerk ist damit in seinem Wesen grundverschieden von schnellen Eingebungen und Inspiration. Trotzdem verfehlt das moderne Verständnis von Handwerk im Sinne von monotonem Tun seinen Kern. Denn etwas immer wieder zu tun, ist für Menschen anregend, insofern die Tätigkeit im Blick nach vorne auf ein Ziel ausgerichtet ist. Erst Übung führt zur Umwandlung von Praktiken/Informationen in stillschweigendes, implizites Wissen im Sinne von Routine. Routine ist nichts Statisches, sondern ein Vorgang durch den man besser wird: Routine dient als Anker der Handlung, während bewusstes Überlegen der Korrektur dient. Routine und bewusste Überlegung stehen im Wechselspiel. Handwerk schließt keinesfalls die Bereitschaft Fehler zu machen und zu experimentieren aus, sondern nutzt sie um neue Routine zu erwerben. [166]

„In der modernen Erziehung gilt repetitives Lernen als geisttötend. Aus Angst, die Kinder zu langweilen, und in dem Bemühen, ihnen ständig neue Anreize zu bieten, mögen aufgeklärte Lehrer Routine vermeiden – doch damit nehmen sie den Kindern die Erfahrung, eine eingeschliffene Praxis zu überprüfen und von innen heraus zu verändern."[167]

Folgen für die maldidaktische Praxis:
Vor diesem Hintergrund werden banal erscheinende handwerkliche Übungselemente in ein neues Licht der Unverzichtbarkeit im Lernprozess gerückt – wie beispielsweise die Pinselhaltung, die Reinigung des Pinsels mit dem Lappen, der Einsatz des Wassers beim Malen, das Einschätzen der Mengenverhältnisse beim Mischen, usw. Zur Vermittlung dieser Handwerksaspekte stellen das Vormachen, das eigenständige Erproben und Üben wichtige Methoden dar.

Vormachen setzt das sichere Malenkönnen der Lehrperson voraus. Es kann bei individueller Beratung spontan als Input geschehen oder als geplante Einführung/Hinführung/Zwischenbesprechung/usw. für die Gesamtklasse. Die begleitende verbale Kommentierung des vorgemachten Handwerksprozesses ist dabei stets Bestandteil, so dass Sprache und Tun gemeinsam zum Verstehen führen. Möchte ein Lernender beispielweise deckend malen, nimmt dafür aber einen zu nassen Pinsel, kann er durch Vormachen auf

164 Vgl. Sowa (2012b), S. 161 f.
165 Sennett (2008), S. 55
166 Vgl. ebd.
167 ebd., S. 56

den Gebrauch des Lappens aufmerksam gemacht werden: *„Schau, wie ich das mache. Ich trockne den Pinsel komplett an dem Lappen, bevor ich wieder in die Farbe gehe. Und sieh, wenn ich nun die Farbe auftrage, erscheint sie deckender, da sie nicht mit Wasser verdünnt ist.“* Für die Lernenden ist durch die Demonstration gleichsam der Beweis für das Funktionieren des handwerklichen Tipps angelegt. Der sinnstiftende Nachvollzug ist wesentlich höher als bei rein verbaler, regelhafter Instruktion.

Das eigene Können der Lernenden bildet sich aber nicht im bloßen Zuschauen und Nachvollziehen, sondern ist darin als Wissen angelegt. Erst eigenes *Erproben und Üben* können zu motorisch ausführbaren Handwerkskonzepten führen. Der methodische Rahmen für Erprobungs- und Übungsphasen muss dabei frei von Gestaltungs- und Gelingensdruck sein. Schmierpapier, Skizzenbücher, sonstige Übungskarten müssen den darstellerischen Raum dafür markieren – separat vom Gemälde.

Aber auch der Transfer von in Übungen schon gelingenden Handwerksaspekten in die Darstellung im Gemälde darf nicht als selbstverständlich erachtet werden. Denn im Gemälde sind die Wirkungsgefüge (z. B. von Farbtönen, Formen, Komposition, ...) meist noch eine Stufe komplexer als in Übungen. Eine Zwischenbesprechung und ein weiteres Vormachen können sich demnach in der Phase des Transfers von der Übung ins Gemälde nochmals anschließen...

These 6: „Das Verstehen malerischer Darstellungsformeln eröffnet den Zugang zur Farbwahrnehmung und Farbvorstellung der Schülerinnen und Schüler.“ ...

Die These richtet sich gegen „intuitive“ Geschmacksurteile der Lehrperson und plädiert für methodische Beurteilungen. Nach dem empirischen Befund kann die These ergänzt und präzisiert werden:
Rückgriff auf Beispiele:

> Das Verstehen erfordert von der Lehrperson die genaue Beobachtung und Interpretation des Tuns der Lernenden. Denn das Verstehen vollzieht sich im dialogischen, verbalen und gestischen gemeinsamen Handeln von Lehrperson und Lernenden. Bezug des Verstehens der Lehrperson bildet ihr Vorwissen über allgemeine Darstellungsformeln, über klasseninterne und individuelle Voraussetzungen der Lernenden[168].

Max‘ Bild 1 verweist in seiner malerisch-bildnerischen Darstellungsweise auf ein Malen gemäß der Prägnanztendenz: Er verwendet eine sichtbare Umrisslinie für die Definierung der Formen und füllt sie flächig bunt. Diese deutenden Schlüsse können nur durch Wissen über allgemeine Darstellungsformeln gezogen werden. Dass für Max das Erkennen und Benennen der Dinge (im Sinne des Motivsehens) auch bei Malaufgabe 2 und 3 größte Wichtigkeit erhält, zeigen außerdem seine verbalen Äußerungen in DS 3, in denen er immer wieder *vom besseren Erkennen* der Dinge spricht. Farbdifferenzen ordnet er der Formprägnanz unter.[169]

168 Gemäß These 2: Genaues Erfassen der systemischen Szene
169 Vgl. „U2“, Kap. 7.3.3

Folgen für die maldidaktische Theorie:
Vorstellen ist nicht wesenhaft bildlich – die Vorstellung von Vorstellungen als Archiv abrufbarer innerer Bilder im Kopf ist schlicht zu kurzreichend. Denn Vorstellungen sind eingewoben in vielerlei mögliche Operationen: „in Rechnungen, Handlungen, Sprechakten, usw. aber auch in bildliche Darstellungen."[170] Dabei kann ein Mensch nur das mitteilen, was er durch die Herstellung von bedeutsamen imaginativen Verknüpfungen (Vorwissen, Vorerfahrung, usw.) verstehen, interpretieren, bewerten usw. kann.[171]

Aus diesen Gründen kann Vorstellung und Wahrnehmung der Lernenden durch die sensible Beobachtung der benannten bildnerischen, verbalen oder gestischen Darstellungen/Handlungen für die Lehrperson beobachtbar und interpretierbar werden. Der Rückschluss von einer Darstellung – egal ob bildnerisch, verbal oder gestisch – auf die Imagination eines Lernenden, beruht auf der Annahme einer dynamischen Wechselbeziehung von beidem. „Die Darstellungskompetenz von Kindern steht im engen Zusammenhang mit dem Vorstellungsvermögen, wie auch umgekehrt die bildnerischen Handlungen nachhaltig Vorstellungsbildung beeinflussen."[172]

Werden diese Grundsätze auf den Bereich Farbe und Malerei übertragen, so wird ersichtlich, dass auch hier bloß dargestellt werden kann, was imaginativ durchdrungen wurde (und handwerklich gekonnt wird). Gestische und verbale Verwirklichungsformen der Farbimagination können sich auf alle Darstellungsbereiche (Figur, Grund, Figur-Grund) beziehen und zeigen sich im dialogischen Sprechen und Handeln mit und über Farbe und Malerei.

Folgen für die maldidaktische Praxis:
In These 4 wurde das für Lehrpersonen notwendige Wissen über Darstellungsformeln als Grundlage des Verstehens der Lernenden ausgeführt. Die soeben präzisierte sechste These kontextualisiert den Prozess des Nachvollzugs von Darstellungsformeln: Das Verstehen geschieht im Dialog und im empathischem Bezug zwischen allen beteiligten Personen. In der Unterrichtspraxis müssen dialogische Situationen planerisch im methodischen Handeln angelegt sein: Zum einen in der räumlichen Klassenraumorganisation, zum anderen als ritualisierte, respektvolle Gesprächskultur. Betrachtungswände/Tafeln/Pinnwände/Wäscheleinen/Klammersysteme, freigehaltene Tische für Reflexionen, Platz für Steh-/Sitzkreis, Sitzordnungen mit freien Wegen zu allen Tischen (z. B. für den sogenannten „Museumsgang" durch das Klassenzimmer), usw. sind beispielhafte äußere Inszenierungstechniken.

Das empathische, respektvolle Verhandeln über Bilder muss geübt und geregelt sein – z. B. durch verfügbare Gesprächsbausteine und das Wissen darüber, dass alle Aussagen an konkreten Stellen im Bild begründet sein müssen (z. B. nicht nur *„Das ist schön gemalt."*). Nicht nur das Sprechen, sondern besonders auch das Zuhören stellen dabei große Herausforderungen dar: Nur durch das Zuhören kann auf momentane

170 Sowa u. a. (2014b), S. 19
171 Vgl. Buether (2010), S. 474
172 Kirchner u. a. (2010), S. 15 f.

Imaginationsstrukturen der Lernenden eingegangen werden und vorgesteuerte Frage-Antwort-Spiele vermieden werden.

5.3.3 Imagination und Handwerk bilden

These 7: „Malen im mimetischen Bezug zu Sichtbarem gründet zugleich in Wahrnehmungs-, Vorstellungs- und Darstellungsleistungen." ...

Die These stellt sich gegen die Vorstellung, dass mimetisches Malen bloßes Handwerk und somit minderwertig sei. Außerdem bildet sie eine Gegenthese zur Ansicht, dass ungegenständliches Malen künstlerisch „wertvoller" als abbildendes Malen sei. Nach dem empirischen Befund kann die These ergänzt und präzisiert werden:

> Wahrnehmung, Vorstellung und Darstellung müssen in wechselseitige Beziehung und Gleichgewicht treten, um für Lernende zufriedenstellende Ergebnisse zu ermöglichen.

Rückgriff auf Beispiele:
Die Beispiele von These 5 und 6 dienen auch hier als exemplarischer Bezug.

Folgen für die maldidaktische Theorie
Malen-Lernen ohne mimetische Bezüge zu Sichtbarem ist nicht möglich. *Sichtbares* meint Bilder, genauso wie Gegenstände und ebenso Handlungsprozesse. Jegliche Aspekte sichtbarer Umwelt können Gegenstand der Wahrnehmung, Vorstellung und Darstellung werden. Dabei muss im Laufe des Malprozesses ein Gleichgewicht zwischen Wahrnehmung, Vorstellung und Darstellung erlangt werden. Das meint: Darstellungen müssen sich Wahrnehmungen/Vorstellungen annähern können, Wahrnehmungen/Vorstellungen müssen sich an Darstellungen modifizieren können, usw.

Folgen für die maldidaktische Praxis:
Für die maldidaktische Praxis bietet die These ein Argument für Sequenzen/Übungen/Inputs bezüglich des Kopierens[173] und Nachahmens von sichtbaren Bezügen als regelmäßige Bestandteile des Malunterrichts. Die These ist keinesfalls als ausschließlicher didaktischer Rat aufzufassen. Ebenso verweist die These auf den gezielten Einsatz von Wahrnehmungs-, Vorstellungs- und Darstellungshilfen, die die drei Faktoren in ein Gleichgewicht bringen können (dazu These 9).

These 8: „Farbimagination und Malhandwerk schlüsseln sich in kleinschrittige Teilhandlungen und Gedankengänge auf, die jede für sich bildbar sind." ...

Die These positioniert sich gegenläufig zu holistischen Verständnissen des Malprozesses. Nach dem empirischen Befund kann die These ergänzt und präzisiert werden:

173 Dazu Themenheft „Kopieren": Michl (2016)

Nur durch die didaktische Aufschlüsselung des komplexen Malprozesses in kleine, isolierte, für sich einfachere Teilschritte wird er für unerfahrene Lernende nachvollziehbar und erlernbar. Spezifische Lernhindernisse können durch die didaktische Segmentierung gezielter erkannt und durch Übungen beschritten werden.

Rückgriff auf Beispiele:
Innerhalb der Apfel-Übung[174] werden beispielsweise Teilschritte des anschauungsbezogenen Malens geübt: In der obersten Zeile werden Farbstellen zerlegt, isoliert wahrgenommen, verglichen und handwerklich nachgemischt. In der zweiten Zeile werden die Farbwerte handwerklich zu einem fließenden Übergang verbunden und letztlich werden die gemischten Farbwerte an einer Apfeldarstellung gestalterisch in ständigem visuellen Vergleich zum realen Apfel synthetisiert. Tommys imaginativer und malerisch-darstellerischer Transfer der praktischen Apfel-Übung verweist auf die Wirksamkeit dieses segmentierenden und synthetisierenden Lernens.[175]

Folgen für die maldidaktische Theorie:
Durch den Rückbezug von Theorie[176] (vergleichendes Sehen, zerlegendes Sehen, Motivsehen, Bildsehen, handwerkliche und darstellerische Synthesis, jeweilige Imaginationsprozesse) und Praxis (empirische Unterrichtsstudie) ergibt sich die Aufschlüsselung des anschauungsbezogenen Malens in kleinschrittige Teilhandlungen. Jede Teilhandlung des malerischen Könnens in den Bereichen von Wahrnehmung, Vorstellung und Darstellung ist für sich bildungsfähig, bildungsbedürftig und erst nach Übung und Verstehen im Bild kombinierbar:

- Entscheidung für Anschauungsbezüge wie Bilder/reale Arrangements von Gegenständen/... (oder Vorgabe von Anschauungsbezügen),
- Vor Fokussierung auf Farbe: Entlastungen zu Form und Komposition *(Motivsehen)*,
- (Ausgangs-)Farben wahrnehmen, genau hinschauen, z. B. Farbnuancen und -kombinationen bewusst wahrnehmen, ... *(zerlegendes Sehen, vergleichendes Sehen)*,
- Farben für eigene Palette wählen, z. B. Farben bewusst auswählen, sich an Farbkonzepten von Kunstwerken/an realen Gegebenheiten/Natur orientieren... *(vergleichendes Sehen zwischen Farbmaterial und angestrebtem Farbsystem)*,
- Farben mischen/differenzieren, eine Ausgangsfarbe bewusst in helle, dunkle, blasse, trübe, leuchtende Nuancen verändern... *(Wissen und Können von handwerklichen Mischgrundsätzen)*,
- Farben auftragen/verbinden, Farben gemäß der angestrebten/wahrgenommenen Wirkung lasierend/deckend/fließend oder flächig auftragen... *(Wissen und Können von handwerklichem und gestalterischem Farbauftrag)*,
- Darstellerische Synthesis, Figur und Grund als Einheit bearbeiten *(Bildsehen, Gestaltungsgrundlagen hinsichtlich Farbbeziehungen und farbiger Bildaufteilungen)*.

174 Vgl. Kap. 7.3.1
175 Vgl. „T1-Ü1-Apfel", bzw. Kap. 5.2.4
176 Vgl. modellbildende Schlüsse in Kap. 4

Die Teilschritte verbinden sich durch das basale Handlungsmoment des *vergleichenden Sehens*[177] als imaginative Schlüsselhandlung beim anschauungsbezogenen Malen. Alle Teilschritte spannen ein Resonanzfeld, in dem der vergleichende, oszillierende Blick schweift, mit dem Ziel den Darstellungswert der Farbe imaginativ und darstellerisch zu erfassen.

Auch die in der nachfolgenden These 9 erläuterten Hilfsmittel sind Teil dieses Resonanzfelds und basieren in ihrer Wirksamkeit auf dem Prozess von Vergleichen, Erkennen und Beheben von Differenzen (z. B. zwischen Vorbild und eigenem Bild mit Hilfe von Farbvergleichspunkten o.ä.).

Folgen für die maldidaktische Praxis:
Malen nach Anschauung erfordert das Zusammenwirken komplexer Teilleistungen/-handlungen – diesbezügliches Wissen muss die Grundlage für Unterrichtskonzeptionen darstellen. Didaktisch nicht segmentierte Aufgaben (wie *„Male die Gegenstände vor dir, so gut du kannst"* oder *„Male, was du fühlst"*), denen dann „selbstständiges/freies" Arbeiten folgen soll, sind gleichzeitig über- und unterfordernd: Einerseits verhindern sie das gezielte Modifizieren von Darstellungsformeln, andererseits erzeugen sie bei den Lernenden Unzufriedenheit mit ihrer darstellerischen Leistung.

Einzelne Sequenzen/Stunden in Einheiten benötigen dagegen gezielte Fokussierungen auf die oben beschriebene Teilschritte, die in das Zentrum der Aufmerksamkeit gerückt und geübt werden. Mögliche Fokussierungen/Segmentierungen wechseln stets zwischen den Bereichen von *Rezeption und Produktion.* Im Feld der Rezeption kann Sichtbares hinsichtlich *Inhalt, Farbe* oder *Form* fokussiert werden. Der gezielte Einbezug oder die metareflexive Auseinandersetzung mit der eigenen und fremden Wahrnehmung/Vorstellung/Darstellung ermöglichen weitere Aufschlüsselungen des Rezeptionsprozesses und Bezüge zu Darstellungsherausforderungen im eigenen Malprozess.

Im Feld der Produktion bewegen sich Fokussierungen zwischen *Form* (z. B. formbezogene Klärung des Motivs), *Farbe* (siehe oben: Farben auswählen, Farbsystem festlegen, Farben mischen, Farben lasierend/deckend/schichtend auftragen) und zwischen dem *Bildganzen* (Form und Farbaspekte als Einheit gestalten, Figur und Grund wahrnehmen/verbinden/..., kompositionelle Schwerpunkte festlegen/...).

Die didaktisch sinnvolle Wahl und die Intensität jeweiliger Fokussierungen hängen wiederum sowohl von den Anforderungen der Aufgabe, also auch von den imaginativen und darstellerischen Lernständen der Klasse ab.

These 9: „Malen lernen vollzieht sich im Wechselspiel und der Verzahnung von handwerklichen, gestalterischen Darstellungshilfen und imaginationsbezogenen Wahrnehmungshilfen."...
Die These richtet sich gegen den Verzicht auf didaktische Hilfen und gegen das Vertrauen auf „Spontanität". Nach dem empirischen Befund kann die These ergänzt und präzisiert werden:

177 Vgl. theoretische Analyse zu vergleichendem Sehen, Kap. 4.2.4

Unter „Hilfen" werden alle makro- bis mikromethodischen Inputs verstanden, die auf Verständnis zielen: Übungen, Gespräche, Gesten, Blicke, materielle Inputs usw. Sie alle können helfen die imaginative und darstellerische Aufmerksamkeit zunächst auf die aufgeschlüsselten, kleinschrittigen Teilhandlungen des Malens zu fokussieren. Sie müssen nach dem entsprechenden Üben und Verstehen wieder zum komplexeren Ganzen zusammengeführt werden.

Rückgriff auf Beispiele:

Bei Malaufgabe 2 wurden z. B. folgende Darstellungshilfen gegeben:

- Acrylfarben sind in Schichten übermalbar.
- Wie bekommt man eine Farbe heller? Wie dunkler?
- Mischgrundsätze;
- Material sauber halten.
- Korrekturhinweise zum Übermalen;
- Checkliste;
- Vormalen und Vormachen;
- alle Übungen;
- ...

Bei Malaufgabe 2 wurden z. B. folgende Vorstellungs- und Wahrnehmungshilfen gegeben:

- Warum haben Gegenstände keine feste Farbe?
- Zeigen einer fertigen Pinselskizze;
- Wo ist Schatten?
- In Farbflächen denken (kein, wenig, mittel, viel Licht);
- Veranschaulichung: Was bedeutet „genau hinschauen"?/ Veranschaulichung: Was bedeutet Farben differenzieren?/ Veranschaulichung: Was bedeutet Figur und Grund zu verbinden?/ Veranschaulichung: Was bedeutet sich an einem Farbsystem zu orientieren?
- Gemeinsamer verbaler Transfer des Malprozesses auf Zitrone;
- Farbausschnitte vergleichen;
- Einführung von Symbolpunkten (für „Genau hinschauen", „Farben differenzieren" und „Verbindungen") und Anwendung der Symbolpunkte im Bildgespräch über eigene Gemälde;
- Gemeinsame Aufmerksamkeit auf Hintergrund richten: Farben des Hintergrunds und des Vordergrunds wahrnehmen (Farbstreifen);
- Veranschaulichung von „Figur und Grund verbinden";
- ...[178]

178 Ziel der Hilfen bleibt: Darstellung, Vorstellung und Wahrnehmung verzahnen sich innerhalb der Übungen, da sich nie nur ein Aspekt weiterbildet (die Trennung der Hilfen ist ein künstliche mit dem Ziel didaktischer Nachvollziehbarkeit).

Folgen für die maldidaktische Theorie:
Übungen als Intensivierung von Imagination müssen im Bereich des anschauungsbezogenen Malen-Lernens an Selbstverständlichkeit gewinnen – neben bisheriger Orientierung an Experiment und Empfindung. Dazu muss Lehrmaterial zur Verfügung stehen, das den produktiven wie rezeptiven Unterricht im Bereich der Farbe in allen Klassen auf einen verlässlichen Referenzrahmen bezieht.

Kinder wollen im Blick auf die Welt malen lernen – durch dieses Darstellungsbedürfnis ist die Richtung jeder Mallehre vorgegeben.

Innerhalb meiner Unterrichtsstudie wurden Hilfsmittel vorgestellt und angewendet, die diesen Ansprüchen gerecht werden und den anthropologischen, entwicklungsbedingten Voraussetzungen der Lernenden und dem variablen, kontextabhängigen Wesen von Malerei und Farbe entsprechen. *Sinnvolles Farbverstehen* soll angeregt werden, indem die drei Faktoren der *Wahrnehmung, Vorstellung und Darstellung* durch rezeptive und produktive Komponenten in ein optimal wirksames, verzahntes Wechselverhältnis gebracht werden. Wird ein einzelner Faktor ausdifferenziert, so modifizieren sich stets auch die zwei anderen.

Folgen für die maldidaktische Praxis:
Diese theoretischen Grundsätze lassen sich auf unterschiedlichen methodischen Wegen verwirklichen. „Ein Lehrender wird mit Hilfe von Anschauungsmodellen, Hinweisen, Vorstellungshilfen usw. vorgehen und die Lernenden an einfachen Modellen einfache Operationen üben lassen, bevor er zu schwierigeren Problemen vorgeht usw. Er wird zeigen, vorführen, handeln und mithandeln. Und er wird den Lernenden mitnehmen, ihm Anschauungsmodell und empathischer Partner sein. Und die Lernenden tun mit und interpretieren das was sie da tun im Mitvollzug.“[179] Die Einbettung in kommunikative Situationen gemeinsamer Aufmerksamkeit und Reflexion ist demnach Voraussetzung für die Nutzung des didaktischen *Werkzeugsatzes.*[180]

Grundlegend für diese Art des Lehrens und Lernens von Malerei ist eine breite Farbauffassung: Das Lehrmodell ist geeignet, eine große Breite von sehr differenzierten Farbphänomenen zu erschließen (Phänomenorientierung). Je nach gemeinsamer Fokussierung können Farbflächen, Farbübergänge, Farbkontraste, Farbverläufe usw. damit imaginativ durchdrungen werden. Es lassen sich mit Hilfe des Werkzeugsatzes allerlei Fragen veranschaulichen: *Woher kommt das Licht im Bild (-> Pfeil...)? Welche Farben wurden überhaupt verwendet? Welche Farbe hat eigentlich der Schatten? Ist der Schatten wirklich Schwarz (-> Vergleichspunkte...)? Wie verändern sich die Farben vom Vorder- zum Hintergrund? Wo sind helle Stellen? Wo dunkle? Wurde reines Weiß (Blau, Gelb, Grün...) verwendet? ...*

Das Lernen besteht folglich im genauen Vergleichen der Farbrelationen mit Hilfe der Hilfsmittel (Farbvergleichspunkte, Farbrahmen, Pfeile...). Dieses deiktische Handeln ist die eine Handlungsdimension der Darstellung. Die andere Dimension zeigt sich, indem

179 Sowa u. a. (2014b), S. 35
180 Vgl. Erläuterungen zu Werkzeugsatz, Kap. 4.3. und Kap. 7.3.1

die einzelnen Farben des Bildes real handwerklich gemischt werden. So bauen die malenden Schüler in enger Verknüpfung ein Vorstellungs-/Wahrnehmungswissen und ein Darstellungskönnen auf.

Die Grundsätze verbieten jede Rezepthaftigkeit. Sie müssen situationsadäquat angewendet werden. Situationsadäquates Handeln meint das Erkennen der Problemstelle des Lernenden, die ihm Widerstand und Schwierigkeit beim Malen bereitet. Die Lösung setzt zunächst am nachgiebigsten Element an, um Lernschritt für Lernschritt zu ermöglichen.[181] Nur Beobachtung und Dialog helfen diesen Ansatzpunkt zu ermitteln. Denn es muss als grundlegender Unterschied verstanden werden, ob ein Lernender ein Farbphänomen nicht wahrnehmen/wissen oder nicht darstellerisch übersetzen kann: Es ist denkbar, dass ein Lernender eine sensible Wahrnehmungsfähigkeit besitzt und eine Farbstelle beispielsweise verbal mit *„heller"* bezeichnet, weil er es so wahrgenommen hat. Er muss dabei noch nicht die handwerkliche Übersetzung kennen, dass man zum Aufhellen Wasser, Weiß oder eine hellere Farbe beifügen kann.

Das Beispiel zeigt, dass die Wahrnehmung und verbale Bezeichnung eines malerischen Phänomens nicht automatisch auf handwerkliche Übersetzungsstrategien verweisen oder umgekehrt. „Nicht malen können" existiert in diesem Sinne nicht als einheitliche Diagnose. Vielmehr liegen Schwierigkeiten in einem oder mehreren der Teilbereiche vor, die gezielt geübt werden können.

5.3.4 Darstellungsformeln modifizieren

These 10: „Das vorstellungsdurchdrungene[182] Wahrnehmen des jeweiligen Wahrnehmungsangebotes nimmt Einfluss auf malerische Darstellungsformeln und ermöglicht die Modifikation der Darstellungsformeln und das Erreichen eines neuen Lernstandes. Diese Modifikation zeigt sich in der Differenzierung und Kontextualisierung[183] von Farbe in bildnerischen Gestaltungen, sowie in referenziellen verbalen oder gestischen Äußerungen." … Die These richtet sich gegen planfreies Entwickeln-Lassen der Lernenden. Nach dem empirischen Befund kann die These ergänzt und präzisiert werden:

> Modifizierungen malerischer Darstellungsformeln stehen in Relation zum malerischen Lernstand, zu allen kontextuellen Lernbedingungen und vor allem zu den vorgenommenen Unterrichtssetzungen (Vorbilder, Hilfsmittel, Übungen, …). Durch Verstehen des Lernstandes und der Lernbedingungen werden die Modifizierungen nachvollziehbar. Sie implizieren allgemeine, typische Reihenfolgen und Richtungen in ihren Verläufen. Pauschale, gesetzmäßige oder gar stufenartige Abläufe sind auf Grund der mehrfachen Gebundenheit (an Lernstand, an Unterrichtssetzungen, …) des Lernens nie anzunehmen.

181 Vgl. Sennett (2008), S. 294

182 Begriff übernommen von Colin McGinn (2007)

183 „Bildsehen" – Farbige Verbindungen/Relationen/Wechselwirkungen im gesamten Bildraum von Figur und Grund

Rückgriff auf Beispiele:
Die Gesamtschau auf Lernentwicklungen der Klasse zeigt, dass alle Lernenden innerhalb des Lehrgangs (Malaufgabe 2) ihre malerischen Fähigkeiten im Vergleich zur Malaufgabe 1 differenziert haben. Der individuelle Lernfortschritt ist in Abhängigkeit zum jeweiligen Ausgangslernstand zu sehen und folgt innerhalb der Klasse ähnlichen Lernrichtungen – das meint, dass gewisse Aspekte vor anderen gelernt wurden. In Malaufgabe 3 lassen sich bei allen nachhaltige Lernentwicklungen feststellen, indem neu erworbene darstellerische Fähigkeiten aus Malaufgabe 2 in Malaufgabe 3 wieder sichtbar wurden. Ebenso lassen sich kurzzeitige Lernentwicklungen nachweisen, durch darstellerische Elemente, die in Malaufgabe 2 vorhanden und in Malaufgabe 3 fehlend waren.

Karls Lernentwicklung verweist beispielsweise auf einen nachhaltigen Lernfortschritt von Malaufgabe 1 zu 3 hinsichtlich der Variation des Farbauftrags, des Umgangs mit Hintergrund/Bildeinteilung, dem Einhalten eines Farbkonzepts und der Anlegung von Schlagschatten. Die figurfüllenden Versuche einer schichtenden Farbmodulierung (Apfel) sind dagegen als kurzzeitiges, imaginativ und handwerklich nicht durchdrungenes Lernen zu deuten, das in Malaufgabe 3 wieder durch die einfachere Darstellungsformel aus Malaufgabe 1 ersetzt wird (einer monochromen Farbfläche in schematischer Gegenstandsfarbe).[184]

Folgen für die maldidaktische Theorie:
Es ist methodisch angeleitet für jeden erlernbar, Farben differenziert wahrzunehmen und darzustellen – so lautet die grundlegendste Erkenntnis. Schulisches Malen-Lernen ist entgegen eines traditionellen Fachverständnisses unabhängig von Begabung anzugehen und dann nicht nur für „Begabte“ erreichbar – denn im Zentrum steht das sinnvolle, gemeinsame Verstehen. Etwas gelernt zu haben, kann bedeuten, anders wahrzunehmen, anders zu verstehen, anders darzustellen, anders darüber zu sprechen, anders darüber zu denken...

Das Lernen selbst wird als *Prozess* verstanden, der Zeit und Raum zur imaginativen und darstellerischen Auseinandersetzung mit dem Neuen benötigt. Lernprozesse sind relational, mehrfach gebunden – nie losgelöst von Raum, Zeit und Personen. So ist der Ausgangspunkt stets der Lernstand des einzelnen Lernenden – verstanden als das schon vor dem initiierten Lernprozess vorhandene imaginative und darstellerische Vorwissen und Vorerfahrung im Bereich Farbe/Malerei. Jede Modifikation findet hier ihren Startpunkt. Modifikation meint die Abwandlung, Umwandlung und Veränderung der malerischen (imaginativen und darstellerischen) Fähigkeiten. Modifikationen innerhalb von Schulunterricht sind abhängig von seinen normativen Setzungen (angebotene Übungen, Inputs, Anschauungsmaterialien...). Auch die hier dargelegte Unterrichtsforschung steht in Abhängigkeit zu all den beschriebenen normativen *Setzungen.*[185] So hätte die Wahl eines anderen Künstlerbeispiels beispielsweise andere darstellerische Resonanzen hervorgerufen. Die Wahl eines andern Farbmaterials hätte andere Übungen verlangt. Die

---

184 Vgl. Kap.5.2.3

185 Cézanne als Künstlervorbild, reales Arrangement von Früchten/Süßigkeiten auf Gruppentisch, Acrylfarben als Malmaterial, festgelegte Auswahl an 17 Farbtönen, der Lehrgang (Übungen, Inputs, ...), mein (relationales) Farbverständnis als Lehrperson, mein (relationales) Lernverständnis als Lehrperson.

Ausrichtung auf ein subjektives Farbverständnis hätte eine andere Aufgabenkonzeption verlangt usw.

Die Modifikationen der Darstellungsformeln können wiederum in Abhängigkeit zu allen Kontexten in aufsteigende oder absteigende Richtung verlaufen und kennen keine Endgültigkeit – so dass jeder Maler seine Darstellungsformeln theoretisch von Bild zu Bild bis an sein Lebensende verändern könnte. Die Modifikationen zeigen sich in der veränderten Differenzierung und Kontextualisierung von Farbe in bildnerischen Gestaltungen, sowie in referenziellen verbalisierten oder gestischen Äußerungen und bei der Rezeptionsfähigkeit: *Differenzierung* bezieht sich auf das bewusste nuancierte Zerlegen, Ermischen und Auftragen der Farbtöne. *Kontextualisierung* bezieht sich auf das bewusste Verorten, Verbinden oder Zerlegen der Farbflächen im Bild.

Alle Modifikationen folgten in der Forschung typischen, groben Lernrichtungen, die sich durch Ansteigen jeweiliger perzeptueller und handwerklicher Schwierigkeitsniveaus begründen:

- *Farbwahl/Farbzusammenhänge*: Gegenstandsfarbe hin zu Erscheinungsfarbe, hohe Buntkontraste hin zu geringeren;
- *Farbdifferenzierung*: Modellierung zu Modulierung, ungemischte Farbe hin zur gemischten;
- *Farbauftrag:* Flächiger Auftrag zu fließendem;
- *Form-/Farbfokussierung:* Mit formumschreibender Umrisslinie zu ohne Umrisslinie;
- *Bild- oder Motivsehen:* Abhebung der Figur vor Grund zu Figur-Grund-Verbindung, Farbteilung von Figur und Grund hin zu Farbverbindung.

Diese Grobrichtungen von der tendenziellen Prägnanz- zur Differenzierungstendenz der Darstellungsformeln lassen sich in den Gestaltungsbereichen Figur, Grund, Figur-Grund immer weiter, kleinschrittiger aufschlüsseln, um das Nachvollziehen von Lernwegen zu präzisieren. Dazu wurde in Kapitel *5.2.4.1* eine ausführliche Abfolge einzelner Darstellungsformeln und jeweiliger Richtungen der Modifikationen dargelegt. Eine definitive Zuordnung der Darstellungsformeln zu Altersstufen bleibt bewusst aus. Denn innerhalb der verallgemeinernden Richtungen muss wiederum sensibel auf individuelle Produkte und Prozesse geschaut werden: Sie stehen wie beschrieben in Abhängigkeit zum Ausgangslernstand, wodurch die Intensität des Übens zur Erreichung eines Lernschrittes demgemäß variiert. Beispielsweise ist ein Lernweg von einer mit Umrisslinie umschriebenen und flächig gefüllten Form hin zur Farbmodulierung in der Regel länger und schwieriger, als von der Farbmodellierung zur Farbmodulierung. Diese Schwierigkeitsgradation liegt im Wesen der handwerklichen Technik (Farbe flächig aufzutragen, ist einfacher als fließend) und im Wesen der Wahrnehmung (eine Farbe zu identifizieren, ist einfacher als Farbnuancen zu erfassen) begründet. Doch auch hier liegt das relationale Lernverständnis zu Grunde, wodurch sich ein verengter, pauschalisierender Blick verbietet. Denn jegliche Kontextrelationen (Vorwissen, Erfahrung, Motivation, Beziehungen in der Klasse, Anschauungsbezüge, Motivwahl, Materialwahl…) können auf das Lernen einwirken, es stören, beschleunigen, verhindern oder fördern – so dass Lernsprünge, Lernstagnationen, Lernrückschritte, Lernbeschleunigungen in jedem Lernverlauf individuell geschehen. Das

Formerfassen komplexer Motive könnte beispielsweise die Farbfokussierung bei einem Lernenden verhindern, ebenso könnten strukturell komplexe Gegenstände eventuell aber einem anderen Lernenden die Variation des Pinselduktus und das differenzierte Einsetzen von Farbe erleichtern. Diese Feinheiten jedes einzelnen Lernprozesses bleiben in gewissem Maß unvorhersehbar, wodurch Beobachtung und gegenseitiges Verstehen nie durch gesetzmäßige Vorhersagen ersetzbar sind.

Durch das Verstehen eines Lernenden wird aber zu jedem Zeitpunkt vorhersagbar, welcher nächste Lernschritt ihm auf Grund seines bisherigen Handelns möglich wäre und was ihm demzufolge als Lernangebot gegeben werden könnte. Der Curriculumsbegriff muss auf diese Weise neu gedacht werden. Nur auf dieser Basis wird Malen-Lernen sinnvoll didaktisch planbar und für *jeden* Lernenden umsetzbar – was im Rahmen des schulischen anschauungsbezogenen Malens Ziel sein sollte.

Folgen für die maldidaktische Praxis:
Die Folgen für die maldidaktische Praxis beziehen sich primär auf die innere Haltung der Lehrperson gegenüber Produkten und Prozessen von stets heterogenen Lernenden. Innere Haltung meint eine reflektierte Erwartungshaltung der Lehrperson gegenüber differierenden „Handlungsprozessen“ und „materiellen Ergebnissen“. Maßstab bei der Beurteilung darf demnach nicht eine ausschließlich soziale Bezugsnorm (Vergleich zwischen den Lernenden), sondern stets auch eine individuelle Bezugsnorm (Vergleich mit früheren Leistungen des Lernenden, Lernfortschritt gemäß Ausgangslernstand) sein.

Dass Modifikationen von Darstellungsformeln in Klassen nicht steuerbar und sicherlich nie im Gleichtakt verlaufen, bedeutet nicht, dass individuell verschiedene, niveaubezogene Aufgaben konzipiert werden müssen. Vielmehr bedeutet es, dass die bildsprachlichen Lösungen der Lernenden unterschiedliche Schwierigkeitsgrade spiegeln werden. Die methodische Konzeption individueller Hilfestellungen/Zwischenbesprechungen/Inputs muss sich dann hinsichtlich jeweiliger Lernstände ausdifferenzieren – mit dem Ziel der Förderung der Zone der je nächsten Entwicklung.

Das meint beispielweise, dass sich eine gesamte Klasse mit dem Stillleben-Malen auseinandersetzen kann – und dabei individuelle Lernherausforderungen dennoch differieren. So wurde in meiner beschriebenen Unterrichtsstudie beispielsweise u. a. der Aspekt der Verbindung zwischen Figur und Grund gemeinsam in der Gesamtklasse thematisiert.

Die Realisierung unterschied sich dann aber gemäß unterschiedlicher Schwierigkeitsgrade: Einem motorisch unsicheren Lernenden[186], der bisher keine fließende Farbübergänge einsetzte, konnte nicht einfach so geraten werden, Figur und Grund durch lasierendes Ineinander-Malen zu verbinden. Davor ständen für diesen Lernenden beispielsweise motorisch und gestalterisch einfachere Möglichkeiten, wie das flächige Anlegen von Schlagschatten oder das systematische Auftauchen der Farben des Vordergrundes im Hintergrund. Für andere, motorisch und gestalterisch geübte Lernende, konnte die Technik des Ineinander- und Übereinander-Lasierens dagegen sinnstiftend und im richtigen Maß herausfordernd sein.

186 Vgl. „S-Bildsehen“, Kap. 5.2.4

SCHLUSSFOLGERUNG

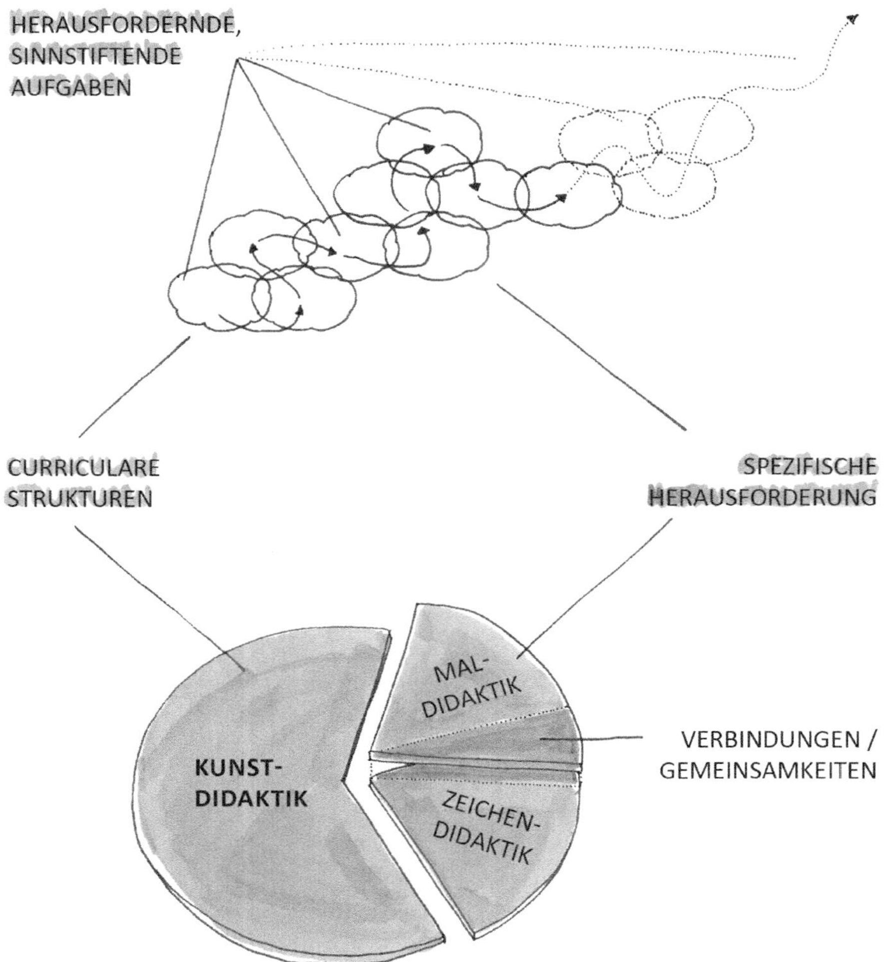

Abb. 37 Schlusskapitel 6

6. Maldidaktik in einer systematisch begründeten Kunstpädagogik

Die in Abschnitt 5.3 erfolgte Auswertung der empirischen Unterrichtsstudie bildet in ihrer Gesamtheit die durch theoretische Analysen und praktische Anwendung aus zwei Richtungen her überprüfte maldidaktische Theorie ab. In sie sind Erkenntnisse aus den theoretischen Analysen der sachbezogenen, anthropologischen und bildungstheoretischen Bestimmungen eingeflossen (Deduktion), die durch die Ergebnisse der empirischen Unterrichtsforschung verifiziert und präzisiert werden konnten (Induktion).

Nachfolgend werden die in der Auswertung genannten maldidaktischen Theorieelemente weiter kontextualisiert, fokussierend geordnet und in praktische Unterrichtsanwendungen transferiert. Denn in meiner Unterrichtsstudie kamen zwar beispielhaft konkrete Übungen und Hilfsmittel zum Einsatz. Dennoch ist eine empirische Unterrichtsstudie (mit einem festen Setting von Datenerhebung bis Datendokumentation) in ihrem Ablauf und Aufbau nicht gänzlich mit Regelunterricht gleichzusetzen. Deshalb verlangt es weitere Präzisierungen hinsichtlich der realen Unterrichtsbedingungen, in denen materielle, räumliche, zeitliche Rahmenbedingungen mehr variieren, um den Transfer des maldidaktischen Modells in den Schulunterricht zuverlässig zu ermöglichen. Ich werde die theoretischen Grundlagen prägnant resümieren (Abschn. 6.1), dann auf wesentliche Aspekte der praktischen Anwendung verweisen (Abschn. 6.2) und gebe abschließend einen Ausblick und benenne die künftigen Desiderate (Abschn. 6.3).

6.1 Theoretische Grundlagen

In diesem Kapitel werde ich die wesentlichen Grundlinien des von mir entwickelten maldidaktischen Konzepts noch einmal pointiert und zusammenfassend darstellen, um einen klaren Bezugsrahmen für didaktisch begründeten Malunterricht zu geben. Dabei werde ich zeigen, welche Stelle die Maldidaktik im Gesamtfeld der Kunstdidaktik einnimmt (Abschn. 6.1.1) und wie Malunterricht als curricularer Gesamtzusammenhang strukturiert ist (Abschn. 6.1.2).

6.1.1 Maldidaktik im Feld der Kunstdidaktik

Die grundlegenden Fragestellungen zur Verortung der Maldidaktik im Ganzen der Kunstdidaktik lauten: *Was sind die Besonderheiten des Malens, die es von anderen Domänen bildlicher Darstellung abhebt? Was sind die Gemeinsamkeiten und Verbindungen zu anderen kunstdidaktischen Domänen? Welche Rolle der Maldidaktik im gesamten Feld der Kunstdidaktik ergibt sich im Rahmen eines relationalen Verständnisses von Kunstdidaktik im Allgemeinen sowie von Malen-Lernen im Besonderen?*

Meine theoretischen wie empirischen Studien liefern dazu Antworten, die sich pointiert so darstellen lassen: Es gibt klar formulierbare *Besonderheiten des Malens* innerhalb der verschiedenen bildlichen Darstellungssysteme und es gibt eine daraus ableitbare *besondere Stellung der Maldidaktik* im Gesamtrahmen der Kunstdidaktik.

Besonderheiten des Malens

Anschauungsbezogenes Malen ist die gezielte Verwendung von Farbe in farbigen Darstellungen – in resonanter Antwort auf die Wahrnehmung von Farbe. Malen-Können beinhaltet demnach folgende Könnens-Aspekte: Farben in der Wahrnehmung der sichtbaren Welt

1. bewusst wahrzunehmen,
2. um sie dann auszuwählen,
3. zu modulieren und
4. absichtsvoll und differenziert im Rahmen eines stimmigen Darstellungssystems zu verwenden.

Doch was meint *bewusste Wahrnehmung* und *absichtsvolle Darstellung* im Feld der Malerei konkret?

Das Malen als spezifischer Gestaltungsbereich besitzt eigene *domänenspezifische Wahrnehmungs-, Vorstellungs- und Darstellungsherausforderungen*, die weder in der Zeichnung, noch in der Plastik gefordert und gefördert werden. Ebenso zeigten sich aber auch *Wechselbeziehungen und Abhängigkeiten* zu den anderen Domänen, die im Lernprozess Beachtung finden müssen.

a) Zunächst zu den domänenspezifischen Besonderheiten: Es gibt in der Kunstdidaktik viele mögliche Auslegungen dessen, was unter „Malerei" zu verstehen ist. Diese verschiedenen Verständnisweisen von Malerei sind gebunden an bestimmte traditionelle fachspezifische Zuschreibungen – häufig unabhängig von ihrem überprüfbaren Wahrheitsgehalt. In der Tradition reformpädagogischer/musischer Strömungen überwiegt bis heute die Zuschreibung des *subjektiven Empfindens* zu Farbe und Malerei. Oft wird dabei dem affektbezogenen *Fühlen* im Feld des Malens das *Erkennen* im Feld der Zeichnung (und Plastik) gegenüber gestellt.[1]

Die klassische Gegenüberstellung der verschiedenen Aufgaben von *Farbe und Form (scheme/chroma, disegno/colore, Malen und Zeichnen)* ist eine naheliegende und erkenntnisreiche Methode, um die Besonderheiten der beiden zweidimensional-bildnerischen Domänen zu klären. Sie soll auch hier nochmals Anwendung finden – wenn auch die Relation zwischen Farbe und Form in der vorliegenden Arbeit komplexer und differenzierter herausgearbeitet wurde. Der traditionelle, strikte Empfinden-Erkennen-Antagonismus zwischen Farbe und Form verliert dann seinen oppositionellen Charakter.

b) Beim Zeichnen dominiert das lineare Erfassen der Umrissformen, die sich als Motive, Figurationen oder Szenen von einem Hintergrund abheben. Das Identifizieren von Figuren *vor und getrennt von* einem Grund entspricht den natürlichen

1 Diese Zuschreibung hat eine sehr lange Tradition, die schon in der griechischen Antike wurzelt, vgl. Koch (2016).

Wahrnehmungsgesetzen (Gestaltgesetz: Figur-Grund-Trennung). Das menschliche Reagieren und Handeln im Alltag wird durch die fokussierende und unterscheidende Aufmerksamkeit auf den Vordergrund und das Ausblenden und Zurücksetzen des Hintergrundes maßgeblich erleichtert – ist sogar eine conditio qua non von gegenständlichen Erkennen und intentionalem Handeln.

Beim Malen muss dieses alltägliche Wahrnehmungsmuster der Figur-Grund-Trennung eine Aussetzung und Umkehrung erfahren, um bildsystematische Farbklänge und Farbverbindungen im Relationsfeld eines Bildganzen sehen und darstellen zu können. Das meint: Figur und Grund müssen wechselweise fokussiert werden und als *verbundene* Einheit betrachtet werden. Figuren müssen dabei als *verbunden mit einem Grund* betrachtet werden. Diese Wahrnehmungsrelativierung und -umkehrung erscheint als anthropologisch sekundär – d.h. sie basiert nicht auf alltäglichen, sondern auf kulturell-generierten „alternativen" Wahrnehmungs- und Vorstellungsstrategien (Zusatzmodus der Wahrnehmung). Die Umstellung des Wahrnehmens, Vorstellens und Darstellens von der farbigen Umrisslinie auf die farbige Fläche, das zunehmend bewusste Setzen von Farbflächen und das farbliche Verbinden von Figur und Grund müssen demnach als weitreichende Modifikationen der natürlichen und anthropologisch stabilisierten Wahrnehmungsgewohnheiten verstanden werden. Entsprechend sensibel, umsichtig und methodisch sorgfältig müssen sie im Malunterricht eingeführt und gelehrt werden. Dass bei Lernenden lineare Elemente (wie Umrisslinien) beim Malen zunächst dominieren, solange die Umstellung des farbigen Vorstellens noch nicht vollzogen wurde, erscheint damit nachvollziehbar.[2]

c) Der *Sprach- und Konventionscharakter* des Malens konnte durch die Aufschlüsselung in poieitische, praktische und theoretische Bezugsfelder[3] näher verstanden werden. Malen als Technik der gezielten Farbverwendung mittels Malwerkzeugen auf einem Malgrund steht damit in vielerlei *materiellen Relationen* (Beschaffenheit der Malfarbe/des Malwerkzeuges/des Malgrundes) und ebenso *in kulturell-konventionellen Relationen* (Übereinkünfte über Symbolik/Farbharmonien, intuitive Farbassoziationen, handwerkliche Regeln über Farbmischung und Farbauftrag, konventionelle Malkonzeptionen, usw.).

Auch das Zeichnen steht mit seinem spezifischen Sprach- und Konventionscharakter in mehrfachen materiellen und kulturellen Relationen. Besonders die materiellen Bezüge können beim Zeichnen aber bis auf wenige Parameter reduziert werden (ein Stift, ein Papier). Dadurch ist das gestalterische und handwerkliche Imaginationsfeld im (reduzierten) zeichnerischen Darstellungsprozess automatisch begrenzter als bei der Herausforderung, Farben einer großen Farbpalette in Zusammenklang zu bringen. Denn beim Zeichnen wird nur mit quantitativ beschränkten Hell-Dunkel-Werten modelliert, beim (malerischen) Malen mit quantitativ unbeschränkten Farbwerten moduliert.

2 Vgl. dazu Miller (2016a)

3 Vgl. ausführlich Kap. 2.1

d) Die Teiloperationen des Zeichnens und Malens sind dennoch nicht grundverschieden und auch keinesfalls voneinander unabhängig: Auch um sich von Formen (malerisch) bewusst lösen zu können, müssen Formen zunächst (zeichnerisch) erfasst sein. Die Klärung der Form muss als Entlastung und Vorbereitung für die Konzentration auf Farbe unbedingt ein methodisch mitbedachter Teil gegenständlicher Malaufgaben sein.

Nach den (und auch schon im Verlauf der) Formklärungen setzen beim Malen mit sichtbaren Bezügen Teilprozesse des *vergleichenden Sehens*, des *zerlegenden Sehens*, des *Bildsehens*, eventuell der *visuellen Irritation* und des *metareflexiven „Sehenden Sehens“* ein.[4]

Eine spezifisch malerische/farbbezogene Wahrnehmungsherausforderung ist dabei insbesondere das isolierende, *imaginative Zerlegen der Farben* in einzelne Farbstellen/Farbbestandteile als Voraussetzung für gezielte Mischprozesse.[5] Auch das *Bildsehen* – als bewusste Wahrnehmungserweiterung hin zum relationalen Wechselverhältnis zwischen Figur und Grund – gilt als spezifische Schwierigkeit des Malens.[6] Natürlich spielt das Bildsehen auch beim Zeichnen eine Rolle: Es ist fraglos relevant für fortgeschrittene (z. B. räumlich strukturierte) Zeichnungen. Aber dennoch begünstigen die Linie und die lineare Trennung der Formen im ungeübten Zeichenprozess stets die Tendenz zum Figursehen, solange der Zeichnende noch keine volle Aufmerksamkeits- und Wahrnehmungsfähigkeit für das Sehen des Bildganzen gebildet hat.

Fazit: Differenziertes, malerisches Malen ist also im Vergleich zum Zeichnen materiell und imaginativ komplexer und gleichzeitig anthropologisch sekundär.[7] Aus diesem Grund ist besonders beim Malen ein *enger Bezug auf Vorbilder* nötig. Malerisches Darstellungslernen ist in besonders enger Weise mit der bewussten und aufmerksamen Rezeption von beispielhaften Bildwerken verbunden. Die beim Malen-Lernen geforderte Umstellung alltäglicher Wahrnehmungsmuster kann unmöglich nur vor dem Gegenstand erlernt werden, weil Ungeübte sich immer wieder in den natürlichen Wahrnehmungstendenzen (wie der Figur-Grund-Trennung) verfangen und sich kaum davon distanzieren können. Bei der Betrachtung von vorbildlichen Gemälden kann die Übersetzungsleistung (vom Gegenstand in Malerei) dagegen selbst zum Wahrnehmungsgegenstand werden. Deiktische und mimetische Situationen gemeinsamer Aufmerksamkeit[8] bilden auch hier die Voraussetzung. Die

4 Vgl. Kap. 4
5 Vgl. Schaubild in Kap. 2.2.2
6 Im Übrigen ist das Erlernen dieser Umstellung so schwierig und langwierig, dass auch bei voll ausgebildeten und erfahrenen Malern im Laufe ihrer Werkbiographie dieses „Umlernen“ immer weiter stattfindet, was bei Malern wie Tizian, Rubens, Rembrandt, aber auch Monet oder Cézanne dazu führte, dass im Spätwerk noch einmal deutliche Fortschritte im Bereich des „malerischen“ Sehens festzustellen sind.
7 Vgl. hierzu auch Glas (2016)
8 Vgl. zu Szenen gemeinsamer Aufmerksamkeit (nach Tomasello), Kap. 2.2.1

irritierende Konfrontation mit der eigenen und fremden Wahrnehmung kann dann beim Malen auf besondere Weise vielfache persönliche und allgemeine Bildungseffekte bewirken.[9]

Stellung der Maldidaktik

Die hier herausgearbeiteten Besonderheiten des Malens verweisen einerseits auf *verbindende Wechselbeziehungen und Abhängigkeiten* zu anderen Domänen [besonders zum Zeichnen]. Andererseits verweisen sie auf die *Eigenständigkeit* des Malens mit seinen domänenspezifischen Lerninhalten.

Die zahlreichen verbindenden Bezüge des Malens zu anderen Darstellungsdomänen in der Kunstdidaktik sind unübersehbar: Meiner Studie liegt die didaktische Annahme zu Grunde, dass Kinder und Jugendliche ausgehend vom Blick auf die erfahrbare, sichtbare äußere Welt malen lernen. Die festgefahrene Utopie des „befreiten" Malens als Gegenpol zum gegenstandsbezogenen, erkenntnisstiftenden, rational nachvollziehbaren Zeichnen[10] ist damit schlicht zu kurzsichtig. Genauso wie Zeichnung als eine in soziale Kontexte gebundene Bildhandlung und als Kommunikationsanlass gedeutet werden muss, so gibt auch jede Malerei Auskunft darüber, wie die farbige Welt wahrgenommen, vorgestellt und verstanden wurde. Auch dem Malen ist damit ein hochgradiger und hochkomplexer Erkenntnischarakter zuzuschreiben und nicht nur der klassischerweise häufig zugeschriebene affektive Charakter.

Wahrnehmen, Vorstellen und Darstellen sind in dieser Betrachtungsweise die essentiellen Faktoren, die im Handlungsfeld des Malens verzahnt sind. Viele Wahrnehmungs-, Vorstellungs- und Darstellungsmechanismen, die beim Malen eingeübt werden [z. B. vergleichendes Sehen], sind auch bei mimetischen Prozessen in anderen Domänen der Kunstpädagogik relevant, so z. B. besonders die wechselnde Aufmerksamkeit, die zwischen Sichtbarem und Geplantem/Dargestelltem/Vorgestelltem/usw. kontrolliert umschaltet und wesentlich im *Vergleichen* zu Erkenntnissen führt. Das wahrnehmungs- und gegenstandsbezogene Malen steht zugleich in besonderer Abhängigkeit zu zeichnerischen Formklärungen – auch wenn andererseits die tendenzielle *Auflösung* der Form und die *Verbindung* von Figur und Grund die spezifischen Darstellungsqualitäten der Malerei sind [s.o.].

Ganz eigene und spezifische Herausforderungen des Malens ergeben sich besonders hinsichtlich der Wahrnehmungsumstellung von Grenzlinien zu Flächen und vom Figursehen zum Bildsehen. Malen verlangt komplexe Integrations- und Kombinationsprozesse, da *Farben* vielfach relational wirken [je nach Material/Kontext/...]. Diese spezifische Herausforderung und die Konfrontation mit der Komplexität der farbigen Welt und auch den Selektionsmechanismen menschlicher Wahrnehmung kennzeichnen die besondere Stellung des Malens innerhalb des Feldes der Kunstdidaktik.

9 Vgl. aufgeschlüsselte Bildungswerte des Malens in Kap. 2.3.1
10 Vgl. dazu Lutz-Sterzenbach/Kirschenmann (2014)

Konfrontationen mit eigenen und fremden Wahrnehmungs- und Darstellungsweisen sind beim Malen in besonders wirkungsvoller Weise möglich.

Fazit: Eine These soll das Kapitel an dieser Stelle abschließen und gleichzeitig auf das erweiterte, allgemeine Feld der Kunstdidaktik und -pädagogik hinausweisen: *Die Momente von Wahrnehmung, Vorstellung und Darstellung und besonders auch die des vergleichenden Sehens und der visuellen Irritation sind allgemeine Bildungsmomente der Kunstpädagogik. Was beim Malen besonders deutlich zu Tage tritt, gilt letztlich auch in anderen Bereichen: Auch andere kunstpraktische Gestaltungsdomänen lassen sich auf ähnliche Weise mit dem erweiterten didaktischen Dreieck in imaginativen und darstellerischen Teilhandlungen/Lernständen und abgestimmten Hilfen erfassen und sinnvoll strukturieren.*

6.1.2 Malen im curricularen Gesamtgang

Die didaktische Idealvorstellung ist, dass Techniken und Verfahren im Kunstunterricht vielfältig variieren. Gleichzeitig sollten sie aber auch immer wiederkehren – in auf vorherigen Lernerfahrungen aufbauenden, komplexitätssteigernden Variationen. So ist auch der curriculare Gesamtgang des Malens bestenfalls ein sukzessives Erreichen von Teilzielen, die alle zu dem Gesamtziel eines sinnvollen, komplexen und weiten Farbverstehens beitragen. Um diesen curricularen Gesamtgang im Umriss darzustellen, stelle ich zuerst seine *übergeordneten Lernziele* heraus, auf die hin ich dann unterscheidbare Folgen von *Teil-Lernzielen* bestimme.

Übergeordnete Lernziele

Werden Wahrnehmung, Vorstellung und Darstellung durch rezeptives und produktives Handeln in ein optimal wirksames, resonantes Wechselverhältnis gebracht, so wird Farbverstehen angeregt. Sinnvolles Farbverstehen in Lehr-Lern-Situationen kann dabei nur gelingen in Ausrichtung auf ein angemessenes *Sachverständnis* (weites Verständnis von Farbe und Malerei) und *Entwicklungs- und Bildungsverständnis* (Anpassung an Lernstand): Ziel von Maldidaktik ist es, Farbe als vielfältiges, komplexes, relationales, variables und kontextabhängiges Phänomen zu vermitteln. Sinnvolles Lehren richtet sich auf ein weites Farbverständnis, in dem alle Farbwerte (Empfindungswert, Ordnungswert, Materialwert, Darstellungswert) unverkürzt wahrgenommen, vorgestellt und dargestellt werden können – ohne Verabsolutierung und Ausschließlichkeit.

Farben durch den Prozess des Malens verstanden zu haben, bedeutet dann, transferfähiges Wissen und Können erworben zu haben. Erfolgreiche Lernprozesse ermöglichen, dass

- Lernende sich ihrer Farbwahrnehmung in jeder Situation durch die erworbenen Wahrnehmungsmuster (Farben zerlegen, vergleichen, usw.) zunehmend bewusst werden können;

- Lernende in ihrer Vorstellung zunehmend von einem weiten, unverkürzten Farbbegriff ausgehen, der es ihnen ermöglicht, weitere Farbdefinitionen unterschiedlicher Wissenschaftsdisziplinen zu integrieren;
- Lernende ihre Farbwahrnehmung und -vorstellung zunehmend befriedigend darstellen können;
- Lernende ihre Darstellung gemäß jeder vorgestellten Darstellungsabsicht gestalten können, da sie über handwerkliche (Farben mischen, auftragen…), sprachliche (benennen, beschreiben…) und gestische Darstellungshandlungen (zeigen) verfügen.

Teil-Lernziele
Authentische kunstdidaktische Aufgabenstellungen mit realistischen Welt- und Selbst-Bezügen beziehen sich sicherlich immer auf mehrere sich überlagernde Lerninhalte, denn rein abstraktive Elementarisierungen gilt es zu vermeiden. Dennoch sollten in jeder Aufgabe naheliegende (d.h. in der Sache implizierte[11]) formale und inhaltliche Herausforderungen fokussiert werden. Durch die Fokussierungen von Teil-Lernzielen kann sich dann in der curricularen Gesamtlinie das oben beschriebene übergeordnete Ziel eines breiten Farbverstehens bilden.

Dazu lassen sich formale Schlüsselherausforderungen als Teil-Lernziele formulieren. Sie gilt es einzubinden in inhaltlich sinnvolle und für die Lernenden interessante Schlüsselaufgaben, in denen die formalen Teil-Lernziele impliziert sind in einen Inhalt, der den Menschen angeht. Die Teil-Lernziele und Schlüsselaufgaben können zwar exemplarisch aufgelistet, nicht aber pauschal einzelnen Klassenstufen zugeordnet werden. Denn wenn eine jugendliche Lerngruppe in der Sekundarstufe jahrelang nicht gemalt haben sollte, wäre ihr malerisches Wissen und Können vermutlich auf einem ähnlichen Stand wie bei Malenden der Grundschule. Deshalb muss der Grundsatz der wechselnden *Festigung und Modifizierung von Darstellungsformeln* stets beachtet werden, damit sich nachhaltige Lernfortschritte bilden. Unabhängig davon, zu welchem Zeitpunkt und in welchen Zeitabständen das Malen-Lernen in der Schulrealität gefördert wird, gilt: Die curriculare Reihenfolge soll sich stets durch gezielte Modifizierungen von vorhanden Darstellungsformeln (Lernstand) und durch das stetige Ansteigen jeweiliger perzeptueller und handwerklicher Schwierigkeitsniveaus von Malaufgabe zu Malaufgabe begründen.

Nachfolgend werden exemplarische Aufgabenanregungen zu spezifischen Modifizierung aufgezeigt – fraglos gäbe es unendliche Variationen.

11 Vgl. Aufgabenkonstruktion in Kap. 6.2.1
12 Vgl. z. B. vorgeschlagene Schwierigkeitsgradation bei Günter Regel, Kap. 7.2.5
13 Die methodischen Ausarbeitungen und der selbstverständliche mimetische Bezug der Aufgaben zu Vorbildern (Gemälden) werden in Kap. 6.2 thematisiert. Hier würden sich beispielsweise Gemälde von Eric Fischl anbieten wie: Untitled (Boy in Blue Water For the Brooklyn Academy of Music), 1988.

Formale Schlüsselherausforderungen[12]	Exemplarische Schlüsselphänomene
Vom flächigen zum fließenden, vom deckenden zum lasierenden Auftrag	Über und unter Wasser/Gischt/Fels in der Brandung/ usw.[13]
Entdeckung typischer Gegenstandsfarben zu Entdeckung variabler Farben	Gewitter zieht gerade auf/Im Kerzenschein/Im Fernsehlicht/Lichteffekte auf einer Party, usw.
Verwendung ungemischter Farben hin zur Verwendung gemischter Farben	Farbausschnitte (z. B. Gemälde/ Décalcomanie/ usw.) weitermalen zu inhaltlich-sinnvollen Themenstellungen
Verwendung hoher Buntkontraste hin zur Verwendung geringer Buntkontraste	Nebelmaschine geht an/--Wintersportler in Schneelandschaften/Geblendet werden (z. B. auf Autobahn), usw.
Anwendung der Modellierung zur Anwendung der Modulierung	Color-Key-Effekt (wie in Fotoshop) zu inhaltlich-sinnvollen Themenstellungen/usw.
Bildkonzeption hoher Figur-Grund-Kontrastierung zur Bildkonzeption mit Figur-Grund-Verbindungen	Durch Rauch schauen/Nebellandschaft/Durch Wasserfall schauen/Schimmelbefall/usw.

Die Anregungen zur Aufgabenkonzeptionen dürfen nicht rein formalistisch gedeutet werden. Formalistische Aufgabenkonstruktion muss sensibel vermieden werden. „Ein rotes Försterhäuschen im grünen Wald“[14] malen zu müssen, grenzt Darstellungslösungen formal (Rot- Grün-Kontrast) und inhaltlich (Haus im Wald) eng ein. Ein Thema wie „Wintersport“ ermöglicht je nach malerischem Vorbild ein größeres Spektrum formaler (Aufhellung, Differenzierung, Valeurismus, Intensitätskontraste, Pinselduktus, ...) und inhaltlicher (Snowboard, Ski, Schlitten, Landschaft, Snowpark, Schneegestöber, ...) Realisierungen.

6.2 Praktische Anwendung

Im nun folgenden Kapitel erfolgt die Konkretisierung der theoretischen Grundlagen in der praktischen Anwendung unter zwei Aspekten: der Planung (Abschn. 6.2.1) und der Durchführung (Abschn. 6.2.2) von Malaufgaben in Lehr-Lern-Situationen.

6.2.1 Malaufgaben planen

Gelingende Lehr-Lern-Prozesse entscheiden sich u. a. auch in der Gründlichkeit und Sensibilität, mit der die vorausschauende Planung und Organisation der Lehrsituation angegangen wird. Lehrpersonen müssen allgemeine institutionelle, räumliche und sächliche Resonanzfelder und spezifische fachliche und soziale Resonanzfelder der Lerngruppe *erfassen*. Daran schließt sich dann das gezielte *Einwirken* auf das pädagogische Resonanzfeld an – als Aufgabenkonstruktion, die Lernstände aufgreift und zu modifizieren versucht. Der Planungsaufwand reduziert sich merklich, sobald ein Materialfundus aufgebaut und eine Organisationsstruktur etabliert ist. Im Folgenden

14 wie Schwerdtfeger es anregte, vgl. Kap. 3

werden Planungsimpulse gegeben: Ich gebe Hinweise darauf, wie die didaktische *Bedingungsanalyse* erfolgen muss, wenn Unterricht als Resonanzfeld verstanden wird, dann zeige ich, wie das komplexe Problem der *Aufgabenkonstruktion* prinzipiell anzugehen ist. Schließlich versuche ich exemplarisch zu zeigen, wie *Aufgabenimpulse* in Relation zum Malcurriculum formuliert werden können:

Bedingungsanalyse: Resonanzfeld

> „Ich weiß als Lehrperson, was meine Schülerinnen und Schüler momentan gestalterisch, handwerklich und perzeptiv hinsichtlich Malerei können und wissen. Ich weiß, was sie als nächstes über Farbe und Malerei lernen wollen und gemäß ihres Lernstandes auch lernen können. Das Lernziel steht im sinnvollen Einklang mit dem komplexen, relationalen Wesen von Farbe und Malerei und mit einem allgemeinen Bildungsanspruch."

Mit diesen Sätzen ließe sich das vorausgegriffene Ziel dieses Teilkapitels kennzeichnen. Anders gesagt:

Das Wissen, Können und die pädagogische Grundhaltung der Lehrperson steuern Wahrnehmen, Erfahren und Verstehen des Resonanzfeldes, so wie es sich für die Lernenden darstellt. Die menschliche (selektive) Aufmerksamkeit fokussiert meist nur Erwartetes. Aus diesem Grund soll die metareflexive Überprüfung des eigenen Wahrnehmungsfeldes den Blick der Lehrperson auch für unerwartete Einflussfaktoren befreien. Dazu sind Impulsfragen dienlich.

a) Das *institutionelle, räumliche und sächliche Resonanzfeld* ist oft nur bedingt beeinflussbar durch die Lehrperson. Dennoch bilden die institutionellen, räumlichen und sächlichen Ausgangsbedingungen des Unterrichts den bestimmenden, teilweise auch limitierenden Handlungsrahmen der Lernsituation. Qualität und Quantität der Materialien, ebenso wie die Raumausstattung (Trockenständer, Waschbecken, ...) fördern, erleichtern, erschweren oder verhindern das Malen mit Nassfarben. Essentielle Fragen zur Erfassung des institutionellen, räumlichen und sächlichen Resonanzfeldes beim Malen sind z. B.:

- Welche Ausgangsfarben kann ich den Lernenden zur Verfügung stellen? Ist meine geplante Aufgabenkonzeption mit den verfügbaren Farben zufriedenstellend umsetzbar?;
- Welche Möglichkeiten gibt es, Farben zu besorgen, trotz fehlender finanzieller Möglichkeiten (Reste von Malerbetrieben? Lernende übernehmen Teil der Materialkosten? Kooperationen? Sponsoren? Wie kann ich die Eltern informieren und für das Projekt gewinnen? ...);
- Welchen adäquaten (festen) Malgrund kann ich den Lernenden stellen? Dickes Papier (z. B. pro Lernenden ca. 0,50€)? Sperrholzreste (Möglichkeit der Grundierung mit Weiß)? Leinwände – kaufen oder selbst bespannen? ...;
- Welches Malwerkzeug ist verfügbar, welches wird benötigt? Schwämme (z. B. alte Tafelschwämme), Lappen (z. B. alte Baumwollkleidung), Pinsel (Borsten, Synthetik, rund, flach, Größe?), Spachteln und weitere Werkzeuge (alte Mitgliedskarten o.ä., ...);

- Muss ich den Boden oder die Tische abdecken? (Zeitung? Alte Wachstischdecken? Alte Plakate?...);
- Muss ich Wasserstationen mit Eimern einrichten (einen mit klarem Wasser, einen leeren für Schmutzwasser, ...) oder sind Waschbecken vorhanden?;
- Wo können die Bilder trocknen?;
- Ist der Raum danach und/oder davor belegt?;
- Welche Vorbilder (Gemälde) kann ich stellen?;

  ...

Im institutionellen, räumlichen und sächlichen Resonanzfeld agieren die Lernenden (und Lehrenden) als aktiv handelnde Wesen. Sie beleben und bestimmen mit ihrem Handeln die Beschaffenheit und Wirksamkeit des *„leblosen"* Resonanzfeldes des gestalteten Raumes und der vorbereiteten Dinge.

Das Erfassen und didaktische Aufgreifen der Lernstände innerhalb einer Lerngruppe (Klasse) ist ein weiterer grundlegender Aspekt der Bestimmung des *spezifischen fachlichen und sozialen Resonanzfeldes der Lerngruppe*. Nur vor diesem Hintergrund kann die Lehrperson pauschalisierendes und rezepthaftes Unterrichten vermeiden. Dazu fragt die Lehrperson z. B.:

- Welche rezeptive und produktive Förderung haben die Lernenden im Bereich Farbe/ Malerei in vorherigen Klassen erfahren?;
- Verfügen die Lernenden über die grundlegendsten Handlungsskripte des Malens (Pinsel auswaschen, Wasser wechseln, Mischen, ...)?;
- Welches Vorwissen/Vorverständnis bringen sie über Farbe und Malerei mit?;
- Über welches handwerkliche und gestalterische Können verfügen sie?;
- Sind sie geübt darin, Bilder sensibel wahrzunehmen und darüber zu verhandeln?;
- Haben sie Vertrauen in ihre Darstellungsfähigkeit?;
- Was ist ihnen absolut neu und unvertraut?;
- Welche malerischen Darstellungsformeln wenden sie vorwiegend an? Prägnante oder differenzierte? Was ist ihnen möglich als nächstes zu lernen?;
- Welche Inhalte wurden schon behandelt? Wo liegen momentane inhaltliche Interessen?;
- ...

Anzumerken bleibt: Das so bestimmte gesamte Resonanzfeld (*institutionell, räumlich, sächlich, fachlich, sozial*) ist zwar bezüglich der Anzahl einzelner beteiligter Faktoren (Mitschüler, Farbmaterial, ...) konstant, nicht aber bezüglich deren Wirkung auf individuelle Lernende. Die tatsächliche Wirkung auf die individuellen Darstellungsprozesse wechselt je nach Aufmerksamkeitsfokus und imaginativem Nachvollzug der einzelnen Lernenden zu jedem Zeitpunkt. Eine Lehrperson muss in jedem Moment des Eingreifens, Zusehens, Beurteilens, Ratens und Helfens das Resonanzfeld in der Perspektive des momentanen Gegenübers neu wahrnehmen können. Sie darf nicht davon ausgehen, dass das Resonanzfeld automatisch wirkt. Dieser *Perspektivwechsel* ist essentiell, um gemeinsame Wahrnehmungen und Vorstellungen zu erzeugen. Leitend sind dabei Fragen wie:

- Was nimmt der Lernende gerade wahr, was blendet er aus? Wo liegt gerade der Fokus seiner Aufmerksamkeit?;
- Hat der Lernende gerade handwerkliche oder imaginative Schwierigkeiten?;
- Auf welchen Aspekt des Resonanzfeldes, den er gerade nicht wahrnimmt, möchte ich seine Aufmerksamkeit durch gestische oder sprachliche Verweise lenken?;
- Auf welche Vorstellungen von Farbe/Malerei greift der Lernende zurück? Wie kann ich sie sinnvoll modifizieren?;
- Welche handwerkliche oder gestalterische Herausforderung stellt sich ihm gerade?
- ...[15]

Aufgabenkonstruktion[16]

Durch sinnvolle Aufgabenkonstruktionen kann die Wirkung des Resonanzfeldes beeinflusst werden, um Lernfortschritte anzuregen. Aufgaben zu konstruieren ist ein komplexer, mehrgliedriger Prozess. Jede Lehrperson erwirbt durch Erfahrung sicherlich auch eigene Routinen und Planungsstrukturen innerhalb dieses Prozesses. Aus diesen Gründen ist es unmöglich der Komplexität des Aufgabenplanens vollständig gerecht zu werden. Dennoch lassen sich sinnvolle Aufgabenkonstruktionen systematisieren: Sie basieren auf didaktischen *Grundsätzen* (a) – sie entspringen ersten *Assoziationen (b)* – und sie verlangen dann nach *methodischen Präzisierungen (c)*:

a) Fünf Grundsätze

Grundsatz 1 verweist auf das zugrundliegende relationale, anthropologische Lernverständnis. Denn die Basis der Unterrichtsplanung ist der bewusste didaktische Rückgriff der Lehrperson auf

- die Bedingungsanalyse der Lernstände der Lernenden (s.o.),
- das didaktische Wissen über Entwicklung malerischer Darstellungsformeln,
- die Bedingungsanalyse hinsichtlich Raum/Material/usw. (s.o.),
- das Sachwissen über Farbe und Malerei,
- das eigene praktische Malen-Können,
- die Zusammenhänge von Wahrnehmung, Vorstellung und Darstellung im Lernprozess.

Grundsatz 2 beschreibt die Balance zwischen Form und Inhalt in Aufgabenkonzeptionen – wobei Schwerpunktsetzungen auf der formalen oder inhaltlichen Seite variieren können. Rein formale Aufgaben (wie Mischen und Anordnen möglichst vieler Grüntöne) oder rein inhaltliche (Malen einer beliebigen Landschaft ohne jegliche perzeptiven, gestalterischen

---

15 Ein Beispiel aus der Unterrichtsstudie zum Nachvollzug des momentan wirksamen Resonanzfeldes des lernenden Gegenübers (Tommy) durch einen Perspektivwechsel ist dem Anhang beigefügt: Vgl. „T-Resonanzfeld", Kap. 7.3.4

16 Das Kapitel basiert grundlegend auf „Handout zur Planung von Kunstunterricht. Planen mit der Didaktischen Figur" der Universität Hildesheim: Uhlig u. a. (2016). Detaillierte Ausführungen zur systematischen Unterrichtsplanung sind darin nachzulesen.

und handwerklichen Übungen/Verweise) verhindern relationales Lernen zwischen Wahrnehmung, Vorstellung und Darstellung und sind wohl selten sinnvoll.

Inhalte können aus dem gesamten Kosmos des Menschen (Mensch, Natur, Kultur, Dinge, Raum, Zeit, Welt, uvm.)[17] herausgegriffen werden. Die übergeordneten Themenfelder wie beispielsweise „Mensch" speisen in ihrer Ausdifferenzierung unzählige inhaltliche Aspekte (Hautfarbe, Erröten, ...), die ein Unterrichtsthema bilden können.

Form meint die farbtechnischen, malhandwerklichen und malerisch-gestalterischen Übersetzungselemente der Inhalte in bildnerischen Darstellungen. Im Bereich der Malerei betreffen formale Aspekte damit stets die jeweilige Maltechnik (Acryl, Aquarell, Öl, ...), die Farbwahl (begrenzte Farbpalette, Grundfarben, nur kalte Farben, ...) den Farbauftrag (flächig, pastos, lasierend, spritzend, ...) und die Farbzusammenstellungen (kontrastierend, valeuristisch, ...).

Grundsatz 3 beschreibt mimetische Bezugnahmen innerhalb von Aufgabenkonstruktionen. Darunter sind *Elemente des Vormachens/Demonstrierens* von Handlungen und das Zeigen von *Bildern/Dingen* gefasst – die Bestandteile jeder Unterrichtsstunde sind. Daraus folgt einerseits: Wer malen lehrt, muss selbst malen können. Die Lehrperson muss als Vorbild fungieren und „vormalen" können, um mimetisches Lernen immer wieder zu ermöglichen. Sie fragt sich dazu: *Kann ich als Lehrperson ein Vorbild sein und Teilschritte vormachen (Pinselhaltung/ Mischverhältnisse o.ä.)? Was möchte ich zeigen und was muss ich davor üben?*

Andererseits benötigt eine Lehrperson auch Bildwissen und kunstgeschichtliche Kenntnisse[18], um „Vorbilder" reflektiert entsprechend der angestrebten Lerninhalte auszuwählen, zu konzipieren, zu besorgen und verfügbar zu präsentieren. Im deiktischen und intersubjektiven Bezug zu diesen Vorbildern soll später Lernen stattfinden. Davor ist zu klären:

- *Welche Bildmaterialien (Kunstbücher, Kunstdrucke, ...) sind vorhanden? Welche können angeschafft werden (Kunst Bildatlas[19])?*
- *Wie ist der Kunstraum gestaltet? Welche Bilder hängen dort, auf die verwiesen werden kann? Welcher Fundus an Bildern soll den Lernenden dauerhaft visuell zugänglich sein?*
- *Welches Gemälde kann in Abstimmung zur jeweiligen Aufgabenkonzeption als Vorbild für eine bestimmte Art des Farbauftrags/für eine spezifische Farbwahl/für die Verbindung von Figur und Grund/... dienen? Dazu müssen Lehrpersonen die dargestellten Farbphänomene analysieren und erfassen können[20], z.B: Ist die Malkonzeption buntfarbenbestimmt oder tonwertig?/ Wie ist die Farbe-Gegenstands-Beziehung (Symbolfarbe, Gegenstandsfarbe, Erscheinungsfarbe, Ausdrucksfarbe, absolute Farbe)?/Wie ist die Farbe-Raum-Beziehung (Farbperspektive, Trübung, Verblauung...)?/*

17 Inhaltsfelder finden sich auch in den aktuellen Lehrplänen wieder.
18 Übersicht z. B. in Düchting (2010)
19 Seydel u. a. (2007)
20 Vgl. Eucker (1997)

Wie sind die Farbbeziehungen (Helligkeit, Buntarten …)?/In welcher Maltechnik und Materialität sind die Farben aufgetragen? …

Grundsatz 4 verweist auf „im Inhalt" implizierte formale Herausforderungen. Dieser Grundsatz geht unmittelbar aus den vorherigen Grundsätzen hervor und arbeitet nochmals einen als besonders wichtig erachteten Aspekt heraus: Jeder gewählte Inhalt und jedes gewählte Vorbild (Gemälde) implizieren spezifische Malherausforderungen, z. B.:

- Nebellandschaften verlangen nach Aufhellung mit Weiß und nach lasierendem Arbeiten;
- Tosende Brandungen fordern dagegen auch das materialintensive, pastose Auftragen von Farbe;
- Architektonische Details laden eher dazu ein, flächig zu malen;
- Unterwasserwelten entfalten ihre Faszination durch fließende Farbübergänge;
- Schneelandschaften forcieren eine hochsensible Wahrnehmung und eine differenzierte Ausmischung, um feinste Weißnuancen darzustellen;
- Tomaten mit ihrer glatten Oberfläche werden eher flächig rot wahrgenommen und auch so dargestellt. Bei Kiwi, Ananas, mehrfarbigen Äpfeln etc., ist das perzeptive Anregungspotenzial zur differenzierten darstellerischen Übersetzung höher als bei den Tomaten;
- Expressionistische Gemälde illustrieren eher den flächigen, prägnanten, reinbunten Farbumgang;
- Impressionistische Gemälde illustrieren eine Differenzierungstendenz hinsichtlich erscheinungsgemäßer Farbwerte;
- Rubens´ Malweise illustriert beispielhaft malerische Figur-Grund-Behandlungen;
- …

Die Entscheidung, wem ich wann eine Tomate oder aber einen mehrfarbigen Apfel, wem ich Claude Monet und wem ich Peter Doig als Vorbild zur Hand gebe oder empfehle, ist also relevant: Sie steht im Bezug zu den aktuell von den Lernenden habituell genutzten malerischen Darstellungsformeln, die in der Lerneinheit thematisiert und ggf. modifiziert werden sollen. Diese inneren Differenzierungsmaßnahmen müssen innerhalb der Aufgabenkonzeption bedacht sein und in sie einfließen.

Grundsatz 5 verweist auf die methodische Strukturierung des Unterrichts. Die schlüssige Abfolge von Unterrichtsphasen, von geplanten Übergängen und Zwischenelementen, sowie der reflektierte Einsatz von Lehr-Lernformen (Lehrgang, Werkstatt, Stationen, Unterrichtsgespräch, …) und von Sozialformen (Einzel-, Partner-, Gruppen-, Plenumsarbeit) bilden den selbstverständlichen Planungsrahmen.

b) Assoziationen

Die erste Idee einer Aufgabenkonzeption kann ein vager Begriff, ein Kunstwerk, eine Maltechnik o.ä. sein, mit dem sich die Lernenden (begründet durch ihren Lernstand) auseinandersetzen sollen. Die erste Setzung innerhalb des Planungsprozesses findet inhaltlich (z. B.: *Meine erste inhaltliche Assoziation für eine Malaufgabe bezieht sich auf die Überkategorie „Lüge“)* *oder* formal *(z. B.: Meine erste formale Assoziation für eine Malaufgabe: Ich möchte mit den Lernenden fließend und lasierend mit Acrylfarbe arbeiten)* statt. Ist dieser Anfangspunkt gesetzt, muss der inhaltliche oder formale Gegenpart dazu entwickelt werden. Exemplarisch könnte der inhaltliche Ausgangspunkt „Lüge“ sein. Wichtig ist, dass dieser Ausgangspunkt (hier „Lüge“), nicht vorschnell als Titel oder Thema der Einheit feststeht, sondern lediglich den imaginativen Startpunkt einer Aufgabenentwicklung darstellt: Ziel bleibt, dass die endgültige Aufgabe in sich schon motivierende Malherausforderungen impliziert --(vgl. Grundsatz 4 weiter oben). „Lüge“ erscheint in diesem Kontext noch hoch komplex für malerische Umsetzungen – also muss der Gedanke weiter entfaltet und hinsichtlich einer impliziten formalen Herausforderung ausgerichtet werden durch… [21]:

- *Inhaltliche Bezüge:* Geometrie (optische Täuschung), Politik (Rechtssystem, …), Ethik (Notlüge, Moral, …), Literatur (Pinocchio, Sprichwörter, …), Wetter (unverhoffter Regenschauer), Kunst (Georg Grosz: Stützen der Gesellschaft, Wie lügen Bilder?), Medien (Werbung, Photoshop, …), Ernährung (Inhaltsstoffe, Beleuchtung, …), Körper (Rot werden, …)…
- *Formale Bezüge (Darstellen):* Farben auswählen, mischen, auftragen, zusammenstellen, …
- *Imaginative Bezüge (Wahrnehmen und Vorstellen):* Warum lügen Menschen? Warum lüge ich? Woran erkenne (sehe/höre/...) ich, dass jemand gelogen hat? Wie fühle ich mich wenn ich lüge? Ist lügen immer schlecht? …

Aus diesem anfänglichen assoziativen Vorgehen im Planungsprozess ergeben sich für die Lehrperson später innerhalb der gesamten Unterrichtseinheit flexible Handlungsoptionen. Denn Gespräche, Verweise und Hilfen können dann in allen angedachten inhaltlichen oder formalen Dimensionen ablaufen und unterschiedlichen Imaginationsprofilen gerecht werden. Durch das Erfassen des weiten relationalen und imaginativ verzweigten Themenfeldes im Welt-Bezug können die Lernenden nach und nach begreifen, was ihr Gemälde und die bearbeitete Thematik mit ihnen als Mensch zu tun hat (Selbst-Bezug). Durch diesen persönlichen Bezug und das Begreifen der Relevanz entsteht Motivation. Jeder Malunterricht soll demnach in einem dichten Netz der Bezugnahmen *zu sich und zur Welt* geplant sein, um den allgemeinen Bildungswert herauszuarbeiten.

Beispiel: Wie könnte eine Malaufgabe nun in weiterer Ausrichtung auf Farbe/Malerei aussehen?:

Ich greife dazu nur die Assoziationen heraus, die sich auf die menschliche Körperlichkeit und äußerlich sichtbare Affekte beziehen. Daraus ergibt sich eine konkretere Idee für eine Aufgabenkonstruktion: *Rot werden* (sensible Wahrnehmung und Darstellung der Rötung der Haut),

21 Die Visualisierungsform der Mindmap eignet sich z. B. dafür.

c) Präzisierungen
In den weiteren Planungsschritten muss die methodische Schärfung und Perspektivierung der bisher assoziativ angelegten Aufgabenkonzeption stattfinden. Die Ausformulierung der Aufgabe orientiert sich wiederum am erhobenen Lernstand der Lernenden. Lernstand meint in diesem Fall neben dem malerischen Können auch das *sprachliche Verständnis* der Lernenden, da die Formulierungen in der Aufgabenstellung schülergerecht sein müssen, um imaginative Resonanzen zu erzeugen.

In der Regel ist davon auszugehen, dass prinzipiell jede Thematik mit jeder und jedem Lernenden unabhängig von ihrem/seinem fortgeschrittenen oder ungeübten Lernstand zu bearbeiten ist. Je nach Lernstand (z. B.: vorherrschende Prägnanztendenz oder Differenzierungstendenz der malerischen Darstellungsformeln) variieren lediglich die Akzentuierung der Bearbeitung und die Art der malerischen Darstellung – eben im Rückgriff auf momentan verfügbare Darstellungsformeln. Die perzeptiven, gestalterischen und handwerklichen Zielsetzungen und Hilfestellungen müssen sich stets je nach Lernstand der Lerngruppe unterscheiden. Entscheidend ist, ob die Prägnanztendenz noch unsicher ausgeführt wird und zunächst durch die Aufgabe gefestigt werden soll, ob die Prägnanztendenz sicher angewendet und mit der Aufgabe zur Differenzierungstendenz geführt werden soll, ob die Differenzierungstendenz schon ansatzweise vorhanden ist und weiter gefördert werden soll usw.. Leitfragen zur Konzeption der Hilfsmittel sind somit: *Arbeiten die Lernenden flächig? Reinbunt? Mischen sie? Gelingen ihnen schon fließende Übergänge?...*[22]

Das Wissen darüber, wie jeder Lernende jede Aufgabe/jedes Bild/jede Hilfe im Rückgriff auf seine Vorerfahrung und seine Darstellungsformeln verstehen kann, ist essentiell für das Unterrichten in heterogenen Lerngruppen. Jede Malerei und jeder malerische Aspekt kann jedem Lernenden zu jedem Zeitpunkt auf spezifische imaginativ-nachvollziehende Weise zugänglich gemacht werden. Es existiert dann nicht ein absolutes Verstehen, sondern ein sich im curricularen Lernprozess bei jedem Lernenden immer weiter modifizierendes Verstehen. Nur die empathische Perspektivübernahme ermöglicht der Lehrperson, an das momentane Verstehen der Lernenden anzuknüpfen und im Curriculum weiter zu führen.

Beispiel: Auf der Basis dieses Vorverständnisses könnte eine maldidaktische Hauptaufgabe[23] folgendermaßen lauten:
Augenblick des Rotwerdens
Stelle malerisch dar, wie du errötest.

22 Vgl. Bedingungsanalyse in Kap. 6.2.1
23 Verweis: Klett KUNST Arbeitsbücher arbeiten mit „Hauptaufgaben" als übergeordnete Herausforderung, auf die Übungen hinführen und Problemlöseprozesse folgen – vgl. z. B. Glas u. a. (2008).

Die Aufgabe kann zu jedem Lernzeitpunkt gelöst werden. Die Differenzierungen je nach Lernstand ergeben sich aus bewusst gewählten Künstlerbezügen und Übungen. *Wo setze ich den Lernfokus? Soll es um realistische Darstellung im Sinne von Rubens Malphysiologie*[24] *gehen (Differenzierungstendenz)? Oder eher um ausdrucksmäßige Farbdifferenzierung im Sinne von Jawlensky, Munch usw. (Prägnanztendenz und erste Ansätze von Differenzierungstendenz)?*

Alle mikro-, meso- und makromethodischen Planungen sind demnach durch die von der Lehrperson eingenommenen Perspektivierung der Aufgabe bestimmt. Wie diese methodisch strukturiert sein kann zeigt der nachfolgende Abschnitt.

Ist die Hauptaufgabe definiert, ist davon ausgehend in zwei Richtungen methodisch weiter zu planen:

1. Was muss imaginativ und darstellerisch geübt und verhandelt werden, bevor die selbstständige Problemlösephase einsetzen kann (Hinführung)?
2. Welche imaginativen oder darstellerischen Herausforderungen stellen sich schließlich erst in der selbstständigen Bildbearbeitung (Problemlösung)?[25]

Entlang dieses flexiblen Planungsrasters gestaltet die Lehrperson die Unterrichtsphasen (Wiederholung, Übung, Anwendung, Reflexion, Präsentation, …) gemäß ihrer lehrmethodischen Fähigkeit in Ausrichtung auf das Lernziel.- Phasen (wie z. B. Übungen) wiederholen sich meist und sind sowohl in der Hinführung, wie auch in der Problemlösung relevant. Zwischen den Phasen entsteht die Herausforderung der Übergänge, die die Lehrperson zum Beispiel durch verbale Einstimmungen nachvollziehbar gestalten muss. Denn bleibt beispielsweise eine Übung für die Lernenden imaginativ unverbunden mit der Hauptaufgabe, kann keine Transferleistung stattfinden. Auf den zielführenden Einsatz von Lehr-Lernformen (Lehrgang, Werkstatt, Stationen, Unterrichtsgespräch, …) und von Sozialformen (Einzel-, Partner-, Gruppen-, Plenumsarbeit) sei verwiesen, ohne genauere Ausführungen zu diesen allgemein pädagogischen Aspekten zu machen. Ich erläutere lediglich die spezifisch kunstpädagogischen Planungsmomente genauer, die sich stets um die methodische Konzeption der Hilfen drehen. Grundlegend hierbei bleibt zu jedem Moment die Trias von Wahrnehmung, Vorstellung und Darstellung. So lauten die ersten Fragestellungen zur Konzeption der Hilfen:

- Was sind bei meiner konzipierten Aufgabe Was sind bei meiner konzipierten Aufgabe *inhaltliche Herausforderungen* und welche Hilfen kann ich dafür anbieten?
- Was sind bei meiner konzipierten Aufgabe Wie gestaltet sich die *Formentlastung* bevor die Aufmerksamkeit spezifisch auf Farbe gerichtet werden kann?
- Was sind bei meiner konzipierten Aufgabe Was sind bei meiner konzipierten Aufgabe *farbimaginative (Wahrnehmung und Vorstellung) Herausforderungen* und welche Hilfen kann ich dafür anbieten?

24 Vgl. Darlegungen (u. a. nach Heinen) im Anhang, Kap. 7.1.1

25 Uhlig u. a. (2016) verwenden für dieses Planen die „didaktische Figur als Planungsmodell" (Hinführung ß Hauptaufgabe à Problemlösung)

- Was sind bei meiner konzipierten Aufgabe Was sind bei meiner konzipierten Aufgabe gestalterische und *malhandwerkliche (Darstellung) Herausforderungen* und welche Hilfen kann ich dafür anbieten?

Zurück zum Beispiel des Errötens: Die *inhaltliche Herausforderung*, ist, dass jeder Lernende „seinen eigenen Moment des Errötens" findet und nachempfindet, den er malerisch darstellen möchte. Dazu kann beispielsweise zunächst gebrainstormt werden: *Was sind überhaupt Emotionen, die uns rot werden lassen? (-> Wut, Zorn, Scham, Aufregung, ...). In welchen Situationen kann es dazu kommen? (-> Lüge, Sport, Streit, Referat halten, Missgeschick,...). Welche weiteren äußeren Merkmale können das Erröten begleiten? (-> entgleister Gesichtsausdruck, Schweißausbruch, Hautflecken, hervortretende Adern, ...), Welche Situation habt ihr schon erlebt? Was ist dein Moment, den du malerisch, darstellen möchtest?*

Bevor die Aufmerksamkeit auf der malerischen Darstellung der Haut liegen kann, muss eine Formentlastung stattgefunden haben. Ohne die Formstudien würde die Aufgabe zu einer formbezogene Überforderung führen und die Fokussierung auf Farbe verstellen.[26] Hierfür wären mehrere methodische Wege denkbar: *z. B. durch Entwurfsskizzen der Gesichter (Vor Spiegel? Mit Partner? Fotografie? Event. Errötung schminken, um Farbaspekte schon mit abzubilden? Vorangehende grafische/ plastische Einheit zu Portraits*? usw.).

Explizite Wahrnehmungs-, Vorstellungs- und Darstellungshilfen[27] im Bereich Farbe/Malerei wurden schon im Empirieteil definiert: Bilder, Gesten, Gespräche, Verweise, vorgemachte Handlungen, Mischübungen, usw. Besonders hervorzuheben ist der methodische Umgang mit Bildern im Kunstunterricht. Jedes Bild ist eine Hilfestellung für das eigene Arbeiten, insofern die Lerngruppe imaginative Bezüge zwischen Bild und eigenem Schaffen und Denken herstellen kann. Kunstrezeption sollte dabei stets zunächst subjektive Zugänge ermöglichen, bevor die vertiefte Analyse eines spezifischen malhandwerklichen oder farbperzeptiven Aspektes einsetzt. Es folgt dann der Transfer auf die eigene Wahrnehmung, Vorstellung und Darstellung.[28]

Im Exempel „Portrait des Rotwerdens" im Sinne einer differenzierten, realitätsnahen Malphysiologie wie bei Rubens speisen sich demnach alle methodischen Entscheidungen hinsichtlich der Hilfsmittel aus spezifischen farbimaginativen und gestalterischen, malhandwerklichen Herausforderungen:

- Imaginativ: Die Herausforderung ist, sich Hautfarbe als variable und relationale Farbe vorzustellen, die durch innere Gemütszustände und äußere Spuren beeinflusst wird. Haut muss dazu als leicht transparente Farbschicht wahrgenommen werden. Die differenzierte Wahrnehmung der Inkarnattöne und auch der Spuren auf der Haut (Schweiß, Blut, ...) muss durch isolierendes, vergleichendes und verhandeltes Sehen gefördert werden.

---

26 Vgl. Glas (2016): Hinweise zur Prädominanz des Formsehens vor dem Farbsehen
27 Vgl. Kap. 4 und 5 und Aufarbeitungen im Anhang 7.3
28 Phasen der Bildrezeption nach Uhlig (2005): Einstieg, vertiefte Rezeption, Transfer

Mögliche Imaginationshilfen wären:
Bildgespräche über Malereien von Rubens[29], deiktische Verweise durch Zeigegesten und Isolierrahmen, Farbvergleichspunkte als Wahrnehmungshilfe, Spekulation über Mischverhältnisse und Malweise, Vergleiche der eigenen Hautfarben, Reflexion über Veränderung der eigenen Hautfarbe, ...

- Darstellerisch: Die Herausforderung ist das differenzierte, mimetische Ausmischen sensibler Hautfarbtöne. Dazu müssen schon die passenden Ausgangsfarben ausgewählt werden. Anschließend muss die Mischfarbe sensibel aufgetragen werden: Eine leichte Errötung der Haut verlangt nach fließenden Farbübergängen und nach schichtendem, lasierendem Farbauftrag. Fließt Schweiß über das dargestellte Gesicht, so erfordert die malerische Darstellung ebenso einen fast transparenten Umgang mit verdünnter und aufgehellter Farbe. Glanzstellen auf dem fast glühenden Gesicht müssen als deckende Akzente gesetzt werden. Die farbige Einheit und Plastizität des Gesichts muss durch feinste valeuristische Modulierungen erzeugt werden.
  Mögliche Darstellungshilfen wären:
  Geeignete Ausgangsfarben zur Verfügung stellen; Übungskarte (Vorderseite): eigene Hautfarbe zunächst isoliert nachmischen, dann darunter Errötung dieses Hauttones als fließenden Übergang darstellen, dann darunter eine Kugel mit den Hauttönen plastisch modulieren; Übungskarte (Rückseite): Farbauftragsübung – Hautton durch pastosen, lasierenden und schichtenden Auftrag variieren. Darunter eine Kugel modulieren, auf der dann „Schweiß" als lasierende Farbschicht runterrinnt.
  All diese handwerklichen Verfahren müssen von der Lehrperson VORGEMACHT werden!

Ein Verweis soll sich auf das Reflektieren, Bewerten und Beurteilen der Lernprozesse und Produkte beziehen, das zu den institutionell gebundenen Aufgaben einer Lehrperson gehört. Oberster Grundsatz ist die Transparenz der Kriterien gegenüber den Lernenden. Zwischenreflexionen (auch durch Museumsgang, Bildgespräche, Portfolio...) ermöglichen dem Lernenden beispielsweise eine reflexive Selbsteinschätzung und damit einen Nachvollzug einer späteren Zensur. Die Zensur berücksichtigt dabei im Idealfall den individuellen Lernfortschritt im Bezug zum Ausgangslernstand, im Bezug zu den anderen Lernenden und im Bezug zu den bekannten, besprochenen Kriterien.

Exemplarische Aufgabenimpulse

Das „Portrait des Rotwerdens" in Auseinandersetzung mit Rubens malerischer Inkarnatsauffassung ist nur ein Beispiel für eine Aufgabenkonzeption, in der Wahrnehmung, Vorstellung und Darstellung in eine bestimmte sinnvolle Wechselwirkung treten könnten.

Nachfolgend sind weitere Aufgabenimpulse skizziert, aus denen sich Hauptaufgaben methodisch präzisieren lassen in jeweiliger Abstimmung auf die Lerngruppe. Je nach vorhandener Prägnanz- oder Differenzierungstendenz innerhalb der Darstellungsformeln (letzte Spalte), ergeben sich andere Fokussierungen und Hilfestellungen innerhalb der Aufgabe. Jedes Bild aus jeder Kunstepoche kann in-

29 Vgl. Analysen zu Rubens im Anhang, Kap. 7.1.1

Titelansätze für Hauptaufgabe	Wahrnehmung & Vorstellung	Darstellung
→ Ruhe vor dem Sturm → Himmelstimmungen → Himmel über meiner Stadt → Wolkenbotschaft → Wolkenlandschaft → Wolkenfigur → ...	*John Constables Wolkenbilder, der reale Himmel, ...* Was kann uns ein Blick in den Himmel sagen? Wie viel Himmel sehen wir? Wo sehen wir viel Himmel? Wo wenig? Welche Wolkenformen kennt ihr? Sind Wolken weiß? Ist Weiß manchmal auch bunt oder grau? Was macht die Form einer Wolke aus?...	Differenzierung von Weißtönen, pastoser, lasierender und schichtender Farbauftrag **Prägnanztendenz*: Klare Abhebung der Wolken vor Himmel, Farbtrennungen, ... **Differenzierungstendenz*: Wolkenmasse, amorphe Formen, Bildeinheit, Farbverbindungen, ...
→ Sonne in meinem Zimmer → Sonne im Traumhaus → Lichteinfall → Schattenmusterung → ...	*Sonne in einem leeren Raum, Edward Hopper, 1963, jeder reale Raum mit Lichteinfall, ...* Was sind Sonnenstrahlen? Wie verwandelt Sonnenlicht einen Raum? Welche Farbe hat der Schatten? ...	Eine Farbe gemäß ihrer Licht- und Schattenfarben differenzierend mischen und vorwiegend deckend auftragen **Prägnanztendenz*: flächiges Anlegen der Schattenflächen **Differenzierungstendenz*: Farbige Differenzierung innerhalb der Schattenflächen
→ Rauschzustände → Sinnbild des Rausches → Rauschlandschaft → ...	*Peter Doig, Blotter 1993, ...* Was ist ein Rausch? Wann setzt dieses Gefühl ein? Sind Drogen dafür notwendig? Wann fühltet ihr euch schon einmal berauscht? Wie stellt Doig das Gefühl des Rausches malerisch dar? Was ist ein einheitlicher Farbklang? Wie lässt sich Transparenz und Spiegelung darstellen?...	Einen „berauschenden" Farbklang auf das gesamte Bild anwenden, Farben sehr differenziert ausmischen **Prägnanztendenz*: Bunte Farbklänge, Scharfe Farbgrenzen **Differenzierungstendenz*: Valeuristische Farbklänge, Farbeinheit
→ Zweiheit (von Dingen, Tieren, ...) → Liebe → Verbundenheit → Schwimmende Begegnungen (von Dingen, Tieren, ...) → ...	*Swimming Lovers, 1984, Eric Fischl, ...* Was ist Verbundenheit? Wie kann Verbundenheit durch Farbe und Farbauftrag ausgedrückt werden? Warum erkennen wir Dinge auch, wenn sie nicht „scharf" abgebildet sind? ...	Pastoser, schichtender, breiter Farbauftrag, verbindender Farbauftrag, abgestimmte Gesamtfarbigkeit eines Bildes **Prägnanztendenz*: Buntheit, lineare Herangehensweise **Differenzierungstendenz*: Sensible Farbdifferenzierung, Offenheit für den malerischen Farbumgang ohne zu starke Orientierung an Form

→ Gesellschaft meiner Liebling-stiere → Tiergesellschaften → Gruppenzugehörigkeit → Zusammengehören → ...	*Taubengesellschaft, Tim Eitel, 2008* Was ist eine Gesellschaft? Was bedeutet zusammenzugehören? Wann fühlt ihr euch zugehörig zu etwas/jemandem? Wie kann Farbe Zusammengehörigkeit darstellen? Warum ist nicht jedes Bild bunt? Welche Farben greift der Hinter-grund auf? ...	Farben des Vordergrundes im Hintergrund aufgreifen, Gesamtbild durch Farbigkeit des Vordergrundmotives bestimmen, differenzierte Ausmischung **Prägnanztendenz*: Flächiger, bunter **Differenzierungstendenz*: Differenzierter, abgetönter

nerhalb der bewussten Planung seine Berechtigung als mimetisches Vorbild finden. Die folgenden Beispiele beziehen sich hauptsächlich auf zeitgenössische Werke. Die offenen Impulse sollen dazu dienen, eine breitere Vorstellung von möglichen Malaufgaben zu erhalten:

6.2.2 Malaufgaben durchführen

Die theoretischen Planungen bleiben stets für die praktische Realisierung von Unterricht bestimmt. In der Art und Weise der Durchführung entscheidet sich ihre Qualität erst endgültig. Dieselbe Planungsgrundlage führt je nach Klasse und je nach Wissen und Können der durchführenden Lehrperson zu unterschiedlichen Verläufen und Ergebnissen. Flexible Handlungsoptionen und variable Sichtweisen auf den Lerninhalt werden damit zum eigentlichen Kern des didaktisch-sinnvoll realisierten Unterrichts der Lehrperson. Dafür Rezepte oder Regeln vorzugeben, ginge an der heterogenen Natur der Sache vorbei. Dennoch können Impulse zur sicheren und *flexiblen* Durchführung von Malaufgaben in der Praxis auch aus der Theorieperspektive gegeben werden. Eigens thematisiert werden folgende methodische Momente: Das *Flexible Nutzen von Resonanzfeldern* und *flexible Hilfestellungen*. Beide Aspekte sind elementare Qualitäten von Lehrerprofessionalität und sollen und können hier nur verweisend und komprimiert dargelegt werden.

Resonanzfelder flexibel nutzen

Das Wissen der Lehrperson über das vielgliedrige Resonanzfeld im Klassenraum[30] (wie in 6.2.1 beschrieben) ist die Voraussetzung, nicht die hinreichende Bedingung für die tatsächliche Anregung relationaler Lernprozesse bei allen Lernenden. Didaktisch-fruchtbare Interaktionen innerhalb des Resonanzfeldes verlangen *flexible* empathische Momente des Aufeinandereingehens und des gegenseitigen Nachvollzugs (Perspektivwechsel) zwischen Lehrenden und Lernenden. Die Lehrperson fragt dazu: *Worauf fokussiert sich die momentan wirksame Aufmerksamkeit meines Gegenübers? Wie animiere ich die Lernenden zum Teilen ihrer Vorstellungen? Wie lenke ich ihre Aufmerksamkeit, um ihnen neue Perspektiven auf Inhalt und/oder Form zu eröffnen?*

30 Vgl. zur Resonanzpädagogik: Rosa/Enders (2016)

Die Antworten auf die Fragen sind nur kontextgebunden in jeweiligen Lehrsituationen zu beantworten. Daraus ergibt sich die Lehrherausforderung, den Lernenden das Resonanzfeld flexibel zugänglich zu machen: D.h. ihnen gemäß und ausgehend von ihren momentanen Aufmerksamkeiten/Bedarfen/Lernständen, spezifische Zugänge zu ermöglichen. Das gezielte Wechseln der didaktischen Bezugnahmen zwischen den mehrgliedrigen Relationen (z. B. Bild – Gegenstand – Farbe --– ...) stellt dabei also eine empathische Lehrkunst dar.

Hilfen flexibel geben

Auch die Konzeption pauschaler Wahrnehmungs-, Vorstellungs-, Darstellungshilfen für die gesamte Lerngruppe ist keine hinreichende Bedingung für ihre Wirksamkeit. Manchmal verlangen Lernende ergänzend nach individuellen Unterstützungen oder Zugängen, die die Lehrperson aus der empathischen *Beobachtung* heraus gibt und nicht direkt planen kann.

Die individuellen Hilfen sind beispielsweise wiederholende Verweise für einzelne Lernende oder auch kleinste Elemente des Vormachens (wie die Anregung einer neuen Pinselhaltung). Auch die flexible Entscheidung für Zwischenbesprechungen, im Falle eines breiteren Unverständnisses innerhalb der Lerngruppe, muss flexibel möglich sein.

6.3 Ausblick und Desiderate

Die konkrete Auseinandersetzung mit malerischen Lernprozessen in mimetischen Lernsituationen hat einerseits weiterführende spezifisch maldidaktische Bezüge und Fragen aufgeworfen. Andererseits steht diese Auseinandersetzung aber auch in weiterem Kontext zu übergeordneten kunstpädagogischen Debatten, die das allgemeine Fachverständnis betreffen. Ich gebe abschließend einen Ausblick auf beide Bezugsfelder – zum einen als Impuls für theoretische und empirische Anschlussforschungen, zum anderen als Impuls für den Transfer der Erkenntnisse auf andere kunstpraktische Gestaltungsbereiche neben dem Malen. Im Anschluss an meine hier vorgelegte Studie sind mithin sowohl spezifisch maldidaktische Anknüpfungsmöglichkeiten und Desiderate vorbereitet (Abschn. 6.3.1), als auch allgemeine kunstdidaktische Anknüpfungsmöglichkeiten und Desiderate (Abschn. 6.3.2).

6.3.1 Spezifisch maldidaktische Anknüpfungsmöglichkeiten und Desiderate

Das Forschungsfeld im Bereich des Malen-Lernens ist nach wie vor weit und offen. Anschlussfragen könnten folgende Parameter variieren, fokussieren oder neu kombinieren: *Malmaterial und -methodik*, *Probandinnen und Probanden* und ihr Lernverhalten, *spezifische Malphänomene* und *interdisziplinäre Zusammenhänge*.

Malmaterial und -Methodik

Die vorliegende Forschungsstudie ordnet sich primär dem maldidaktischen Methodenfeld ‚Wahrnehmen' zu, das von der Farbwahrnehmung der Lernenden ausgeht und sukzessive durch imaginative und darstellerische Übungen zur malerisch-differenzierten Darstellung führt. Die Teiloperationen des so verstandenen Malen-Lernens wurden erläutert und hinsichtlich eines allgemeinen Bildungswertes diskutiert.

Im selben Methodenfeld ‚Wahrnehmen' haben sich aber noch weitere Fragen aufgetan: In meiner Unterrichtsstudie dominierte der Bezug zu Gemälden von Cézanne als Vorbilder. *Doch wie definiert sich die bildnerische Abhängigkeit von diversen anderen mimetischen Bezügen wie z. B. von anderen Künstler-Vorbildern? Wie verändern sich Malkonzepte bei variierenden Vorbildern?* Genauso könnte z. B. weiter gefragt werden: *Wie wirksam ist dabei die Methodik der reinen Kopie (Abmalen) eines Gemäldes im malerischen Lernprozess?*[31]

Neben dem Methodenfeld ‚Wahrnehmen' müssten die Felder ‚Experimentieren', ‚Empfinden', ‚Ordnen' und ‚Versachlichen'[32] eine ähnliche empirisch-hermeneutische Klärung erfahren: *Welche Teiloperationen und Bildungsmomente implizieren aleatorische/subjektive/regelhafte/... Malverfahren?*

Erst auf der Basis der Klärung der isolierten Methodenfelder, wäre dann auch ein valider Vergleich der unterschiedlichen Bildungswirksamkeit möglich. Aus dem Vergleich ergäbe sich ein maldidaktisch reflektiertes Bewusstsein darüber, wie sich die verschiedenen Methodenfelder fruchtbar und gezielt ergänzen könnten. Stundenlanger selbstreferentieller Leerlauf der Lernenden, mechanisches Ausführen oder unreflektiertes Ausmalen könnten durch das optimierte Verstehen der Wirkungsweise der Methoden dann hoffentlich vermieden werden.

Die Ergebnisse meiner Untersuchung beziehen sich auf das Malen mit deckenden, wasserlöslichen Nassfarben (Acryl). Rückschlüsse hinsichtlich eines Medienvergleichs mit anderen Maltechniken sind ausgeblieben. Doch bliebe zu fragen: *Was sind spezifische Wahrnehmungs-, Vorstellungs- und vor allem Darstellungspotentiale im Lernprozess mit anderen Maltechniken – wie beispielsweise der Aquarellmalerei?*

Probandinnen und Probanden

Die vorliegende empirische Studie zum anschauungsbezogenen Malen fand in einer neunten Klasse einer Realschule ohne malerische Vorkennnisse statt. Im Theorieteil und in der Auswertung sind trotzdem auch schulartunabhängige, beziehungsweise transferfähige Erkenntnisse angestrebt.

Dennoch würde die Variation der Untersuchungsgruppe hinsichtlich diverser klassischer (Alter, Entwicklung, Geschlecht, Schulart, ...) und fachlicher (Begabung, ...) Heterogenitätsdimensionen weitere Erkenntnisse liefern:

31 Vgl. Glas u. a. (2017)

32 Vgl. exemplarische Methodenfelder in Kap. 3.2.1

Es sind z. B. Forschungen besonders im frühkindlichen Bereich und im Primarbereich erforderlich, um die Lernstände genauer hinsichtlich unterschiedlicher Entwicklungsvoraussetzungen zu verstehen. Besonders vehement hält sich die These, dass jüngere Kinder den rein subjektiven Farbzugang bevorzugen würden. Empirische Analysen des Malens im mimetischen Bezug zu Anschauungen in der Grundschule müssten hier eine kritische Klärung herbeiführen.[33]

Auch die Übertragung meines Settings in unterschiedliche Klassenstufen wäre aufschlussreich für den Vergleich malerischer Lösungsansätze – vor allem um die irreführenden Stufentheorien weiter zu entkräften.

Fokussierungen von Einzelfällen (z. B. Begabungsstudien) über einen längeren Zeitraum – am besten im Längsschnitt über Jahre – könnten wichtige Details über Modifizierungen und Stabilisierungen in malerischen Lernprozessen klären. Besonders die malerischen Veränderungen in Übergangsphasen (z. B. Schulwechsel, Übergänge zwischen früher, mittlerer, später Kindheit, Jugend) könnten dann analysiert werden: *Wie erhalten, modifizieren oder verlieren sich erworbene Darstellungsformeln im gesamten Lernverlauf?*

Langfristig angelegte Längsschnitte einzelner Lernender über die gesamte Zeitspanne ihrer schulischen Bildung wären hierfür aussagekräftiges Datenmaterial.[34] Da diese Längsschnitte kaum realisierbar sind, sollten zumindest längst mögliche Zeitspannen für Längsschnitte angestrebt werden.

Auch inklusionssensibler Malunterricht eröffnet ein Forschungsfeld hinsichtlich der Differenzierungsmaßnahmen und ihrer Praktikabilität für Lernende mit unterschiedlichsten Lernvoraussetzungen und Bedarfen.

Spezifische Malphänomene

Die in dieser Arbeit herausgearbeiteten Teilhandlungen des Malens (Farben isolieren, vergleichen, wählen, mischen, auftragen, kombinieren, …) sind als Oberkategorien zu verstehen. Jeder Bereich differenziert sich in weitere ganz spezifische Lernherausforderungen aus, die in sich eigene, komplexe Teiloperationen implizieren. Das Erlernen dieser spezifischen Teilphänomene bietet ein weites Forschungsfeld, das sich direkt auf Ergebnisse dieser Arbeit stützen könnte. Derartige spezifische Mal- und Farbphänomene wären beispielsweise: Der raumbildende Einsatz von Farbe, die Kombination aleatorischer und bewusster Farbauftragstechniken, die Kombination von Farbmaterialien (z. B. buntes Papier und Nassfarbe), der Einsatz von Farbe auf dreidimensionalen Objekten, der Vergleich des Einsatzes unterschiedlicher Ausgangsfarbpaletten bei derselben Aufgabe,

---

33 Erste unveröffentlichte Studien im universitären Kontext zeigen: Auch jüngere Kinder wollen, sobald ihre Wahrnehmung dafür sensibilisiert ist, Farben exakt treffen und differenzieren, vgl. dazu auch Miller u. a. (voraussichtlich 2018 oder 2019)

34 Auch bei Malern der Kunstgeschichte sind ebenfalls langjährige Malentwicklungen beobachtbar (z. B. Dürer, Tizian, Rubens, Rembrandt, Picasso), die ebenfalls mit „Farblernen" zusammenhängen: vgl. zu Picassos Malentwicklung, Kap. 7.1.2.

usw. Die Liste dieser ganz spezifischen Detailfragen erscheint beinahe endlos – sie sind aber wenigstens durch diese Arbeit schon innerhalb einer klaren Systematik verortbar.

Besonders die Übergänge im Verlauf der Modifikation malerischer Darstellungsformeln (hinsichtlich der spezifischen Teilbereiche) bieten weitere noch offene Analysebereiche. Mit Übergängen sind beispielsweise Lernmodifikationen gemeint wie die vom flächigen Farbauftrag zum fließenden Farbübergang. Hier eröffnen sich z. B. Fragen wie diese: *Durch welche Impulse und Aufgabenkonzeptionen können diese Übergänge wie und wann gezielt angeregt werden?*

Interdisziplinäre Zusammenhänge

Farbe und Malerei sind keine ausschließlich kunstpädagogischen Forschungsfelder.

Innerhalb meiner Ausführungen habe ich vielfach Bezug genommen auf das „Sprechen über Farbe" als deiktisches Moment. Die Wechselwirkung der sprachlichen Aufarbeitung und der darstellerischen Widergabe bieten unzählige Möglichkeiten für interdisziplinäre Forschungen zwischen Deutsch- und Kunstdidaktik.

Farbe als Phänomen des Lichtes ist Bestandteil des Physikunterrichts. Das darstellerische Gestalten mit Licht im Kunstunterricht ist dagegen bisher wenig aufgearbeitet.[35] In der Verzahnung von Kunstdidaktik und Physikdidaktik sind neue Konzepte denkbar. *Zunächst wäre zu fragen, wie Lichtgestaltung hier vermehrt Einzug in den Kunstunterricht halten könnte? Welche preisgünstigen Lichtquellen wären denkbar bzw. aus dem Fundus der Naturwissenschaften zu nutzen? Welche Aufgabenkonzeptionen sind sinnvoll? Wie verläuft der Wechselbezug zwischen der sensibilisierten Lichtwahrnehmung und malerisch-darstellerischen Aufgaben?*

6.3.2 Allgemein Kunstpädagogische Anknüpfungsmöglichkeiten und Desiderate

Die vorliegende maldidaktische Forschungsstudie gliedert sich ein in ein Netz von aktuellen kunstpädagogischen Forschungen, das in seiner Gesamtheit ein gesichertes, reflektiertes Fachverständnis entwickeln soll.[36] Aus diesem Grund ist meine Studie auch als Beitrag zur allgemeinen kunstpädagogischen Debatte zu verstehen: Sie vertritt ein bestimmtes *Forschungsverständnis*, auch ein bestimmtes *kunstpädagogisches Selbstverständnis* und schließlich ein bestimmtes *Verständnis von Didaktisierung und curricularem Denken*.

Kunstpädagogisches Forschungsverständnis

Der Einsatz von Videographie, Interview, Transkription usw. geschieht in kunstpädagogischer Forschung zwar sehr vielfältig, erscheint aber oft unreflektiert und wenig ergiebig. Die kunstpädagogischen Forschungsmethoden sind meist aus den Sozialwissenschaften, manchmal aus der Psychologie übernommen. Doch die Regeln und auch der Sinn des

35 Vgl. dazu: Kirchner (2004)

36 Forschungsverbund IMAGO

Transfers sind häufig unklar.[37] Die vorliegende Arbeit gibt ein Exempel für einen möglichen sinnvollen Methodentransfer. Hierbei treten bildimmanente Aufbereitungen (z. B. Visualisierungen am Bild, bildhermeneutische Beschreibungen, ...) gleichberechtigt neben schriftliche Aufbereitungen von Text (Transkriptionen). Die angewendete Forschungsmethodik bezeichne ich als hermeneutische.

Meine Forschungsstudie ist ein Plädoyer für qualitativ-empirische Forschung im Feld der Kunstpädagogik, die eine Involvierung der Forscherin oder des Forschers als Lehreperson zulässt und nutzt. Dieses Vorgehen muss in Abstimmung mit einem relationalen Lernverständnis gesehen werden. Ohne aktive Involvierung im Resonanzfeld der Lernenden wäre keine angemessene Forschung zum relationalen, mimetischen Malen-Lernen möglich gewesen.

Kunstpädagogisches Selbstverständnis

Die Arbeit positioniert sich hinsichtlich ihres relationalen Lernverständnisses[38], das rein subjektivistische oder rein formale bildnerische Zugänge wegen ihres mangelnden Bildungswertes ablehnt. Lernen im Kunstunterricht muss im Selbst- und Welt-Bezug stattfinden: in der Verschränkung von Wahrnehmen, Vorstellen und Darstellen. Das von mir angewendete erweiterte Lernmodell von Wahrnehmung-Vorstellung-Darstellung kann als übergeordnetes kunstpädagogisches Denkmodell verstanden werden (Lernstand erheben und verstehen -> Hilfe konzipieren und anbieten -> Lernen).

Der Grad der Komplexität dieser Arbeit ist hoch. Sie wertet das Schulfach Kunst auf, das nach wie vor viel zu oft beliebig und fachfremd unterrichtet wird: von Lehrenden, die die betreffenden Domänen des bildlichen Darstellens selbst gar nicht beherrschen. Die akademische Qualifizierung, beziehungsweise der Nachweis von theoretischem Fachwissen und praktischem Können der Lehrperson, sind Voraussetzung für verständnisintensives Malen-Lernen im Projekt der allgemeinen Bildung. *Wie sonst soll eine Lehrperson geeignete Bildbeispiele auswählen können? Wie sonst soll sie Malhandlungen vormachen können? Wie sonst soll sie Methoden abwägen können? Wie sonst soll sie auf den ersten Blick einheitliche Malvorgänge didaktisch in Teiloperationen zerlegen können?*

Didaktisierung und Curricularisierung

Das methodisch angeleitete didaktische Zerlegen des Könnenskomplexes „Malen" in einfachere Teiloperationen stellt ein zentrales Moment der Arbeit dar, das auf andere kunstpädagogische Bereiche transferiert werden kann.[39] Kunstpraktische Bereiche lassen sich nur durch ihre Aufschlüsselung in kleinste imaginative und darstellerische Teilhandlungen nachvollziehbar Schritt für Schritt lehren und lernen.

Auch die Curriculumsfrage ist eine allgemeine kunstpädagogische Frage und ergibt sich zwangsläufig aus der zerlegenden Didaktisierung. Es stellt sich automatisch die

---

37 Miller (2016 b und c)

38 Vgl. Glas u. a. (2015)

39 Z B.: Sowa (2016c)

Frage nach einer sinnvollen Lernreihenfolge der Teilschritte: *Wann ist was sinnvoll zu erlernen?*

Die von mir thematisierte Empirie zeigte deutlich: Manche Darstellungsformeln sind nicht *vor* anderen zu bewältigen. Lehrinterventionen müssen sich an Lernständen orientieren, um den imaginativen und darstellerischen Nachvollzug zu ermöglichen. Das Bestimmen imaginativer (Wahrnehmungsfähigkeit, kognitive Reflexion, Wissen...) und darstellerischer (Motorik, Gestaltungsfähigkeit, handwerkliches Können, ...) Lernstände muss Ausgangspunkt jeder Lehrintervention sein.

Das von mir beispielhaft für das Malen ausformulierte Lernstands-Modell ist somit auch ein allgemeiner anwendbares Curriculum-Modell. Idealtypisch ließen sich Lernstände sukzessive über die gesamte Schulzeit gezielt modifizieren, wenn eine Lerngruppe (Klasse) konstante adäquate Förderung erhielte. Schule, besonders in einer modernen Gesellschaft, ist aber nie eine idealtypisch arbeitende Institution. Die Klassenzusammensetzungen und auch Lehrpersonen wechseln von Jahr zu Jahr. Die Lernstände und Lernbedarfe der Lernenden sind sehr heterogen. Pauschale Zuordnungen von geeigneten Aufgabenkonzeptionen und Lerninhalten zu Altersangaben würden dieser Heterogenität nicht gerecht. Beliebigkeit, curriculare Freiheit und völlig offene Aufgabenstellungen als Angebote der „ästhetischen Erfahrung" sind aber auf keinen Fall die angemessene Reaktion auf diese Tatsache. Vielmehr muss in jeder Klasse den jeweiligen Lernständen durch methodische Adaptionen Rechnung getragen werden. Dazu müsste auch in den Bildungsplänen curriculare Orientierung hinsichtlich didaktischer Reaktionen auf Lernstände mehr Berücksichtigung finden.[40]

Das allgemeine Ziel bleibt, dass jede Lehrperson jedem Lernenden zu jedem Zeitpunkt in motivierender Weise zeigen kann, was er gemäß seines Lernstandes als nächstes lernen kann – durch geeignete Wahrnehmungs-, Vorstellungs- und Darstellungsangebote und entsprechende Hilfen. Das Malen-Können jedes Lernenden könnte sich auf diese Weise während der gesamten Schulzeit modifizieren – ähnlich wie die Modifizierungen innerhalb der Lernprozesse von Nela, Karl, Tommy, Ricardo und den anderen Lernenden innerhalb des von mir dokumentierten Unterrichts.

40 Dazu Sowa (2016b)

ANHANG

7. Anhang

	Buch	als Download verfügbar*
	-	- 7.0 Ergänzungen - Formale Bemerkungen zur Arbeit - Darstellungsformeln innerhalb der Klasse: Lernverläufe
7.1 Malpraktische Könnens-Strukturen an kunstgeschichtlichen Beispielen		
	7.1.1 Peter Paul **Rubens'** elaboriertes Malen-Können	X
	7.1.2 Der generische Aufbau des Malerischen Könnens von Pablo **Picasso**	
7.2 Analyse exemplarischer maldidaktischer Ansätze		
	X	- 7.2.1 Ernst **Weber** – Auftakt in das 20. Jahrhundert - 7.2.2 Gustav **Kolb** – 1920er Methodischer Kunstunterricht/Reformpädagogik - 7.2.3 Richard **Ott** – 1940er: Musische Bildung - 7.2.4 Kurt **Schwerdtfeger** – 1950er: Zwischen „musischer Erziehung" und ‚Kunstunterricht" - 7.2.5 Günter **Regel** – 1960er: Curriculares Verständnis von Kunstunterricht - 7.2.6 Herbert **Trümper** – 1960er: Einflüsse des formalen Kunstunterrichts - 7.2.7 Gottfried **Tritten** – 1970er und 80er: Einflüsse des Bauhauses - 7.2.8 Johannes Pawlik – 1980er: „Kunstunterricht" - 7.2.9 Johannes **Eucker** – 1980er: „Ästhetische Erziehung" - 7.2.10 Constanze **Kirchner** – 1990er bis heute: Ästhetische Bildung - 7.2.11 Andreas **Schwarz** – 2000er: Neue Farblehre - ZUSATZ: 7.2.12 Beispiel für ein **Hobbymalbuch**
7.3 Datenmaterial		
7.3.1 Übersicht Unterrichtsverlauf	Visualisierungen zentraler **Hilfsmittel** und **Übungen**	- Unterrichts**aspekte** zu Inhalt, Form und Malerei - Chronologie des Unterrichtsverlaufs (Malaufgabe 1-3) - detaillierte Erläuterung der **Inputs** bei Malaufgabe 2 **Sitzordnungen**
7.3.2 Klassenübersicht – Produkte	**Gemälde** von Malaufgabe 1 bis 3	- **Details** aus Malaufgabe 1 bis 3

7.3.3 Befragungen und Gespräche	**Leitfaden** für die Befragung nach der Studie	- **Transkriptionsschlüssel** - **Befragung von Nela** – Gesamttranskription, Paraphrasierung und Kategorisierung ***(N-1-X)*** - **Befragung von Karl** – Gesamttranskription, Paraphrasierung und Kategorisierung ***(K-2-X)*** - Auszüge aus Befragungen hinsichtlich rezeptiv-**verbaler Transferleistung *(DI-3-X, D-3-X, T1-3-X)*** - **Unterrichtsgespräche** – Gesamttranskription, Paraphrasierung und Kategorisierung ***(U1-X, U2-X, U3-X)*** - **Fragebogen** zu Bildpräferenz
7.3.4 Exemplarische Bildaufbereitungen (Quer-/Längsschnitte einzelner Lernenden)	***(T1-Ü1-Apfel, R-ü1-Apfel, T1-Ü2-Birne, R-Cézanne, D1-Cézanne, L-Cézanne, S-Bildsehen, D1-Bildsehen)***	**(T1-Resonanzfeld)**
Nachweise		
	Literatur	X
	Abbildungsverzeichnis	
	Register	

* Der Download-Anhang befindet sich unter www.kopaed.de auf der Seite zum Buch.

7.1 Malpraktische Könnens-Strukturen an kunstgeschichtlichen Beispielen

Die Argumentationslinie der Arbeit entspringt der Überzeugung der Lehr- und Lernbarkeit des Malens, die sich zwischen wahrnehmenden, vorstellenden und darstellenden Momenten bildet. Mit derselben Perspektivierung werden ergänzend Strukturen des „Malen-Könnens" von zwei großen Meistern der bildenden Kunst betrachtet. Zunächst erläutere ich Peter Paul Rubens' elaboriertes Malen-Können mit dem Fokus auf seiner mittleren und späten Schaffensphase (Abschn. 7.1.1). Dann folgt die Betrachtung des generischen Aufbaus des malerischen Könnens von Pablo Picasso mit dem Fokus auf der Phase von Kindheit und Jugend (Abschn. 7.1.2). Beide Analysen folgen dem selben Aufbau, der aus folgendem Analysesystem hervorgeht (vgl. Abb. 38):

- Das Kriterium „Wahrnehmungsbezüge" schließt die Gesamtheit anschauungsbezogener, mimetischer Auseinandersetzung mit Vorbildern aus Kunst und/oder Natur ein.
- Das Kriterium „Vorstellungsbezüge" meint imaginative Bezüge zu systematischen Farbordnungen oder traditionellen/konventionellen Farbverwendungen anderer Gemälde.
- Das Kriterium „Darstellungsbezüge" umfasst handwerkliche/gestalterische Regeln (z. B. aus Werkstätten), materielle Gegebenheiten und experimentelle Verfahren, die alle samt den Akt des Darstellens bestimmen.
- Das Kriterium „Surplus"[1] verweist auf ein „Mehr" an Könnens-Strukturen, das beiden Künstlern eigen ist. Individuelle, charakterliche Leistungen, die sich innerhalb der Interessen, der Bereitschaft, des Gespürs, der Flexibilität oder des jeweiligen situationellen Umfelds begründen, prägen das Zusammenspiel der imaginativen und darstellerischen Könnens-Strukturen. Ein Nachvollzug der Könnens-Strukturen ist sicherlich nie ohne das Mitdenken und subjektive Interpretieren dieses teilweise auch unbestimmt bleibenden Surplus leistbar.

7.1.1 Peter Paul Rubens' elaboriertes Malen-Können

Die obigen Kriterien wende ich zunächst an, um Rubens' elaboriertes Malen-Können zu analysieren: Zuerst lege ich dazu seine besonderen *Könnens-Strukturen* kurz dar. Dann folgen die Ausführungen hinsichtlich *Wahrnehmungs-, Vorstellungs-, Darstellungsbezügen* und hinsichtlich des *„Surplus"*. Die Analyse schließt mit einer kurzen Zusammenfassung ab.

Ausgangspunkt: Rubens' Elaborierte Könnens-Strukturen

Rubens malerisches Gesamtwerk verbindet sich in einem ihm eigenen Charakter, unabhängig von formbezogener Motivik und Komposition (schema[2]). Eine Begründung findet sich in seiner unverkennbaren Malweise und dem einzigartigen, virtuosen Gesamtkolorit,

1 Vgl. Grünewald/Sowa (2006), S. 301 ff.

2 Vgl. Koch (2016)

das lineare Formgrenzen überschreitet. Rubens erzeugte Bildeinheiten durch die differenzierte Wahl, die fein nuancierte Mischung und den verreibenden Auftrag seines farbigen Pigments (chroma[3]). Er stellt damit ein Musterexempel für das „malerische“[4] Malen-Können dar. *Doch wie gliedern sich bei Rubens diese malerischen Könnens-Strukturen und wie bauen sie sich auf?*

Wahrnehmungsbezüge

Rubens' wahrnehmungsbezogene Einflüsse auf seine Malhandlung in vollem Maße zu rekonstruieren, bleibt unmöglich. Schon dass Rubens seine Bilder nicht einsam und alleine malte und dass er in seiner Werkstatt Arbeitgeber von bis zu 100 „Angestellten“ war, deutet darauf hin wie viele malende Personen und ihre malerischen Prozesse und Produkte dort in mimetischen Resonanzbezügen zueinander standen. Rubens' Wahrnehmen und Vorstellen waren gebunden in intersubjektive Situationen – die uns im Detail verborgen bleiben.

Formklärungen gingen bei Rubens dem Farbdenken voraus. Er und die anderen Maler und Malerinnen verließen sich auf ein werkstatteigenes Repertoire an Schemata (z. B. Formen von Figuren), das durch mimetische Studien am realen Modell stetig wuchs. Rubens zahlreiche Studienblätter spiegeln Prozesse des mimetischen Formerfassens wider. Unterschiedliche Expertisen der Malenden konnten in eine helfende Wechselwirkung treten.

Bei farbbezogenen Entscheidungen scheint das direkte *„Ablesen vom Modell“* erschwert, da sie gebunden sind an angestrebte bildinterne Farbkonzepte und ebenso an malmaterielle Gegebenheiten. Das Anfertigen von malerischen Kopien von schon *„in Malerei übersetzter“* Kunstwerke diente Rubens dazu, malerisch-handwerkliche Normen und Orientierung zu erwerben. Die Kopie ist dabei Medium der Auseinandersetzung und der Kritik, der praktischen Analyse und der Selbstreflexion. Demnach ist zu unterscheiden zwischen Kopie als

- studierende, genaue Wiedergabe,
- respektvolle Transformation, „die das Vorbild dem eigenen künstlerischen Stil annähert“[5],
- Übertreffung des Originals.[6]

Rubens fertigte 32 Tizian-Kopien an[7]; gemäß Roger de Piles habe Rubens das Erbe von Tizian angetreten. Schütze[8] relativiert die Aussagen und verweist darauf, dass Rubens Tizians Malweise nur punktuell adaptiert und ansonsten modifiziert hätte. Er hätte daran seinen

3 Vgl. ebd.
4 Wölfflin (1915)
5 Kannengießer (1990), S. 7
6 Vgl. Schütze (2007), S. 140
7 Vgl. Kannengießer (1990), S. 2
8 Vgl. Schütze (2007)

eigenen Stil weiter entwickelt bis hin zur Übertreffung des Originals – z. B. bezüglich des Inkarnats, das bei Tizian weißlich, flächig wirke, bei Rubens dagegen pulsierend, lebendig.

Vorstellungsbezüge

Durch die beschriebene mimetische Auseinandersetzung mit gegebenen Kunstwerken baute Rubens gleichsam ein Vorstellungssystem auf, das einerseits die visuelle Erscheinung der Farben im Bild (z. B. Zusammenwirken und Kontrastieren) und andererseits den handlungsbezogenen Darstellungsprozess dieser Erscheinung betrifft (z. B. Untermalen, Schichten usw.).Farbtheorien stellen in ihrer sichtbaren Materialisierung (z. B. in Form von Kreisen oder Körpern) auf den ersten Blick leicht zu erfassende Vorstellungsysteme dar. Auch Rubens setzte sich mit Farbtheorie auseinander: Er schrieb für den Naturforscher Peiresc einen Text über Farben *‚Versuch über die Farben'*, der leider verschollen ist. Eine der bekanntesten Farbordnungen seiner Zeit war die von Aguilonius. Für ihn entwarf Rubens sechs Vignetten. Aguilonius wies Blau, Gelb und Rot als *simplices colores* (Grundfarben) aus und stellte die Mischung der anderen Buntfarben daraus dar.[9] Die These, Rubens habe die Theorie von Aguilonius malerisch umsetzen wollen, ist allerdings kritisch zu betrachten: Heinen sieht die Behauptung der imaginativen farbtheoretischen Beeinflussung durch Aguilonius Lehren nicht als bewiesen an. Denn die Verwendung der Farbentrias sei erstens schon älter als diese Theorie, zweitens, habe Rubens kein Gelb, sondern eher ein Gelbocker verwendet und drittens erachtet Heinen die Behauptung als unzutreffend, dass Rubens Farbentfaltung aus Braunpigmenten, Schwarz und Weiß entsprang (aus dem Helldunkel).[10]

Darstellungsbezüge

Die verfügbaren Ausgangsfarben auf der Farbpalette eines Malers sind gleichsam limitierendes wie inspirierendes Darstellungssystem seiner Malerei. Sie sind Ausgangspunkt und Bestandteil jeder späteren Mischung und damit bestimmende Faktoren hinsichtlich der Farbwirkung.

Rubens verfügte über eine große Anzahl von Pigmenten („Beinschwarz, Bleiweiß, Zinn-Gelb, roter Farblack (Alizarin Krapplack), Grüne Erde, Grünspan, Kasseler Braun, Kreiden, Lapislazuli (natürliches Ultramarin), Ocker (gelbe, braune, rote und rotbraune Ocker), Pflanzenschwarz, Smalte, Zinnober; Azurit und Asphalt wurden nur seltener nachgewiesen“[11]). Trotzdem war die Farbpalette in sich begrenzt, weil die Erdpigmente farblich nah beieinander lagen und Buntpigmente nur wenig gewählt wurden. Koloristische Effekte erzielte er vielmehr durch differenzierende Mischungen, bewusste Kombination und einen variierenden Auftrag der Farben auf einem Malgrund. Seine Materialität, Textur und Farbigkeit bestimmte ihre weitere Farbwirkung. Mögliche materielle Beschaffenheit des Malgrundes bewegen sich generell zwischen

9 Vgl. Schütze (2007), S. 137 ff.
10 Vgl. Heinen (1996), S. 142-154
11 Doerner/Hoppe (1994), S. 297 ff.

- abweisend (leuchtende Farbwirkung) und saugend (blasse Farbwirkung),
- rau (Textur bleibt bei Lasur sichtbar) und glatt (Variation von Farbauftrag möglich),
- dunkel (trübt aufgetragene Farbe) und hell (ermöglicht Leuchtkraft der Farbe).

Rubens verwendete glatte, feste Bildgründe mit heller, meist weißer Grundierung als Grundlage für Leuchtkraft und variierenden Farbauftrag.[12] Im weiteren Malprozess gibt es wiederum unterschiedliche Ausführungsmöglichkeiten den Malgrund mit Farbe zu bedecken. Der Farbaufbau kann in unterschiedlichen Denk- und Handlungsrichtungen geschehen:

- von unten (Schicht für Schicht),
- von oben (deckende Farbsetzung).

Zusätzlich kann sich die Malreihenfolge unterscheiden in

- getrennte Figur- und Grundbearbeitung (z. B. vom Vorder- zum Hintergrund),
- alterierende, parallele Figur- und Grundbearbeitung.

Rubens baute seine Malerei von unten schichtend auf und setzte erst im späteren Malprozess deckende Farben, um das Wechselspiel zwischen transparenten und opaken Stellen zu vollenden. Die stoffliche Wirkung nahm bei ihm meist gegen die Dunkelheit hin ab „indem er alles im Lichte körperhaft, pastos, die Schatten dagegen lasierend malt".[13] Er arbeitete stets am Gesamtbild und untermalte seine Bilder einheitlich.

Rubens bereitete seine Hell-Dunkel-Malerei technisch vor: Seine Untermalung (die er seit seiner Italienreise besonders in seiner mittleren Schaffensphase immer wieder verwendete) wird oft als *streifige Imprimitur* bezeichnet – unter anderem weil sie aus zwei Ölfarben (Grisaille mit Grau- und Ockerton) entstand.[14] „Dieser Klang von Ocker und Grau kann als Rubens-Klang bezeichnet werden."[15] Die Imprimituren von Rubens entsprangen einer Mischung aus der ihm aus Holland bekannten *Primversel* (hell, lasierend über Vorzeichnung) und der italienischen Methode der *Imprimitura* (deckende, dunkle Schicht, auf die dann erst Unterzeichnung erfolgt). An entscheidenden Stellen legte Rubens Weißhöhungen schon in der Untermalung an.[16] Bilduntersuchungen ergaben außerdem, dass Rubens schon in der untersten Schicht Öl verwendete, was die Saugkraft des Kreidegrundes verringerte und die Vermalbarkeit der folgenden Schichten begünstigte. Weiche Übergänge durch intensives Vertreiben der Farben mit dem Vertreiberpinsel, Lappen oder Hand wurden so begünstigt.[17] Farbschicht für Farbschicht konnten in dünnem Auftrag angelegt werden, wobei sie über dunkler Unterlage kühler wirken, über heller Grundierung wärmer:

12 Vgl. Heinen (1996), S. 142-154
13 Doerner/Hoppe (1994), S. 297 ff.
14 Vgl. ebd., S. 297 ff.
15 Dittmann (2011), S. 135
16 Doerner/Hoppe (1994), S. 297 ff.
17 Vgl. Heinen (1996), S. 142-154

„Bekanntlich erscheint Rauch vor einem dunklen Hintergrund bläulich kühl, gegen einen hellen warmtonig. bzw. bräunlich. Durch eine zunehmend verschleierte Atmosphäre gesehen nimmt die Sonne eine orange bis rote Färbung an, während dunkle Hügel blau erscheinen, ähnlich wie rote Adern, die durch das dunkle Medium der Haut gesehen werden. Verwandte Erscheinungen ergeben sich im Bereich der Ölmalerei, da die Farbschichten in der Regel transparent sind. Im dünnen Auftrag über dunkler Unterlage erschienen sie kühl, über heller Grundierung entsprechend warmtonig."[18]

Surplus von Rubens' Könnens-Strukturen

Die darstellerische Ausdeutung der Wahrnehmungs-, Vorstellungs- und Darstellungsbezüge steht nicht nur in der genannten Abhängigkeit zu regelhaften Konventionen. Vielmehr entscheiden auch individuelle und experimentelle bis hin zu aleatorische Absichten darüber, wie Farben kombiniert, gemischt und aufgetragen werden.

Rubens' Hell-Dunkel-Malkonzeptionen besaßen beispielsweise eigene imaginative und darstellerische Momente, die sich zwischen allgemein-regelhaftem und auch experimentellen, eigen-regelhaften Vorgehen begründen.

Grundsätzlich gibt es dreierlei Umgänge mit Hell und Dunkel. Die Besonderheit bei Rubens war die Mischung aller Formen:

- aus dem Dunklen ins Helle: halbdeckende weißlich-graue Formen für lichthaltige Partien,
- aus dem Hellen ins Dunkle : bräunliche Ocker auf lichtgrauem Grund,
- Primamalerei ohne Einbezug des Grundes: Buntfarbe und Glanzlichter (zum Schluss prima, opak aufgetragen).[19]

Rubens imaginierte stets die farbige Einheit des Gesamtbild als eine eigenwertige, figurenumfassende Bildgestalt: „Nirgends binden sich Farben und Helldunkel ausschließlich an Figuren, vielmehr vereinen sie sich zu einem in sich selbst gegliederten machtvollen Strom eigener Rhythmik."[20] Über die Beziehung zwischen Buntfarbe und Helldunkel (Untermalung) bei Rubens liegen unterschiedliche Erklärungen vor, die im Folgenden erläutert und gegenübergestellt werden:

- Farbgenese aus dem Helldunkel,
- Farbgenese unabhängig vom Helldunkel.

Farbgenese aus dem Helldunkel bedeutet, dass bei Rubens aus einer Farbenzweiheit einer hellen und einer dunklen Farbe (Graublau und Ocker/Braun in Untermalung) die Grundfarben Trias entstand: Aus dunklem Braun das Rot/Orange, aus lichtem Ocker das Goldgelb, aus Graublau das Blau/Violett/Grün.[21] „Als zwei Spannungsfe der durchkreuzen

---

18 Sonnenburg/Preußer (1980), S. 88 und vgl. zu „trüben Medien": Leonhard (2016)
19 Vgl. Zawadzky (1965) S. 7 ff.
20 Dittmann (2011), S. 124
21 Vgl. Zawadzky (1965), S. 9

sich hier der Farbenkosmos und die Helldunkeleinheit, denn Grau und Braun/Ocker sind bei Rubens zugleich koloristische und luminaristische Werte.“[22]

Gegen diese Erklärung sprechen wiederum die Argumente von Heinen, besonders dass Rubens Orientierung an Grundfarben nicht als gesichert gilt und dass sich Rubens Auffassung von Farbigkeit in seinem Oeuvre wandelte. Vor diesem Hintergrund ergibt sich eine differenziertere Interpretation von Hell-Dunkel und Farbgenese: Teilweise ist das Helldunkel eingebunden in Farbigkeit, teilweise brechen die Farben ins Dunkel (Christus und die reuigen Sünder, um 1618), teilweise ins Helle (Der bethlehemitische Kindermord, um 1609). Was jedoch bei beiden Erklärungen zur Farbgenese als gesichert gelten kann, ist, dass Farbe bei Rubens formerzeugende Funktion erhielt – eine Innovation der Malerei.[23]

Klassische Funktionen der Farbe in der Malerei beschreiben die Farbe-Gegenstand-Beziehung durch die Einordnung als: *Symbolfarbe*, *Gegenstandsfarbe*, *Erscheinungsfarbe*, *Ausdrucksfarbe*, *Absolute Farbe*.[24] Oft dominiert in Gemälden eine Farbfunktion – wie z. B. die Symbolfarbe in mittelalterlichen Buchmalereien. Pauschale Kategorisierungen können aber auch den Blick auf das Nebeneinander unterschiedlicher Funktionen vorschnell verstellen. Auch bei Rubens war die Funktion der Farben weitaus komplexer, auch wenn sich gewisse Farbstellen meist schnell als Gegenstands-, Erscheinungs- oder Symbolfarbe identifizieren ließen. Zwei exemplarische, spezifisch Rubens‘sche Farbfunktionen verdeutlichen die bildinterne komplexe Funktionalität als Ausdifferenzierung des klassischen Oberbegriffs „*Erscheinungsfarbe*“:

- Farbe als bildräumlicher Vermittler und
- Farbe als Ausdruck von Affekten.

Farbe als bildräumlicher Vermittler erschafft einen bildmäßigen Zusammenhalt und eine Einheit zum Beispiel durch

- Farbverwandtschaften und gezielte Farbklänge,
- eine einheitliche Untermalung,
- weiche Farbübergänge zwischen verschiedenen Farben,
- die Vorstellung Farbe aus einem Grundton heraus zu entwickeln und das gesamte Gemälde im selben Licht darzustellen usw.

Rubens Gemälde sind scheinbar in einem Licht unterleuchtet: Er bezog sich nicht nur auf den Darstellungswert des Lichtes (mit Beziehung zu einer Lichtquelle), sondern auch auf den Eigenwert des Lichtes (ohne Beziehung zu einer Lichtquelle).[25] Sein Bildraum

22 Dittmann (2010), S. 170
23 Zawadzky (1965)
24 Vgl. Kap. 2.1.3: Malerisches Verhalten gegenüber der Wirklichkeit
25 Vgl. Zawadzky (1965), S. 81

kann aus diesem Grund als polysphärisch, naturhaft-kosmisch, von übersinnlicher Würde aufgefasst werden.[26]

Eine weitere besondere und oft thematisierte bildintern vermittelnde Stellung nimmt Rubens malerische Übersetzung des Inkarnats ein, die im Folgenden kurz umrissen wird:

Seine malerische Farbpalette der Inkarnatstöne unterschied sich von der Skala der in der Natur vorkommenden Inkarnatfarben auf der Seite von Rot und Gelb. Nie ist in Natura Blau, Grün oder Indigo beigemischt. Bläulich oder grünlich deutet in Natur auf Erkrankung oder Verwesung hin. Nur in das Purpur der Wangen des weißen Menschen kann sich Blau beimischen. Inkarnatfarbe ist laut Sedlmayr *„blaufremd"*. Bei Rubens dagegen vermittelt die Inkarnatfarbe zwischen allen Farben – auch zwischen blauen und grünlichen: Das helle, weiße Inkarnat wird als Inbegriff der Grundfarben Rot, Gelb und Blau (+Weiß) und aller Farben, zugleich „als höchste Äußerung des Lichts"[27] aufgefasst. Basis ist die Mischung aus Rot und Weiß (Rosa). Die Beimischung von Blau ist im Sinne Sedlmayrs unnatürlich. Aber aus der malerischen Farbskala des Inkarnats ergeben sich bildräumlich vermittelnde Möglichkeiten: Die Inkarnatfarben können je nach Nuancierung in alle Richtungen der beigemischten Farben verbindend wirken. Rubens Auffassung war anthropozentrisch: Er gab dem Menschen in der farbigen Welt eine zentrale Stellung. Eines der anschaulichsten Beispiele dafür ist die Malerei *Cimon und Efigenia, um 1617*: Jeder der drei Akte schimmert in eine andere farbige Richtung. Die Tönung des Akts auf der roten Decke geht ins Rötliche, auf der orangenen Decke ins Orange, auf der blauen Decke ins Bläuliche. Sedlmayr begründet seine Analysen durch die dreiteilige Ordnung der Farben der irdischen Welt in *„pantochrom"* (Farben mit farbiger Allseitigkeit wie das Inkarnat bei Rubens), *„mesochrom"* (Mittelfarben: Farben der Erde und Vegetation) und *„autochrom"* (gesättigte Prachtfarben).[28]

Diese Erklärung beruht auf der Trias der Grundfarben und kann auch anders ausgelegt werden: Heinen stellt beispielsweise die *Farbe als Ausdruck von Befindlichkeit* in den Vordergrund. Heinen spricht von „Malphysiologie".[29] Denn Rubens inszenierte mit malerischen Mitteln menschliche Affekte. Die unerklärliche Lebenskraft seiner Figuren beruht „auf der malerischen Umsetzung der physiologischen Veränderungen der Körper durch innere und äußere Bewegung, der Veränderung von Fleisch, Haut, Schweiß und Blut und damit von Körperformen und -farben unter dem Einfluss der Affekte".[30] Allein durch Farben konnte Rubens seine Figuren erstaunt, erschrocken, böse oder sanft aussehen lassen. Als Beispiel dient Judith (mit dem Haupt des Holfernes, um 1616): Die „fast farblose Modellierung des rechten Armes in einer dünnen Brunage betont die kalte Entschlossenheit der soeben vollbrachten Tat".[31] Im Kontrast

26 Vgl. Dittmann (2011), S. 131
27 Vgl. Sedlmayr (1964), S. 47
28 Vgl. ebd., S. 45 ff.
29 Vgl. Heinen (2001), S. 70–109
30 Ebd.
31 Ebd., S. 70

dazu ist der restliche Körper fleischig-weich modelliert, mit gelblichem Schimmern und zart rosaner Höhungen. Haut ist bei Rubens „sichtbarer Auftrittsort der Affekte"[32] Schock, Erschöpfung, Erregung usw. erzeugen unterschiedliche Durchblutungszustände und damit entweder eher warmtonige oder kalttonige Gesichtsfarben, was wiederum die Verwendung jeweiliger Farbpaletten erforderte.[33] Rubens verdichtete und verdünnte Farben außerdem, ebenso wie Blut seine stoffliche Konsistenz ändert. Eindrückliches Beispiel hierfür ist die Kreuzabnahme (um 1611-1614) und dabei das Detail des Christus, dessen Hände blutleer, bläulich-grau dargestellt wurden, auf seiner Oberlippe ist ein dünner, mit wässriger Farbe aufgetragener Blutfaden gelaufen, während an anderen Stellen weitere dunkle, helle, dünnflüssige, pastose, klumpende Bluttropfen zu sehen sind. Es ist die Schilderung der Physis des Blutes durch malphysiologische Äquivalente. Damit war Haut für Rubens „nicht nur Leinwand, auf die der Körper von innen seine Befindlichkeit malt, Rubens zeigt sie auch als einen empfindlichen Ort, an dem der Körper von außen [...] Einwirkungen der Umwelt erleidet".[34] Rubens ließ Gesichter und Haut in seinen Gemälden unterschiedlich erröten durch variierendes Mischen, Aufstreichen, Verreiben von Farbe und Zusammenstellungen der Palette. Rubens tauchte seinen Pinsel beim Malen immer wieder in ein aus Terpentinöl und Harz gemischtes Verdünnungsmittel zur Erzeugung von Brillanz und Transparenz, die der Tiefenfarbe der Haut entsprach. Außerdem erreichte er mit seiner Malweise ein enormes Spektrum der Farbkonsistenz von pastenartig bis wässrig. Das Nebeneinander von hauchdünnen Lasuren und pastoser, körperhafter Farbmaterie entspricht der Beschaffenheit menschlicher Physis.[35]

Konklusion: Rubens' Aufbau seiner Könnens-Strukturen

Der Aufbau Rubens' malerischer Könnens-Strukturen war verwoben in Akte und Wechselwirkungen seines Vorstellens, Wahrnehmens und Darstellens. Diese im Detail offenzulegen, bleibt aus heutiger Perspektive stets Interpretationen unterworfen, die ihren Ausgang in kunsthistorischen Erkenntnissen finden. Die Relation von Rubens' Können zu intersubjektiven Könnens-Strukturen anderer Malerinnen und Maler in seiner Werkstatt bleibt ebenso mitzudenken, auch wenn sie schwer rekonstruierbar scheint. Vor diesem Hintergrund ergibt sich folgende interpretative Aufschlüsselung:

Rubens malte im vergleichenden, mimetischen Blick auf die Welt UND auf seine Gemälde. Das heißt, Rubens konnte die Imaginationsräume farbiger Erscheinungen der Natur und der seines Gemäldes bewusst und flexibel trennen oder überblenden. Er trennte sie beispielsweise in Momenten, in denen die Eigengesetzlichkeit des Farbganzen fokussiert wurde. Er überblendete sie, wenn er farbige Phänomene in der Natur sensibel wahrnahm – wie beispielsweise die Transparenz der menschlichen Haut

32 Ebd., S. 75
33 Vgl. Leonhard (2016)
34 Heinen (2001), S. 78
35 Vgl. ebd.

oder die variable Konsistenz des Blutes – und sie in seinem Gemälde durch maltechnische Mimesis aufgreifen mochte. Er entwickelte aus seinen Wahrnehmungen den Anspruch, den beobachteten physiologischen und natürlichen Erscheinungen auch im Bild darstellerische Präsenz zu verleihen. Dabei löste er sich von dem Anspruch eines malerischen Ebenbildes der Natur und suchte vielmehr nach maltechnischen Äquivalenten. Die Übersetzungsleistung von der Naturwahrnehmung in malerische Darstellung trainierte Rubens, da malhandwerkliche Möglichkeiten stets den Handlungsrahmen bieten. Er übersetzte dazu nicht nur seine direkte Anschauung in Malerei, sondern übte sich immer wieder im Übersetzen von Gemälden in Gemälde. Rubens vollzog dabei gestaltend und vergleichend handwerkliches und gestalterisches Wissen und Können anderer Maler nach (z. B. Tizian). Und auch hier erlaubte er sich eigene imaginative und darstellerische Weiterführung und Interpretation.

Gleichsam vermochte Rubens scheinbar nicht nur Bild und Natur in bewusste Relationen zu überführen, sondern ebenso Farbe und Form. Vorstudien, die dem Formerfassen dienen, zeigen noch linearen Charakter. Nach Formklärung und -entlastung imaginierte Rubens dann bei der Untermalung schon das Farbgefüge. Rubens musste das Bild imaginativ weit in seinen Hell-Dunkel- und Farbstrukturen durchdrungen haben, um Höhen und Tiefen von Anfang an schichtend aufzubauen.

Rubens' malerische Imaginations- und Darstellungsstrukturen konnten als komplexes Resonanzgefüge zwischen Natur, Bild, Form, Farbe, Malhandwerk und spezifisch Rubens'scher Ausdeutungen skizziert werden.

7.1.2 Der generische Aufbau des malerischen Könnens von Pablo Picasso

In analoger Gliederungsform wie bei der Analyse von Rubens' Malen-Können, blicke ich nun auf den Aufbau des malerischen Könnens von Picasso: Zuerst lege ich dazu seine besonderen *Könnens-Strukturen* kurz dar. Dann folgen die Ausführungen hinsichtlich *Wahrnehmungs-, Vorstellungs-, Darstellungsbezügen* und hinsichtlich des *„Surplus“*. Die Analyse schließt mit einer kurzen *Zusammenfassung* ab.

Ausgangspunkt: Picassos aufbauende Könnens-Strukturen

Picasso eilt der Ruf seines außergewöhnlich geniehaften, freien Gestaltens voraus. Picasso selbst sagte von sich, er hätte als Kind wie ein Meister gemalt. Und tatsächlich erscheinen Werke aus seiner Kindheit und Jugend in Bezug auf Formaspekte ungewöhnlich proportionsgerecht und bezogen auf Farbaspekte ungewöhnlich nuanciert.

Beim näheren Blicken auf Picassos Bildungsimpulse zwischen Wahrnehmung, Vorstellung und Darstellung ergibt sich ein differenzierteres Bild des Aufbaus seiner Könnens-Strukturen in Kindheit und Jugend, in dem er seine Darstellungsformeln in beständiger Auseinandersetzung mit der Welt (Lebewesen, Modelle, Tücher, Blumen, ...)[36] stetig übte und modifizierte. Diese Aspekte lassen sich nur noch durch Analyse

36 Vgl. Mailer/Fritz (1996), S. 21 ff.

seiner frühesten Werke und durch gesicherte biografische Informationen rekonstruieren und interpretieren.[37] Der Fokus liegt auf seinem Umgang mit Farbe – auch wenn Picassos frühes Erfassen von gegenständlichen, physiognomischen und auch räumlichen Strukturen ebenso fortgeschritten war. Folgende biographische Etappen bilden den Hintergrund der Aufschlüsselung:

- 1881 geboren in Málaga,
- 1891 Umzug als Zehnjähriger nach La Coruña, Kunstschule la Coruña,
- 1895 Umzug als Vierzehnjähriger nach Barcelona, Kunstakademie Barcelona,
- 1897 Umzug als Sechzehnjähriger nach Madrid, Academia de San Fernando; einige Monate freies Landleben in Horta d'Ebro,
- 1899 als Achtzehnjähriger Rückkehr nach Barcelona.

Wahrnehmungsbezüge

Von frühster Kindheit an stand Picasso dank seines Vaters Don José Ruiz Blasco, selbst Maler und Zeichenlehrer, in visuellem und tätigem Kontakt mit der reichen Maltradition Spaniens[38]: Der Vater war akademischer Künstler und malte im Stile des Salons. Sein Schwerpunkt waren realistische Effekte und sein Spezialgebiet Taubenbilder.[39] Die *Schule von Málaga* verbindet detailgenaue Darstellung und *preciosismo* (virtuose Wiedergabe von schimmernden Oberflächen) als oberste Maxime. „Da der Junge ständig seinem Vater beim Malen zusieht, kommt zwangsläufig ein Tag, wo er ebenfalls malen will und Farben haben möchte".[40] José förderte seinen Sohn und gab ihm vor, was er malen sollte. Manchmal legte er tote Tauben als Modell vor ihn auf den Tisch. Einige früh eingeübte und perfektionierte Motive wie die Taube und der Stier zogen sich durch sein gesamtes Werk. Der Vater „ermuntert ihn wie ein Wettkämpfer zu trainieren und sich auf eine einträgliche Karriere als akademischer Maler vorzubereiten"[41] – José sah für seinen Sohn den Bereich der religiösen Kunst vor. Das mimetische Arbeiten vor Modellen, das Picasso von zu Hause kannte, führte sich in seiner ersten Zeichenklasse in La Coruña fort. Kurz vor seinem 11. Geburtstag begann er in der Zeichenklasse „Ornamentalzeichnen" seines Vaters.[42] Immer wieder zeichnete Picasso Gipsabgüsse ab.

Neben der formbezogenen, zeichnerischen Modell-Studien rieten ihm seine Lehrer, die großen, traditionellen spanischen Künstler zu kopieren (Velazquez, Zurbarán, Murillo, Ribera usw.). Picasso arbeitete immer wieder nach Vorbildern, wodurch er mimetische Farbverwendung erlernte (Vergleichen, Beschränken der Farbpalette, Nachmischen). Für Picasso forderten Velazquez, el Greco, Delacroix, Ingres, Manet sein Können heraus – Murillo dagegen langweilte ihn. Die erste Konfrontation mit

37 Vgl. Abbildungen zahlreicher Kinder- und Jugendwerke Picassos in Palau i Fabre (1981)
38 Léal (2013), S. 9
39 Vgl. Mailer/Fritz (1996), S. 20
40 Vgl. Palau i Fabre (1981), S. 35
41 Richardson (1997), S. 83
42 Vgl. Palau i Fabre (1981), S. 42

Originalen im Prado (Madrid) war prägend und „Ansporn, Stachel und Offenbarung"[43] zugleich für den selbstüberzeugten, wettbewerbslustigen vierzehnjährigen Picasso.

Picasso malte und zeichnete nicht nur beaufsichtigt und regelgeleitet nach Modell und Vorbild, sondern auch immer wieder in freier Natur. Die entstanden Werke lassen sich als Malübungen deuten. So studierte er 1896 einen unbedeutenden „Ausschnitt einer Parkpromenade" und stellte ihn durch feinausgemischte Farbflächen dar. Die Divergenz zwischen den freien und beaufsichtigten Arbeiten zeigt sich auch bei der Betrachtung der Steinbruch-Malereien, die er 1896 in den Ferien in Málaga (vgl. Abb. 42) malte.

Vorstellungsbezüge
Grundannahme ist: Picassos Vorstellungen speisten sich aus seinen Wahrnehmungen und Erlebnissen im Feld künstlerischer Rezeption und Produktion (Formstudien, Vorbilder, Natureindrücke,...).

Farbvorstellungen und Malvorstellungen von Picasso waren geprägt durch die ihm vertrauten spanischen Werke und die von ihm beobachteten Malhandlungen (z. B. seines Vaters oder seiner Künstlerfreunde wie Pallarés mit dem er zeitweise ein Atelier in Barcelona teilte[44]). Picasso malte mit den ihm verfügbaren und ihm vertrauten Farbtönen. Sein Farbsystem war dominiert durch Erdtöne zwischen Umbra-, Ocker- und weiteren Brauntöne.[45] Seinen Hund Clipper (vgl. Abb. 40) malte er beispielsweise 1895 in gekonnter pastoser Modellierung der Erdtöne. Seine Farbwahl entsprach keiner intuitiv erscheinungsgemäßen. Vielmehr verwendete er die schematische malerische Darstellungsformel in mehreren seiner Werke, indem er immer wieder mit einer ähnlichen Palette als begrenzendes und leitendes Darstellungssystem malte. Picasso modifizierte diese Darstellungsformel beispielsweise nach und nach durch farbige Einschüsse wie im Gemälde „Mädchen mit nackten Füßen". Auch dieses Vorgehen wiederholte sich bei anderen Werken (z. B. „Alter Pilger" 1895 oder „Dienstmädchen aus Coruña" 1895). Im ständigen Tun (Kopieren, Modifizieren, ...) differenzierte Picasso sein Vorstellungssystem farbiger Darstellungen.

Auch Picassos Bildung der Imagination ist nur im Kontextbezug zu einem intersubjektivem Können und allgemein verfügbaren konventionellen Anschauungen und Materialien nachzuvollziehen. Außerdem erscheint bei Picasso ein weiteres tragendes Vorstellungssystem existiert zu haben: Es betrifft sein sicheres Selbstkonzept und die früh adaptierte Rolle als Künstler. Picasso wuchs in einer Familie auf, in der künstlerisches Schaffen angesehen war. Er konnte von frühester Kindheit an ein positives Fähigkeitsselbstkonzept entwickeln, da all seine künstlerischen Tätigkeiten stets von seiner ganzen Familie gewürdigt wurden – in der er zudem einziger Junge

43 Richardson (1997), S. 69
44 Vgl. ebd., S. 76 ff.
45 Vgl.ebd., S.64

war. Picasso verinnerlichte auf diese Weise die Vorstellung von sich als Künstler als sinnhafte Bestimmung.

Darstellungsbezüge

Grundlegend für Picassos ersten Zugang zu darstellerischem Tun waren fraglos die ständige Verfügbarkeit von Zeichen- und Malmaterial und werkstattähnlichen Bedingungen durch den Beruf seines Vaters.

Ebenso relevant war sein unermüdliches Üben – angeregt in frühster Kindheit durch Hilfen und Anleitungen seines Vaters. So erlernte Picasso schon als Kind handwerkliche Fähigkeiten der Malerei nach akademischem Regelwerk. All seine Lehrjahre in Coruña, Barcelona und auch Madrid führten dieselbe akademische, formalistische Linie fort: Picasso lernte im Sinne des akademischen Lehrstils des 19. Jahrhunderts, der auf starren Formeln, Richtlinien und mechanischen Techniken beruht. Immer wieder übte sich Picasso im Formerfassen durch Konstruktionsschemata, das heißt durch vereinfachende, formdefinierende Hilfslinien und -formen. Picasso arbeitete besonders in Barcelona an konventionellen Genrebildern, Aktstudien und Naturstudien und auch an religiösen Gemälden. Er belegte Kurse wie *Antike, Aktstudium, Naturstudium, Malerei*. Die „Erstkommunion" (Abb. 41) kann als Sinnbild für die frühe Perfektion maltechnischer Konventionen betrachtet werden. Die gewohnte Farbpalette kam in schichtender Technik zur Anwendung und stand der freieren Herangehensweise im Privaten gegenüber (Abb. 42, 43). Spätestens in Madrid überwog Picassos Verlangen nach freier Darstellung und er berichtete 1897 in einem Brief an einen Freund: *„Die [Lehrer] dozieren, wie ich erwartet hatte, ständig den gleichen alten Kram: in der Malerei Velazquez, in der Bildhauerei Michelangelo usw [..] Ich halte es nicht für sinnvoll, sich einer bestimmten Richtung anzuschließen, das verführt nur zur Manierismus und Affektiertheit."* [46] Er meinte außerdem, er hätte lieber in München als in Spanien studiert, da dort kein schematischer, dogmatischer Unterricht stattfände. Die Aussage verweist auf Picassos Bedürfnis, die erlernten Konventionen nun zur freien, selbstbestimmten Darstellung zu bringen. Dennoch schwärmte Picasso in dem Brief weiterhin vom Prado, wo es erstklassige Velazquez, herrliche Köpfe von el Greco, die sehr schöne „Mater dolorosa" von Tizian, überwältigende Bilder von van Dijk und Rubens gäbe.

Es schloss sich eine Phase an, in der Picasso seinem Wunsch nachging, freizukommen von den *verknöcherten* Lehren. Er war auch körperlich geschwächt und folgte aus der Krise heraus dem Rat seines Studienfreund Pállares, sich einige Monate mit ihm in einem kleinen Bauerndorf (Horta de Ebro) zu erholen. Er genoss das primitivste Landleben, unternahm Streifzüge durch die Natur, die das Dorf umgab und erprobte zwanglos neue Darstellungsformeln.

46 Ebd., S. 103 ff.

Surplus von Picassos Könnens-Strukturen

Picassos früheste Kinderzeichnungen und -gemälde zeigen klare Formerfassungen, perspektivische Richtigkeit und malerische Ansätze. Zwei unterschiedliche Erklärungstendenzen spannen das Feld der Interpretationen auf:

1. Das mystifizierte Bild des einmaligen, mit künstlerischem Vermögen beschenkten Genies und Wunderkinds steht dem
2. des fraglos begabten[47], perfektionistischen, wissbegierigen, aber ebenso ausdauernd und fleißig übenden, geförderten Jungen gegenüber.

Seine Bewunderer – und wohl auch Picasso selbst – stärken und stärkten die erste Position. Sie berufen sich darauf, dass er nie wie ein Kind gezeichnet oder gemalt hätte. Die „Geschichte vom Wunderkind, das zeichnen lernt bevor es lesen kann"[48] gefiel Picasso. Er äußerte sich im Anblick einer Kinderzeichnung:

> *„Das ist ein kleines Kunstwerk [...]. Aber so erstaunlich diese Zeichnungen auch sind, diese Begabung gehört ihm nicht. Im Gegensatz zur Musik gibt es in der Malerei keine Wunderkinder. Was man für ein frühreifes Genie halten könnte, ist in Wahrheit das Genie der Kindheit. Es verschwindet in einem gewissen Alter ohne Spuren zu hinterlassen. Möglich, daß [!] dieses Kind eines Tages Maler wird, aber dann wird er ganz von vorn anfangen müssen. Ich zum Beispiel habe dieses Genie nicht gehabt. Meine allerersten Zeichnungen hätten nicht in einer Ausstellung von Kinderzeichnungen hängen können. Das Kindlich-Linkische, das Naive fehlte ihnen fast völlig... Ich habe sehr schnell das Stadium dieser wunderbaren Vision hinter mich gebracht. Im Alter dieses Jungen zeichnete ich ganz akademisch, so kleinlich und genau, daß [!] ich heute entsetzt bin. Mein Vater war Zeichenlehrer, er hat mich wahrscheinlich vorzeitig in die Richtung gelenkt."*[49]

Vertreter der zweiten Position argumentieren anders: Jugendzeichnungen von Picasso würden deutlich machen, dass Pablos Begabung nicht von selbst erblühte, sondern er hart dafür arbeitete.[50] Sie verweisen darauf, dass die Werke vor der Pubertät sich nicht besonders von denen anderer Kinder abheben [51], die danach vielleicht umso mehr. Um seine Potentiale nutzen zu können, benötigte auch Picasso entsprechende Förderungen und Anregungen.

Konklusion: Picassos' Aufbau seiner Könnens-Strukturen

Abschließend werden Picassos Könnens-Strukturen chronologisch anhand exemplarischer Gemälde zusammengefasst:

Den Hafen von Málaga (Abb. 39) malte Picasso mit rund 8 Jahren, also bevor er Kunstschulen besuchte. Das Werk ist eine seiner ältesten erhaltenen Malereien. Es spiegelt handwerkliche Könnens-Strukturen, die er bis dato primär durch seinen Vater und selbstständiges Üben erworben hatte. Freie, ungelenkte Kinderzeichnungen

47 Vgl. Miller (2015)
48 Léal (2013), S. 7
49 Brassäi (1966), S. 70
50 Vgl. Richardson (1997), S. 60
51 Vgl. ebd., S. 41

und Malereien scheinen kaum zu existieren und wurden sehr früh – mindestens ab der Schulzeit (ca. 7. Lebensjahr) – abgelöst durch regelbasierte, formelhaft erlernte Technik und Gestaltung. Auch die Schwarz-Weiß-Abbildung des Hafens lässt erkennen, wie er die Technik des Aquarellmalens beherrschte und modellierend mit Farbe umging. Er unterschied zwischen deckendem und lasierendem Auftrag, zwischen einheitlich gesetzten Farbflächen und fein differenzierten Oberflächen, zwischen lichtreflektierenden, hellen und schattigen oder spiegelnden dunklen Stellen.

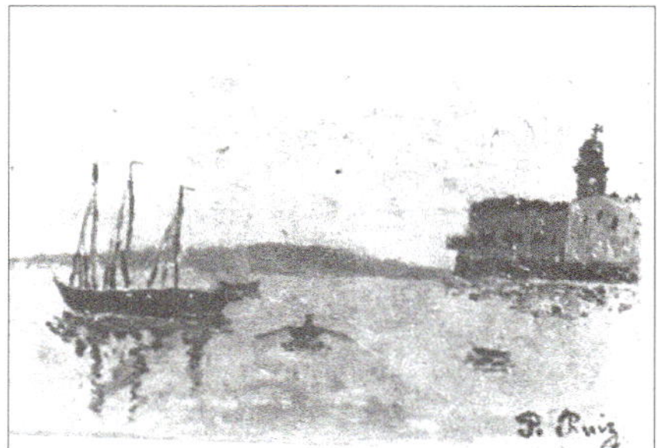

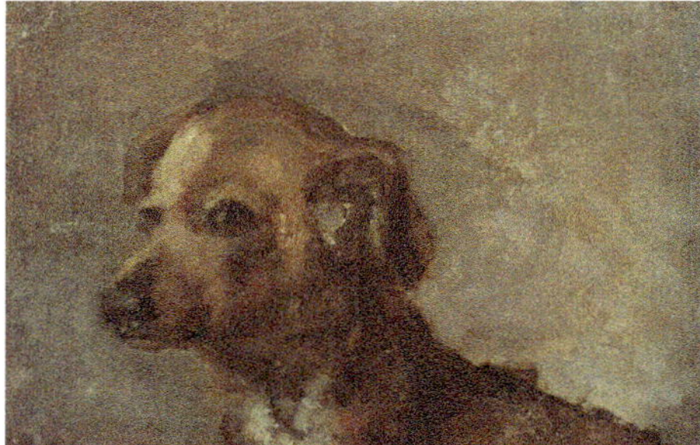

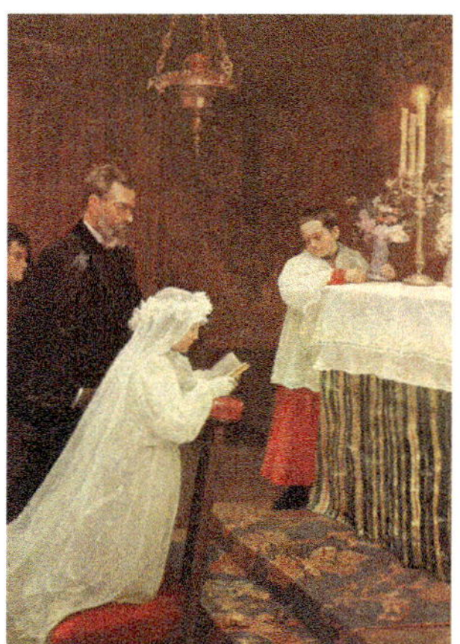

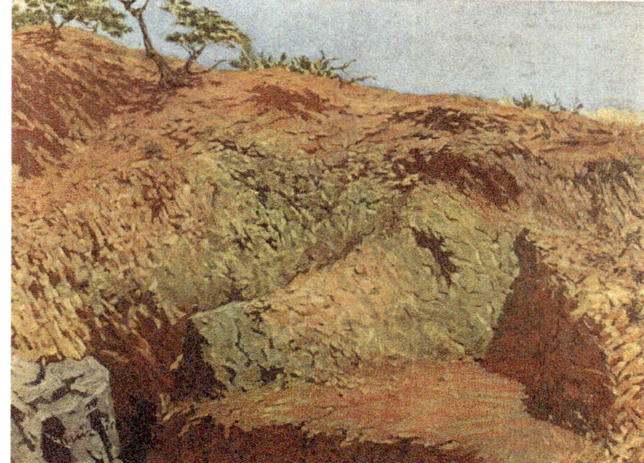

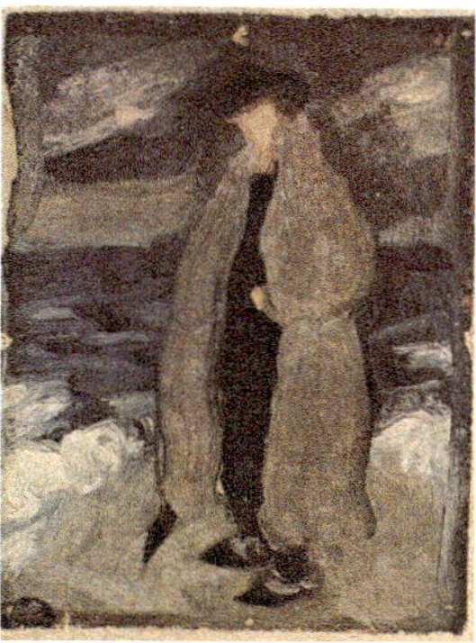

Abb. 39-43: Gemälde von Picasso mit 8, 14,15, 15, 18 Jahren

Seinen Hund Clipper (Abb. 40) malte Picasso mit 14 Jahren. Figur und Grund sind in Erdtönen gestaltet, die sich fein in Nuancen ausdifferenzieren. Brauntöne aus der Figur legen sich als dünn verriebene Farbe auch über das Grau des Grundes, wodurch sich Picassos Bildsehen manifestiert. Der Duktus ist sichtbar, sein Gestus locker und schnell. Helle Partien wie die weiße Brust oder Glanzlichter am Ohr von Clipper setzte Picasso pastos auf. Die „Erstkommunion" (Abb. 41) malte Picasso mit 15 Jahren. Im Vergleich zum Gemälde von „Clipper" zeigt sich eine glatte Malerei mit verriebener Farbe, unsichtbarem Duktus und transparent schichtend herausgearbeiteter Stofflichkeit von dünnem Schleier, feinster Spitze, glänzender Seide, goldenem Leuchter usw. Das religiöse Sujet unterlag kontrollierten Konventionen nach konservativer, klassischer Manier – d.h. ausgerichtet an korrekter Werkzeug- und Materialverwendung, sauberer Technik und realistischer Gestaltung (proportions- und perspektivgerecht, realistische Stofflichkeit). Picasso erfüllte die konventionellen Könnens-Erwartungen seiner Lehrer schon mit 15 Jahren nahezu perfekt. Andere Malereien aus seiner Freizeit, wie der „Steinbruch Málaga" zeigen experimentellere Aspekte Picassos Könnens-Aufbaus. Hier war sein Thema die nackte, kahle Erde in ihren Farbnuancen und ihrem Lichteinfall. Die Kraft des deckenden Pinselstriches und der Farbe als Material schienen Picasso voranzutreiben. Es ist möglich, dass Picasso von dem tanzenden Duktus und den Anliegen der Impressionisten gehört hatte.[52] Picasso malte aber nicht wie die Impressionisten. Seine Farben waren gesättigter, seine Hell-Dunkelkontraste intensiver. Er beschränkte sich nicht auf prismatische Farben, sondern griff wie schon gewohnt zu Erdtönen. Schatten war bei ihm nicht Blau abgetönt, er griff zu Schwarz. Die Gegenstandsfarbe dominierte gegenüber der Erscheinungsfarbe – inwieweit Picasso die Farbe nicht weiter ausdifferenzieren wollte oder konnte, bleibt nur zu spekulieren. Vielleicht war es aber einer der ersten Versuche moderne Bilder zu malen, losgelöst von akademischen Zwängen.[53]

Nach dem Aufenthalt in Madrid und nach den Monaten, die er mit seinem Freund auf dem Land verbracht hatte, kehrte er mit einem verstärkten Gefühl der Befreiung nach Barcelona zurück und schulte sich von nun an selbst. Seine Bilddramatik und sein Stil verfeinerten sich in dem kleinen eigenen Atelier in der Wohnung des Malers Santiago Cardona[54], das ihm optimale äußere Bedingungen bot. Das Porträt seines Vaters am Meer (Abb. 43), das er mit 18 anfertigte, spiegelt die fortschreitende Suche nach eigener Bildsprache – die Form des Mantels wurd mit einem Pinselstrich erfasst und das tosende Wasser durch gezielten, pastosen Farbauftrag wiedergegeben. Diese Freiheit und Distanzierung von der Konvention konnte gleichsam nur auf der Basis ihrer verständnisintensiven Durchdringung und das mühelose Beherrschen handwerklicher Darstellungshandlungen erlangt werden. Picassos künstlerisches Grundwissen ermöglichte ihm in seinem weiteren Lebensverlauf vielseitiges, virtuoses künstlerisches Schaffen und seine individuelle, bildsprachliche Findung im Bereich aller bildnerischen Praktiken – ebenso den bewussten Weg in die Abstraktion.

52 Vgl. Palau i Fabre (1981), S. 108
53 Vgl. Richardson (1997), S. 80
54 Vgl. ebd.

Die darstellende Auseinandersetzung mit Kunstwerken anderer Künstler blieb neben den individuellen Schöpfungen bei Picasso stets ein zentrales Gestaltungsmoment: Paraphrasen fremder Werke ziehen sich durch sein Gesamtwerk. Und bald wurde durch dieses Schaffen die Idee und das Selbstverständnis eines modernen Malers immer klarer und der Wunsch entsprang, nach Paris aufzubrechen…

Der Fokus wurde auf eine Lebensphase gerichtet, die in den meisten Biographien in kurzem Kapiteln abgehandelt wird: Der Aufbau seiner Könnens-Strukturen in Kindheit und Jugend. Die hier nur sehr grob umrissenen Lerneinflüsse und Lerninhalte in *Picassos Curriculum* seiner Kindheit und Jugend genügen, um das relationale Feld leistungsbestimmender Faktoren zwischen Wahrnehmen, Vorstellen und Darstellen zu skizzieren.

Sein Lernen vereinte Einübung von konventionellem Handwerk (hauptsächlich durch Vater und Akademie) und Bildung der Imagination (hauptsächlich durch Studieren von Anschauungsbezügen und Vorbildern). Die Wahrnehmung, Vorstellung und Darstellung von Farben und Formen bildeten sich in verzahnter Wechselbeziehung: Picasso lernte im mimetisch-darstellerischen Bezug zu (Gips-) Modellen, künstlerischen Vorbildern, sowie zu Motiven im Freien. Er übte sich früh im zerlegenden und synthetisierenden Sehen von Formen und Farben. Picasso bekam durch seinen Vater frühen Zugang zu Bildungsinstitutionen im künstlerischen Bereich. Zudem stand er seit dem Kleinkindalter in engem Kontakt mit visueller Kultur und handwerklicher Praxis. Ihm wurden ständig explizit oder implizit Lernangebote und Vorbilder unterbreitet – beispielsweise durch Museumsbesuche oder schlicht durch das Zuschauen bei der malerischen Praxis des Vaters. Picasso lernte im Sinne eines akademischen Formalismus formelhafte Techniken durch Üben, Kopieren und Wiederholen. Dabei wurden ihm klare Regeln vorgegeben, was erlaubt war und was nicht: Realistische Effekte waren erwünscht, abstrahierende wurden abgelehnt. Er malte große Werke mit vorgegebener, begrenzter Farbpalette ab, beobachtet Maler beim Malen und vollzog dadurch ihre Handlungskonzepte nach. Er setzte sich insgesamt mit vielseitigen vorgegebenen aber auch im Privaten mit frei gewählten Motiven und Erscheinungen auseinander (Religiöse Szenen, Interieure, Landschaft, Architektur, Stillleben, Mensch, Tier etc.). In seiner Freizeit nutzte er die Möglichkeit der freien Erprobung vielseitiger Mal-und Zeichenstile und übte stets parallel Zeichen- und Maltätigkeit aus.

Picasso zeigte schon als Kind Willensstärke, Wissbegier, Anstrengungsbereitschaft und Disziplin. Seine individuellen motivationalen und volitionalen Einstellungen erleichterten ihm fraglos das darstellerische Lernen.[55]

55 Zu weiterführenden Aspekten von Begabung: Miller (2014)

Online : 7.2 Analyse exemplarischer maldidaktischer Ansätze
In Kapitel 3 wurden heterogene maldidaktische Ansätze zusammenfassend ausgewertet. Grundlage ihrer Systematisierung bildet die ausführliche historisch-hermeneutische Analyse von zwölf Ansätzen, die online hinterlegt sind.[56]

7.3 Datenmaterial

In diesem Kapitel werden die Daten der Unterrichtsstudie dokumentiert und teilweise aufbereitet. Weitere Daten – die hier sekundär erschienen oder nur als Korrektiv dienten – sind in Händen der Autorin und können eingesehen werden. Das Kapitel ist die wesentliche Bezugsgröße der Analysen in Kapitel 5. Der Großteil der Daten[57] ist online hinterlegt.

7.3.1 Übersicht Unterrichtsverlauf

Visualisierungen zentraler Hilfsmittel und Übungen (ab Malaufgabe 2)
Im nachfolgenden Kapitel zeige und beschreibe ich zentrale Hilfsmittel und Übungen, die im Verlauf der Malaufgabe 2 gegeben wurden. Sie stellen Farbwahrnehmungs-, Vorstellungs- und Darstellungshilfen dar, die sich methodisch und medial aufschlüsseln in Hilfsmittel

- zur deiktischen Veranschaulichung durch das Legen auf Bilder (Bild und Symbol),
- zum kognitiven Nachvollzug durch Nachlesen (Text),
- zur gestalterischen Einübung (eigene Handlung),
- für den Nachvollzug von Handlungskonzepten (Handlung der anderen verstehen).

56 Vgl. Kriterienkatalog in Kap. 3.1.1
57 Vgl. Übersicht Kap. 7

Werkzeugsatz (Einführung ab DS 1, Malaufgabe 2):

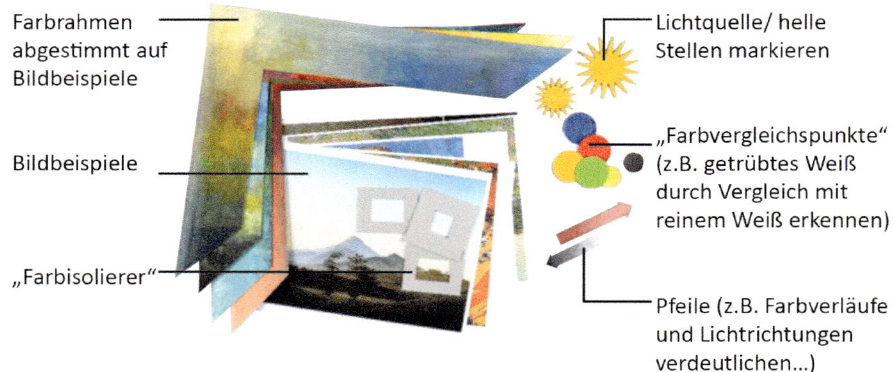

Abb. 44 Werkzeugsatz

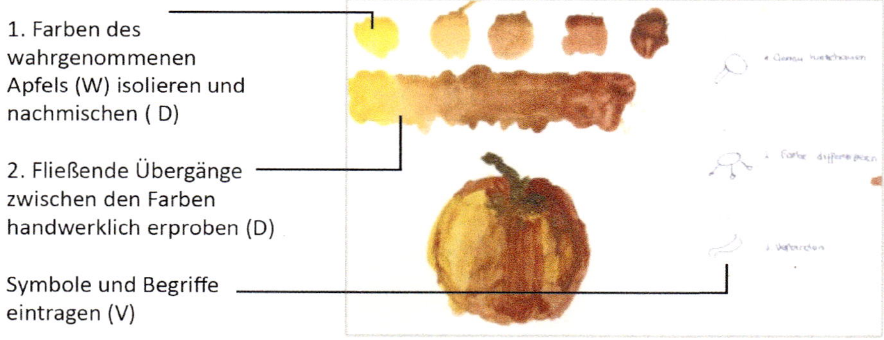

Abb. 45 Apfel-Übung

Übung 1: Apfel-Übung (Einführung in DS 3, Malaufgabe 2):

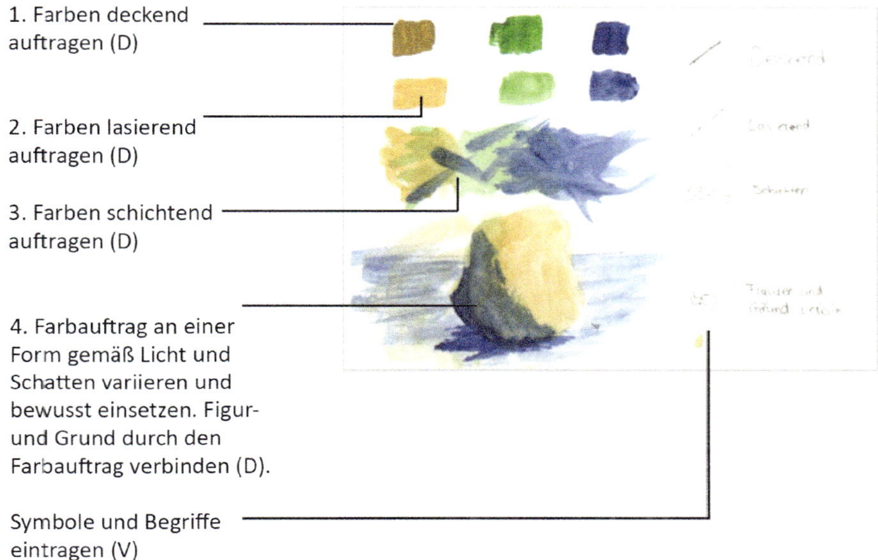

Abb. 46 Farbauftrag-Übung

Übung 2: Farbauftrag-Übung[58] (Einführung in DS 4, Malaufgabe 2):

7.3.2 Klassenübersicht – Produkte

Es folgt die dokumentarische Darlegung der in der Klassen entstandenen *Gemälde* bzw. einzelner *Details* daraus.

58 Übung 1 und 2 befinden sich auf der Vorder- und Rückseite eines Din A4-Papiers – und werden somit zu einer eigenen Merkkarte für jeden Lernenden. Beide Übungen wurden von der Lehrperson vorgemacht.

Gemälde von Malaufgabe 1 bis 3

Name	Malaufgabe 1: Ist-Stand	Malaufgabe 2: Lehrgang	Malaufgabe 3: Transfer
Karl	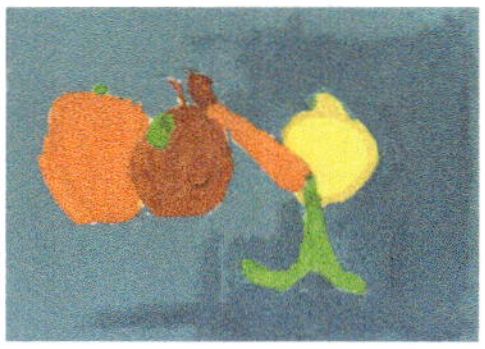	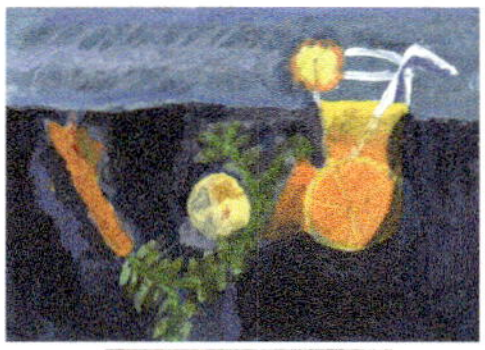 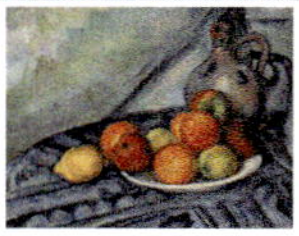	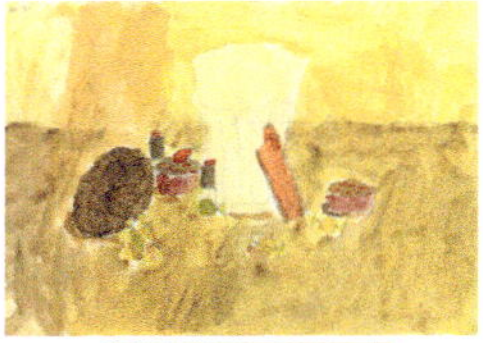 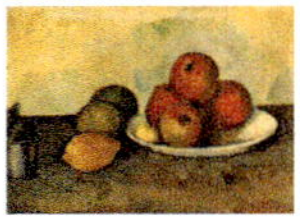
Silas	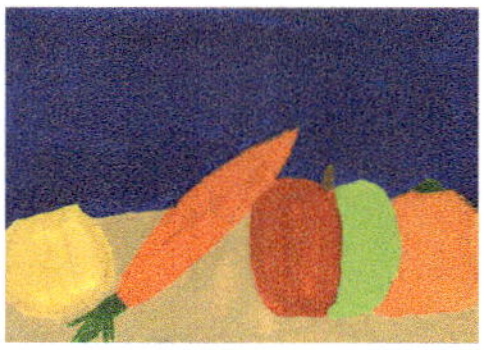	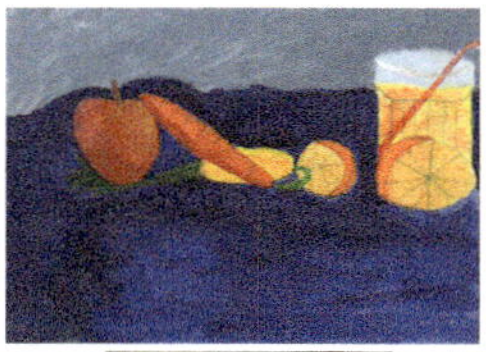 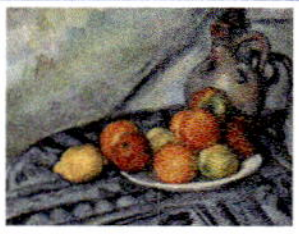	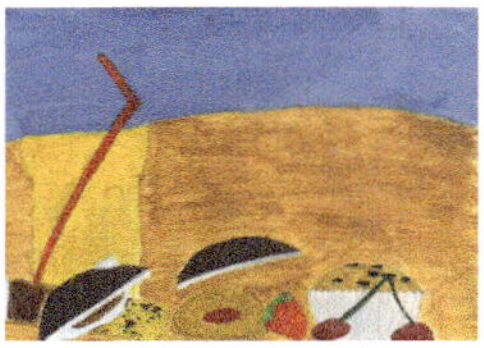 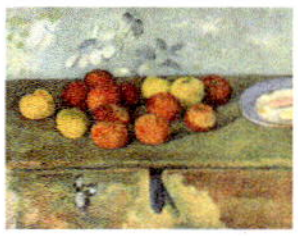
Dave	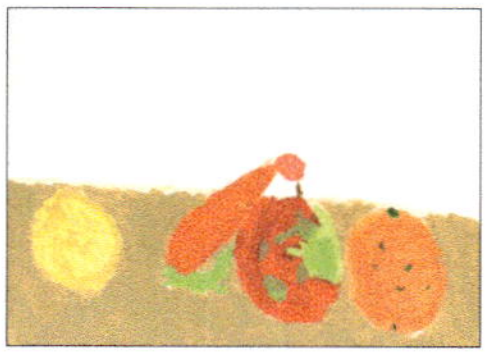	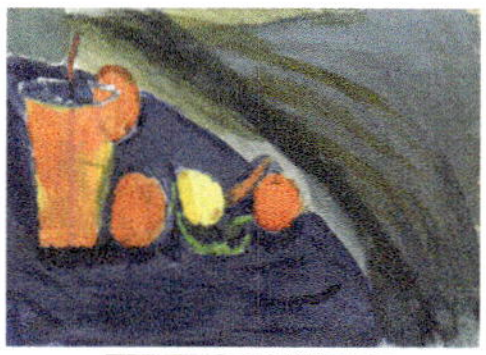 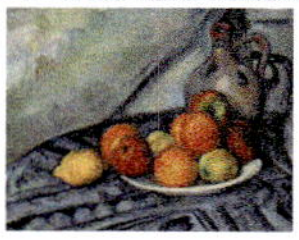	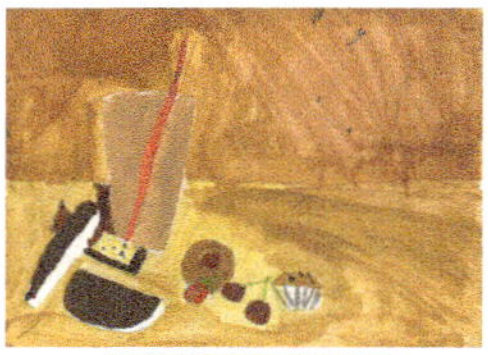 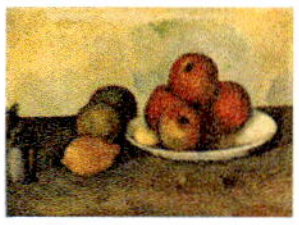

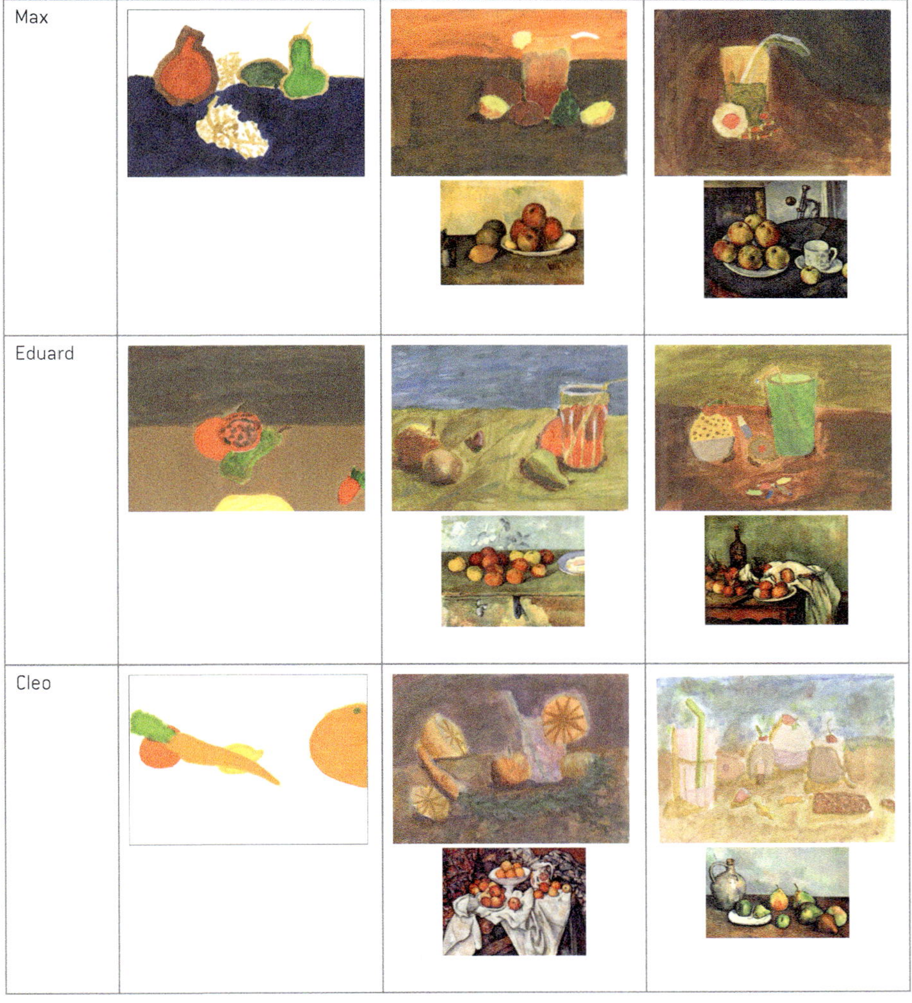
Max
Eduard
Cleo

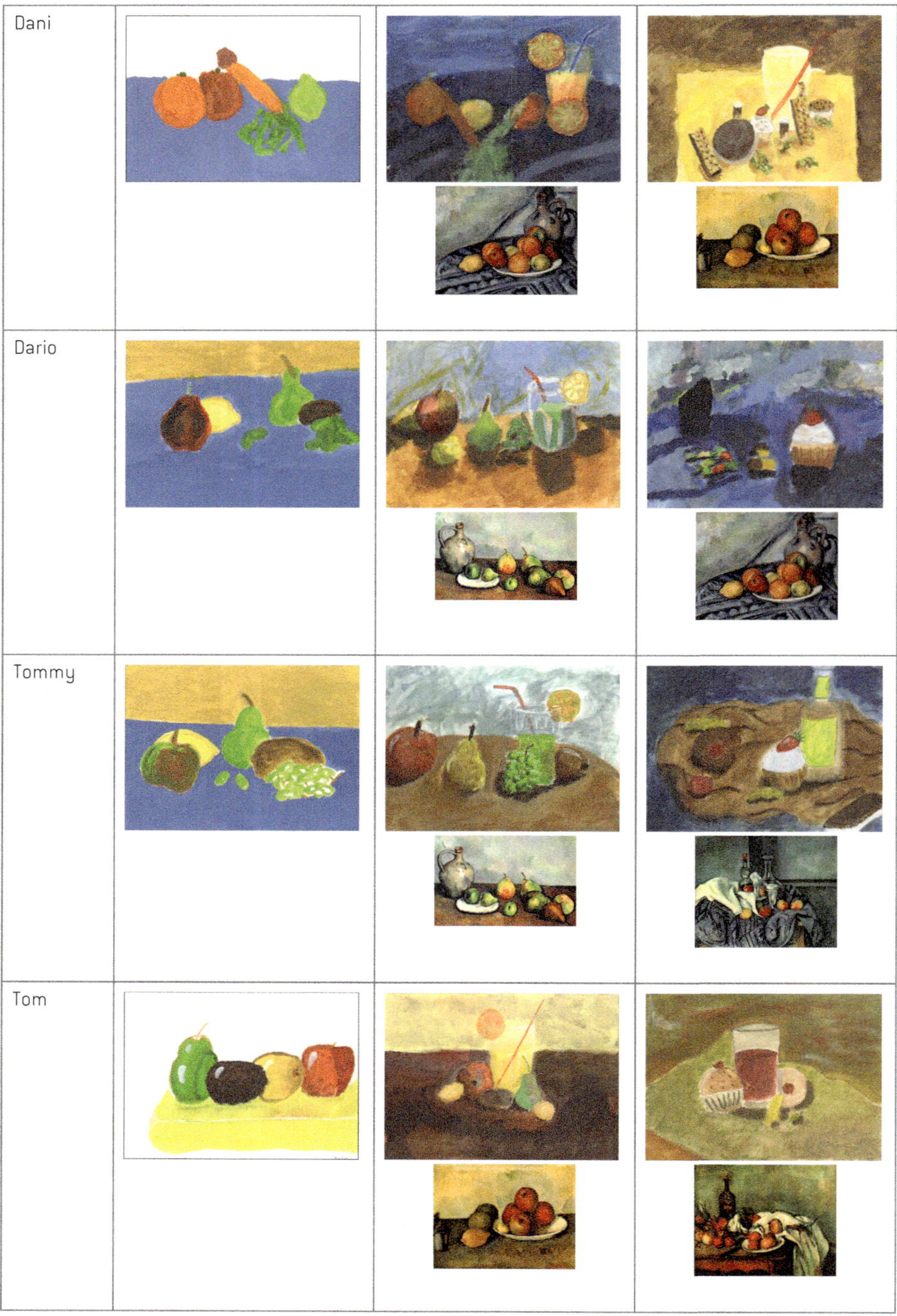
Dani
Dario
Tommy
Tom

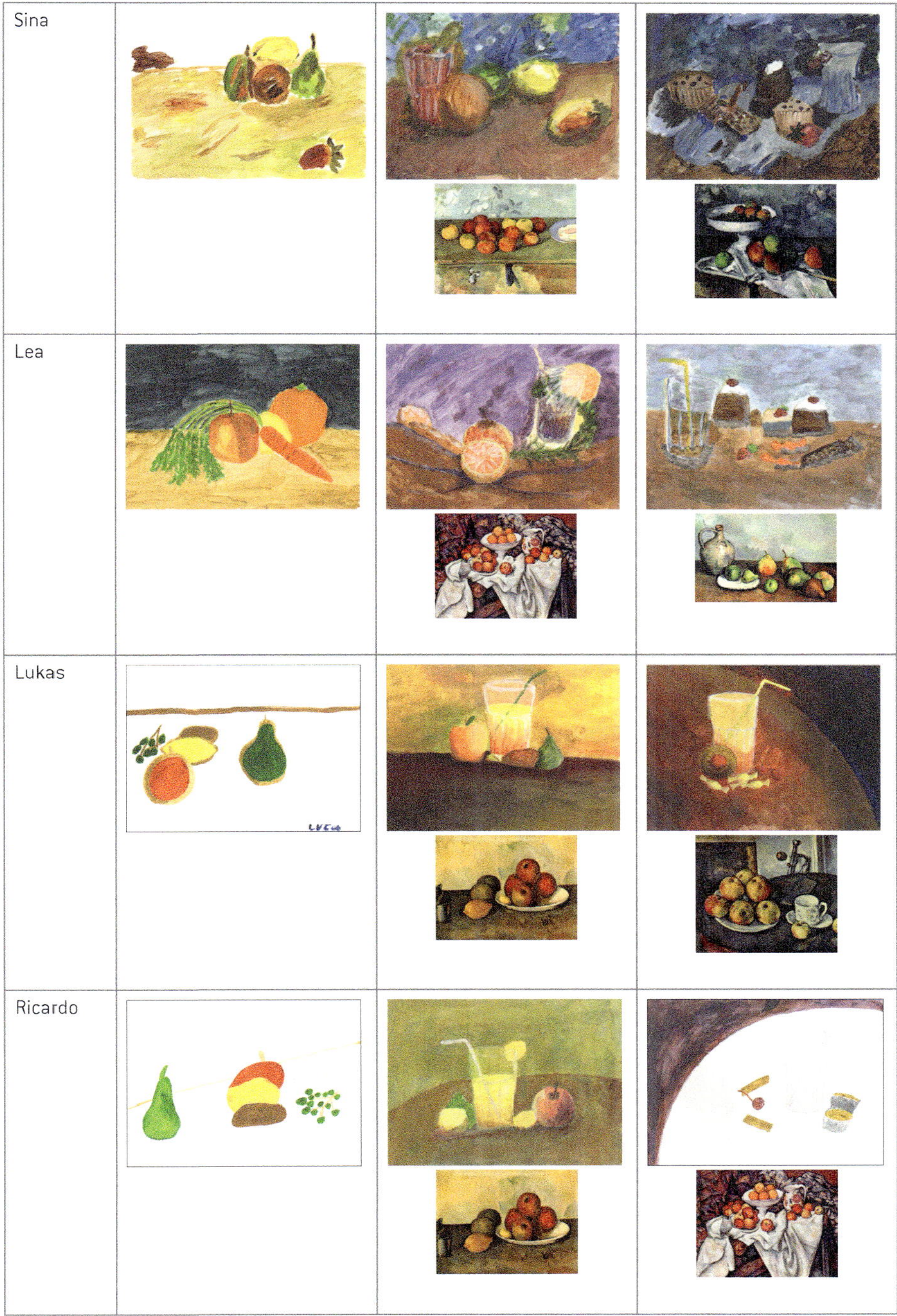
Sina
Lea
Lukas
Ricardo

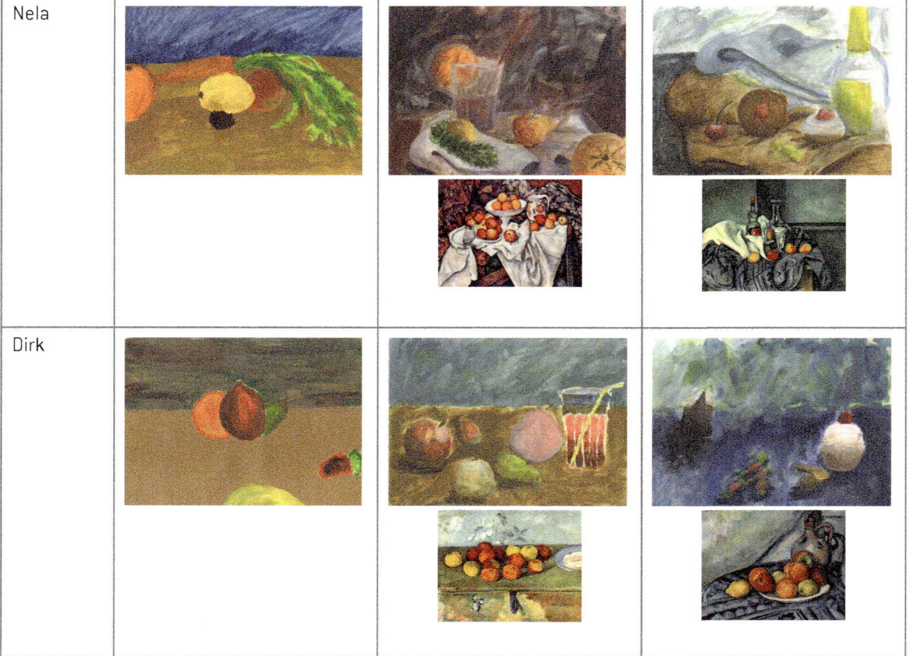
Nela
Dirk

7.3.3 Befragungen und Gespräche

Leitfaden für die Befragung nach der Studie[59]

Ich möchte mit dir ein Gespräch über deine drei Gemälde führen, um mehr über deine persönliche Einschätzung/Meinung zu erfahren bezüglich...

1. deiner Entwicklung, deinem Lernfortschritt und
2. der Wirkung der verwendeten Hilfsmittel/Übungen.

Überprüfung von...	**Frage**	**Mögliche Nachfragen**
Reflexionsfähigkeit? Lösungsstrategien? Urteilsbildung?	Ordne die Bilder bitte von links nach rechts –von „gefällt mir am wenigsten" bis „am besten". Warum gefällt dir dieses am meisten?	Welche Stelle findest du besonders gelungen? Zeig sie mir! Wie hast du sie gemalt? Gibt es eine Stelle, die du trotzdem heute verbessern würdest? Wie?
Verbalisierung des Könnens, Benennen der Farben Sprache	Welche Farben hast du darin verwendet? Warum hast du sie verwendet? Vergleich mit Cézannes Farben?	Wie hast du diese Farbe gemischt? Wie hast du diese Farbe abgedunkelt/aufgehellt? Wie würdest du die gesamte Farbstimmung beschreiben?
Reflexionsfähigkeit? Lösungsstrategien? Urteilsbildung?	Warum gefällt dir dieses Bild am wenigsten?	Was gefällt dir daran nicht? Wie würdest du es heute ändern? Schau mal bei den anderen Bildern – hat ein/e Mitschüler/in es so gemacht wie du meinst?
Lerninhalte	Vergleiche die drei Bilder miteinander hinsichtlich (Symbole und Farbpunkt geben) - Differenzierung, - Farbauftrag, - Übergänge/Verbindungen/Figur-Grund...	Mögliche Hilfen: Was verstehst du unter Differenzierung der Farben? Welche Möglichkeiten des Farbauftrags gibt es – wenn du z. B. an das Beigeben von Wasser denkst.... Kannst du nun nach dem Vergleich nochmal erklären, warum dir dieses Bild am besten gefällt?
Wirkung der Hilfsmittel	Wie fandst du die Arbeit mit den begrenzten, festgelegten Farben/den Rahmen/Orientierung an Cézannes Farben?	Hat es beim Malen geholfen, sich an Cézannes Farben zu orientieren? Oder hast du dich stark eingeschränkt gefühlt?
Wirkung der Hilfsmittel	Haben dir die angebotenen Hilfsmittel geholfen (Vergleichspunkte, Rahmen, ...)?	Welche hast du am meisten benutzt? Welche gar nicht?
Subjektive Schlüsselstellen/ Schwierigkeiten/ Können	Was fiel dir besonders schwer? Was fiel dir besonders leicht?	Hättest du nun eine Lösung dafür? Warum viel es dir leicht?

59 Die drei Gemälde aller Aufgaben liegen je sichtbar vor uns.

Subjektiver Lernfortschritt	Was würdest du bei deinem nächsten Gemälde beachten?	Wie würdest du vorgehen? Wie würdest du die Farben auswählen? Wie mischen?
Subjektive Zufriedenheit	Hattest du Spaß daran und bist zufrieden? Oder hättest du einen Tipp, was ich besser machen könnte oder anders erklären?	Was hättest du gerne mehr geübt? Was hast du überhaupt nicht verstanden?
Transfer auf Lebenswelt	Hast du dir seit dem Unterricht mal unterwegs oder zu Hause bewusst Gedanken über Farben/Farbkonzepte gemacht?	z. B. beim Blick auf Landschaften oder Farbkonzepte in S-Bahn…
Rezeptive Kompetenz	Welches der Bilder ist deiner Meinung nach nicht von Cézanne?	Begründe!
Subjektiv als zentral empfundener Lerninhalt	Was ist für dich das Wichtigste, sozusagen der wesentliche Punkt, den du über Farbe und Malerei gelernt hast?	Was hat dich überrascht oder fasziniert oder auch verwundert? Was hast du davor beim Malen anders gemacht?

7.3.4 Exemplarische Bildaufbereitungen (Quer-/Längsschnitte einzelner Lernenden)

Legende	
Symbol	Bedeutung
→	Lenkung der Aufmerksamkeit auf gezielte Bildstellen
▪▪▪▪>	Markierung der Chronologie innerhalb des Unterrichtsverlaufs von Bild 1 zu Bild 3
•-·-·->	Bearbeitungsrichtungen beim Malen
( ) ✗	Vorhandene, bzw. nicht vorhandene mimetische Wechselbezüge
•—•	Erklärende Verortung von Hinweisen/Ausschnitten/usw. im Bild

Tommy (T1-Ü1-Apfel)

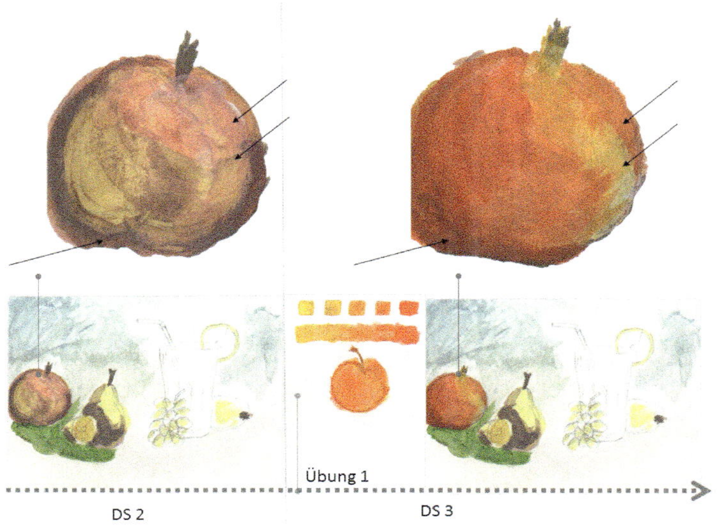

Ricardo (R-Ü1-Apfel)

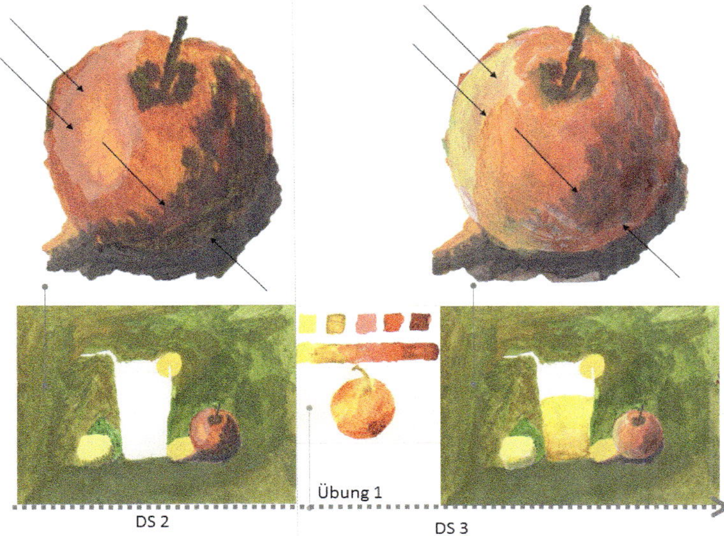

Abb. R_Ü1_Apfel

Tommy (T1-Ü2-Birne)

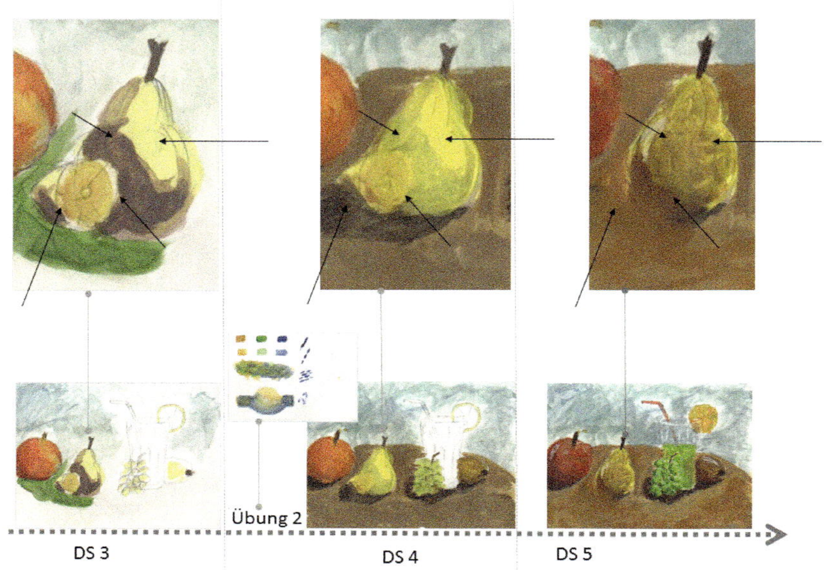

Abb. T1_Ü2_Birne

Ricardo (R-Cézanne)

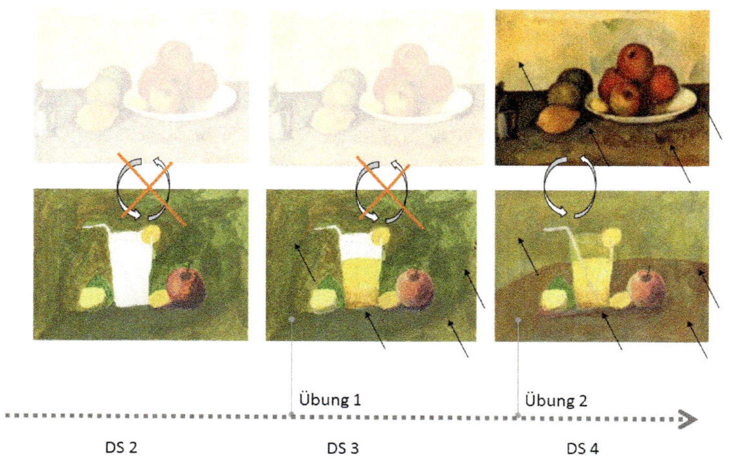

Abb. R-Cézanne

Dirk (D1-Cézanne)

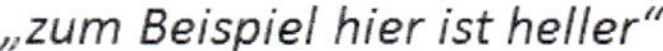

... „und hier auch heller"

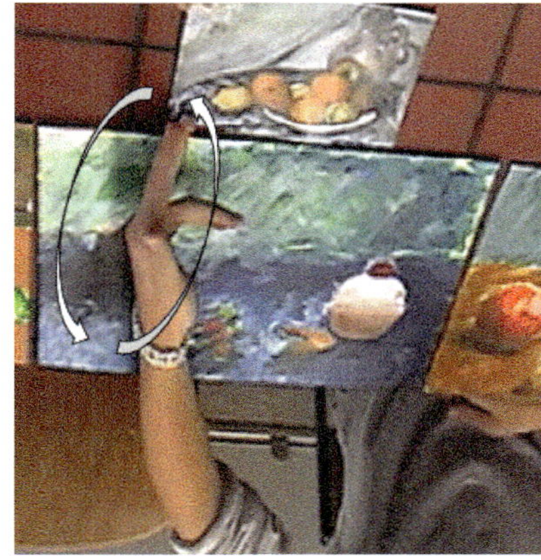

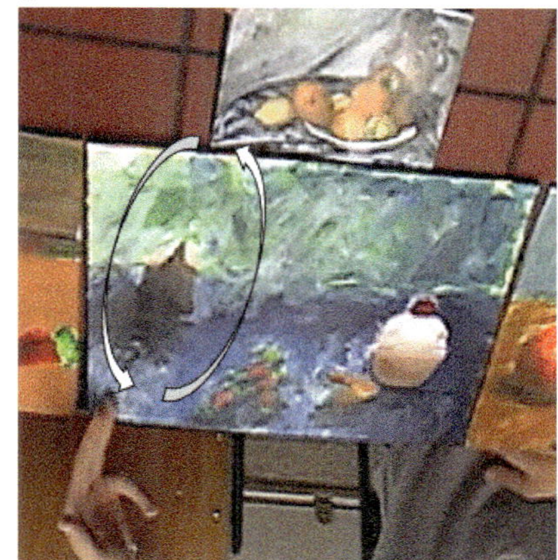

Abb. D1_Cézanne

Lea (L-Cézanne)

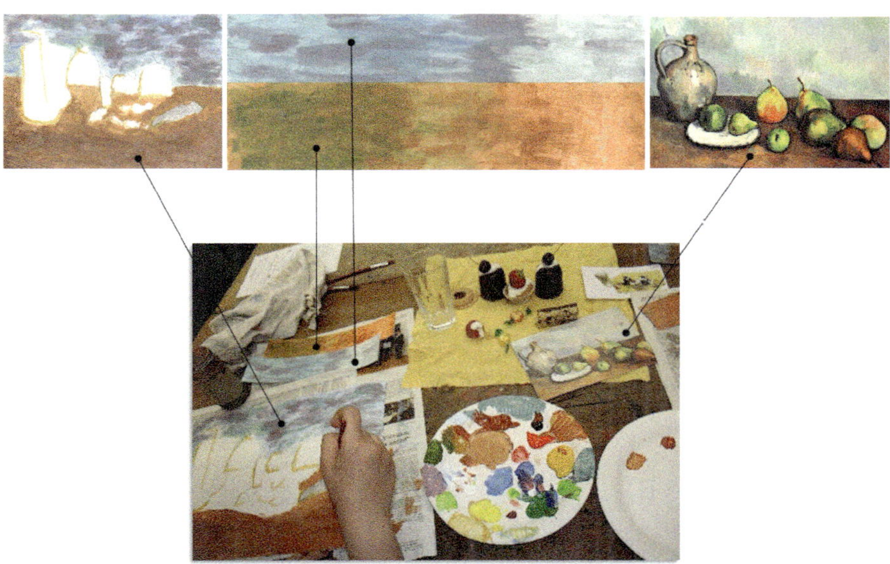

Abb. L-Cézanne

Silas (S-Bildsehen)

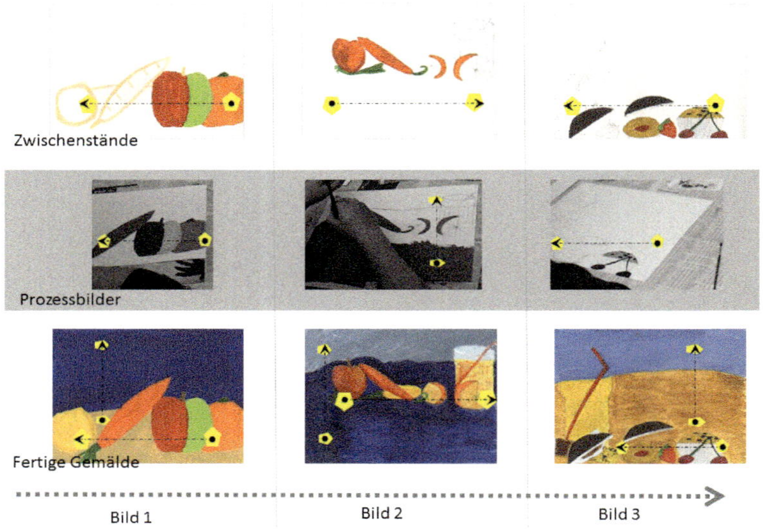

Abb. S_Bildsehen

Dirk (D1-Bildsehen)

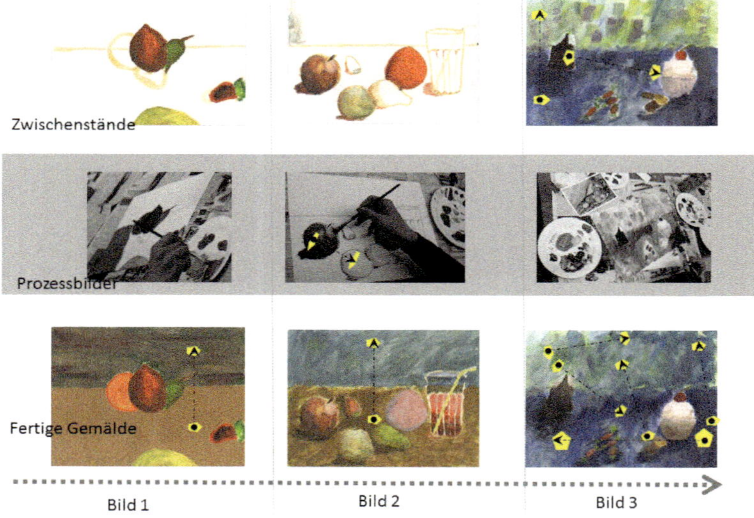

Abb. D1_Bildsehen

Abbildungsverzeichnis

6. Maldidaktik in einer systematisch begründeten Kunstpädagogik

7. Anhang

Hinweis zu Abbildungen der erhobenen Daten:
Weitere Abbildungen des Datenmaterials wie Schülerwerke wurden nicht durchnummeriert und einzeln im Abbildungsverzeichnis geführt. Für alle Daten gilt: Sie wurden im Rahmen der thematisierten Unterrichtsstudie von mir (fotografisch und teilweise audiovisuell) erhoben und aufbereitet. Alle Daten sind auf Nachfrage digital zugänglich.

Literatur

A

Albers, Josef (1970): Interaction of Color. Grundlegung einer Didaktik des Sehens. Köln, Nürnberg.

Albrecht, Hans Joachim (1974): Farbe als Sprache. Robert Delaunay, Josef Albers, Richard Paul Lohse. Köln.

Ansorge, Ulrich/Leder, Helmut (2011): Wahrnehmung und Aufmerksamkeit. Wiesbaden.

B

Bader, Lena/Gaier, Martin/Wolf, Falk (Hrsg.) (2010): Vergleichendes Sehen. München.

Badt, Kurt (1981): Die Farbenlehre van Goghs. Köln.

Bast, Alfred (2003): Von der Entdeckung des offen Sichtlichen. Oder die Sprache der Dinge. In: Hauskeller, Michael: Die Kunst der Wahrnehmung. Kusterdingen, S. 9-34.

Beer, Ulrich (2011): Farben. Ausdruck und Wirkung. Freiburg im Breisgau.

Bering, Cornelia/Bering, Kunibert (1999) (Hrsg.): Konzeptionen der Kunstdidaktik. Oberhausen.

Bering, Kunibert (2004): Kunstdidaktik. Oberhausen.

Bernecker, Sven (2007): Wider den Empirismus der Farbbegriffe. In: Steinbrenner, Jakob: Farben. Frankfurt, M. S. 248-273.

Boehm, Gottfried/Engenhofer, Sebastian/Spies, Christian (Hrsg.) (2010): Zeigen. Die Rhetorik des Sichtbaren. München.

Boehm, Gottfried (2006): Unbestimmtheit. Zur Logik des Bildes. In: Hüppauf, Bernd-Rüdiger/Wulf, Christoph: Bild und Einbildungskraft. Paderborn, S. 243-253.

Brassäi (1966): Gespräche mit Picasso. Reinbek b. Hamburg.

Brenne, Andreas (2007): Analyse ästhetischer Rezeption und Produktion mittels der Grounded Theory. „Monster-Umzug" - Karnevalsbräuche im Kunstunterricht der Grundschule. In: Peez, Georg: Handbuch Fallforschung in der Ästhetischen Bildung/Kunstpädagogik. Qualitative Empirie für Studium, Praktikum, Referendariat und Unterricht. Baltmannsweiler.

Brinkmann, Malte (2008): Üben – elementares Lernen. Überlegungen zur Phänomenologie, Theorie und Didaktik der pädagogischen Übung. In: Mitgutsch, Konstantin (Hrsg.): Dem Lernen auf der Spur. Stuttgart, S. 278-294.

Bruns, Margarete (2006): Das Rätsel Farbe. Materie und Mythos. 4. Aufl. Stuttgart.

Buether, Axel (2010): Die Bildung der räumlich-visuellen Kompetenz. Neurobiologische Grundlagen für die methodische Förderung der anschaulichen Wahrnehmung, Vorstellung und Darstellung im Gestaltungs- und Kommunikationsprozess. Halle (Saale).

Burkhardt, Hermann (1974): Klett-Schulgalerie. Funktion der Linie in der Malerei. Funktion der Farbe in der Malerei. Moderne amerikanische Künstler. Stuttgart.

C

Capelle, Wilhelm (Hrsg.) (1968): Die Vorsokratiker. Die Fragmente und Quellenberichte. Stuttgart.

Corinth, Lovis (1920): Das Erlernen der Malerei. Ein Handbuch. Berlin.

Cropley, Arthur J. (2011): Qualitative Forschungsmethoden. Eine praxisnahe Einführung. Magdeburg.

D

Dewey, John (1988): Kunst als Erfahrung (1934). Frankfurt/M.

Dietl, Marie-Luise (2004): Kindermalerei. Zum Gebrauch der Farbe am Ende der Grundschulzeit. Münster, München.

Dittmann, Lorenz (2010): Farbgestaltung in der europäischen Malerei. Ein Handbuch. Stuttgart.

Dittmann Lorenz (2011): Helldunkel, Farbe und Raum bei Rubens und Johann Evangelist Holzer. In: Steinbrenner/Wagner/Jehle (Hrsg.) (2011): Farben. In Kunst und Geisteswissenschaften. Regensburg, S. 122-138.

Doerner, Max/Hoppe, Thomas (1994): Malmaterial und seine Verwendung im Bilde. Stuttgart.

Donaldsen, Margret (1978): Children's minds. London.

Dorsch, Fabian (2009): Die Natur der Farben. Frankfurt.

Düchting, Hajo (2010): Werkstatt Farbe. Bedeutung Technik Material. Leipzig.

Duncker, Ludwig/Uhlig, Bettina/Müller Hans (2012): Betrachten, staunen, denken. Philosophieren mit Kindern zwischen ästhetischer Erfahrung und Reflexion. München.

Dunker, Ludwig (2013): Bild und Erfahrung – Strukturmomente einer Anthropologie des Sehens. In: Lieber, Gabriele (Hrsg.): Lehren und Lernen mit Bildern. Baltmannsweiler, S. 23-30.

E

Edelmann, Walter/Wittmann, Simone (2012): Lernpsychologie. Weinheim.

Eid, Klaus/Langer, Michael/Ruprecht, Hakon (1994): Grundlagen des Kunstunterrichts. 3. Aufl. Paderborn/München/Wien/Zürich.

Eucker, Johannes/Kämpf-Jansen, Helga (1980): Ästhetische Erziehung 5-10. München.

Eucker, Johannes (1988): Farbe. Wahrnehmung Geschichte und Anwendung in Kunst und Umwelt. Hannover.

Eucker, Johannes (1997): Praxis Kunst. Malerei. Materialien für den Sekundarbereich 1 und 2. Hannover.

F

Fauser, Peter (2014): Ohne Vorstellung geht nichts. Über den Zusammenhang von Imagination und Lernen und eine Theorie der Vorstellung. In: Sowa/Glas/Miller (a.a.O.) (2014a), S. 61-98.

Fehrmann, Gisela/Linz, Erica (2010): Shifting gestures. Deiktische Verfahren in sprachlicher und visueller Kommunikation. In: Boehm/Engenhofer/Spies (a.a.O.), S. 387-408.

Fuchs, Thomas (2007): Das Gehirn – ein Beziehungsorgan. Eine phänomenologisch-ökologische Konzeption. Stuttgart.

G

Gaier, Martin (2010): Imagination. Einleitung. In: Bader/Gaier/Wolf (a.a.O.), S. 119-128.

Gebauer, Gunter/Wulf, Christoph (1992): Mimesis. Kultur, Kunst, Gesellschaft. Reinbek bei Hamburg.

Gebauer, Gunter/ Wulf, Christoph (1998): Spiel - Ritual - Geste. Mimetisches Handeln in der sozialen Welt. Reinbek bei Hamburg.

Gebauer, Gunter (2010): Sich-Zeigen und Sehen als. Wittgensteins zwei Bildkonzepte. In: Boehm/Engenhofer/ Spies (a.a.O.), S. 75-92.

Gibson, James J. (1982): Wahrnehmung und Umwelt. Der ökologische Ansatz in der visuellen Wahrnehmung. München, Wien.

Glas, Alexander (2006a): Anthropogene Voraussetzungen – die Genese der Kinder- und Jugendzeichnung. Ludwigsburg.

Glas, Alexander (2006b): Bildkompetenz und Sprachkompetenz. Begriffs- und Sprachbildung durch Aisthesis. In: Kirschenmann/Schulz/Sowa (a.a.O.), S. 244-248.

Glas, Alexander (2006c): Bild - Wort - Text. Oder das Paradigma des Pingpong. In: Kirschenmann/Schulz/Sowa (a.a.O.), S. 61-73.

Glas, Alexander/Sowa, Hubert (2006): Gestaltungskompetenz. Begriffsklärung und Beispielfelder. In: Kirschenmann/Schulz/Sowa (a.a.O.), S. 249-262.

Glas, Alexander/Seydel, Fritz/ Sowa, Hubert/Uhlig, Bettina (2008): KUNST. Arbeitsbuch 1. Stuttgart.

Glas, Alexander (2015): Anthropogene Voraussetzungen – die Genese der Kinder- und Jugendzeichnung. In: Glas/Heinen/Krautz/Sowa/Uhlig: Kunstunterricht verstehen. Schritte zu einer systematischen Theorie und Didaktik von Kunstpädagogik. Schriftenreihe IMAGO. Bd. 1. München, S. 199-219.

Glas, Alexander/Heinen, Ulrich/Krautz, Jochen/Lieber, Gabriele/Miller, Monika/Hubert, Sowa/Uhlig, Bettina (Hrsg.) (2015): Lernen. IMAGO. Zeitschrift für Kunstpädagogik. Jg. 2015, H.1.

Glas, Alexander/Heinen, Ulrich/Krautz, Jochen/Lieber, Gabriele/Miller, Monika/Hubert, Sowa/Uhlig, Bettina (Hrsg.) (2016a): Malen. IMAGO. Zeitschrift für Kunstpädagogik. Jg. 2016, H.2.

Glas, Alexander/Heinen, Ulrich/Krautz, Jochen/Lieber, Gabriele/Miller, Monika/Hubert, Sowa/Uhlig, Bettina (Hrsg.) (2016b): Sprechende Bilder – Besprochene Bilder. Bild, Begriff und Sprachhandeln in der deiktisch-imaginativen Verständigungspraxis. Schriftenreihe IMAGO. Kunst. Pädagogik. Didaktik. Bd. 3. München.

Glas, Alexander (2016): Zwischen „Disegno" und „Colore" – Farbe in der Kinderzeichnung. In: Glas/Heinen/ Krautz/Lieber/Miller/Hubert/Uhlig (a.a.O.) (2016a), S. 31-43.

Glas, Alexander/Heinen, Ulrich/Krautz, Jochen/Lieber, Gabriele/Miller, Monika/Hubert, Sowa/Uhlig, Bettina (Hrsg.) (2017): Mimesis. IMAGO. Zeitschrift für Kunstpädagogik. Jg. 2017, H.4.

Gombrich, Ernst H. (1986): Kunst und Illusion. Zur Psychologie der bildlichen Darstellung. Stuttgart.

Gonser (2016a): Empfinden? Ordnen? Wahrnehmen?... Farbe und Malerei in der Kunstdidaktik im 20. Jahrhundert. In: Glas/Heinen/Krautz/Lieber/Miller/Hubert/Uhlig (a.a.O.) (2016a), S. 44-59.

Gonser (2016b): Farben wahrnehmen, vorstellen und darstellen. Die bildbaren Teilhandlungen des malerischen Könnens. In: Glas/Heinen/Krautz/Lieber/Miller/Hubert/Uhlig (a.a.O.) (2016a), S. 60-71.

Grünewald, Dietrich /Sowa, Hubert (2006): Künstlerische Basiskompetenzen und ästhetisches Surplus. Zum Problem der Standardisierung von künstlerisch-ästhetischer Bildung. In: Kirschenmann/Schulz/Sowa (a.a.O.), S. 286-313.

Grünewald, Dietrich (2010): Bildnerisches Ausdrucksverhalten von Jugendlichen. In: Kirchner, Constanze/ Kirschenmann, Johannes/Miller, Monika: Kinderzeichnung und jugendkultureller Ausdruck. München, S. 155-164.

Gudjons, Herbert (2008): Pädagogisches Grundwissen. Überblick – Kompendium – Studienbuch. Stuttgart.

H

Haag, Johannes (2007): Kant und die Farben. In: Steinbrenner, Jakob (Hrsg.): Farben. Frankfurt, M, S. 102-126.

Hamm, Ulrich (1982): Stundenblätter Farbe Sekundarstufe II. Stuttgart.

Hansen, Thorsten/Gegenfurtner, Karl (2007): Farbwahrnehmung – Color Vision. In: Steinbrenner, Jakob: Farben. Frankfurt, M, S. 277-289.

Hassenpflug, Gustav (1959): Abstrakte Maler lehren. Ein Beitrag zur abstrakten Formen- und Farbenlehre als Grundlage der Malerei. München, Hamburg.

Heinen, Ulrich (1996): Rubens zwischen Predigt und Kunst. Weimar, Köln.

Heinen, Ulrich (2001): Haut und Knochen - Fleisch und Blut. Rubens' Affektmalerei. In: Heinen, Ulrich/ Thielemann, Andreas: Rubens Passioni. Göttingen, S. 70-109.

Höpel, Ingrid (2013): Bildkompetenz als pädagogische Schlüsselkompetenz. Forschungsstand und Perspektiven einer interdisziplinären Bilddidaktik. In: Lieber, Gabriele (Hrsg.): Lehren und Lernen mit Bildern. Baltmannsweiler, S. 60-71.

Horowitz, Frederick A./Danilowitz, Brenda (2006): Josef Albers. To open eyes: The Bauhaus, Black Mountain College and Yale. London, New York.

Hubel, David (1989): Auge und Gehirn. Neurobiologie des Sehens. Heidelberg.

Huber, Hans (2006): Das Gedächtnis der Hand. In: Kirschenmann/Schulz/Sowa (a.a.O.), S. 39-51.

I

Imdahl, Max (1996). Cé-zanne – Bracque – Picas-so. Zum Verhält-nis zwischen Bildau-tono-mie und Gegen-stands-se-hen. In: Boehm, Gottfried (Hrsg.): Max Imdahl. Ge-sam-mel-te Schriften, Bd.3: Re-fle-xion – Theo-rie – Me-tho-de. Frank-furt, S. 300-380.

Imdahl, Max (1987): Farbe. Kunsttheoretische Reflexionen in Frankreich. München.

Irtel, Hans/Goldstein, Eugen (Hrsg.) (2011): Wahrnehmungspsychologie. Der Grundkurs. Berlin.

Itten, Johannes (1961): Kunst der Farbe. Subjektives Erleben und objektives Erkennen als Wege zur Kunst. Ravensburg.

J

Jantzen, Hans (1947): Ottonische Kunst. München.

Jantzen, Hans (1951): Über den gotischen Kirchenraum und andere Aufsätze. Berlin.

K

Kandinsky, Wassily (1912): Über das Geistige in der Kunst. Insbesondere in der Malerei. München.

Kannengießer, Traude (1990): Rubens kopiert Tizian. Freiburg (Breisgau), Univ., Diss

Kelle, Udo/Kluge, Susann (2010): Vom Einzelfall zum Typus. Fallvergleich und Fallkontrastierung in der qualitativen Sozialforschung. Wiesbaden.

Kemp Martin/Blasius, Jürgen (2003): Bilderwissen. Die Anschaulichkeit naturwissenschaftlicher Phänomene. Köln.

Kirchner, Constanze (Hrsg.) (2004): Mit Licht gestalten. KUNST + UNTERRICHT, H. 282//2004.

Kirchner, Constanze (2008): Kinder & Kunst. Was Erwachsene wissen sollten. Seelze-Velber.

Kirchner, Constanze/Kirschenmann, Johannes/Miller, Monika (Hrsg.) (2010): Einführung. In: Kirchner/Kirschenmann/Miller: Kinderzeichnung und jugendkultureller Ausdruck. Forschungsstand – Forschungsperspektiven. München. S. 15-16.

Kirschenmann, Johannes/Schulz, Frank/Sowa, Hubert (Hrsg.) (2006): Kunstpädagogik im Projekt der allgemeinen Bildung. München.

Kirschfeld, Kuno (2013): Wer denkt, der Mensch oder sein Gehirn? Die Zwei Kulturen: Zwei verschiedene Denkungsarten: Biologie in unserer Zeit, H. 5., S. 292-299.

Kläger, Max (1997): Verständnis für Kinderkunst. Ordnungsprinzipien bildnerischen Handelns. Baltmannsweiler.

Koch, Nadia J. (2016): Schêma und chrôma in der antiken Kunstlehre. In: Glas/Heinen/Krautz/Lieber/Miller/Hubert/Uhlig (a.a.O.) (2016a), S. 11-22.

Kolb, Gustav (1926): Bildhaftes Gestalten als Aufgabe der Volkserziehung. Teil 1. Stuttgart.

Kolb, Gustav (1927): Bildhaftes Gestalten als Aufgabe der Volkserziehung. Naturgemäßer Weg im Unterricht. 2. Teil: Gestaltungslehre. Der Unterricht im dekorativen Gestalten. Darstellen nach unmittelbarer Anschauung. 5.-8. Schuljahr. Stuttgart.

Krämer, Torsten (2013): Farbe. Wahrnehmung - Konzepte - Wirkung. Stuttgart.

Krapp, Andreas/Weidenmann, Bernd (2006): Pädagogische Psychologie. Ein Lehrbuch. Weinheim, Basel.

Krautz, Jochen/Sowa, Hubert (2013): Lernen – Üben – Können. KUNST + UNTERRICHT. H. 369/370//2013.

Krautz, Jochen (2013a): Bildungsreform und Propaganda. Strategien der Durchsetzung eines ökonomistischen Menschenbildes in Bildung und Bildungswesen. In: Frost, Ursula/Rieger-Ladich, Markus (Hrsg.): Demokratie setzt aus: Gegen die sanfte Liquidation einer politischen Lebensform. Vierteljahrsschrift für wissenschaftliche Pädagogik - Sonderheft 2013, S. 86-128 (http://phvn.de/images/krautz.pdf).

Krautz, Jochen (2013b): Ich, Wir, Welt. Zur Systematik und Didaktik einer personalen Kunstpädagogik. In: Schriftenreihe Fachdidaktische Forschung der Universität Hildesheim Nr. 8. (https://www.uni-hildesheim.de/media/forschung/fff/Schriftenreihe/KRAUTZ_Schriftenreihe_01.pdf).

Krautz, Jochen (2014): Imagination als Beziehung. Zu einer relationalen Didaktik der Vorstellungsbildung in der Kunstpädagogik. In: Sowa/Glas/Miller (a.a.O) (2014a), S. 121-150.

Krautz, Jochen (2015): Kompetenzen machen unmündig. Streitschriften zur Bildung H. 1. (http://www.gew-berlin.de/public/media/20150622_streit1-kompetenzen.pdf)

Krautz, Jochen/Hubert, Sowa: Mimesis. Zur kunstpädagogischen Aktualität eines alten Prinzips. In: Glas/Heinen/Krautz/Lieber/Miller/Hubert/Uhlig (2017) (a.a.O.), S. 4-13.

Krings, Cécile (2004): Rubens contre Poussin. La querelle du coloris dans la peinture française à la fin du XVIIe siècle. Gent.

Krug, Margaret (2008): Künstlerhandbuch. Praktisches Grundwissen. Köln.

Kuckartz, Udo (2014a): Mixed Methods: Methodologie, Forschungsdesigns und Analyseverfahren. Wiesbaden.

Kuckartz, Udo (2014b): Qualitative Inhaltsanalyse. Methoden, Praxis, Computerunterstützung. Weinheim, Basel.

Künkler, Tobias (2008): Zum Zusammenhang von Lerntheorien, Subjektkonzeptionen und dem Vollzug des Lernens. In: Mitgutsch, Konstantin (Hrsg.): Dem Lernen auf der Spur. Stuttgart, S. 33-50.

L

Léal, Brigitte (2013): Pablo Picasso. 1881 - 1973. München.

Le Rider, Jacques (2000): Farben und Wörter. Geschichte der Farbe von Lessing bis Wittgenstein. Wien.

Leonhard, Karin (2016): „Getrübte Medien". Licht, Medium und Farbe bei Sir Kenelm Digby, Rubens und Van Dyck. In: Glas/Heinen/Krautz/Lieber/Miller/Hubert/Uhlig (a.a.O.) (2016a), S. 23-30.

Lichtwark, Alfred (1914): Die Grundlagen der künstlerischen Bildung. Berlin.

Lippe zur, Rudolf (2003): Eine Kunst der Wahrnehmung. Askese und neue Entfaltung. In: Hauskeller, Michael (Hrsg.): Die Kunst der Wahrnehmung. Kusterdingen, S. 201-227.

Livingstone, Margaret S. (1992): Kunst, Schein und Wahrnehmung. In: Singer, Wolf: Gehirn und Kognition. Heidelberg, S. 156-163.

Lutz-Sterzenbach, Barbara/Kirschenmann, Johannes (Hrsg.) (2014): Zeichnen als Erkenntnis. Beiträge aus Kunst, Kunstwissenschaft und Kunstpädagogik. Schriftenreihe KREAplus. Bd.2, München.

M

Mailer, Norman/Fritz, Klaus (1996): Picasso. Portrait des Künstlers als junger Mann. Eine interpretierende Biographie. München.

Majetschak, Stefan (2003): Die Modernisierung des Blicks. Über ein sehtheoretisches Motiv am Anfang der modernen Kunst. In: Hauskeller, Michael (Hrsg.): Die Kunst der Wahrnehmung. Kusterdingen, S. 298-328.

Marr, Stefanie (2014): Kunstpädagogik in der Praxis. Wie ist wirksame Kunstvermittlung möglich? Eine Einladung zum Gespräch. Bieldefeld.

Mausfeld, Rainer (2007): Zur Natur der Farbe. Die Organisationsweise von Farbe im Wahrnehmungssystem. In: Steinbrenner, Jakob: Farben. Frankfurt, M, S. 332-361.

McGinn, Colin (2007): Das geistige Auge. Von der Macht der Vorstellungskraft. Darmstadt.

Meyer, Hilbert (2001): Türklinkendidaktik. Aufsätze zur Didaktik, Methodik und Schulentwicklung. Berlin.

Meyer, Hilbert (2011): Unterrichtsmethoden. In: Kiper, Hanna/Meyer, Hilbert/Topsch, Wilhelm: Einführung in die Schulpädagogik. 6. Auflage. Berlin, S. 109-121.

Michl, Thomas (Hrsg.) (2016): Kopieren. KUNST 5-10. Jg. 2016, H. 42.

Miller, Monika (2010): Videografie in der kunstpädagogischen Forschung – Methoden der Videointerpretation. In: Kirchner, Constanze/Kirschenmann, Johannes/Miller, Monika, Kinderzeichnung und jugendkultureller Ausdruck. Forschungsstand – Forschungsperspektiven. München, S. 501-520.

Miller, Monika (2014): Zeichnerische Begabung. Indikatoren im Kindes- und Jugendalter. München.

Miller, Monika (2015): Begabung. Beilage-Heft in: KUNST + UNTERRICHT, H. 397/398//2015.

Miller, Monika (2016a): Das „Nasenproblem" in der Kindermalerei – von der Zeichnung zum gemalten Porträt. In: Glas/Heinen/Krautz/Lieber/Miller/Hubert/Uhlig (a.a.O.) (2016a), S. 72-80.

Miller, Monika (2016b): Forschungsmethoden. Einleitung. In: Glas u. a. (2016b) (a.a.O.), S. 525-536.

Miller, Monika (2016c): Kindliche Zeichenhandlung als Wechselbeziehung zwischen sprachlichem und bildlichem Darstellen und Verstehen. Die Rolle der Videografie in der prozessorientierten Kinderzeichnung. In: Glas u. a. (2016b) (a.a.O.), S. 537-550.

Miller, Monika/ Gonser, Lisa (voraussichtlich 2018 oder 2019): „Anschauungsbezogenes Malen in der Grundschule". Imago.Praxis. München.

N

Niehr, Klaus (2010): Experiment und Imagination. Vergleichendes Sehen als Abenteuer. In: Bader/Gaier/ Wolf (a.a.O.), S. 71-96.

O

Oerter, Rolf/Montada, Leo (2008): Entwicklungspsychologie. Lehrbuch. Weinheim.

Oevermann, Ulrich/Allert, Tilma/Konau, Elisabeth/Krambeck, Jürgen (1979): Die Methodologie einer „objektiven Hermeneutik" und ihre allgemeine forschungslogische Bedeutung in den Sozialwissenschaften. In: Hans-Georg Soeffner (Hrsg.): Interpretative Verfahren in den Sozial- und Textwissenschaften. Stuttgart, S. 352-434.

Oswald, Martin (2003): Aspekte der Farbwahrnehmung bei Schülern im Alter zwischen 11 und 16 Jahren. Weimar.

Oswald, Martin (2012): Farbe und Form. Untersuchungen zur Entwicklung der Wahrnehmung im Kinder- und Jugendalter zwischen dem 6. und 16. Lebensjahr. In: Bering, Kunibert/Hölscher, Stefan /Niehoff, Rolf/ Pauls, Karina (Hrsg.): Nach der Bilderflut. 1. Aufl. Oberhausen, S. 55-80.

Ott, Richard (1949): Urbild der Seele. Malereien von Kindern. Bergen.

Otto, Gunter(1976): Didaktik der ästhetischen Erziehung. Braunschweig.

P

Palau i Fabre, Josep (1981): Picasso. Kindheit und Jugend eines Genies. 1881 - 1907. München.

Parramón, José María (1990): Der Maler und seine Farben. Eine Anleitung mit aktualisierter Farbenlehre. 2. Aufl., Stuttgart.

Parramón, José Maria (1994): Wie mische ich meine Farben richtig. Eine umfassende praktische Untersuchung mit Öl- und Aquarellfarben und eine visuelle Studie mit fortschreitendem Schwierigkeitsgrad über die Kunst des Farbmischens. 1. Aufl. Stuttgart.

Parramón, José Maria (1998): Wie mische ich meine Farben richtig. Eine umfassende praktische Untersuchung mit Öl- und Aquarellfarben und eine visuelle Studie mit fortschreitendem Schwierigkeitsgrad über die Kunst des Farbmischens. 3. Aufl., Stuttgart.

Pawlik, Johannes (1969): Theorie der Farbe. Eine Einführung in begriffliche Gebiete der ästhetischen Farbenlehre. Köln.

Pawlik, Johannes (1981): Praxis der Farbe. Bildnerische Gestaltung. Köln.

Peez, Georg (Hrsg.) (2007): Handbuch Fallforschung in der Ästhetischen Bildung/Kunstpädagogik. Qualitative Empirie für Studium, Praktikum, Referendariat und Unterricht. Baltmannsweiler.

Perler, Dominik (2007): Descartes über Farben. In: Steinbrenner, Jakob: Farben. Frankfurt, M, S. 17-42.

Picasso, Pablo (1988): Über Kunst. Aus Gesprächen zwischen Picasso und seinen Freunden. Zürich.

R

Rebel, Ernst (1996): Sehen und Sagen. Das Öffnen der Augen beim Beschreiben der Kunst. Ostfildern.

Regel, Günther (1961): Grundfragen des farbigen Gestaltens. Ein Diskussionsbeitrag zur Methodik des Zeichenunterrichtes in der allgemeinbildenden polytechnischen Oberschule. Berlin.

Reiß, Wolfgang A. (1996): Kinderzeichnungen. Wege zum Kind durch seine Zeichnung. Neuwied.

Richardson, John (1997): Picasso. Leben und Werk. München.

Richter, Hans-Günther (1997): Die Kinderzeichnung. Entwicklung, Interpretation, Ästhetik. Berlin.

Rock, Irvin (1998): Wahrnehmung. Vom visuellen Reiz zum Sehen und Erkennen. Heidelberg, Berlin.

Rosa, Hartmut/Enders, Wolfgang (2016): Resonanzpädagogik. Wenn es im Klassenraum knistert. Weinheim.

Rothhaupt, Josef G. F. (2007): Ludwig Wittgenstein: Farben scheinen ein Rätsel aufzugeben. In: Steinbrenner, Jakob: Farben. Frankfurt, M, S. 59-78.

Rüden, Egon von (1999): Zum Begriff künstlerischer Lehre bei Itten, Kandinsky, Albers und Klee. Berlin.

S

Schawelka, Karl (2007a): Farbe. Warum wir sie sehen, wie wir sie sehen. Weimar.

Schawelka, Karl (2007b): Tiefe Oberflächen – Die Rolle der Farbe in der Color-Field Malerei. In: Steinbrenner, Jakob: Farben. Frankfurt, M, S. 261-282.

Scholz, Gerold (2008): Der Sprung über die Bank. Oder: Lernen kann man beobachten. In: Mitgutsch, Konstantin: Dem Lernen auf der Spur. Stuttgart, S. 78-97.

Schulz, Frank (2013): Kunstunterricht in Farbe. Fortgesetzte Annäherung an ein wirkkräftiges Medium bildnerischer Prozesse. In: Schulz (Hrsg.): Mit Farbe! KUNST + UNTERRICHT, H. 377/378//2013, S. 4-10.

Schulz, Frank/Seumel, Ines (2013): Bildsprache im kunstpädagogischen Kontext. In: Schulz, Frank/ Ines Seumel: U20 - Kindheit Jugend Bildsprache. München, S. 21-24.

Schütze, Irene (2007): Rubens' Venusfest: Fest der Farben und des Lichts. Zu Rubens' später Farbgestaltung und seiner Auseinandersetzung mit Tizian. In: Juntunen, Eveliina/Pataki, Zita Agota: Rubens im Blick. Stuttgart.

Schwarz, Andreas: Homepage – http://www.dr-andreas schwarz.de/front_content.php?idcat=23&idart=30 (Stand: Juli 2016).

Schwarz, Andreas (2003): Die Farbkontraste und der Kunstunterricht. In: Schwarz/Seitz/Schmuck (2003): Immer wieder Itten...? Neue Ansätze zum Umgang mit Farbe im Kunstunterricht. Berlin. S. 7-14.

Schwarz, Andreas (2010): Farbenlehre im Kunstunterricht der Sekundarstufe 1 und 2 – Das Problem der Grundfarben. In: Bering, Kunibert/Bauer, Séverine: Orientierung Kunstpädagogik. Oberhausen, S. 121-135.

Schwarz, Andreas (2012): Grün sehen statt Grün lernen. Exemplarische Betrachtungen zum Umgang mit Farbe im Kunstunterricht. In: Bering, Kunibert/Hölscher, Stefan/Niehoff, Rolf/Pauls, Karina: Nach der Bilderflut. Oberhausen, S. 97-116.

Schwarz, Andreas (2014): Wege zur Kunst. Begriffe und Methoden für den Umgang mit Farbe. Braunschweig.

Schwerdtfeger, Kurt (1957): Bildende Kunst und Schule. Berlin, Hannover, Darmstadt.

Schwarz, Andreas/Seitz, Fritz/Schmuck, Friedrich (2003): Immer wieder Itten ...? Neue Ansätze zum Umgang mit Farbe im Kunstunterricht. Publikation zum Kunstpädagogischen Tag 2003 in Düsseldorf. Berlin.

Sedlmayr, Hans (1964): Bemerkungen zu Inkarnatfarbe bei Rubens. In: Sedlmayr, Hans: Über Farbe, Licht und Dunkel. München, S. 43-54.

Sennett, Richard (2008): Handwerk. Berlin.

Seumel, Ines (2006): Rezeptionskunst. Die Kunst des Kunstaufnehmens lernen. In: Kirschenmann/Schulz/Sowa (a.a.O.), S. 263-277.

Seydel, Fritz/Sowa, Hubert/Thomas, Karin (2007): Kunst. Bildatlas. Stuttgart.

Seydel, Fritz (2009): Es gibt keine guten Methoden. Methodisches Handeln im Kunstunterricht. In: KUNST + UNTERRICHT/SB 2009, S. 7- 10; 12-13.

Silvestrini, Narciso/Fischer, Ernst Peter/Stromer, Klaus (Hrsg.) (2002): Farbsysteme in Kunst und Wissenschaft. Köln.

Sonnenburg, Hubert von /Frank Preußer (Hrsg.) (1980): Rubens, gesammelte Aufsätze zur Technik. 2. Auflage. München.

Sowa, Hubert (2003): Ethische Implikationen kunstpädagogischer Prozesse. Vorbemerkungen zu einer künftigen kunstpädagogischen Handlungstheorie. In: Buschkühle, Carl-Peter (Hrsg.): Perspektiven künstlerischer Bildung. Köln, S. 213-233.

Sowa, Hubert/Uhlig, Bettina (2006): Bildhandlungen und ihr Sinn. Methodenfragen einer kunstpädagogischen Hermeneutik. In: Marotzki, Winfried/Horst Niesyto (Hrsg.): Bildinterpretation und Bildverstehen. Wiesbaden, S. 77-106.

Sowa, Hubert (2006): Ästhetische Vision und Sinn für das Tunliche. Kunstpädagogik im real existierenden Bildungssystem. In: Kirschenmann/Schulz/Sowa (a.a.O.), S. 220-227.

Sowa, Hubert (2010a): Imagination und Darstellung als Themen allgemeiner Bildung. In: Kirchner, Constanze/Kirschenmann, Johannes/Miller, Monika: Kinderzeichnung und jugendkultureller Ausdruck. München, S. 87-100.

Sowa, Hubert (2010b): Verantworteter Blick. Kunstpädagogik als hermeneutische Bildung des Sehens. In: Krautz (Hrsg.): Kunst. Pädagogik. Verantwortung. Oberhausen, S. 159-178.

Sowa, Hubert (2011): Grundlagen der Kunstpädagogik. Anthropologisch und hermeneutisch. Ludwigsburg.

Sowa, Hubert (Hrsg.) (2012a): Bildung der Imagination. Bd.1. Kunstpädagogische Theorie, Praxis und Forschung im Bereich einbildender Wahrnehmung und Darstellung. Oberhausen.

Sowa, Hubert (2012b): Darstellbarkeit und Verständlichkeit innerer Bilder. Theorierahmen für bildhermeneutische Forschungen im Feld imaginativer Bildleistungen. In: Sowa (a.a.O)(2012a), S. 147-175.

Sowa, Hubert (2013): Verhandelte Sichtbarkeit. Die enaktivistischen und hermeneutischen Grundlagen der Kunstpädagogik. In: Engels, Sidonie/Preuss, Rudolf/Schnurr, Ansgar (Hrsg.): Feldvermessung Kunstpädagogik. Positionsbestimmungen zum Fachverständnis. München, S. 235-250.

Sowa, Hubert (2014): Anthropologische, philosophische und pädagogische Grundlagen (Einleitung). In: Sowa/Glas/Miller (2014a) (a.a.O.), S. 53-60.

Sowa, Hubert/Glas, Alexander/Miller, Monika (Hrsg.) (2014a): Bildung der Imagination. Bd.2: Bildlichkeit und Vorstellungsbildung in Lernprozessen. Oberhausen, Rheinl.

Sowa, Hubert/Glas, Alexander/Miller, Monika (Hrsg.) (2014b): Lernen als Vorstellen und Einbilden (Einleitung). In: Sowa/Glas/Miller (2014a) (a.a.O.), S. 11-52.

Sowa (2015a): Mehrdeutige Imperative. Kritisch-hermeneutische Überlegungen zur Werteorientierung in der Kunstpädagogik und ästhetischen Bildung. In: Glas/Heinen/Krautz/Miller/Sowa/Uhlig: Kunstunterricht verstehen. Schritte zu einer systematischen Theorie und Didaktik der Kunstpädagogik. München, S. 69-93.

Sowa, Hubert (2015b): Was heißt: „Sich ein Bild machen?" Die Rolle der Imagination in der darstellungszentrierten Kunstdidaktik. In: Glas/Heinen/Krautz/Miller/Sowa/Uhlig: Kunstunterricht verstehen. Schritte zu einer systematischen Theorie und Didaktik der Kunstpädagogik. München, S. 283-304.

Sowa, Hubert (2015c): Gemeinsam vorstellen lernen. Theorie und Didaktik der kooperativen Vorstellungsbildung. München.

Sowa (2015d): Der Verantwortung gerecht werden. Anforderung an eine professionelle und disziplinäre Kunstpädagogik. In: Glas/Heinen/Krautz/Miller/Sowa/Uhlig: Kunstunterricht verstehen. Schritte zu einer systematischen Theorie und Didaktik der Kunstpädagogik. München, S. 141-166.

Sowa (2015e): Welthorizont und Gemeinsinn. Der Spielraum kunstpädagogischer Urteilskraft. In: In: Glas/Heinen/Krautz/Miller/Sowa/Uhlig: Kunstunterricht verstehen. Schritte zu einer systematischen Theorie und Didaktik der Kunstpädagogik. München, S. 167-189.

Sowa (2015f): Warum Kunstpädagogik? Welche Kunstpädagogik? Zum Begründungs-problem der Disziplin Kunstpädagogik/Kunstdidaktik im Rahmen des Projektes allgemeiner Bildung. In: Binder, Ulrich (Hrsg.): Das Wissen der Wissenschaften an Pädagogischen Hochschulen. Beobachtungen der Erzeugungen, Rezeptionen und Distributionen. Baltmannsweiler, S. 157-197.

Sowa, Hubert (2015g): Verhandelte Sichtbarkeit. Die enaktivistischen und hermeneutischen Grundlagen der Kunstpädagogik. In: Glas/Heinen/Krautz/Miller/Sowa/Uhlig: Kunstunterricht verstehen. Schritte zu einer systematischen Theorie und Didaktik der Kunstpädagogik. München.

Sowa (2016a): Wie wir lernen, uns Bilder zu machen. Zu den Grundlagen der Kunstpädagogik. In: Ide, Martina/Korte-Beuckers, Christine/Rückert, Friederike (Hrsg.) Aktuelle Positionen der Kunstdidaktik. München, S. 9-32.

Sowa, Hubert (2016b): Kathedralen des kunstpädagogischen Elends. Neue Bildungspläne zum Malen. In: Glas/Heinen/Krautz/Lieber/Miller/Hubert/Uhlig (a.a.O.) (2016a), S. 81-84.

Sowa, Hubert (2016c): Plastisch Formen. KUNST + UNTERRICHT. H. 405/406//2016.

Spies, Christian (2010): Das Bild als Tertium Comparationis. In: Bader/ Gaier/ Wolf (a.a.O.), S. 513-536.

Spohn, Wolfgang (2007): Reden über Farben. In: Steinbrenner, Jakob: Farben. Frankfurt, M, S. 226-247.

Stern, Arno: http://www.arnostern.com/de/index.html (Stand: Juli 2016)

T

Thommes, Armin (1996): Philosophie der Malerei. Von Platon bis zu Jean-François Lyotard. Mainz.

Thompson, Evan (1995): Colour vision. A study in cognitive science and the philosophy of perception. London, New York.

Tieck, Ludwig/Wackenroder, Wilhelm Heinrich/Nehring, Wolfgang (Hrsg.) (1973): Phantasien über die Kunst. Stuttgart.

Tomasello, Michael (2003): Die kulturelle Entwicklung des menschlichen Denkens. Zur Evolution der Kognition. Darmstadt.

Tritten, Gottfried (1985): Malen. Erziehung zur Farbe. Bern.

Tritten, Gottfried (1969): Erziehung durch Farbe und Form. Ein methodisches Handbuch für das bildnerische Gestalten und Denken. Teil 1: Die Elf- bis Zwölfjährigen. Stuttgart.

Trümper, Herbert (1961): Handbuch der Kunst- und Werkerziehung. Malen und Zeichnen in Kindheit und Jugend. Band 3. Berlin.

Trümper, Herbert (1966): Handbuch der Kunst- und Werkerziehung. Das Malen und Zugänge zu Werken der Malerei. Band 4/1. Berlin.

U

Uhlig, Bettina (2005): Kunstrezeption in der Grundschule. München.

Uhlig, Bettina/Graham, Sarah/Gonser, Lisa/Leibbrand, Michael/Leser, Florentine (2017): Kunstunterricht planen. IMAGO.PRAXIS. München.

Uhlig, Wolfgang (1986): Stilleben. Theorie u. Entwicklung der europäischen Stillebenmalerei. Arbeitsheft für die Oberstufe des Gymnasiums. Stuttgart.

V

Volkmann, Ludwig (1925): Grundfragen der Kunstbetrachtung. Die Erziehung zum Sehen Naturprodukt und Kunstwerk Grenzen der Künste. Leipzig.

Vygotskij, Lev S. (1978): Mind in society: The development of higher psychological processes Cambridge, Mass. (Original ca. 1930-1934).

Vygotskij, Lev S. (2002): Denken und Sprechen. Psychologische Untersuchungen. Weinheim.

W

Wagner, Christoph (2011): „Kolorit“ und „Farbe“ als Kategorien der Ästhetikgeschichte. In: Steinbrenner, Jakob/Wagner, Christoph/Jehle, Oliver: Farben. Regensburg, S. 94-121.

Wagner, Christoph (1999): Farbe und Metapher. Die Entstehung einer neuzeitlichen Bildmetaphorik in der vorrömischen Malerei Raphaels. Berlin.

Weber, Ernst (1907): Ästhetik als pädagogische Grundwissenschaft. Leipzig.

Weber, Ernst (circa 1920): Der Zeichenunterricht und seine methodischen Probleme. Ansbach.

Wieland, Wolfgang (1982): Platon und die Formen des Wissens. Göttingen.

Wissmann, Juergen (1971): Josef Albers. Recklinghausen.

Wittgenstein, Ludwig (herausgegeben von Schulte, Joachim) (2001): Philosophische Untersuchungen. Kritisch-genetische Edition. Wissenschaftliche Buchgesellschaft. Frankfurt.

Wittgenstein, Ludwig/Anscombe, Gertrude E. M. (1979): Bemerkungen über die Farben. Frankfurt a. M.

Wolf, Falk (2010): Demonstration. Einleitung. In: Bader/Gaier/ Wolf (a.a.O.), S. 263-271.

Wölfflin, Heinrich (1915): Kunstgeschichtliche Grundbegriffe. Das Problem der Stilentwicklung in der neueren Kunst. München.

Z

Zawadzky, Eberhard von (1965): Helldunkel und Farbe bei Rubens. München, Univ., Diss.

Zimbardo, Philipp (1992): Psychologie. Berlin, Heidelberg.

Zimmer, Alf (2011): Zum Verhältnis von Wahrnehmungspsychologie und Kunst. In: Eiglsperger, Birgit (Hrsg.): Das menschliche Auge. Regensburg, S. 53-60.

Zschocke, Nina (2006): Der irritierte Blick. Kunstrezeption und Aufmerksamkeit. Köln, Univ., Diss., 2004.

Register

Das Register ordnet Schlüsselbegriffe gemäß ihrer sinnhaften Zusammengehörigkeit. Die Ordnungsweise[1] kann helfen, die thematischen Zusammenhänge oder auch die Polarisierungen nochmals tiefer zu verstehen – sowohl vor, während als auch nach der Lektüre.[2]

1 Der Aufbau des Registers orientiert sich an Sowa (2015c), S. 159 ff.

2 Die Angaben der Kapitel beziehen sich auf zentrale exemplarische Textstellen, wo die Begriffe Erläuterung oder Erwähnung finden – meist tauchen die Begriffe auch noch in weiteren, hier nicht genannten, Kapiteln auf.

M

R

S

U

V

W